·上海市公共管理一流学科项目资助·

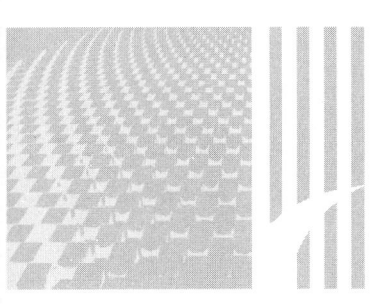

风险、责任与机制：
责任政府化解群体性事件的机制研究

Risk, Responsibility and Mechanism:
Study on Mechanism of Responsible
Government's Resolving Mass Incidents

陈 毅 著

中央编译出版社
Central Compilation & Translation Press

图书在版编目(CIP)数据

风险、责任与机制：责任政府化解群体性事件的机制研究／陈毅著．
—北京：中央编译出版社，2013.7
ISBN 978－7－5117－1687－3

Ⅰ．①风…

Ⅱ．①陈…

Ⅲ．①国家行政机关－群体性－事件－公共管理－研究－中国

Ⅳ．①D63

中国版本图书馆 CIP 数据核字（2013）第 136792 号

风险、责任与机制：责任政府化解群体性事件的机制研究

出 版 人	刘明清
出版统筹	薛晓源
责任编辑	盛菊艳
责任印制	尹 珺
出版发行	中央编译出版社
地　　址	北京西城区车公庄大街乙 5 号鸿儒大厦 B 座（100044）
电　　话	（010）52612345（总编室）　（010）52612335（编辑室）
	（010）66161011（团购部）　（010）52612332（网络销售）
	（010）66130345（发行部）　（010）66509618（读者服务部）
网　　址	www.cctphome.com
经　　销	全国新华书店
印　　刷	北京瑞哲印刷厂
开　　本	787 毫米×1092 毫米　1/16
字　　数	320 千字
印　　张	21.5
版　　次	2013 年 7 月第 1 版第 1 次印刷
定　　价	75.00 元

本社常年法律顾问：北京市吴栾赵阎律师事务所律师　闫军　梁勤
凡有印装质量问题，本社负责调换，电话：010－66509618

目 录

绪　论　基于"观念·机制·行动"三维视角化解群体性事件 …………… 1
第一节　对当前群体性事件的认定：社会转型·群体性事件·人民内部矛盾 …… 1
第二节　国内外文献综述 ………………………………………………………… 15
第三节　"观念·机制·行动"三维视角的分析框架 …………………………… 25
第四节　论文的逻辑结构与不足 ………………………………………………… 34

第一章　权利匮乏与补救：完善和落实利益诉求机制 ………………………… 37
第一节　权利匮乏与沉没的声音 ………………………………………………… 37
第二节　合理利益与正当诉求 …………………………………………………… 47
第三节　基于公平的分配正义 …………………………………………………… 58
第四节　域外经验与启示 ………………………………………………………… 73

第二章　信息堵塞与疏通：舆情引导、信息公开和媒体的引导机制 ………… 76
第一节　谣言与舆情引导机制 …………………………………………………… 76
第二节　信息公开机制 …………………………………………………………… 87
第三节　媒体的引导机制 ………………………………………………………… 96
第四节　域外经验及启示 ………………………………………………………… 104

第三章　政府权责与绩效：理顺纵向整合与横向协作的政府运作机制 …… 112
第一节　整体性政府与统一指挥 ………………………………………………… 112
第二节　协同性政府与合作互补 ………………………………………………… 120
第三节　理顺各级政府的权责划分和角色重塑 ………………………………… 128

| 第四节 | 域外经验 | 141 |

第四章 紧急决策与选择:发挥沟通与协商机制 …… 148
第一节	紧急决策的特殊性对政府的要求	148
第二节	慎用警力	156
第三节	沟通与协商机制	165
第四节	域外经验	178

第五章 不足与供给:积极动员社会与社会自组织机制 …… 182
第一节	社会动员的必要性	183
第二节	社会"无组织"的风险与组织化的功能	190
第三节	作为安全阀、缓冲剂的社会自组织机制	204
第四节	域外经验及我国的创新实践	210

第六章 现有制度的不足和补充:多渠道完善矛盾冲突的化解机制 …… 218
第一节	协商、举报和调解制度乏力	219
第二节	诉讼制度的不足	225
第三节	信访制度的困境	231
第四节	"第三方调查"制度的兴起和其他补充制度的可能性	242

第七章 积怨与认同:探索心理干预与思想引导机制 …… 251
第一节	"相对剥夺感"与心理怨气	251
第二节	危机意识与对于危机的客观认识	256
第三节	公民教育和必要的心理干预	261
第四节	思想引导与公民认同	267

第八章 危机治理的常态化:事前预警与事后问责机制结合 …… 284
| 第一节 | 从应急治理走向常态治理 | 284 |
| 第二节 | 事前预警是关键 | 291 |

第三节　事后救济是补充:反思·问责·补偿公正 …………………… 300
第四节　域外经验及启示 ……………………………………………… 315

结　语　基于制度的组织化调控是走出群体性事件漩涡的基石 ………… 322
主要参考文献 ……………………………………………………………… 329

绪　论　基于"观念·机制·行动"三维视角化解群体性事件

第一节　对当前群体性事件的认定：社会转型·群体性事件·人民内部矛盾

（一）对社会转型的客观认识

其一，对社会转型的担忧。自20世纪90年代以来，面临社会转型的加速，单位制解体，市场化冲击，各种矛盾频发叠加，社会危机频频报警，社会不稳定因素也在快速恶化，社会稳定问题已经从"边缘"走向"中心"，成为影响中国社会转型的一个全局性问题。

萧功秦早在20世纪90年代就把伴随改革出现的利益分化总结为结构性分化与转型。"自九十年代以后，随着连续十二年的政策创新过程的推进，中国改革逐渐进入了大规模社会结构分化与结构转型为特征的中期阶段。我们也可以把改革中期称之为'利益分化期'或'结构转型期'，以利益分化与整合之间产生的不平衡而引发的社会性矛盾与冲突将日益突出，在一定的条件下，这种矛盾又可能与原来已经存在的意识形态理念之争相结合，引发新的社会冲突与政治矛盾。"[①] 他认为改革的结构转型期对于未来的发展尤为重要，应尽快建立对各种利益团体与阶层之间的利益表达与利益综合进行协调的制度结构。李培林也以结构转型来概括社会转型。"中国社会转型中的城乡分离、结构转型和体制改革同步进行，以及人口超载和人均资源相对匮乏等特点，使转型中出现的结构冲突、机制冲突、规范冲突、利益冲突、角色冲突和观念冲突更加复杂，也使转型和发展的稳定机制、协调机制和创新机制变

---

① 萧功秦：《改革中期的社会矛盾与政治稳定》，载《战略与管理》，1995年第1期，第35页。

得更加重要。"① 经济快速发展，传统社会结构被冲解，政治改革又跟不上，成为人们普遍接受的解释。孙立平也以结构性"社会断裂"来进行总结："孙立平（2003）提出自 20 世纪 90 年代以来中国已经形成了一个新的社会，即断裂社会：贫富差距的扩大出现失控趋势，在资源集聚背景下开始形成两极社会，上层强势群体出现了寡头化趋势，而底层弱势群体则呈现碎片化趋势，社会分层结构开始定型化。"② 社会的流动性变得越来越难，阶层分化加剧，阶层隔阂加深，"社会断裂说"被普遍转引。也有从"中等收入陷阱"来解释社会转型中矛盾频发的原因，如胡鞍钢主持的《最严重的警告：经济繁荣背后的社会不稳定》报告，指出许多国家都是在经济持续高速增长后陷入内乱和分裂的。也有许多人认为人均 GDP 在 3000 美元左右时，社会处于危机频发阶段，原因是："其一，当一个国家的经济处于由较低水平向较高水平发展的时候，对经济的强烈关注和对利益的渴求，容易导致社会发展的结构性失衡，对经济利益的不断追求，容易使社会陷入一种盲动状态，由此导致突发性公共安全危机频发。其二，人均 GDP 达到 3000 美元左右时，公民基本的生存保障得到解决，人们的受教育程度更高，参与社会管理的意识逐渐增强。但是社会制度建设的不够完善使得我们难以确保权力运行和社会参与总是按照我们预设的框架运行，从而导致一定范围的冲突和矛盾难以避免。"③ 也有从"基尼系数说"来解释社会危机频发的原因。基尼系数是一个社会贫富差距的警示器，越高越容易引发动荡不安。基尼系数"1995 年高涨到了 0.4577，超过了国际公认的社会警戒线——0.4；而到 2002 年，基尼系数继续上升到 0.47 的水平（世界银行，2006；李实，2008）。也有专家认为中国居民收入的实际基尼系数在 2000 年初可能就已经超过 0.5（陈宗胜等，2001）"④。

---

① 李培林：《另一只看不见的手：社会结构的转型、发展战略及企业组织创新》，参见袁方等：《社会学家的眼光：中国社会结构转型》，中国社会出版社 1989 年版，第 45 页。
② 应星：《"气"与抗争政治：当代中国乡村社会稳定问题研究》，社会科学文献出版社 2011 年版，第 4 页。
③ 蔡志强：《危机治理与社会和谐》，湖南人民出版社 2007 年版，第 14 页注释。
④ 应星：《"气"与抗争政治：当代中国乡村社会稳定问题研究》，社会科学文献出版社 2011 年版，第 3 页。

的确，社会问题成为自20世纪90年代以来的突出问题，群体性事件频发，"全国群体性事件从1993年的1万起增加到2004年的7.4万起，年平均增长17%；参与人数由73万多人增加到376万多人，人数平均增长12%；其中，百人以上的由1400起增加到7000多起。2005年全国群体性事件的数量已有下降，但从2006年起又上升到6万多起，到2007年达到了8万多起，而在2008年间爆发了一些震惊全国的群体性事件"①。据《瞭望》新闻周刊的报道："全国发生的包括请愿、示威和罢工等群体性事件，由2000年的4万起增加到2009年的11万起，增长了近3倍，同时，群体性事件的规模也在不断扩大，参与群体性事件的人数平均增长17%，由2000年的163万多人，增加到2009年的572万多人，其中百人以上的群体性事件由3200起增加到8500多起。"②群体性事件的数量多、增速快、范围广、影响大等特点成为社会矛盾的集中展示："当前中国社会形势极其严峻，再次进入社会不稳定时期，其突出表现为：世界上最大规模的经济结构调整；世界上最大规模的'下岗洪水'和'失业洪水'；世界上最显著的城乡差距和地区差距；世界上基尼系数增长最快的国家之一；世界上最显著的腐败及其最大的经济损失；世界上最大生态环境破坏。"③利益失衡、分配不公、腐败盛行、失业恶化等社会问题日趋严重，这些问题自20世纪90年代以来都集中表现为以"信访洪峰"和"群体性事件频发"为表征的社会稳定问题。因此，人们对于矛盾加剧可能引发社会危机的未来不确定性世界充满担忧，群体性事件也引起社会各界的广泛关注，也提到不得不解决的政策议程上来。

其二，转型社会可能带来的社会风险。塞缪尔·P.亨廷顿曾指出："一个高度传统化的社会和一个已经实现了现代化的社会，其社会运行是稳定而有序的，而一个处在社会急剧变动、社会体制转轨的现代化之中的社会，往往充满着各种社会冲突和动荡。"④中国正处在一个从传统社会向现代社会转轨

---

① 应星：《"气"与抗争政治：当代中国乡村社会稳定问题研究》，社会科学文献出版社2011年版，第6页。
② 转引自张紧跟：《论凝聚发展民主的基本共识》，载《探索与争鸣》，2011年第11期。
③ 王绍光、胡鞍钢、丁元竹：《经济繁荣背后的社会不稳定》，载《战略与管理》，2002年第3期，第26页。
④ [美]塞缪尔·P.亨廷顿：《变化社会中的政治秩序》，上海三联书店1989年版，第41页。

的进程之中，尤其从20世纪90年代初以来，"社会抗争"的维权运动愈演愈烈，究其原因，也有一定的规律可循。"'社会抗争'在不同的历史时期有着不同的原因：20世纪90年代中期前后有30%是因为企业改制过程中职工工资、退休金、养老金、医疗保险等不到位引发的；到了21世纪初，由于'经营城市'和农村中的土地征用高潮，从2003—2005年，'社会抗争'事件急剧增加，65%由土地征用和房屋拆迁引起，失地农民多达4000多万。"① 除了这些因民生或经济利益而引起的群体性事件之外，还有因不满情绪而诱发的具有一定规模的"社会泄愤事件"。这是对群体性抗争事件所作的类型学分类。事实上，中国的转型面临的是一次全面的大转型，诸如经济转型、社会转型、政治转型和文化转型，也有学者称为"千年未有之大变局"，必然导致引发的问题更复杂，冲突更剧烈，风险也更加难以预料。为了认清形势，对转型及其风险进行类型学分析，全面转型所对应的社会风险也呈现不同的特点：

中国转型与社会风险的分类对应关系②

转型	社会风险	主要子类型	本质
经济转型	工业化"副产品"	有毒物质的大规模扩散 技术网络的大规模连结	现代性的不确定性
政治转型	监管漏洞	部门分割与责任分散 地方（部门）主义与利益竞争 条块治理与权威耗散	转型的不确定性
社会转型	关系紧张	贫富差距；干部矛盾；劳资纠纷	转型的不确定性
文化转型	价值模糊	政府执政理念偏差 企业缺乏社会责任 个人义利观失衡	转型的不确定性
经济转型＋政治转型	资源不足	农村公共设施不足 公共安全设施不足	转型的不确定性

---

① 汝信等主编：《2005年：中国社会形势分析与预测》，社会科学文献出版社2004年版，第177页。
② 张海波：《中国转型公共危机治理：理论模型与现实路径》，社会科学文献出版社2012年版，第151页。

绪 论
基于"观念·机制·行动"三维视角化解群体性事件

其三，对转型社会无需过于恐惧。对于社会转型的看法是"仁者见仁，智者见智"，对于"结构性危机说"、"社会断裂说"、"发展陷阱说"以及"高基尼系数说"持保留的意见也不少。事实上，转型社会带来风险，同时，转型社会也带来机遇。我们看到群体性事件频发的社会危害和对社会的警醒，非常必要，但是我们也不要过于悲观，要对一个更加负责任的政府领导全国人民走向更加美好的未来充满信心。中国三十多年的经济高速增长，与1953—1973年日本的经济起飞，以及1966—1984年韩国的"汉江奇迹"相比毫不逊色，而且"北京共识"与"华盛顿共识"竞相怒放，目前形成鲜明对比的是：西方经济低迷，"风景东方独好"，这更使世界对"中国奇迹"刮目相看。著名政治学家王邦佐教授总结："执政党与政府通过有效的国家治理确保了中国社会理性而平稳的制度转型，适度的国家能力动员和集中了社会发展资源，规划了经济和政治生活，促进了社会的整体协调发展。"① 一些倡导"中国模式"的专家学者更是对中国的未来充满信心，认为中国已经走出一条具有"中国特色"的大国崛起之路。中国共产党和中央政府也提出2020年建成"小康社会"，实现中华民族的伟大复兴。"一个组织、一个国家政权、一个社会都面临着诸多的风险，但是，转化成为危机的风险并不多，这就得益于各层次的良好制度运行和公职人员恪尽职守地工作。有效应对危机成为树立政府形象和确保政府信任的主要途径。"② 危机并不可怕，如何有效地应对危机成为政府首要考虑的问题，它不仅关系到政府提供优质公共服务的具体小问题，而且也关系到发展模式能否可持续性的大问题。风险社会的危机决策对于决策管理者提出很高的要求。"社会管理者的领导才能不是体现在处理程序化与常规化的事件上，而是体现在处理非程序化的问题上，体现在处理突发事件上。"③ 对于转型期的中国社会，如何有效、及时、平稳地处理群体性社会突发事件已经成为我国各级政府必须高度重视的重大问题，而且这一问题具有长期性。事实上，并不是社会转型才出现群体性社会事件，只不过

---

① 唐皇凤：《社会转型与组织化调控：中国社会治安综合治理组织网络研究》，武汉大学出版社2008年版，第2页。
② 李瑞昌主编：《危机、安全和公共治理》，上海人民出版社2007年版，第3页。
③ 朱力：《转型期中国社会问题与化解》，中国社会科学出版社2012年版，第256页。

是社会转型使群体性事件更加突出罢了。无论是传统的农业社会、工业社会，还是后工业社会，总会出现社会矛盾冲突，矛盾冲突处理得不好就可能导致群体性事件。在不同的历史时期，群体性事件不是有无的问题，而是多少强弱的问题。这也是因为在某种意义上，政治的本质就是解决群体性生存智慧的问题，有了这样的认同，相信群体性事件的长期性和常态化治理就非常好理解了，也就不能再以运动战役的方式来应急管理群体性事件。从应急治理走向常态化治理也是政府对于群体性事件认识的一大突破。

（二）群体性事件的发生与演进

在我国，由于受不同时期的政治环境和经济、社会因素的影响，对群体性事件的认识也经历了一个逐步"脱敏"的过程，经历了从偏重"政治色彩"的叙述到偏重"刑事色彩"的叙述再到回归其"社会和经济属性"的叙述。20世纪50年代至70年代末，称为"群众闹事"，带有鲜明的"以阶级斗争为纲"的时代烙印，具有鲜明的政治色彩。20世纪80年代初到90年代末，称为"治安事件"、"群众性治安事件"、"治安突发性事件"、"突发性治安事件"，并在《人民警察使用武力和警械的规定》、《治安管理处罚法》和《公安机关处置群体性治安事件规定》等法律规定中明确运用，具有鲜明的刑事强制色彩。2000年4月5日公安部颁发的《公安机关处置群体性治安事件规定》中把"群体性治安事件"定义为"聚众共同实施的违反国家法律、法规，扰乱社会秩序，危害公共安全，侵犯公民人身安全和公司财产安全的行为"[①]，强调群体性事件的"违法性"和"危害性"。中共中央办公厅2004年制定的《关于积极预防和妥善处置群体性事件的工作意见》中称群体性事件是"由人民内部矛盾引发、群众认为自身权益受到侵害，通过非法集聚、围堵等方式，向有关机关或单位表达意愿，提出要求的群体上访等事件及其酝酿、形成过程中的串联、聚集等活动"[②]，对其认识发生了本质性变化，突出了"人民内

[①] 转引自于建嵘：《抗争性政治：中国政治社会学基本问题》，人民出版社2010年版，第43页。
[②] 转引自何显明：《群体性事件的发生机理及其应急处理——基于典型案例的分析研究》，学林出版社2010年版，第2页。

部矛盾性",淡化了"危害性",保留了"违法性"。2005年7月7日,由国务院新闻办主持、中组部领导出席的新闻发布会首次向世界媒体公开使用了"群体性事件"的称谓:"当前中国改革和现代化建设进入关键时期,有些矛盾集中显现,并因此发生了一些'群体性事件'"。由此,在主流媒体和官方话语体系中,"群体性事件"逐渐被当做一个中性词使用,也更多地被放到社会转型、社会变迁等更大的社会背景下来考量矛盾冲突的原因及其救治。比群体性事件更广泛的用语是"突发公共事件"。2006年1月8日国务院发布《国家突发公共事件总体应急预案》对于突发事件的解释是"突然发生,造成或可能造成重大人员伤亡、财产损失、生态环境破坏和严重社会危害,危及公共安全的紧急事件"。2007年11月1日起实施的《突发事件应对法》的解释是"突然发生,造成或可能造成严重社会危害,需要采取应急处置措施予以应对的自然灾害、事故灾难、公共卫生事件和社会安全事件",这是目前对于突发事件最为权威的解释。突发事件包含群体性事件,处理群体性事件最权威的依据也源自于《突发事件应对法》。可见,"我国对群体性事件的认识经历了从单纯重视其政治属性到重视其社会和经济属性的变化,并将对其认识纳入到法律视角之下的逐步成长的过程"[①]。这也体现了中共在处理群体性事件理念上的巨大进步。

与自然灾害、生产事故、公共卫生等危机相比较,群体性事件的发生机制更加复杂,不是难以抗拒的自然因素、技术因素等造成的,而更多是人为原因导致的,要么是制度政策漏洞、要么是政府不作为,甚至直接为恶导致人们对政府的信任危机,甚至政治的合法性危机。在前三类危机事件中政府扮演的是救助者的身份,人们期待与政府合作共渡难关,而在群体性事件中政府成为质疑对抗的对象,抗拒政府甚至冲击政府,对公共安全秩序的冲击也更加剧烈。在前三类危机事件中政府在紧急时刻可以调用一切可资利用的资源、综合运用各种有效手段"毕其功于一役",这种运动战的方式在这三类事件中很有效果,民众的认同程度和支持率也较高,政府紧急状态权力行使的合法性程度也比较高。而群体性事件,是长期社会弊病的积压,都是纷繁

[①] 王学辉等:《群发性事件防范机制研究》,科学出版社2010年版,第23页。

复杂的社会"小事"引发,再加上很多事件政府及其工作人员直接卷入其中,社会问题的分散性、人为性、动态性和持久性很难用短平快的方式来"一刀切",运动战役式的治理模式就难以见效。不能把群体性事件当做个案来处理,也不能用简单粗暴的方式来解决,而是需要放到社会问题的大系统中去考察事件的来龙去脉,对政府的治理技艺提出很高的要求,更需要一种常态治理的思维和工作方式方法的改变。"恩里克·克兰特利认为前三类危机属于'一致性危机',而群体性突发事件则属于'分歧型危机',其控制难度要比前者大得多。"[①] 安东尼·吉登斯认为前三类危机基本上属于"外部风险",而群体性事件则属于"内部风险",或者说是"被制造出来的风险"。"外部风险中我们更多担心自然对我们怎样,而在被制造出来的风险中,人们更多地担心我们对自然所做的。在所有传统文化中、在工业社会中以及直到今天,人类担心的都是来自外部的风险,而在某个时刻(从历史的角度来说,也就是最近),外部风险所占的主导地位转变成了被制造出来的风险占主要地位。"[②] 本书着重对"被制造出来"的人为矛盾展开研究,这也是本研究的时代性需求和研究价值之所在。全文探讨的重点围绕由社会问题引发的群体性事件,而不探讨由自然灾害和疾病引发的突发性事件,即主要解决不是"天灾"而是"人祸"所引发的群体性事件。群体性事件目前在我国呈现什么特点?导致群体性事件的根源在哪里?中观层面探讨化解群体性事件的机制有哪些?如何让这些机制有效运行?对于社会群体性事件的源头治理落脚在对政府的责任追究上。当然,这里也要分清楚哪些是地方政府无法承担的责任,哪些又是地方政府责无旁贷的责任。

---

① 童星、张海波:《群体性特发事件及其治理——社会风险与公共危机综合分析框架下的再考量》,载《学术界》,2008年第2期。

② [英]安东尼·吉登斯:《失控的世界》,江西人民出版社2001年版,第22—23页。

绪 论
基于"观念·机制·行动"三维视角化解群体性事件

本书研究对象主要有两大类："依法抗争"① 的群体性事件、"以法抗争"② 的群体性事件，不包括犯罪、叛乱甚至反革命等的活动。依法抗争的基本特点是人们以较为理性、合法的手段去向政府施压，争取自己的合法权益；以法抗争的基本特点是受权利启蒙思想的影响、从天赋人权的角度进行的维权抗争，不仅仅局限于利益的补偿，还要追求更为抽象的公平正义、平等尊严以及人之为人的价值。这两类活动又可以分为"以直接利益相关者为主体的群体性事件"和"以非利益相关者为主体的群体性事件"（于建嵘称这类为"泄愤性群体事件"）。尽管被人为制造出来的群体性事件危害性比较大，但目前我们国家绝大多数群体性事件都是利益诉求型群体性事件，属于人民内部矛盾，基本上属于"有理取闹"、"依法抗争"，更多是经济权利的诉求，而不是政治权力的夺取。据于建嵘研究，"目前中国社会发生的抗议事件，农民维权约占35%，工人维权30%，市民维权15%，社会纠纷10%，社会骚乱和有组织犯罪分别是5%。在农民维权中，土地问题约占65%以上，村民自治、税费等方面都占一定比例。"③ 当然，"以法抗争"的维权事件也会增多，这也是公民权增长所带来的必然要求。对于民众平等尊严的心理感受理解和支持

---

① 在20世纪90年代以前，所谓的"法"是在宽泛意义上的，主要指的是中央政府出台的各种相关政策；而在20世纪90年代前后，随着行政立法的进程加快，1989年4月，《行政诉讼法》首先颁布出台；1994年5月和1999年4月，《国家赔偿法》和《行政复议法》又相继出台。这些法律的颁布为"民告官"提供了直接的依据，"依法抗争"有了更加明确的法律依据。"依法抗争"代表的行为模式是民众研读和遵循政府制定各类红头文件、政府规章、部门规章、法律、条例和规定等，来理性维权，检视政府的行为是否违法。

② "以法抗争"，此处的法代表的是法的精神，法治所意蕴的价值，诸如公平、正义、平等和权利等，对于公共权力法不规定则禁止，而对于公民权利法不规定则自由，公民权利"开口子"可以不断拓展扩权，也可以理解为蒂利所指的"进取性抗争"。应星对于"以法抗争"的阐释生动形象："在农民这里的边界体现为什么是'可说的'、'可做的'以及'可得到的'，在政府那里的边界则体现为什么是'必须马上解决的'、'可开口子的'，什么时候又需要'把法律拿出来'。……这种相互作用的一个讨价还价的过程，或者就像欧博文和李连江（2009）所强调的是一个看看'能否穿越灰色地带'的试探过程。不管灰色地带能否穿越，人们都从中学习，下一轮抗争又从一个略有不同的地方开始。"引自应星：《"气"与抗争政治：当代中国乡村社会稳定问题研究》，社会科学文献出版社2011年版，第209—210页。

③ 于建嵘、斯科特：《底层政治与社会稳定》，载《南方周末》，2008年1月24日。

得越深，获得民心和政治认同的支持度也就越高，化解群体性事件的冲突也就越容易。

（三）基于人民内部矛盾的性质认识

其一，认清我们当前的形势。如果一定要在社会转型的大背景下来考察我国目前群体性事件的特征，笔者赞同如下这种转型观："中国的转型是一个'未来完成式'，所有关于转型与社会风险的讨论都是基于三个基本前提：一是中国的转型是国家的进步与发展，取得了巨大的成就；二是中国的转型尚未完成，还充满了不确性，只有通过彻底的转型才能降低这种不确定性；三是转型具有突发性，它不会自动按照理想的方向进行，需要通过反思来把握转型的轨迹"。[①] 在这个社会转型的时代大背景下，我们思考的问题是：即使社会转型正在经历一次结构性转型，是从传统社会向现代化转变为表征的工业化转型，但是我们目前的利益分化是结构性分化吗？频发的社会矛盾冲突到底是结构性对立冲突，还是人民内部矛盾的复杂形态呢？我们对于社会问题的警醒没有错，但我们能够简单地用政治稳定来代替社会稳定问题吗？如果我们忽视社会作为缓冲的"安全阀"机制和功能，一厢情愿地把所有社会问题都拔高到政治问题的高度，期望以政治的敏感和传统政治的强制手段，甚至高压暴力的手段来处理人民内部的问题和社会发展进程中的问题，就难免付出高昂的政治维稳代价，难以走出"越维越不稳"的维稳怪圈。

其二，如何正确认识和处理"人民内部矛盾"。早在1956年，毛泽东针对一部分人的闹事行为，明确指出："这些人闹事的直接的原因，是有一些物质上的要求没有得到满足；而这些要求，有些是应当和可能解决的，有些是不适当的和要求过高、一时还不能解决的。但是发生闹事的更重要的因素，还是领导上的官僚主义。……在我们这样大的国家里，有少数人闹事，并不值得大惊小怪，倒是足以帮助我们克服官僚主义。"[②] 毛泽东这一关于"人民

[①] 张海波：《中国转型公共危机治理：理论模型与现实路径》，社会科学文献出版社2012年版，第107页。

[②] 《毛泽东文集》第7卷，人民出版社1999年版，第236—237页。

内部矛盾"的论断依然适用于分析当前的群体性事件，民众的需求满足是我国政府工作的根本，群众出了事最主要需要追究的是我们的政府权力运行出了什么问题，应该追究何种责任。尽管我国目前的经济成分、社会结构、利益关系和思想观念都发生了巨大的变化，但毛泽东同志的这一阐述对于我们分析人民内部矛盾仍然具有积极的指导意义。我国的国情决定我们将长期处在社会主义的初级阶段，社会主义初级阶段的基本矛盾是人们日益增长的社会需求同落后的社会生产方式之间的矛盾，处在高速发展的社会转型的大变革时代，更是难免出现各种矛盾冲突，它们属于人民内部矛盾。需要我们正视它、认识它和及时化解它。

其三，我国目前的群体性事件是"人民内部矛盾"引起的。从这个角度出发，中国行政管理学会课题组将"群体性事件"定义为："由人民内部矛盾和纠纷所引起的部分公众参与的对社会秩序和社会基本价值产生严重威胁的事件。具体来说……是因人民内部矛盾而引发，或因人民内部矛盾处理不当而积累激化，由部分公众参与、有一定组织和目的，采取围堵党政机关、静坐请愿、阻塞交通、集会、聚众闹事、群众上访等行为，并对政府管理和社会秩序造成影响甚至使社会在一定范围内陷入一定对峙状态的突然发生的群体性事件。"① 这一概括比较全面，也比较具有代表性。著名的研究群体性抗争的专家于建嵘对群体性事件的理解："群众采取行动，抗议政府腐败、不作为、乱作为等都是为了解决自己的具体利益问题，或者是希望通过'闹事'得到政府的重视，争取政府解决问题的有限资源和能力。它没有明确的政治诉求，目的不是为了推翻政府并且取而代之。"② 他对于群体性事件的基本特征的概括被广泛转引，也基本达成共识而被接受。这种人民内部矛盾的性质也可以从政府方面表现看，也基本属于工作冲突、技术失误、工作能力水平和素养不够，它可以通过上级甚至同级的公共权力干预协商就可以平息事态，

---

① 中国行政管理学会课题组：《中国群体性突发事件成因与对策》，国家行政学院出版社 2009 年版，第 2 页。

② 于建嵘：《政府如何应对群体性事件》，见于建嵘、钟新、李元超等：《变话：引导舆论新方式》，世界图书出版公司北京分公司 2010 年版，第 109 页。

大多属非对抗性的、非政治性、暂时性的、局部性的相对独立的个案，国家的基本政治制度和政治合法性基础还是认同度很高的，对于少数领导干部的工作方式方法不满，完全可以在执政党的反思平衡和政治制度的改革调适中得到改进和追究责任。"尽管极少数群体性突发事件，特别是因民族、宗教等问题引发的群体性事件有国内外敌对分子插手、煽动，试图扩大事态，造成政治影响，但对于大多数参与群众而言，多是为了解决具体问题和矛盾，或者观念上存在差异和误区，具有人民内部矛盾和敌我矛盾、对抗性矛盾相互交织在一起的特点，需要区别对待，但这类极少数含有一定敌对性质和对抗性质的群体事件，并不能在总体上改变对群体性事件属于人民内部矛盾的总体认识和判断。"[①] 尽管社会矛盾充满了复杂性，但不能以非主流的矛盾来对人民内部矛盾进行扩大化认识，分类处理就显得非常必要。"既然涉政公共事件是一种干群矛盾，是一种行政冲突，我们就要在干群双方中去梳理、寻找事件发生的根源，理清促成、放大事件的直接原因，为建立健全涉政公共事件的预警、处置、应对机制，提升防范和化解能力奠定基础。"[②] 干群冲突才是群体性事件的主流，应星认为群体性事件："是指由人民内部矛盾引发的、较多人自发参加的、主要针对政府的群体聚集事件，其间发生了比较明显的暴力冲突，出现了比较严重的违法行为，对社会秩序造成了较大的消极影响。"[③] 对此他进一步作出了区分："群体性事件不同于革命、叛乱或暴动的特点在于，它尽管是制度外的群体政治行动，但并不旨在挑战社会制度本身的合法性，而是由人民内部矛盾引发的。它不同于团伙犯罪的特点在于，它不是以哄抢财物、破坏秩序、伤害人身为直接目的的刑事犯罪，而是有着不失某种合理性和正当性道德行动渊源或背景，违法犯罪行为只是这种行动的'意外'后果。它不同于群体械斗的特点在于，它不是民间的群体性纠纷，不

[①] 中国行政管理学会课题组：《中国群体性突发事件成因与对策》，国家行政学院出版社 2009 年版，第 5 页。
[②] 聂方红：《涉政公共事件：地方政府行为新挑战》，人民出版社 2012 年版，第 47 页。
[③] 应星：《"气"与抗争政治：当代中国乡村社会稳定问题研究》，社会科学文献出版社 2011 年版，第 20 页。

是纯粹的治安性案件，而是群众把目标指向政府、企业或社会其他管理者，由利益纠纷引发而又具有某种政治性质的群体行动。可以说，群众与政府之间的利益矛盾是群体性事件的发生背景，行为违法是它的客观后果，但它的真正的驱动力却是情感。（参见李琼，2007；单光鼐，2009；成伯清，2009）"[1] 应星把几类人们非常容易混淆的事件进行分类澄清，对于帮助我们加深对群体性事件的理解和认识非常有帮助，尤其在事件定性和处置的时候起到至关重要的作用，诸如瓮安事件和石首事件起因都是刑事案件，由于认定不准确，而发酵演化成恶性群体性事件。陈红太归纳："目前，我国的人民内部矛盾大致可以归为两大类。一类属于在市场化、工业化、城市化发展进程中，因政策供给滞后和利益补偿不到位引发的矛盾。如企业改制、土地征用和拆迁、税费改革、环保等过程中出现的一系列利益补偿和权利保障等问题引发的矛盾。我把这类矛盾称之为'政策类'人民内部矛盾。这一类矛盾大都属于'一过性'、'私权性'，只要政策和利益补偿到位，满足了利益受损群体或个体的权益诉求，矛盾容易得到解决。一类属于在市场化、工业化、城市化发展进程中，因体制不适应和权力腐败滥用导致的矛盾。如官员腐败、钱权交易导致的执法司法不公、社会资源竞争和分配不公、贫富贵贱分化严重等引发的一系列干群对立、劳资冲突等矛盾。我把这类矛盾称之为'体制类'人民内部矛盾。这一类矛盾，其根源在于我国政治体制的权力过分集中、掌握组织的公共资源的领导干部和执政者的权力缺乏必要的制约，授权民主没有落实，致使官员对上负责、对下不负责，从而使民权与官权、资本和劳工处于矛盾和对立状态。这类矛盾具有'结构性'、'体制性'和'官权性'，必须通过体制改革，转变官权与民权、资本与劳工之间的倒置关系，才能够从根本上得到解决。"[2] 可见，随着人们对于群体性事件研究的深入，进行类型学分析是其鲜明特色，这些具有代表性的观点对于我们澄清对于群体性事件的认识是非常有帮助。

---

[1] 应星：《"气"与抗争政治：当代中国乡村社会稳定问题研究》，社会科学文献出版社2011年版，第20页。

[2] 陈红太：《中国经济奇迹的密码在政治领域》，中国社会科学出版社2012年版，第105页。

其四，目前的群体性事件并不可怕，把群体性事件纳入体制内解决既有必要性也有可能性。研究集体行动的专家赵鼎新认为中国社会目前没有大规模社会运动和革命爆发的结构性条件，正在发生的是大量的只停留在经济和利益层面并没有大型话语和意识形态支持的"集体行动"①，这一判断是比较客观的。应星认为："抗争政治的目标一般限于物质利益和正当权利，草根行动者的抗争基本上是有节制的，这些矛盾并非不可调和，这些抗争行动的政治后果并不像人们想象的那样严重，近期直接由此引发大规模社会动荡的可能性并不大。"② 这一观点也被大多数人所接受。稳定不是死水一潭，高压下的表面稳定，可能底下波涛涌动、聚集着更大的怨气，只要是在体制内能够控制的矛盾冲突都不可怕。我们一方面要把有弹性的体制建设好，另一方面不要总是生活在"不稳定的幻想"中，绷紧的神经总有崩溃的那一天。不惧怕矛盾，正视矛盾，积极寻求化解矛盾的新机制、新尝试。徐勇认为"中国的改革取得了历史性的进展。这种进展不仅仅在于财富的增长和社会结构的转换，更重要的是加速的改革没有发生剧烈和颠覆性的政治震荡"③，中国社会转型的进程基本处于平稳态势。从一定意义上讲，中国的"政治奇迹"就是超大规模社会在急剧的社会变迁过程中基本实现了有序的政治发展。这也根源于我们历代领导人很好地继承了革命战争年代积累的财富：从群众来到群众去的群众路线，发动基层、利用基层和回报基层，处理好精英与大众之间的关系。对于这些认识达成的共识越来越多地被人们理解和接受，这也使不少的学者开始重新更加客观地审视目前的社会矛盾冲突，以人民内部矛盾来界定利益分化。这绝不是轻视或忽视社会矛盾的严重性，因为如果认为是结构性的矛盾，也就意味着把矛盾固化和对立起来而难以调和，这样不仅不利于矛盾的解决，反而会进一步激化和提升矛盾的级别。改变过去政治压倒一切的单一化的全能主义政治管制模式，认清政府在化解群体性矛盾冲突中

---

① 赵鼎新：《社会与政治运动讲义》，社会科学文献出版社2006年版，第297—301页。

② 应星：《"气"与抗争政治：当代中国乡村社会稳定问题研究》，社会科学文献出版社2011年版，第225页。

③ 徐勇：《内核与边层：可控的放权式改革——对中国改革的政治学解读》，载《开放时代》，2003年第1期，第96页。

能为与不能为的界限,把经历冲击瓦解的社会重新组织起来,利用社会的自治和参与共治,把多样性的群体矛盾放回到社会中也是一条很好的出路。由于群体事件爆发原因的复杂性,对于其治理也要寻求多元治理的途径,这样既尊重个人作为主体参与治理的价值,也善于发掘社会对于矛盾的稀释和缓冲功能,正视社会矛盾,既不放大也不忽视,找到群体性事件源头治理的途径。对于这些问题的思考构成完成这本著作的写作动机。

第二节 国内外文献综述

(一)国外的研究现状综述

第一大研究群体主要从关注现代性和现代化转型出发,从更加宏大的时代背景来考察现代社会危机产生的根源。这一群体又可以分为三派观点:

(1)第一派专注于对现实世界的分析:现代化进程中所产生的社会的急剧动荡和矛盾冲突,亨廷顿认为:"社会和经济的变化必然使传统社会与政治集团瓦解,并削弱对传统权威的忠诚。"[①] 他认为只有适度动员社会,推动经济发展,增加社会机会,控制政治参与,加快政治制度化进程,才能保持社会的稳定。佩·鲁恂基于对发展中国家迈向现代化进程中的问题提出了"六大危机"说,即合法性危机、认同危机、参与危机、贯彻危机、分配危机和整合危机,它们密切相连、互为因果。西摩·李普塞特认为,一切民主制度固有的内在威胁是群体冲突,稳定的民主要求在对立的政治力量之间保持比较缓和的紧张局势,要求政治制度有能力分期分批地解决这些问题。如果宗教问题、公民权问题和集体谈判问题积累起来,政治势力之间的矛盾就会在一大堆问题上激化,而分裂和冲突的基础越雄厚,牵连越广,政治上容忍的希望也就越小[②]。埃·蒂里阿基安提出了社会动荡来临的三个经验指标:都市

---

① [美]塞缪尔·亨廷顿:《变革社会中的政治秩序》,李盛平译,华夏出版社1998年版,第40页。

② 转引自白钢、林广华:《论政治的合法性原理》,载《天津社会科学》,2002年第4期。

化程度的增长；性的混乱及其扩张，以及对其进行社会限制能力的丧失；非制度化、非合法化宗教的极大增长①。

（2）第二派专注于对现实世界的反思：对于现代性的反思和批判，即对环境破坏、城市化和工业化进程、贫富差距结构性固化、工具理性、道德沦丧等发出振聋发聩的警告。"'现代性的自反性'之创造性地（自我）毁灭整整一个时代——工业社会时代——的可能性。这种创造性毁灭的'对象'不是西方现代化的革命，也不是西方现代化的危机，而是西方现代化的胜利成果。"② 1962年，美国生物学家蕾切尔·卡逊出版了《寂静的春天》一书，指出有机农药的无节制使用将会威胁人类的生存，从而引发人们对生态风险的思考。1972年，丹尼斯·梅多斯的《增长的极限》一书预测世界系统会因为能源危机而崩溃，增长可能在2100年停止，引起了全球范围内对人类发展模式的反思。1986年德国著名社会学家乌尔里希·贝克看到了核裂变的放射性污染、空气和水的毒化、森林的消失等工业化的副作用带给人类不可预料的可怕性后果。他认为，"在现代化的进程中，生产力的指数式增长，使危机和潜在威胁的释放达到了一个前所未有的程度"。③ 安东尼·吉登斯和斯科特·拉什也不约而同地对现代社会中的风险问题做出了类似的回应。吉登斯描述为"核战争的可能性，生态灾害，不可遏制的人口爆炸，全球经济的崩溃以及其他潜在的全球性灾难，为我们每个人都勾画出风险社会的一幅令人不安的危险前景。"④ 他预言，现代性这个制度支柱都可能带来严重的风险：世界民族国家体系带来的极权主义、世界资本主义经济带来的经济崩溃、国际劳动分工体系带来的生态恶化和军事极权主义可能带来的核战争等等⑤。拉什也

---

① [美] 埃·蒂里阿基安：《社会新变化的模式及其主导的指示器》，转引自宋林飞：《中国社会风险预警系统的设计与运行》，载《东南大学学报》，1999年第1期。
② [德] 乌尔里希·贝克、[英] 安东尼·吉登斯、[英] 斯科特·拉什：《自反性现代化：现代化社会秩序中的政治、传统与美学》，赵文书译，商务印书馆2001年版，第5页。
③ [德] 乌尔里希·贝克：《风险社会》，何博闻译，译林出版社2004年版，第15页。
④ [英] 安东尼·吉登斯：《现代性的后果》，田禾译，译林出版社2000年版，第125页。
⑤ 同上，第4—9页。

担忧"伴随风险文化时代而来的也许是人类许许多多的惶恐和战栗"①。

（3）第三派专注于对未来世界的预测：亨廷顿也是一位未来学家，预言未来世界的冲突可能源于几大文明的冲突，由于价值的不可通约性所致。从罗马俱乐部"增长的极限"，阿尔温·托夫勒的"第三次浪潮"，到丹尼尔·贝尔的"后工业社会"，再到曼纽尔·卡斯特的"网络社会"，都是想向人们展示未来社会发展的图景，以及可能面临的巨大风险。例如"曼纽尔·卡斯特所描述的全球网络虚拟社会中，信息和通信的传播占据主导地位，技术资本主义试图将防范和化解风险的安全机制和保险原则拓展到人类前所未闻、前所未见的地步。然而，技术手段可能会导致更大范围、更大程度的混乱无序，人类为了防范和化解而不停地忙于改进和更新各种专业系统程序，忙于解决各种问题，可能就的问题解决了，新的问题又出现了。"② 吉登斯对于未来世界的判断是："对现代性的不可抗拒的本质理解走过了一个漫长的道路，这一理解的目标是要解释为什么在高度现代性的条件下危机成为了正常化的现象。"③ 为了使人们走出正常化风险危机的困境，吉登斯开出的药方是从"解放的政治"走向"生活的政治"，"生活政治是一种由反思而调动起来的秩序，在一种反思性秩序的环境中，它是一种自我实现的政治，这种反思性把自我和身体与全球范围的系统连接在一起。在这一活动领域，权力是一种产生式的而不是等级式的"。④ 即主体的自我反思是拯救现代性危机的根本途径。

第二大研究群体围绕社会运动和底层政治两个视角形成东西方关注社会危机的中观层面的抗争政治研究。这一研究群体从关注东西方社会不同可以分为两派观点：

（1）以关注西方社会为中心的社会运动研究范式。社会运动一般强调的

---

① ［英］斯科特·拉什：《风险社会与风险文化》，载《马克思主义与现实》，2002年第4期。
② 张海波：《中国转型公共危机治理：理论模型与现实路径》，社会科学文献出版社2012年版，第51—52页。
③ ［英］安东尼·吉登斯：《现代性与自我认同》，赵旭东、方文译，生活·读书·新知三联书店1998年版，第216页。
④ 同上，第251—252页。

是西方民政体下已被制度化的社会抗争方式。

其一是以社会结构的阶级分析为视角。"这是解释抗争政治最经典的理论脉络。他强调抗争政治不是偶然出现的暴力事件或社会冲突,而是以经济为基础和阶级关系为基础的政治运动。这些运动产生于历史发展过程中所固有的、饱受冲突折磨的社会结构矛盾中。爆发革命的渊源即在于社会物质生产力与现存生产关系之间的断裂。"① 对这一思想最为经典的阐释是马克思,马克思的阶级分析使复杂的社会变得清晰可辨,一针见血地指出社会冲突的根源。阶级分析在西方形成一支重要的流派,诸如葛兰西、霍布斯鲍姆、波兰尼、汤普森等人的思想,以及摩尔、斯考切波和沃尔夫等人对农民革命的结构性分析也受到马克思的影响。

其二是从行为心理学的视角来分析社会运动产生原因。"在西方20世纪前半期的抗争政治理论中,情感论曾是主要范式,它主要是从人的情感或心理来理解抗争政治的起源。它强调诸如相对剥夺感、心理预期值的错位等心理挫折所带来的攻击性行为,其代表人物有布林顿、格尔、勒庞、布鲁默、斯梅尔赛等。"② 情感论代表着人们认识的一种转变:从宏观固化的社会结构走向微观心理预期和感受中来,与西方的个人政治和主体政治的主流比较合拍,也一度成为主流范式。但也因为个人情感难以捉摸和非理性,也受到20世纪60年代以来兴起的资源动员理论和政治过程理论的批判。近年来,西方抗争政治理论开始重新把情感视角带回来,但对于情感的认识发生了变化,附加给情感更多的文化因素,把个人的自然属性放回到文化的社会属性中去,使情感变得可认知,也更具有解释的力度。

其三是从理性选择的视角来分析其原因。以资源动员论和政治过程论为代表。"在理性论者的眼中,抗争政治是底层民众反抗社会强权压制、不甘利益被剥夺的正常反应,其行动不仅有合法性,而且更依赖理性的组织和专业的动员。……抗争政治兴起的关键在于专业组织所能动员的关系网络、资源

---

① 应星:《"气"与抗争政治:当代中国乡村社会稳定问题研究》,社会科学文献出版社2011年版,第11页。

② 同上,第11—12页。

总量以及所能利用的政治机会、象征符号。在专业化的动员、机会的把握、得失的算计背后,贯穿着奥尔森式的'集体行动的逻辑'。"[1] 这一派思想源于1960年代西方掀起的新社会运动的浪潮,基于个人的理性选择,如何利用组织的力量,把社会动员起来,参与社会抗争。

以上抗争政治的研究传统主要用在对西方发达工业国家的历史与现实分析上,而对于东方传统农业国家的抗争政治的研究则融会在以不发达社会为主要研究对象的"农民学"传统中。

(2) 以关注东方社会为中心的底层研究学派。1980年代初,一批多为印度出身、研究现代南亚历史的学者立足于南亚的"底层研究"声名鹊起,认为适用于西方社会的精英史观在解释东方问题上失效,他们站在社会底层的立场上来阐释抗争的原因。"底层研究学派的基本旨趣是要研究农民底层政治相对于精英政治的自主性问题。比如,在其学派代表人物查特吉看来,既有的国家与市民社会的分析框架不足以描绘与解释第三世界的底层人民是如何在实际的社会关系中创造非主流政治的民主空间的。这些底层人民不仅不是国家的主体,甚至也不是市民社会的主体,而只是社会精英动员的对象,一待权力分配完成,则继续成为被支配的对象。但是,在许多状况中,底层人民为了生存而必须与国家以及以中产阶级为主体的市民社会周旋。在这个周旋过程中,他们的目的不在于夺取国家的机器,也不在于取得市民社会的领导权,而是要开启一个中介于两者之间的暂时性空间,这即查特吉所谓的'政治社会'。也就是说,强调底层与精英是在不同的政治场域里运作,两种场域的政治行动逻辑是不同的,是印度底层研究学派研究集体行动的一个鲜明特点。"[2] 其实就是想把底层研究的重心转向对"依法抗争"的行动类型的研究,"依法抗争"的概念是欧博文1996年提出的。

关于农民研究有三派代表性的观点:马克思的"阶级小农理论"(以阶级关系为核心的结构分析的思路)、波普金的"理性小农理论"(强调小农是在

---

[1] 应星:《"气"与抗争政治:当代中国乡村社会稳定问题研究》,社会科学文献出版社2011年版,第12—13页。

[2] 同上,第99页。

权衡利害得失后为追求最大利益而理性选择行动目标和手段的人）和斯科特的"道义小农理论"（强调小农经济行为的主导动机是"安全第一"、"避免风险"，农民政治行动不是要追求物质利益的最大化，而是要"安全第一"的生存目标，是在传统的施恩者或保护者不再履行给他们提供最低生活保障的道德义务时的反应）。可见，这三派观点思考的对象是小农，但分析的视角还多是西方的三大视角。

这些分析视角对我国抗争政治的研究有以下借鉴：

（1）阶级分析重新被挖掘。人们发现社会学家的社会阶层分析划分的标准比较模糊，红极一时后在慢慢退温，阶级的分析重新被人们所发掘，值得注意的是不要再度被"意识形态化"和被贴"政治标签"。"李静君、沈原提出'把阶级分析带回分析的中心'，潘毅更用阶级分析的视角写出了关于中国工厂农民工的有影响的著作"[①]。

（2）运用理性小农论的分析比较普遍。"从欧博文与李连江提出的'依法抗争'到于建嵘提出的'有组织的抗争'，从白思鼎和吕晓波所分析的农民'有缴税权无代表权'的困境到崔大伟笔下'具有权利意识的农民'，从裴敏欣关于镇压减少与抗争兴起之间的关联的研究到陈曦提出的'抗议的机会主义'，从裴宜理 21 世纪初主编的关于中国抗争政治的代表性文集再到欧博文和邢幼天等人分别于 2008 年及 2010 年主编的同类文集，尽管在概念上多有变异，在分析上各有不同，但它们大体都强调资源动员和政治机会与抗争政治兴起的直接关联，强调抗争者以权利为诉求、以利益为主导、以权衡为行动原则。"[②] 当然，中国的底层政治又与印度"底层政治"研究有很大的契合性，诸如民众的行为模式不全是基于理性计算，而由于处于社会底层而无从退出，又不甘心接受，却也畏于表达，更多表现为要么忽略、忍耐，要么是投机或"日常的抵抗"（斯科特，2007）。所以，也有不少的学者认为西方的理性选择和权利理论并不完全适用于中国的维权抗争，印度的"底层政治"

---

① 应星：《"气"与抗争政治：当代中国乡村社会稳定问题研究》，社会科学文献出版社 2011 年版，第 14 页。

② 同上，第 14—15 页。

研究可能更适合。

（3）道义小农论的运用并不多。不过，"最近的趋势表明，斯科特的研究路数对中国国内的乡村研究的影响正在增大（可参见王晓毅、渠敬东，2009）"①。可见，中国的群体性抗争政治有其特殊性，西方的分析框架和理论视角的借鉴有一定的帮助，但不能完全适用，西方的社会运动与政府具有很强烈的对抗性；印度学者的"底层政治"与中国有一定相似性，但印度严格的种姓制度使底层的流动性非常困难，而中国农民和工人是国家的主人。

（二）国内的研究现状综述

（1）研究机构及研究的群体：如清华大学薛澜和彭宗超领导的中国应急管理研究基地、南京大学童星领导的社会风险与公共危机管理研究中心、华中科技大学佘廉领导的预警研究中心、中国人民大学张成福领导的危机管理研究团队、西安交通大学朱正威领导的研究团队、中国行政管理学会高小平领导的政府应急管理课题组、北京师范大学张秀兰领导的巨灾应对和脆弱性研究团队、中国政法大学马怀德和李程伟领导的危机管理研究课题组等。这些研究机构更多是对自然灾害、突发性公共事件的研究比较多，尽管有一些相通的地方可以借鉴其研究成果运用于群体性事件治理，但对于群体性事件的研究机构还比较少。中国人民大学以张成福为学术带头人的研究群体，在国内对于政府危机管理具有开创性。许文惠、张成福合著的《危机状态下的政府管理》成为国内最早专门就政府危机管理进行系统论述的著作。早在2003年，针对中国现实的"各自为政"、"头痛医头"的危机管理模式，张成福就提出，全面整合模式是中国危机管理的必然的战略选择。中国行政管理学会受国务院委托于2004年启动了"中央和大城市应急机制研究"，已经出版了《中央和大城市政府应急管理机制研究》、《政府应急管理实务》等著作。近些年来，一些重量级的研究成果也越来越多，如薛澜、张强、钟开斌合著

---

① 应星：《"气"与抗争政治：当代中国乡村社会稳定问题研究》，社会科学文献出版社2011年版，第15页。

的《危机管理——转型期中国面临的挑战》,2006年获第四届中国高校人文社会科学研究优秀成果二等奖;闪淳昌的《应急管理:中国模式的理论与实践》以及童星、张海波合著的《中国应急管理:理论、实践、政策》分别入选2010年和2011年国家哲学社会科学优秀成果文库。薛澜教授也因其在危机管理领域的重要贡献获得2011年复旦管理科学奖。他们多是对自然灾害、事故灾难和公共卫生事件等的研究,也多采用西方理论解释本土现象,相比之下,作为社会安全事件主体的群体性事件则带有明显的中国转型期特征,也已形成了一些很有原创性的本土化的解释或理论。例如:"徐勇提出'接点政治'的概念,认为在社会结构性变革的当今,政治体系各部分的'政治应力'更为不平衡,社会矛盾及其集中反映的群体性事件很容易在那些'政治应力'最为脆弱的'接点'部位发生。于建嵘指出中国群体性事件与西方集体行动不同的三个主要特征:一是经济性大于政治性;二是反应性大于主动性;三是规则意识大于权利意识。应星则提出了以'气'抗争的命题和'气场'的群体性事件发生机制,以解释中国农民有别于利益计算或权利意识的抗争逻辑,这是基于田野调查的原创性本土理论。"①

(2) 几大研究流派及主要研究者的观点:有一个庞大的研究群体是从"社会转型"的视角来研究群体性事件的爆发及原因,如李培林、陆学艺、郑杭生、孙立平、李强、李路路、康晓光、朱力等社会学家。"李培林提出'社会转型'的概念后,陆学艺、郑杭生等发展与完善了社会转型理论,'社会转型'已经成为分析中国现代化进程中的社会风险的有力工具和主导范式。"②社会转型理论有较大的说服力,但是社会学家们更多从社会的角度来寻找矛盾频发的原因,诸如"社会的结构性断裂理论"、"社会分层理论"和"个人的相对剥夺感理论"等等,寻找社会控制系统和利用社会自治化解矛盾的机制,而对于政府的责任追究关注比较少。实际上,社会转型不是群体性事件

---

① 吕孝礼、张海波、钟开斌:《公共管理视角下的中国危机管理研究——现状、趋势和未来方向》,载《公共管理学报》,2012年第3期。

② 张海波:《中国转型公共危机治理:理论模型与现实路径》,社会科学文献出版社2012年版,第21页。

爆发的原因，它只是加剧群体性事件的一个外在权重变量，真正诱因还是政府行为的失范和责任的缺失，社会控制系统和社会自治机制对于群体性危机只是起到辅助性救治作用。另一方面，广大群众也难免将社会转型这个筐无限放大，甚至把群体性事件爆发看成是社会转型的必然现象和必须付出的社会代价，诸如有不少人就盲目接受这样一个西方话语体系中比较流行的说法：当一个国家和地区人均GDP进入1000美元到3000美元时期，是社会发展中的矛盾凸显期。因此，在这种时期，各种问题存在不可避免，再加上由于体制性问题的解决不可能一蹴而就，需要一个过程，甚至是一个不断的过程，才能协调原有体制与社会发展要求的摩擦。然而，过于从客观上寻找原因难免就会为群体性事件爆发寻找不少托辞，而在承担责任方面缺少积极性。将社会矛盾的多发归结为世界各国历史上的普遍现象，从而掩盖了中国社会矛盾存在一定的特殊性；静待以经济发展来解决"发展中的问题"，可能错过机制变革体制调整的最佳时机。薛澜、张扬等也认为："特定的经济发展水平和社会结构并不必然导致集体行动的大量出现，合理的制度结构安排和调整有助于抑制这些消极因素的涌现。但是，这种制度结构的调整本身必须高度谨慎，因为在制度调整转换过程中，可能会造成较大的社会动荡，经济性突发事件不见减少，新的社会运动又会出现涌动，甚至两者合流。"① 非常客观地指出政府对于治理机制的选择和调整才是处理和救治社会危机的关键。

另一派从"制度结构分析"的视角就非常突出政府的制度安排和机制优化对于解决群体性事件的作用。笔者非常赞同这一派的观点，他们更加突出强调政府在群体性事件中责任担当和机制化构建方面应有所作为，而不能在社会变迁的过程中静静等待而无所作为。这一派从研究的侧重点又可以分为三个分支：一个分支是"组织—制度"维度，主要通过如何完善和优化制度建设来化解群体性冲突。诸如薛澜、张扬认为：特定的经济发展水平和社会结构并不必然导致集体行动的大量出现，合理的制度结构安排和调整有助于抑制这些消极因素的涌现。但是，这种制度结构的调整本身必须高度谨慎，

---

① 薛澜、张扬：《构建和谐社会机制治理群体性事件》，载《江苏社会科学》，2006年第4期。

因为在制度调整转换过程中，可能会造成较大的社会功荡，经济性突发事件不见减少，新的社会运动又会出现涌动，甚至两者合流。① 于建嵘也认为只要能够纳入到制度化的渠道内来解决，适度的社会矛盾与冲突并不可怕。第二分支是从"国家—社会"维度，寻求把群体性矛盾放到国家与社会的框架中寻找更好的解决。赵鼎新也指出国家对冲突解决体制化的作用，并要求放到更大的国家与社会关系的视野中去求解。"一个社会运动一旦开始，其发展方向就将由国家对政治冲突体制化的能力来决定，而这种能力取决于国家与社会的关系。"② 第三分支是从"技术—策略"维度为群体性事件的化解进言献策。刘能特别强调了中国特定的三个社会情境维度："缺乏表达利益的正当渠道；新闻媒体的报道有限，限制了第三方的介入；法律地位的不对等。"③ 辛向阳在其著作中，论述了十一大重大突发事件危机管理机制："①应急机制：建立国家危机处理总署；②资源配置机制：建立新制度；③政府责任机制：处理危机的关键所在；④与媒体互动机制：不可缺少的一环；⑤危机决策机制：高超的艺术；⑥专家咨询机制：科学危机决策的基础；⑦科技援助机制：锋利的奥卡姆剃刀；⑧法律支持机制：危机处理的强力基础；⑨社会动员与保障机制：制胜的秘诀；⑩民族凝聚力机制：不可替代的软力量；⑪治理机制转化：由危机转入常态。"④

张海波认为应该把这三大传统统一起来，"无论是学术研究，还是管理实践，这三个传统都表现出一致的趋势——综合化。'工程—技术'传统越来越走向综合减灾，'组织—制度'传统越来越突出整合管理，'政治—社会'传统越来越强调系统反思。这三种传统之间的学术对话正逐渐增多。"⑤ 把这三

---

① 薛澜、张扬：《构建和谐社会机制治理群体性事件》，载《江苏社会科学》，2006年第4期。
② 赵鼎新：《西方社会运动与革命理论发展之评述——站在中国的角度思考》，载《社会学研究》，2005年第1期。
③ 刘能：《怨恨解释、动员结构和理性选择——有关中国都市地区集体行动发生可能性的分析》，载《开放时代》，2004年第4期。
④ 辛向阳：《中国发展论》，山东人民出版社2006年版，第151—176页。
⑤ 张海波：《中国转型公共危机治理：理论模型与现实路径》，社会科学文献出版社2012年版，第30页。

种传统取长补短、加以运用的确是不错的想法。

第三节 "观念·机制·行动"三维视角的分析框架

（一）观念变革：群体性事件治理的价值源泉

其一，从政府单一的应急治理模式走向多元共治的制度治理模式。目前，政府在2003年"非典"危机、2008年南方雪灾、2008年"5·12"大地震等自然灾难面前积累了一些应急管理的经验，而对于群体性社会危机事件就显得捉襟见肘，教训多于经验，而且群体性社会危机事件也是不能靠"毕其功于一役"的应急治理所能够解决的，更何况目前政府选用的手段还多是"打压—强制"，不但不能使问题得到解决，反而容易激化更大的矛盾冲突。靠单一强制的政府仅在事件爆发后应急治理的模式已经被证明是明显不足的，必须从应急治理走向常态化的制度治理，把社会动员起来、把民众组织起来，充分发挥公民、社会团体、志愿者队伍、企事业单位等多元主体的积极性，形成多元主体参与共治的长效机制，实现群防群控、群策群力的治理效果。"在构建社会主义和谐社会的过程中，完善危机治理的制度安排，实现政府与社会的契合，发挥执政党整合与协调功能，科学配置社会资源，减低危机中社会的非制度性参与，将有助于从根本上保障社会的长治久安和持续发展，促进治理成长和社会建设。"[①] 因此，如何发挥执政党和政府的统一领导和综合协调作用，如何发挥公民社会的矛盾缓冲、减压调试作用，如何调动公民的危机参与和责任担当的积极性，如何有效实现技术与制度、执政党与政府和社会的契合，把日常治理与应急治理结合起来，实现社会危机治理机制的有效运行，降低危机应对与规避的成本，构成我们群体性社会危机治理的突出任务。

其二，从"防控—应对"模式走向"拓展—引导"模式。研究社会运动的著名美国学者查尔斯·蒂利把历史上的社会抗争分为两类：19世纪以前的

---

① 蔡志强：《危机治理与社会和谐》，湖南人民出版社2007年版，第3页。

反应性抗争和19世纪后的进取性抗争。他所谓"反应性抗争"是指抵制即将发生的某种社会变化，而"进取性抗争"是指主动推进某种社会变化。① 蒂利对于社会抗争与权利联系起来的积极方面的理解具有观念革新意义，对于理解我们国家当前的群体性事件也具启发意义：如何看待群体性事件的性质问题，群体性事件不再仅仅是消极负面的破坏性，不仅仅是社会弊病的集中反映，也代表着新的社会变革的促发机制，应该比较中立客观的看待它，甚至要看到是人们主张权利、监督政府和参与社会治理的一种选择方式。诸如一次次扩大选举权的社会运动、黑人的反种族歧视的运动、绿党的环境保护运动等等。这在我国的群体性事件也呈现出"依法抗争"和"以法抗争"的两种不同类型的特点。不要再以防控打压恐慌的心态对待它，而是要正视引导，以平和的心态善待它，甚至要有顺应时代的呼唤，引导和推动社会变革的勇气和决心。即"在认知理念转换的基础上，相应提出从'防控—应对'到'拓展—引导'的治理模式的重塑。"② "拓展—引导"治理模式是一种崭新的治理理念，基于群体性社会运动的内在机理，以一种更加前瞻乐观的心态来善待和顺应群体性社会变迁的需求，不再是靠消极被动地"防控—应对"（因为群体性事件"防不胜防"），而是靠积极主动地"拓展—引导"，从中捕捉信息、克服不足、展望未来，从而使执政党和政府实现对大局、大势有准确的把握，"识时务者为俊杰"。然后，配之以制度引导、组织引导和人本引导，不再由群体性事件"牵着政府的鼻子走"，而是由高瞻远瞩的政府把群体性危机引导到预设的渠道中，这意味着思考问题的方式实现根本性的倒置，也从根本上破解了政府进退维谷的两难窘境。

其三，从职能型走向流程型：强烈的问题意识。以"拓展—引导"模式要求政府有很强的从全局驾驭问题的能力，以强烈的"问题意识"为导向的政府的行政改革就变得尤为关键，即克服官僚科层制的弊病，针对群体性事件危机管理政府机构实现从"职能型"向"流程型"的转变。按照政府职能

---

① C. Tilly, *The Contentious French*, Harvard University Press, 1986.
② 金太军、沈承诚：《从群体性事件到群体性行动——认知理念转换与治理路径重塑》，载《国家行政学院学报》，2012年第1期。

来设置机构、定岗定编对于日常的行政管理是必要的，但是对于紧急状态，职能部门之间的协调、信息之间的共享和资源人员的调配就会出现困难。根据"流程型"的需要来设置群体性事件应急管理机构显得尤为重要。因为在应急管理的过程中，由于时间紧迫、任务艰巨，需要政府迅即做出统一的决策、综合协调保证高效的决策执行。然而，由于官僚科层制严格的专业职能分工、部门之间的信息堵塞和人为阻隔、权责之间推诿扯皮，再加官僚作风的效率低下，导致机构和部门"碎片化现象"严重，不能根据问题处置的流程，迅速有效地调集和配置资源和权力，难以形成整体作战和协调作战的合力，耽误了处置的最佳时间，降低了处置的执行力。这也是为什么紧急状态突发事件的处置应该设置独立的机构、设立专门的紧急状态的法律，并且要把"一事一立法模式"与"一阶段一立法模式"结合起来，按照群体是突发事件的发生演变规律、不同阶段的特点和处置的流程来重组资源和配置权力，发挥整体政府和协同政府的治理效果。

其四，政府从刚性管理走向柔性管理的转变。由于群体性事件处置最重要的是靠得民心，重新学习中国共产党在革命战争年代做群众思想工作的经验，把思想政治宣传教育工作做到人们的心坎上，从而获得民众深度的政治认同，改变政府形象，重塑诚信政府，这是化解群体性社会危机的关键。引入官僚科层制和严格量化的绩效考核机制之后，政府的刚性管理增强了，而政府的人性化程度大大减弱了，政府的目标激励变为国民生产总值的增长速度、维稳任务的"零上访"、环境治理的"一票否决"……这些过于刚性的目标激励又在上级政府的层层施压的"压力体制"下，使基层地方政府的行为发生扭曲，开出"恶之花"，诸如"强制打压型政府"、"俘获型政府"和"掠夺型政府"，从而成为催生和加剧群体性事件的阻燃剂和点火器。在这种刚性行政管理体制下，政府的工作压力也很大，干群关系很紧张，"剑拔弩张"、"弓在弦上"、"一触即发"的形容也不为过，使网上热炒"公务员也是弱势群体"的大讨论。对于普通民众而言，这种刚性管理体制过于追求办大事，诸如三峡大坝、南水北调、高铁通车……而忽视、停办、缓办关系人们切身利益的"小事"，"小事"得不到很好的满足，也影响到人们对政府的认同程度和支持力度。我们的党中央和中央政府已经意识到社会管理工作的重要性，也开始从追求高速度的粗放型增长模式向追求内涵的集约型增长模式的转变，民心工程、福利国家的建设也在逐步推进，亲民的政府形象也在极力打造之中。简言之，压力体制下刚性管理带来的"打压—反弹"模式告诫人们，润物细无声的柔性管理和民心工程建设，才是化解群体性事件的长久之策。

（二）制度化调控：群体性事件治理的保障

其一，制度化调控的缺失性。目前，对于群体性社会危机治理还停留在比较低级的阶段，政府的观念变革还处在认识和调试阶段，工作方式方法的改变、独立的危机管理机构的建立、统一的关于群体性治理的法律法规的制定等等，都比较滞后。制度资源的短缺和现有群体性社会危机治理机制的缺陷，构成了当前一定程度的治理危机。"当前中国国家治理资源的贫弱首先表现为制度资源的贫弱，而制度是现代国家治理的核心要素。……萨尔沃·马斯泰罗认为确定现代国家性质的那些'游戏规则'是在各个精英集团之间的协议中产生的，但是，只有当这些游戏规则变成一种第二天性，变成一系列使创造这些规则的那些政治力量本身也不得不尊重的机构和制度时，它们才能维持下去。……因此，制度信仰的缺失，制度不能内化为人们的实际行动规则，制度不能成为人们的'第二天性'，转型中国将长期面临制度建设的社会制度基础相当薄弱的问题。"① 制度权威和规则意识是制度赖以生存的社会心理基础，制定规章制度的人带头不遵守，导致制度权威难以确立，也就更谈不上制度信仰了。中国历来不缺法律制度，缺的是法治精神，规章制度多是统治老百姓的工具，而对专制统治者缺少制约，治民而不治官的规章制度，又怎能树立起制度的权威呢？难怪传统中国民众有"谈法色变"的畏惧。另一方面，规章制度在执行过程中变通执行的投机行为盛行，对规章制度的选择性适用也大大降低了制度的威信，而使规章制度流于形式。现代制度权威代表的是：制度面前人人平等，制度至上，制度不是治民而是为了治官，制

---

① 唐皇凤：《社会转型与组织化调控：中国社会治安综合治理组织网络研究》，武汉大学出版社2008年版，第11页。

绪 论
基于"观念·机制·行动"三维视角化解群体性事件

度是为了更好地保障公民权利的实现，规范和约束享有权力的官员如何行使好手中的权力，给人们行为确定性的预期，违反制度规定将受到惩罚等等。只有在每个人心目中确立起这样的制度权威和规则意识，通过制度治理才能生成有序的治理秩序。在西方的现代国家治理体系中，制度是调控的核心手段，组织和意识形态是重要的辅助手段。如何通过制度化的组织调控就成为当前政府化解群体性事件的重中之重。

其二，社会化调控只有建基于制度之上才能持久稳固。现代社会越来越复杂、越来越分化甚至分裂化，是一种由大量相互差别、各自独立的社会自系统组成的网络，如何把这些合法性不同、能力也不同的行动者有效地组织起来，通过理性化的社会调控来规范社会主体的行为就显得越来越重要。"社会调控是社会管理机构对运动中的各种社会力量的调节和控制，以使它们能够最大限度地均衡运动，同时避免它们之间的矛盾和冲突危及社会的总体进程，打破社会发展所需要的必要的稳定结构。"① 然而，如何实现这种社会调控的目标，实现各种力量主体均衡发展，将相互之间的冲突纳入到可控的范围之内？人类通过漫长的政治实践活动，从古希腊的伦理政治、到中世纪的神学政治、再到启蒙以来的个人政治，演进到19世纪末以来的制度政治，而且新制度主义从动态的视角大大丰富了对制度的理解，视作一种契约、一种博弈规则的制度为社会各力量主体提供了通过博弈协商达成共识的平台。这样，就把旧制度主义强调的正式的刚性制度与新制度主义所强调的博弈规则、各种约束规范统一起来，也大大扩充了制度作为社会基石的解释力度，制度也被各个国家和人们普遍认同。"制度是政治发展的中心，制度化是现代国家建设的核心，制度能力是现代民族国家政治能力的关键组成部分。政治学理论一般认为，在传统社会，外在的威力威慑以及内化于人们心中的文化认同是维系一个政治共同体存在的强大力量。"② 在当今以现代制度文明著称的时代，制度认同构成构建现代国家政治认同的主要基础。如何通过和平、非暴力化的手段解决国内社会秩序问题，西方国家的治理经验表明："主要体现在

---

① 王沪宁：《社会资源总量与社会调控：中国意义》，载《复旦学报》，1990年第4期。
② 唐皇凤：《社会转型与组织化调控：中国社会治安综合治理组织网络研究》，武汉大学出版社2008年版，第319页。

配置型资源与权威性资源的扩充和集中方面,其中最为重要的是通过现代制度体系对主体的'规训'来实现的,制度是现代国家治理的基本中介,通过这种抽象化的治理,国家利用法制和现代国家制度这种表面的程序公正,来增加国家治理的合法性基础,通过法制这种'迂回而隐蔽'的治理,实现现代性对主体'规训',达成低成本的有效治理。"①

其三,制度化调控的构建。和谐社会不是没有冲突的社会,而是选择运用有效的机制把冲突解决好和控制住。"我们评判一个社会稳定与否,不是看有没有社会矛盾和利益冲突,而是看这个社会是否具有一个完善的社会机制将矛盾和冲突控制在'有序'范围内。"② 一个负责任的现代政府解决群体性事件的途径就落实到法治观念的培养、法律机制的建立和完善上。

(1) 树立法律权威和法律至上的法治观念。包括政府执政理念的革新、公务员依法行政的制约和公民法治观念的培养等,这主要把外显的制度强制内化为深度的心理认同,这需要一套共享的法治观念,"其主要工具和手段是共享的价值观、统一的行为规范(包括法律、规则、习惯、传统等),通过外在的强制和内在的认同两个主要机制,实现不同社会群体的社会成员间的相互合作,从而达成社会制度的维系和有序的变迁。"③ 也即是确立起对社会各个部分和社会全体成员的行为进行协调和规范的普遍适用的法律规则,从而减少导致群体性事件的根本诱因和隐患。

(2) 如何进行制度设计和推进制度变迁。"制度的变迁和成长在很大程度上决定着社会发展。制度选择与制度设计,成为中国现代化发展的首要前提;而制度的有效成长,则成为中国现代化的重要保证。"④ 制度设计不仅仅局限于对具体制度的创设上,而且需要一种基于程序正义的制度建构,洛克的

---

① 唐皇凤:《社会转型与组织化调控:中国社会治安综合治理组织网络研究》,武汉大学出版社 2008 年版,第 16—17 页。
② 中国行政管理学会课题组编:《中国群体性突发事件成因及对策》,国家行政学院出版社 2009 年版,第 114 页。
③ 李路路:《社会变迁:风险与社会控制》,载《中国人民大学学报》,2004 年第 2 期,第 10—16 页。
④ 林尚立:《长江三角洲:国际大都市圈与中国现代制度成长》,见上海证大研究所:《长江边的中国:大上海国际都市圈建设与国家发展战略》,学林出版社 2003 年版,第 345—346 页。

"议会主权"理论把对政治合法性的解释建立在作为机构的议会身上,就是主权理论的一次革命性变革,通过制度的设计把权力授予给机构,而不是宗教的上帝、自然或者具体的某个人,然后再以机构的权威来选择合适的统治者或议员,从而也把统治者或议员的权力纳入到对所有人适用的制度权威中去,避免统治者或议员的恣意妄为,这对于后继的制度设计者们提供了一个基本的框架,也有助于解决"谁来治理治理者的难题"。对于我国的制度设计来说,缺少对抽象制度的想象和建构,"'通过抽象的制度体系的治理'就可以涵盖一切社会领域中的社会个体和社会组织,并且避免了国家权力与治理对象的直接接触,通过一个普适性的、表面上和程序上公正的制度体系作为缓冲机制,有效地消弭了国家权力渗透的外在阻力。"[①] 也就说构建起一个对全体社会成员普遍适用的制度框架,既能规范普通民众的行为模式,又能有效制约和防范国家权力滥用,使国家权力的强制力实施甚至暴力的使用只要是在制度允许的框架范围内就有合法性基础,从而也大大提升了国家的执政能力,也规定了公民服从国家的义务,这样,双方都基于制度认同的国家治理就是富有成效的,也大大降低了治理的成本。"制度建设对政府行为的制约不是采取消极的控制方法,而是着眼于在政府与社会成员之间建立理性的对话机制,促进双方的协商与合作,实现公益与私益的双赢。社会主义法律体系的发展不仅着眼于表明政府治理的限度,而且更要从制度上促进政府治理的效能"[②],这也是建构抽象的国家制度体系的最大魅力之所在。可见,对于我国一个制度资源短缺的国家,法治的魅力有待进一步挖掘,法治国的建设需要加大步伐,构建制度的人才需要大力培养,使制度至上、受制度制约的制度权威和规则意识深入到每个人心中。

(3) 中国要构建完整的现代国家制度体系,并让这些制度有效运转起来,进而实现制度化调控的国家治理方式的现代转型,是一个长期的历史任务。具体到中国的法律实践中来看,修订和完善相应的法律制度,保证法律指向公共

---

① 唐皇凤:《社会转型与组织化调控:中国社会治安综合治理组织网络研究》,武汉大学出版社 2008 年版,第 322 页。

② 潘伟杰:《法治与现代国家的成长》,法律出版社 2009 年版,第 244—245 页。

利益或普遍利益,才是保障公民权利的良法。加强司法权威和公正,保证司法途径的公正性,选择那些具体的机制通过制度化治理的途径把矛盾冲突纳入到体制内来解决。具体到利益诉求机制、矛盾化解机制、信息共享机制、有效的沟通协商机制、预警机制、心理干预机制、善后补偿机制等等,有效地防范和处置体制外群体性事件,使之纳入到常态化治理的体制内来解决。

(三)"组织化的社会":行动上需把社会组织起来

其一,组织在国家治理中发挥的作用。每个人天生是一个社会动物,总会以各种组织成员的身份过上一种群体的生活。如在传统宗法礼俗的中国,广大基层社会的乡绅自治很好地维系了一个庞大中华帝国的生存,借助于乡绅和宗法组织完成几乎全部乡村社会的治理活动,如乡村私塾、社会治安、宗法裁决、婚丧嫁娶等等,一个网状的熟人社会发挥绝大多数的社会治理功能,一个厚信任的血缘组织网络发挥了极其重要的作用。托克维尔所描述的美国民主社会,一个平等的原子化的个人社会之所以成为可能,发达的社会组织发挥着沟通和桥梁作用。唐皇凤总结的国家治理的三种模式中,也可以看出组织在每种治理模式中都不可或缺。

国家治理三种模式的比较[①]

治理模式 基本内容	传统社会主义时代的国家治理	综合治理	现代国家治理模式
治理中介	组织	组织+制度	制度+组织
治理方式	人治	人治+法治	法治
治理手段	组织网络渗透、意识形态动员、各种政治运动	组织化调控为主、制度化调控萌生	制度化调控为主、组织化调控为补充

---

① 唐皇凤:《社会转型与组织化调控:中国社会治安综合治理组织网络研究》,武汉大学出版社2008年版,第10页。

其二，组织的缺失给政府化解群体性社会危机带来的困难。在社会单位化的时代，看似社会被有效地组织起来了，实际上，在一个什么都需要单位供给的个人，离开单位的人们几乎举步维艰，因为意味着没有个人的身份认同，个人被整个社会给孤立起来了。当下单位制受到市场化浪潮的冲击而纷纷瓦解，传统的宗法组织也早已解体，原子化的个人又使社会充满无序的乱哄哄状态，尤其当群体性事件爆发后，政府苦于找不到合适的代表作为谈判的对象，民众原子化个人的表达由于过于分散而得不到体现或堵塞利益诉求的渠道，出现无序状态。让国家应对每一个利益诉求的个体，治理的成本可想而知有多么的巨大；而一个个分散的个体也难以对付国家的权力，也难以实现个人的权益诉求。如何把单位制解体、利益多元分化和权利呼声高涨时代的人们重新组织起来，成为当下治理群体性事件的一个重要任务。

其三，如何把社会重新组织起来。随着国家政治权力紧缩、经济权力放权和社会权力回归的改革的推进，"各种新兴的社会、市场组织在新的治理体系与治理结构中的地位与作用明显上升，政府职能市场化与社会化的趋势非常明显，甚至在国家传统职能的最核心部分也出现了市场化与社会化的趋向。……多样化的综合治理主体意味着现代治理体系在改革开放后的中国日益成熟，执政党的权力组织网络通过对传统组织的利用和对新兴市场、社会组织的吸纳得以进一步完善"①。这也是中央政府和执政党在国家治理的过程中对社会功能和社会组织的认识不断加深的结果，对于第三部门社会组织的警惕、审批限制都在放松。迅速崛起的社会组织、市场组织也在自然灾害、突发公共安全事件和群体性社会事件的治理中发挥着越来越重要的作用，"针对改革开放后体制外资源日益增生的社会现实，在国家治理资源依旧匮乏的条件下，执政党与政府试图通过综合治理机制把各种游离于体制之外的市场资源和社会资源纳入国家治理体系，在旧的治理体系中不断引入新的治理要素（如市场、法制和各种现代治理技术），不断拓展国家治理空间，进而构成

---

① 唐皇凤：《社会转型与组织化调控：中国社会治安综合治理组织网络研究》，武汉大学出版社2008年版，第417页。

庞大的综合治理制度体系和组织网络。"① 通过市场组织和社会组织的吸纳，充分发挥政府治理机制、市场治理机制和社会治理机制三大机制的优势，优势互补，培育容纳三大治理机制的新型现代国家治理体系，以便应对群体性事件频繁所带来的社会治理危机，取得治理绩效。

第四节 论文的逻辑结构与不足

（一）逻辑结构

本书主体部分由八章构成，另加绪论和结语部分。

绪论部分主要介绍我国群体性事件频发的时代背景，国内外的研究现状，本书的分析工具、主要创新与不足。

主体部分主要围绕化解群体性事件的要素来谋篇布局。

第一章主要从发动群体性事件的主体——公民分析开始，公民权利匮乏是导致群体性事件的根源，主要从利益诉求机制和分配正义机制来寻求源头治理。

第二章主要围绕信息和媒体这一要素展开，探讨责任政府为什么要信息公开以及如何处理好政府与媒体的关系，这是信息时代政府必须面对的需求。

第三章主要围绕政府机构这一要素展开，以解决群体性事件这一问题为导向的政府如何构建系统化的高效的治理机制，在整体性政府和协同性政府的指导下如何理顺政府的权责关系。

第四章主要围绕政府组成人员这一要素展开，主要分析在群体性事件紧急处置过程中政府组成人员如何选择使用刚性的强制力和柔性的沟通劝服协商的能力，探讨平等协商机制在化解群体性事件中的作用。

第五章主要围绕社会这一要素展开，群体性事件的化解需要社会与政府共享权力共担责任，这需要政府有效地通过组织的方式把社会动员起来，让

---

① 唐皇凤：《社会转型与组织化调控：中国社会治安综合治理组织网络研究》，武汉大学出版社2008年版，第9页。

社会运转起来，充分发挥社会组织和社会自组织机制在化解群体性事件中的作用。

第六章主要围绕现有制度这一要素展开，分析现有制度的不足以及如何进一步完善。重点分析调解制度、信访制度和诉讼制度在目前化解群体性事件中的不足，探寻让社会组织发达起来增加"第三方调查"机构的可行性，以及补充其他矛盾化解机制的可能性。

第七章主要从深层次的心理这一要素展开，探求群体性事件危机治理的常态化治理的可能性，从心理的角度分析群体性事件爆发的原因、人们对待危机的客观认识以及如何从思想上疏导和实施必要的心理干预，以寻求民众对政府危机治理的政治认同和政治信任，从而有效化解群体性事件引发的认同危机。

第八章主要对政府的事前预警和事后问责的标本兼治的制度来探讨群体性事件的预警机制的重要性，改变过去政府"重应急"、"轻预防"的群体性事件处理模式，加强政府的问责力度和贯彻责任追究制度，从问责风暴走向法治问责。只有把事前预警和事后补救有机结合起来，才能更好地化解群体性事件危机。

本文各章对机制的选择和分析遵照如下逻辑：宏观层面探讨观念的变革，中观层面比较中外制度设计，微观层面分析我们做法的不足以及如何进一步完善。

结语部分，展望未来，重申研究的结论，尽管群体性事件频发的危害性必须引起我们足够的重视，但我们对于政府在未来社会化解群体性事件的能力充满信心，"组织化的制度调控"是化解群体性事件的必然选择。

(二) 本研究的不足

由于本研究选择的是"制度—结构"的分析范式，以问题为导向，探讨如何从系统要素的视角来化解群体性事件的机制，缺少"事件—过程"分析的生动案例叙述和大量实证调研数据的支撑，更多是从规范论证的角度分析选择每一种化解机制的原因、目前存在的不足和完善办法。选择这一分析范式也是源于在资料收集的过程中，阅读大量的论文和著作后发现，对于群体性事件的分析在现象层面的描述多,而分析论证的少,本研究想在这方面作一些贡献,探讨群体性事件背后的政府危机治理的规律,把群体性事件的发生和治理放到更大的时代背景中去考察,澄清人们的一些认识误区和偏见,寻求对危机和矛盾冲突的更加客观的认识。笔者认为尽管政府对于群体性事件引发的危机治理责无旁贷,但有效地化解群体性事件还得把国家治理、社会治理和市场治理三大机制有机结合起来,而不能把所有责任强加在政府身上,政府也应该改变全能主义政府的思维模式和行为方式,发挥"组织化制度调控"的作用,把社会动员起来,把市场机制运转起来。既然我们要求抛弃政府单一化的完全强制的治理模式,已经认识到政府也受到有所能有所不能的理性有限的制约,就应该换一个思路探讨政府与社会和市场多元共治的可能性和可行性。

第一章 权利匮乏与补救：完善和落实利益诉求机制

第一节 权利匮乏与沉没的声音

（一）权利匮乏在权利高涨时代显示巨大反差

其一，权利匮乏问题越来越引起人们的重视。"随着社会的发展和历史的进步，人们不再认为贫困仅仅是物质的缺乏和经济收入的低下，因为这只是贫困的一个方面和表象而已。人们还从人的基本权利的角度认识贫困现象，从贫困现象的背后去认识产生这一现象的根源。这种对贫困概念认识上的深化一方面说明了人类对权利诉求随文明发达程度的提高而增强，另一方面也反映了人们从更为深刻的层面揭示了贫困的本质问题。"[①] 即"权利贫困"或曰"权利匮乏"。近些年来，随着经济增长和物质生活水平的改善，人们对于公民应有的权利的呼声也越来越高涨，相对于经济权利的满足，而公民的民主政治权利和作为人的尊严的基本权利就显得相对滞后，当这种权利的缺失或匮乏波及众多社会成员时，大范围的社会矛盾的激化或"泄愤性群体性事件"往往就难以避免，甚至愈发频繁。

其二，权利匮乏现象具有世界普遍性。阿玛蒂亚·森关于饥饿与饥荒的研究，提出一个让人振聋发聩的结论："繁荣型饥荒"。按照森的观点，饥荒不仅仅是天灾，更是人祸，甚至更主要是人祸，即权利体制的不合理，很多

[①] 李海清：《公民、权利与正义：政治哲学基本范畴研究》，知识产权出版社2011年版，第61页。

公民的经济权利与交换权利被剥夺或缺失,称之为"权利丧失"。"我们最好将饥饿视作'权利丧失'的结果——这一认识并非标新立异。"① 因为森的研究发现,用粮食缺乏来解释历史上的一些饥荒是行不通的,历史上有很多国家与地区饥荒恰恰发生在粮食产量的高峰时期。"我们也必须认识到,不管经济发展得多快,如果直接的公共干预中不包括专门的权利保障机制,那么对大部分人口依靠不确定来源以维持生活的国家来说,则无法指望遏制饥荒"②。森的权利匮乏理论告诉我们,"贫困不单纯是一种供给不足,还是权利不足,尤其是在繁荣时期。大量事实证明,资本、市场的繁荣发展并不必然带来社会的整体的富裕,如果不有效地调整公民与国家的权利关系,不有效地调节分配中的权利关系,繁荣发展必然造成巨大的社会分裂,以致'使社会衰败并毁坏'。在中国当代工业化进程中,已经出现的'繁荣型贫困',就是很典型的权利贫困的例证。"③ 有些学者认为权利贫困的观点并不适用于解释中国的群体性社会危机,认为中国目前民众更多是利益诉求,而不是权利诉求,笔者并不赞同这种观点。引发社会矛盾冲突的群体性事件表面上是由于利益分配的不公、贫富差距悬殊、城乡差距和东西差距拉大,这固然有个人能力的差异,但从权利的逻辑来挖掘这些现象背后的深层次原因来讲,这主要由于社会制度安排的不合理导致权利贫困的必然结果。"主要是由于权利的贫困,普通公众或是丧失了平等分享社会发展成果的资格,或是缺乏各种发展、进步的机会,或是缺乏维护自身权益的资源条件和行动能力,从而导致了各种形式的不和谐、不公正、不平等现象。"④

其三,我国权利匮乏现象尤甚,亟待补救。我国"国家与公民之间关于权力与权利的契约,不是建立在自由意志的基础之上的,而是一种单方面的

---

① 让·德雷兹、阿玛蒂亚·森:《饥饿与公共行为》,苏雷译,社会科学文献出版社2006年版,第23页。
② 同上,第167页。
③ 马新文:《阿玛蒂亚·森的权利贫困理论与方法述评》,载《国外社会科学》,2008年第2期。
④ 韩志明:《权利的恣意与权利的贫困:构建和谐社会的二维分析》,载《社会主义研究》,2008年第1期。

第一章
权利匮乏与补救：完善和落实利益诉求机制

各式条款，由此而达成的共识——法律制度——也只是单方面的平衡机制。"① 由于契约是建立在双方交互协商的基础上的，但中国国家与公民之间根本不是建立在契约基础上的，老百姓对法律的理解也更多是提供约束的强制规范，而不是为了声张和保障公民权利；对法律的遵守也更多是基于规则意识，而不是权利意识，"80%的中国老百姓走上街头不是反规则，而是要求官员守规则，与西方相反。中国的情形是：你说给 10 块钱，结果只给 2 块，讲话不算数；西方是你给 10 块，根据人权，你应该给 100 块。性质不同。"② 这源于中国法制现代化从一开始就走上与西方现代化截然不同的道路，也是救亡图存的历史使命所迫，走了一条从中央集权到法律制度建设再到思想启蒙的奇特道路，而且这种法治思想和权利意识的启蒙还正在进行时。而西方的法制现代化经历个性解放、自由平等的权利启蒙，制订的一系列法典是保护民众为权利而斗争的民主革命的成果。"耶林曾经这样来描述西方公民'为权利而斗争'的形象：'驱使受害人提起诉讼的，不是利益，而是对于遭受不公的道德痛楚，对受害人而言，当做的不是单单为了重新获得标的物……而是为了承认其权利。……诉讼从一个单纯的利益问题变成了一种人格问题。'"③ 而不少中国的官员权利意识淡漠，把权利问题淡化为靠人民币来解决的问题，甚至依然还是靠传统的强制力来实施的问题。而普通民众已经开始权利觉醒并为争取承认而斗争，"中国农民的斗争形象可以称为'为承认而斗争'（霍耐特，2005）。这种斗争与'为权利而斗争'的相同之处在于，怀持着'为承认而斗争'信念的中国农民，对于所谓的法秩序并无过多的信从。他所主张的与其说是法律意义上的'权利'，不如说是人的尊严和社会承认的底线；与其说是基于耶林所谓的法感情，不如说是基于滋贺秀三所谓'常识性的正义平衡感'。"④ 尽管争取的这种权利还是最基本的人权，但是在具体的维权抗争活动中，无论是工人、农民，还是市民都开始从身份认同做起，首先追求在现有

---

① 张炜：《公民的权利表达及其机制建构》，人民出版社 2009 年版，第 33—34 页。
② 陈力丹：《舆论学：舆论导向研究》，上海交通大学出版社 2012 年版，第 24 页。
③ 应星：《"气"与抗争政治：当代中国乡村社会稳定问题研究》，社会科学文献出版社 2011 年版，第 117—118 页。
④ 同上。

法律之下的权利，进行"依法抗争"、"以理维权"，这种规则意识下的权利观念有助于避免群体性权利诉求的混乱，代表着一种进步。其次，人们在维权斗争中，既维护了自己的合法权益所受到侵害的那部分，也推进了公民的权利意识和法治进程，对法律本身的反思，对权利源头的溯源，为制定一部良法而斗争，即走向"以法抗争"的阶段。由此而与西方法治殊途同归，为声张和维护公民的权利而斗争。这也是许多法学家多年来努力改变的一种现实：从"义务本位"的法理学走向"权利本位"的法理学的变革。

（二）沉没的声音与民意的"打捞"

其一，普通老百姓人微言轻，难以从边缘地位走向"问题的中心"。如果对公众的意见表达没有足够的关注度，就不能成为舆情的热点，也上升不到政策议程的高度。这就要求政府高度重视民众的话语表达和提供意见自由表达的广阔空间，只要保证意见之间公平竞争，不是一种意见压倒另一种意见，而是意见之间相互碰撞、相互竞优、相互影响、交叠共识，并不会造成社会的不稳定。甚至对于那些激进、异端的声音也要宽容，事实上，一两篇文章、一两个帖子很快就会被淹没在海量的信息之中，一点涟漪都不会引起，不要过度恐慌。不要认为利益受损群体发声及其维护自身权益的行动，就是对政府与社会的不满，就是不稳定因素。这就要在相关的政策、法规中对于公众意见表达的话语权制定相关的规定，保护利益相关者能够畅通地传递自己的声音，政府也应积极接收和"打捞"公众声音，在重大决策中要倾听并吸纳利益相关者的意见。各种意见的表达传递的是民意，只有尊重民意才能赢得民心，才能获取最宝贵的政治资源。

其二，"高压政治"的传统使民众的声音"集体失语"，是构成群体性事件爆发的重要原因。尽管民众的话语表达越来越自由，我们也迎来了表达的"黄金时代"，但仍有许多声音未被倾听，被称之为"沉没的声音"，也可谓无效表达。无效的表达，不是不愿意表达，而是要么虽有表达，但问题并没有得到解决；要么不能表达，被高压封锁。这主要由于官方在对待媒体舆论所表现出的"选择性失语"或"绝对性失语"，大多媒体网络以反映外地信息为主，或避重就轻、象征性反映，或者有所报道，也语焉不详，导致民众感觉到"说也白说",从而对于话语表达丧失信心,表现为政治冷漠。要么滥用媒体网络的审查权,对当地民意不满采用传统政府的高压强制,进行封堵,使媒体表现出"集体失声",导致民声民意被大量淹没在强大的声场之中,难以浮出水面。大部分沉没的声音得不到有效表达,也就意味着民众的大量诉求得不到满足或被忽视,这些被压抑情绪的积压也构成群体性事件爆发的重要原因。"让舆论哗然的事件,都肇始于被忽视的声音。不可倾诉、不被倾听、不能解决,如果不主动'打捞',太多声音沉没,难免会淤塞社会心态,导致矛盾激化。"[1] 为了防止重大群体性事件的爆发,我们不仅不应该人为堵塞群众各种声音的表达渠道,反而更应该积极打牢沉没的声音,"那些为网络关注、被媒体聚焦的热点事件,只是'冰山的一角',海面之下这些体量更大的冰块,才是让冰浮出水面的庞大基石,也才是决定社会心态的'潜意识'、'核心层'"[2],听见与被人听见,说话与听人说话,是民众作为"社会人"的基本诉求,表达权已成为一项基本的政治权利。重视这些声音,是协调利益关系、理顺社会心态的起点,也是政府应尽之责,维护弱势人群的话语权,这也构成社会长治久安的坚实基础、和谐社会的关键所在,更是现代文明的基本共识。这对于处在急剧社会转型中有着13多亿人口的巨型国家,保障民众的话语权和积极打捞沉没的声音,对于国泰民安显得尤为重要。

其三,因言获罪,对民意进行强制性打压。"一些基层民众痛恨腐败,编诗、编文、编歌进行讽刺,结果以诽谤罪入狱。"[3] 这是政治不宽容的突出表现,也是在开历史的倒车。我国已经加入联合国《公民权利和政治权利国际公约》,其中第19条对表达权明文规定:"(1)人人有权持有主张,不受干涉。(2)人人有自由表达意见的权利;此项权利包括寻求、接受和传递各种消息和思想的自由,而不论国界,也不论口头的、书写的、印刷的、采取艺术形式的,或通过他所选择的任何其他媒介。(3)本条第2款所规定的权利的行使带有特殊的义务和责任,因此得受到某些限制,但这些限制只应由法

---

[1] 沙勇忠等编:《多难兴邦:中国政治年报2011》,兰州大学出版社2011年版,第185—186页。
[2] 同上。
[3] 聂方红:《涉政公共事件:地方政府行为新挑战》,人民出版社2012年版,第62页。

律规定并为下列条件所必需：（甲）尊重他人的权利或名誉；（乙）保障国家安全或公共秩序，或公共卫生或道德。"对政府而言，要保障人民话语表达权的实现，就要在制度上给人民提供方便的条件和免受追究的保障，鼓励和保障人民说实话、说真话。一方面，我们要给社会弱势群体话语表达权，不能用打压的方式让老百姓保持缄默，"防民之口甚于防川"，民众保持沉默很可怕，"不在沉默中灭亡，就在沉默中爆发"。正如阿尔蒙德所说："在贫富差距巨大的社会里，正规的利益表达渠道很可能由富人掌握，而穷人要么是保持沉默，要么是采取暴力的或激进的手段来使人们听到他们的呼声。"① 另一方面，我们要积极打捞民众中表达出来的声音，不要让大量的人微言轻的声音沉没，而得不到关注。其实，中国古代历来重视对民谣的收集，将其视为民意反映的重要方式。古代的"王官采诗"就是收集民谣的重要制度。"王官采诗"俗称"采风"，根据《左传》记载，春秋时期每年春秋季节，君主都要派官员到民间收集歌谣、民谣。《诗经》中的国风，相当一部分就是来自这类政治民谣，其中的《硕鼠》更是家喻户晓。这要求增加对民意调查的投入。"中国与美国之间GDP之比为1∶5，然而在民意调查的资金投入方面为1∶65。其中，中国投入费用的75%由海外调查机构投入。仅计算国内自身投入，那么中美之比为1∶280。因此，中国在民意调查上的资金投入是严重不足的。这严重制约了对社情民意的了解。"②

（三）从权利的表达到"可行性能力"：维权斗争

"一种利益、主张或资格必须具有相应的权能才能成立。权能首先是从不容许侵犯的权威或强力意义上讲的。其次是从能力的意义上讲的。"③ 没有对权利的救济、分配与保障的制度安排，应有的权利理念根本无法有效地转化为公民的法定权利，也根本无法转化为公民的实际权利能力。

其一，目前，中国维权斗争还更多的"依法抗争"，"以法抗争"还比较

---

① ［美］阿尔蒙德：《比较政治学：体系、过程和政策》，曹沛霖等译，上海译文出版社1987年版，第230页。
② 李希光、周庆安：《软力量和全球传播》，清华大学出版社2005年版，第65页。
③ 夏勇：《人权概念起源——权利的历史哲学》，中国政法大学出版社2001年版，第48页。

少。"权利主张大体上有两种形式,一是以国家法律或政策明确规定的正式权利,这是许多学科知识所重点研究和讨论的权利类型;二是经济社会实践中的道德权利与文化惯例实践的权利,即一个社会文化或舆论在道德上强烈赋予某一个社群或人群应当拥有某一权利,即使国家法律并不一定认可或保障的(辛格,2005)。"① 中国人对于权利的理解更多还是法律所规定的权利,也尊重或惧怕法律,有"谈法色变"的传统。"中国人喜欢秩序、尊重法律,即使法令不值得尊重时。在所有的亚洲民族中,中国人也许是最容易统治的,只要统治得让他们习惯了,就万无一失了。"② 而对于"应当的权利"这一基于自然法传统的权利意识比较薄弱,而在英美传统里,权利指的是自然权利,是由上帝赋予的而不是由国家赋予的,而且是旨在对抗国家强制的保护机制。"哈佛大学教授裴宜理在研究中国的民众抗议活动时也有同样的发现,无论古代还是现代中国的民众抗议活动,他们有一个传统就是都在遵守规则。抗议者非常关注国家放出来的信号。他们尽力按照国家的规定来进行,无论是正式的还是非正式的,他们都很注意。"③ 于建嵘也赞同这一总结,即中国民众所谓的维权抗争"规则意识大于权利意识"。④ 这些抗争很少质疑意识形态的统治权威、推翻现有政权,更多是维护法律所规定和赋予的权利,也即是寻求在现有合乎法律的正规渠道内来争取自己的权益。

其二,当然,近些年也表现出一种从追求具体利益走向追求"抽象的权利"的趋势。随着人们基本物质需求的满足,人们也开始追求人之为人的权利,"抗争行动的首要目标从如何争取具体的利益开始转化为如何保证生命的安全,捍卫做人的尊严,获得底线的承认。"⑤ 例如:"从农民的行为方式的特征而言,这些维权抗争行为经历了从'弱者武器'的'日常反抗'到'依法

---

① 赵德余:《权利、危机与公共政策:一个比较政治的视角》,上海三联书店2012年版,第184页。

② [美]阿瑟·亨德森·史密斯:《中国人的人性》,姚锦镕译,中国和平出版社2006年版,第147页。

③ 聂方红:《涉政公共事件:地方政府行为新挑战》,人民出版社2012年版,第59页。

④ 于建嵘:《抗争性政治:中国政治社会学基本问题》,人民出版社2010年版,第46页。

⑤ 应星:《"气"与抗争政治:当代中国乡村社会稳定问题研究》,社会科学文献出版社2011年版,第117页。

抗争'再到'以法抗争'的深刻变化。'以法抗争'是指具有明确政治信仰的农民利益代言人为核心,通过各种方式建立了相对稳定的社会动员网络,抗争者以其他农民为诉求对象,他们认定的解决问题的主体是包括他们在内并以他们为主导的农民自己,抗争者直接挑战他们的对立面,即直接以县乡政府为抗争对象,是一种旨在宣示和确立农民这一社会群体抽象的'合法权益'或'公民权利'的政治性抗争。"① 抗争从满足个人私利到谋求群体整体利益,从具体的经济利益走向抽象的政治权利,不仅追问是否符合现行法律规范,还要追问法律规范背后的立法精神。这也是改革开放三十多年来中国现代法治进程推进的结果,国家与公民之间的新型权利义务关系的调整正在进行,国家的治理方式也在发生巨大转型,从依靠行政权力实施强制到更多依靠法律权力实施法治,各社会主体的权利越来越受到重视,也被纳入到新的法律规范的调整与制定中来。随着公民的权利意识的觉醒,不仅在合法权益受到侵犯时不再沉默,学会运用法律武器来展开维权抗争,而且维权抗争的标准也从现有的法律规范向基本人权发展,谋求所代表社会群体的整体权利和抽象权利,从而推进立法进程和加强以公民权利来监督国家权力的诉求。

其三,维权斗争取得的成就。第一阶段,基层民众的自主性获得极大的提升,也从改革开放中获得很大的经济实惠,物质生活水平获得显著提升。随着农村和城市改革的先后推行,农民获得了生产经营权,市民也打破"单位制"的束缚,在更大的空间内自主地寻求自身的合法权益。第二阶段,"人权入宪",从"为了获得承认而斗争"走向"为了权利本身而斗争"。随着市场经济的发展,贫富差距拉开,利益分化加剧,社会不公现象增多,人们对生存权、自由权、发展权等的要求方面日益强烈。这在反映社会民众的呼声和要求的同时,使之朝着保障民众基本人权的方向不断迈进,从而进入政府的文件,并被写入《宪法》。2004 年,"国家尊重和保障人权"写入《宪法》,成为国家根本大法的一项基本原则,从党和政府执政的政治理念和价值,上升为国家建设的政治理念和价值,这无疑具有重要里程碑意义,为中国人权事业的全面发展开辟了广阔的前景。《宪法》对基本人权原则和内容作了具体

---

① 于建嵘:《底层立场》,上海三联书店 2010 年版,第 281 页。

明确的规定，而且在实践中也努力把生存权和发展权放在重要位置。第三阶段是"私有财产入宪"，有助于从产权边界走向构建权利边界清晰的权利体系。2007年《物权法》的颁布和将"私有财产"的保护写入《宪法》，进一步表明国家对基本人权的尊重和保护，有利于清晰界定市场经济条件下各种利益主体的权利边界，对于民众权利意识的提高也有促进作用。

（四）社会戾气的聚集与疏导

其一，弱势群体忍气吞声，在看似稳定的表面情势下聚集怨气。尽管权利意识的觉醒代表着中国未来的发展趋势，但是目前还多是群体利益的代言人先知先觉，而对于大多数的弱势群体而言，由于占有的社会资源有限，好多还是在为自己的生存生计苦苦挣扎，没有时间也没有精力和金钱来承担利益诉求的高昂代价和成本费用，有不少由于多年上访维权而导致家破人亡的惨痛教训，使民众宁愿选择忍气吞声，而不愿选择维权抗争来表达诉求。也可能普通民众并不是不愿表达，而是表达能力有限，或者害怕表达。要么由于利益诉求的渠道不畅通，普通民众的利益诉求往往是状告无门，不知道如何维权；要么由于担心被打压或"给穿小鞋"，而不敢正面表达诉求。民众的利益诉求不愿、不能和不敢表达，看上去风平浪静，但由于受损的利益没有得到解决，而且被积压、待疏解的情绪没有得到化解，外界一点小事件都可能成为导火索，引发大规模的群体性危机。

其二，极端社会抗争的原因分析。（1）由于处于权利匮乏中的弱势群体缺少法律的武器捍卫自己的权利，正规的表达权利的渠道被堵塞，合法的社会抗议机制也太少。当权利不能通过制度化途径得到保障和实现的时候，只能要么选择默默忍受，要么拿起弱者的武器。随着一种绝望心态的滋长，从而选择一种非理性的抗争方式，从温和的抗议方式升级为极端行为，采取一种报复与惩罚的行动，"这种受虐者向施虐者和全社会施加的报复，与其说是报复，不如说是'反抗'。虽然他们应当依法承担其应负的法律责任，但由此产生的社会代价，不应当由他们个人去全部承担，而且他们也承担不了"。[①]

[①] 王人博、程燎原：《权利及其救济》，山东人民出版社1998年版，第250—251页。

（2）政府对弱势群体通过正规渠道所表达的诉求敷衍了事或久拖不决，导致群体抗争行动的势头继续蔓延，平日的忍气吞声有可能就演化成一触即发的总体算账模式，甚至可能从依法抗争演化为暴力性群体事件。"冲突的性质也由此发生一个重要的转变：从现实性冲突转变为非现实性冲突。在现实性冲突中，冲突只是一种手段而非目的，行动者为了达到自己的真正目的，可以对冲突的形式、规模进行理性的控制，也可以放弃冲突而改用其他替代手段。但在非现实冲突中，冲突已经成了目的本身，或者说行动者就是借此发泄被压抑的情绪，因此，这种冲突是非理性的、难以控制的。"① 21世纪以来，以非利益相关者为主体的群体性事件的大量出现，恰好说明一些基层政府长期以来漠视群众的物质利益和人格尊严，社会矛盾已经被激化到了一个危险的地步。（3）国家在权利救济和保障方面制度设计不合理，或者滞后，而导致民众在维权方面成本很高，缺少制度保障。"如果国家在权利保障与救济的制度建设与机制设计方面存在严重问题，权利保障与救济成本（经济、时间、心理压力等各种成本）过高，社会成员尤其是社会弱势群体无法通过有效及时的权利救济机制维护自己的利益，那么，在公力救济缺位的情况下，社会成员往往因利益受损对整个公共权力乃至整个社会感到失望乃至绝望，私力的惩罚与报复一般难以避免"。② 这就要求国家治理方式和制度变迁要不断适应社会发展变化的需要，避免因时滞性或相对静态性而导致民众对此产生抵触和反感。政府也要从高重复率的群体性事件中总结和反思，不仅应急处置好发生的个案，而且要寻找群体性危机背后的政策漏洞和制度缺陷等深层次的问题，深刻地关注公民的权利形成、权利救济与权利保障机制的确立和完善。

其三，目前我国畅通利益诉求的渠道。（1）政府认识到给予民众话语权的重要性，让利益受损者享有话语权去主张自己的权利，权利只有被主张才有可能被重视，正如约翰·斯图尔特·密尔所说："每个人，或者说任一个

---

① 应星：《"气"与抗争政治：当代中国乡村社会稳定问题研究》，社会科学文献出版社2011年版，第206页。

② 李海青：《公民、权利与正义：政治哲学基本范畴研究》，知识产权出版社2011年版，第65页。

人，当他有能力并且习惯于维护自己的权利和利益时，他的这些权利和利益才不会被人忽视。"① 不仅要有话语权，还要有使用这种话语权的条件和通道，使话语权的内容能够向上（向政府）与向外（社会）传递。（2）建立和完善方式多样、规范有序、畅通高效的诉求表达渠道，是及时解决社会问题和社会矛盾的前提条件。目前，我国各种社会安全阀的渠道主要有：①定期召开的人民代表大会与政治协商会议。②通过信访让群众申诉困难与矛盾。③开展定期的或不定期的各种形式的领导与群众的对话活动。④干部直接下访与接访。⑤人民团体、社会组织的表达。⑥舆情调查机构定期进行民意调查。⑦传播媒介表达渠道。⑧网络渠道。⑨听证会等形式。⑩宪法允许公民在法律程序内进行集会、游行、示威活动，表达他们的不满，维护他们的权利。这些利益诉求渠道建立起民众与政府之间沟通的桥梁，起到社会安全阀和减压剂的作用，释放社会结构性张力和各种矛盾冲突，保护社会秩序和谐稳定和有序运转。但在实践中，这些制度化的渠道时常被封堵住了，需要进一步落实完善，保障渠道畅通，并探寻确立更多利益表达的渠道。

第二节　合理利益与正当诉求

（一）如何正确理解利益

权利一方面表现为具有源于自然法的、固有的和天赋的特性，但另一方面权利又是在争取合理利益的斗争中被获取的和被规定的。"当利益出现分化以后，单个的个体把自己的利益追求当做唯一目的，而把不同于自我的并与每个人的利益相关的那部分从自我利益中抽象出来，并与之相对立。为了把这一矛盾维持在一定的持续范围内，以便使冲突的各方不至于同归于尽，社会便借助于一种政治力量，用规范的形式确认各自利益的范围，而个体已得到社会确认的那部分利益在一定条件下被宣布为权利"。② 权利和利益的相互

---

① ［美］罗伯特·达尔：《论民主》，李柏光等译，商务印书馆1999年版，第60页。
② 王人博、程燎原：《权利及其救济》，山东人民出版社1998年版，第67页。

规定的特点，一方面合理的利益构成权利的重要组成部分，另一方面争取利益的行为也因为权利的设定而变得正当和合理。"权利总是直接或间接地代表着一定的利益，对权利的确认与保护，实际上就是对一定利益或获取一定利益的行为的确认和保护。有了权利的启动，人们可以大胆地为利益而设计谋划，为利益而奋斗不息。"① 因此，在权利时代，人们不再为了谋求切身合理利益而遮遮掩掩、吞吞吐吐，由权利作为底色的利益追求变得正当和高尚。

"改革开放带来了社会结构的深刻变化，意识形态化政治向利益化政治转型。为了适应这种政治转型，政府的价值取向和行为方式也发生了重大转型。"② 利益作为每一个既定社会的经济关系的首要表现，追求利益是人类一切社会活动的动因，也是政治发展的直接动力，这是马克思主义的一个基本观点。恩格斯在《家庭、私有制和国家的起源》中曾经指出，正是"由于谋生条件的变革及其所引起的社会结构的变化，又产生了新的需要和利益"，以及氏族成员、城乡、部落、阶级等之间因追逐"新的需要和利益"而产生的利益冲突，才导致了氏族制度的瓦解，导致了"第三种力量"，即"似乎站在相互斗争着的各阶级之上，压制它们的公开的冲突，顶多容许阶级在经济领域内以合法形式决出结果来"的公共权力机构——国家的产生。③ 美国宪法也是利益妥协的经典产物："利益的多元化迫使美国社会中的各利益集团之间、部分利益集团与公共利益之间、多元利益集团与公共利益之间始终就各自利益的定义和定位进行着一种多层次的、多方位的和连续不停的'谈判'。'谈判'的过程也就是美国宪法循序渐进、调整改革、追求现实的完善的历史过程。"④ 因此，权利因为利益的诉求和对利益的配置而变得真实，具有实质性内涵，而不仅仅停留在"抽象的权利"层面而流于形式。

---

① 强昌文：《契约伦理与权利》，山东人民出版社 2007 年版，第 31 页。
② 杨光斌：《政治参与》，见俞可平主编：《中国治理变迁 30 年（1978～2008）》，社会科学文献出版社 2008 年版，第 56 页。
③ 恩格斯：《家庭、私有制和国家的起源》，见《马克思恩格斯选集》第四卷，人民出版社 1995 年版，第 168—169 页。
④ 王希：《"活着的宪法"》，载《读书》，2000 年第 1 期。

(二) 各阶层利益竞争动态平衡机制的确立

其一，如何理解利益冲突。通过上文对利益理解的阐释，我们对利益冲突需澄清几个认识上的误区：(1) 把对利益的追求看做是自私的表现，而对利益冲突更多持负面评价，充满恐慌。(2) 把社会群体的利益追求放大为社会动乱，视为反对政府的破坏力量，实施打压。处在社会转型的中国，多元利益主体因为所代表的群体的利益不同而存在差异，甚至存在一定程度的矛盾冲突，不能忽视或者漠视这些利益冲突问题，但也不能对其充满了恐慌和敌视，"面对那些过去没有过的社会冲突和矛盾，我们需要转变思维方式。最基本的一个前提是，这些利益本身往往都是正当的；是已经被法律所确认和保护的利益——权利。只要不违反法律，人们利用各种方式来实现和要求实现自己的权利也都是正当的"[①]，而且各种利益诉求的自由表达都要求得到保障，也构成一种常规性的社会现象，只要能够建立起容纳利益冲突和利益表达机制的种种制度安排，并没有什么可怕的，因此，构建和谐社会的就是一个不断化解社会多元矛盾冲突的持续过程。

其二，多元主体利益竞争平台的积极功效。在化解多元矛盾冲突的持续过程中，我们既要看到多元主体利益冲突带来的弊病，更要看到只要把利益冲突引导到制度化渠道所带来的优势。一方面需要我们能够及时发现矛盾，敢于正视矛盾，能够用法律规范来调整人们的利益关系，用制度化、法制化方式及时解决各种社会矛盾；另一方面也需要我们尊重各个市场主体的利益需求，通过建立对话协商等利益协调机制，将各种矛盾置于可控制、可容忍的范围之内，充分发挥多元利益主体的活力。正因为法治为不同利益群体之间提供了相互博弈的平台，为不同利益群体之间的相互沟通和交流、竞争与合作提供科学的法律依据，从而使整个社会的利益冲突通过一种理性、民主的方式得到解决，避免了暴力冲突，从而使和谐社会的建立成为可能，也使民众在多元利益竞争的平台中学会参与公共治理的能力，培养公共精神。

其三，当然，也存在两种值得注意的情况：一种是强势利益集团利益的

---

① 张炜：《公民的权利表达及其机制建构》，人民出版社2009年版，第139页。

联盟化；另一种是弱势利益群体的利益碎片化。对权势利益集团"分而治之"，以防利益垄断、社会财富迅速向利益集团聚拢。利益集团在各国政治中扮演重要作用，很多跨国公司富可敌国，影响甚至操纵政府都不是什么难事，以便使政府出台有利于自己的政策，利益集团也通过院外活动对议员贿赂或施加压力，也可以通过直接培养自己的议员，从而使政府更好地为利益集团的利益服务。有学者把我国的利益集团分为三类群体："一是部分垄断行业、企业领导人员，利用其对重要公共资源的占用和支配权，把本应该归属社会共享的成果变成部门利益、个人利益。二是少数党政干部，把自己掌握的公共权力市场化，通过各种途径设租、寻租。三是某些有背景的家族企业，利用权力优势破坏市场规则，攫取超额利润；有些草根出身的企业家，也通过重金收买权力获取资源优势（如国美老总黄光裕）。"[①] 权势利益集团的自我意识较为成熟、对本群体的利益有明确的认识且在社会资源的占有、机会的获取等方面都占有优势，容易相互之间结成同盟关系，形成利益保护的合作链条。利益集团可能绑架政治权力，利益集团与权力部门合谋，损害公共利益，侵夺国民利益，使社会资源迅速聚集在少数利益集团手中，垄断行业利益、瓜分国有资产，形成社会利益结构断裂。"在一个利益结构断裂的社会，下层社会的利益诉求表达无从上达的情况将会导致执政党和政府的政策严重倾斜，以及下层社会被剥夺情形的加剧，并进一步恶化社会结构断裂的局面。"[②] 利益结构断裂的社会一旦形成，社会也被相互隔离的对立阶级分割而变得非常脆弱，社会矛盾冲突也变成不可调和的结构化问题。

奥尔森开出的药方是对利益集团进行分而治之，形成多元竞争的动态格局。奥尔森针对利益集团的操纵，提出政府应该"分解和限制利益集团的利益"，"分而治之"来瓦解利益集团的特殊利益，防止出现大的托拉斯大集团，发动民众的力量、引导广泛的公民参与和监督，让众多小的利益集团竞争性共存，建立起激励共容性的利益机制，建立巩固的民主制度，促进经济的持久繁荣。下文重点就社会利益碎片化的积极价值展开论述。

---

① 黄苇町：《警惕权势分利集团挟持公权力》，载《人民论坛》，2010年第3期。
② 陈映芳：《贫困群体利益表达渠道调查》，载《战略与管理》，2003年第6期。

其四，民众利益表达碎片化恰恰有助于社会的动态平衡和社会的活力。改革开放带来的利益结构分化和利益碎片化，使社会利益结构向多元化方向发展。"现代化本身就是一个分化的过程，世界上所有国家的现代化都是从分化开始的，分化也具有某些正向的、积极的作用。过去人们认为，分化只能带来社会的不稳定，其实并非如此。我们知道社会分化如果是简单的两极分化，那当然是不好的，但如果社会分化是利益的'碎片化'，人们的利益是多元的，那样反而不容易发生重大的利益冲突。"① 究竟应该如何看待利益碎片化的现象呢？这里所讲的利益碎片化与利益主体的多元化有基本一致的内涵，人们可能容易被"碎片化"几个字误导为破碎和分裂，实际上，利益碎片化也与民主化代表的动态竞争有基本一致的内涵。"从社会的角度来看，阶层利益的碎片化、社会利益的碎片化减小了社会震动，有利于社会稳定。这在一定程度上解释了，为什么一方面我国的贫富分化很严重，但另一方面，却没有产生巨大的社会动荡。总之，笔者用整体型社会聚合体现象解释改革前的重大冲突，特别是像'文化大革命'那样的巨大社会冲突。同样的道理，改革后的大的聚合体的分解，社会群体的碎片化和群体利益的碎片化，可以解释今天虽然冲突的数量大大增加，但是并没有导致全局风险的重大社会冲突的隐患。这是新世纪以来中国社会分层结构化的一个非常重要的趋势。"② 这一解释也被很多人所认同：从全能主义的整体型国家治理走向后全能主义的多元参与共治的治理方向的转变。

纵观三十多年的改革开放的历史进程，一方面从整体利益观走向追求个人合理利益的价值观，公平竞争的市场秩序逐步形成，使得社会多重利益相互碰撞、相互制约。既防止整体型社会聚合体的风险，不会造成整体的社会运动，也就不会产生整体的冲突，又避免社会演化为断裂型社会所带来的危机，充分调动起社会多元主体的积极性和创造性，充分肯定个人利益的合理性，追求个体利益的行为向多元化、碎片化和民主化方向发展。另一方面又通过建立一个改革开放成果为所有社会成员所共享的利益分配机制和共享机

---

① 李强主编：《中国社会变迁 30 年（1978～2008）》，社会科学文献出版社 2008 年版，第 46 页。
② 同上，第 48 页。

制，赢得民众对改革开放的广泛认同，从而化解发展中积累的社会矛盾冲突。

(三) 利益表达诉求机制的确立

其一，制度化的利益表达的必要性。利益表达就是人们向各级公共权力机构或者组成人员反映、提出自己的愿望和利益诉求，并希望得到有力保护和促进的过程。公民的利益表达状况直接关系到社会能量会不会积聚、会不会爆发，即是说，畅通的利益表达途径是缓解公民情绪、维持社会稳定的重要条件。这就要求国家在公民利益表达的制度安排中提供丰富的表达途径，利益表达的制度化安排的作用就在于：(1) 它能利用制度使利益表达的行为正常化和规范化，使其在合法体制框架内进行，"既使其利益能够得到充分的表达，又使其行为受到规范，使不法行为得到禁止，避免那种表达的利益要求合理但表达的方式违法的现象发生，也避免表达方式合法而表达的利益要求不合理的现象大量出现"①。(2) 把制度当做实现民意利益表达的工具和操作平台，提供利益表达得以实现可供配置和利用的重要资源，也通过制度把社会矛盾纳入到可控范围内。(3) 制度化的利益表达既是公民政治权利的重要内容，是一个国家政治发展水平的重要标志，也是政府政策的警示器和社会稳定的安全阀和缓冲剂，决定一个国家和社会稳定与否。因此，我们不应当把公民的利益表达看得过于敏感而处处设置障碍进行压制，而应当运用有效的制度安排来加以规范和疏导，确保其畅通无阻，这样才能降低其对社会生活冲击的程度。

利益表达的制度化可以利用的制度资源：一方面通过充分利用现有制度平台、法律框架和政策资源，挖掘闲置的制度资源。另一方面，以制度创新和制度弹性拓展制度空间和放大制度效用，满足不断增长的民意表达的需要。

其二，非制度化的利益表达的危害。作为民众基本需求的利益表达诉求，既是民意的反映，也是社会的警报器。没有制度化的表达渠道，民众也必然寻求非制度化的方式来释放表达，往往成为群体性恶性事件的导火索、助燃

---

① 王立新：《试论我国社会分层中人民利益表达制度的建构》，载《社会科学》，2003年第10期。

器。"目前,我国的群众利益诉求表达方式在合法性和透明性上还明显不足。很多强势利益群体利用不当方式进行贿赂、个人关系、权力寻租等来影响地方政府,获取不正当利益,同时也存在利用合法手段如权力部门化、利益法制化等实现其不正当利益。而弱势群体则由于资源有限,加之合法渠道又不畅",① "就会由于缺少把不断增加的利益要求传递给政治中心的组织结构而间接造成社会倚重于群众暴力行动的政治特点",② 再加上"政府在处理集会、游行、示威的申请上也持相对保守的态度,对合理合法的活动也时常以'可能导致严重后果'予以拒绝。"③ 这也使得民众的合理利益不能通过制度化的渠道得到有效表达,他们就会选择非制度化甚至非法的渠道进行利益表达,有时不得不采取施压性或非理性的群体性事件来震惊社会,来宣泄利益诉求,诸如群众静坐、集体上访、非法举行集会游行、围堵和冲击党政机关乃至骚乱、暴乱、社会动乱等非理性暴力行为间歇性地爆发出来,这样的利益诉求机制缺少合法性,必然导致社会的不稳定。同时给民众提供了一种误导性预期:"如果你想让你的问题得到解决,就得制造点'威胁稳定的事端';如果你连'稳定'都不会威胁,你的问题就别想得到解决。"④ 这样,法律体制外的方式就成了一些群众和个体表达利益诉求之道,形成了"大闹大解决,小闹小解决,不闹不解决"、"越维稳越不稳"的恶性循环。

其三,合理和持久的利益表达机制。"一个合理的利益表达机制是:一旦在社会中产生了群体利益受到损害的情境,他们可以通过制度化的多种渠道,选择一种自己认为效率最高的、最公平的渠道进行利益表达。"⑤ 一个持久有效地利益表达机制是:利益表达能够畅所欲言,并能收到及时明确的回复,告诉他们解决问题的办法以及应该注意的事项,并且还要确保输入反馈的利

---

① 李俊伟:《人民内部矛盾处理机制研究》,湖南人民出版社 2007 年版,第 219 页。
② [美] L. A. 科塞:《社会冲突的功能》,孙立平等译,华夏出版社 1989 年版,第 130 页。
③ 王学辉等:《群发性事件防范机制研究》,科学出版社 2010 年版,第 62 页。
④ 庄庆鸿:《清华大学社会学专家提出新稳定思路:将社会表达于社会稳定一致起来》,载《中国青年报》,2010 年 4 月 19 日,第 3 版。
⑤ 朱力:《走出社会矛盾冲突的漩涡:中国重大社会性突发事件及其管理》,社会科学文献出版社 2012 年版,第 277 页。

益表达机制能够循环往复地得以进行，以使政府的反馈能够满足民众利益诉求的时代变迁，使双方形成良好的互动互促关系。这种稳定的、持久的、有效的利益表达机制有助于培养政府部门及官员们真正树立起为民众服务的责任意识，不再是临时地、敷衍地打发民众，或以缓燃眉之急，而是通过这种长效机制真正反映落实民意和帮助解决民众的疾苦，真正承担起政府应有的责任。

"制度化的利益表达主要有以下几种：通过个人同相关部门的接触和申诉来表达自己的利益；通过选举投票来对政党组织和代议机构的决策施加影响；通过合法的游行、示威、罢工等抗议活动来表达不满；通过媒体向政府施加舆论压力并取得社会同情等等。"[①]

如何建立起合理和持久的利益表达机制？（1）建立和完善实现利益表达的基本制度。诸如民主调查制度、信息公开制度、听证会制度、协商谈判制度、公民投票制度等等。通过党和政府为社会各阶层搭建起的利益表达制度化平台，既能够确保民众能够在制度规范的渠道内畅通表达其利益诉求，使民众意见真正参与和落实到公共决策的制定过程中，供决策者调控、整合和汲取，从而制定经由民众参与和普遍认可的科学决策，又能够约束和规范政府及其官员的行为，构建反映民意的责任政府。（2）合理和长效的利益表达机制又必然要求建立在"组织化表达"的基础之上。"'组织化表达'，是指把分散的、局部的民意通过现有的组织架构，即政党、政府、人大、政协、人民团体、自治组织以及社团集中起来形成组织化的意志，通过体制内的对话和协商，以形成对相关权益诉求的法制和政策共识，并通过体制内运作实现问题的根本解决。"[②] 组织化表达表现在两方面：一是通过公民社会的建设，提供社团组织成长的社会土壤，使各种成熟的社团组织把松散的个体凝聚起来，通过组织意志来汇集和表达个人意志，也通过社团组织的力量使单个人的利益表达受到重视，得到落实。另一方面，政府和执政党也要学会利用自

---

① 张炜：《公民的权利表达及其机制建构》，人民出版社2009年版，第42页。
② 陈红太：《中国经济奇迹的密码在政治领域》，中国社会科学出版社2012年版，第244—245页。

身的执政优势和组织优势，只有把社会组织起来，宽容和支持公民社会的成长，才能更好地整合利用社会资源。同时，在组织起来的社会中发挥引导和带头作用，这就要求把群众的合理的利益诉求，转化为党的基层组织工作的重要内容和任务，贯彻落实民意，也通过利用组织的力量来处置和化解干群矛盾和冲突，赢得民众的支持和理解。

其四，"以群众利益诉求为中心"新机制的成功经验。2009年"8·26"云南陆良事件妥善解决得益于这一处理群体性事件的新机制的运用。"以群众的利益诉求"为中心的矛盾化解机制意味着处置群体性事件思维方式的重大调整，"从前追查'聚众闹事'原因和责任，都是传统的深挖'指使者'，而群众诉求似乎'不要紧'，这次收集群众诉求，并把网络当成征集研判群众意见表达的新平台，是新时期某些工作，尤其是群众工作的转型或者说'脱胎换骨'，当前稳定、化解矛盾，需要这种科学化、人性化的尝试，而这种尝试带来的反响，十分积极。"[①] 云南省宣传部的一纸通知展现了不同于以往的处理思路，通知声称：大多数群众的共同诉求有合理的地方，各级党委、政府一定要多从自身找原因，真心正视、回应和解决群众诉求，以此为中心工作，而不是一味指责群众，以最大的坦诚争取多数群众的理解，被漠视的群众利益重新得到重视，是政府价值取向的重新调整。事发当天，来自陆良县公安局、国土局、农业局等单位6个新闻发言人迅速赶到了现场，准备应对媒体的提问，随后，陆良县委、县政府也派出了300多个工作人员，挨家挨户登门询问，了解群众诉求和聚集的原因，共征集了几百条意见，并归纳出群众7个方面较有共性的诉求。宣传部门也动员媒体通过采访调查等方式搜集群众诉求，并注意通过网络舆情，征集和研判群众意见。通过"以群众诉求为中心"的解决问题的思路，急群众之所急、想群众之所想，尊重群众的权利，倾听群众的诉求，将人民群众的利益作为工作的出发点和归宿，群众的7项要求有6项得到妥善解决和，另一项也得到合理解释。

事实上，不少基层政府和领导干部由于受维稳考核指标的驱使，一直以

[①] 于建嵘、钟新、李元起：《变话：引导舆论新方式》，世界图书出版公司北京公司2010年版，第62页。

来把民众的利益诉求看做是引起社会不稳的破坏因素，往往忽视甚至漠视民众的利益诉求，拒绝（也不会）与民众协商对话，常常把公安武警推上第一线，试图依赖国家暴力机构来强制压服，严惩群体性事件的发动者，这种平息事端的方式往往事与愿违，不但不利于事件的化解，反而激怒了民众，加剧仇官仇警情绪，使矛盾升级恶化，导致陷入越想维稳越不稳的维稳困境之中。云南陆良事件的处置经验值得推广和进一步完善。

（四）对于利益诉求型矛盾的正确认识：不纵容也不强制

其一，没有必要过于担忧利益型群体事件占主导的社会现实。基于对目前发生的群体性事件绝大多数是利益型群体性事件，主要是人民内部的矛盾的基本判断，"以利益型的群体性事件中，绝大多数事件都是针对特定的利益目标，彼此孤立而不相互结合，不具有共振性，因此它们都是个体性事件。在多元化的社会结构中，不具有利益关联性的群体性事件应该被当做利益表达的常态，它们与政治稳定没有必然的因果关系。"[①] 因此，我们不必要对社会的矛盾冲突过于恐慌，只要建立和落实好"以利益诉求为中心"的矛盾化解机制，绝大多数群体性事件都能得到有效化解，社会秩序也能得到较好地维系。

其二，"花钱买平安"纵容的后果很严重。不少领导干部认为"只要能用钱来解决的问题就不是问题"，基层政府也由于"维稳"考核指标的压力，对于闹大事件格外重视，也充满了恐惧，会考虑拿钱买平安的"绥靖"政策。殊不知，"拿钱买平安"既过于简单化了维稳，也使维稳陷于财政的恶性循环。"花钱买平安"是地方政府软策略，对于老百姓的纳税钱，缺少财政监督的政府花起来阔绰，也就很容易想到不如花点钱来打发群体性事件。尽管经济利益的诉求通过经济补偿的方式解决相对于高压强制的维稳来看，有一定的历史进步性，但是却没有看到花钱买平安所带来的负面后果。一方面，这种负激励会传递给其他群体性事件的发起者错误的信息，只有把事情闹大，

---

① 杨光斌：《政治参与》，见俞可平主编：《中国治理变迁30年（1978～2008）》，社会科学文献出版社2008年版，第69页。

才有与政府讨价还价的筹码,并积极效仿,民众不但没有从危机中总结教训,反而从危机中积累闹大的经验,从而也导致群体性事件的恶化。另一方面,花钱买平安导致维稳经费不断攀升,治理成本高昂。因为花钱买平安是一种没有规范标准、没有法律依据的随机行为。花钱买平安的行为方式在实践中给予官员过大的自由裁量权,全凭个人的主观判断,难以避免官员个人的随意性和私利性。也使政府行为缺乏明确的原则性和规范性,可能为了迅速平息事端,不惜重金、不计成本、要钱给钱、特事特办、冲破法律条文、法律程序,这有悖于法治国的建设的精神意蕴。

其三,高压下的维稳导致"越维越不稳"。"我国目前的维稳工作已经形成了这样一个恶性循环:越是要强调社会稳定,强化维稳工作,政府特别是基层政府就越是不能容忍底层群体的利益表达。底层群体越是缺乏有效的利益表达,利益格局就越是倾斜,他们受到的损害也就越大。底层群体受到的损害越大,利益冲突也就越尖锐,不满情绪也就越强烈。底层群体的不满越强烈,他们也就越可能采用体制外的方式,有时甚至是暴力的方式来表达和发泄不满,可能导致的社会矛盾也就越激烈。社会矛盾越是激烈,政府就越是要强化维稳工作,从而形成一个恶性循环。"[①] 导致这种恶性循环的一个重要原因就在于处置维稳事件的政府往往对于群体性事件的弱势群体采取打压模式,把民众的合理利益表达和利益诉求视为不稳定因素,迫于无奈而采用过激手段的弱势群体也被看做是"一小撮刁民",成为被打压的对象,本来就处于表达无门的民众在打压的条件下,变得更容易愤怒,也必然导致"打压—反弹"模式的出现,也导致双方都为这种不理性的暴力行为付出沉重的代价。

---

① 应星:《"气"与抗争政治:当代中国乡村社会稳定问题研究》,社会科学文献出版社2011年版,第112页。

第三节　基于公平的分配正义

（一）分配正义的逻辑起点

其一，人们对于分配正义的追问很自然应首先从伦理价值层面入手。社会公平、公正已经成为大众最为关心的重要话题，更是许多热点、难点、焦点问题的症结之所在。然而，正义问题作为一种伦理价值本身的复杂性，也带来认识和落实正义问题的困难。（1）正义是基于权利与义务的平衡，每个人都能得到其所应得到的权利，每个人也都应该承担其所应承担的义务，权利的享有与义务的承担形成对等关系。关于到底是基于权利的持有正义还是基于平等的分配正义的持久争论，也一直是谁也说服不了谁。（2）要把个人利益最大化的激励与弱势群体的补偿正义结合起来，既要把每个个体的优势才能充分释放出来，又要有意识地缩小收入分配差距、缩小各个阶层的利益差别，缓解社会各个阶层或群体的不满和抵触，既要把蛋糕做大，又要把蛋糕切均，才能兼容社会精英和弱势群体的利益。这也存在着到底是基于社会弱势群体的补偿正义还是基于鼓励竞争的矫正正义的争论，事实上，这二者的利益都应该得到保护。可见，对于社会的公平正义的拿捏分寸很难把握，这也一直困扰着关于正义研究的理论家和落实正义分配的实践家。

其二，西方研究分配正义的著名思想家也是从价值层面考虑的，但并不能解决分配正义的问题。其中分为两大流派。

（1）一派是基于个人主义的分配正义的探讨。对于这一派内部存在的小分歧，又可以分为两个分支：基于平等价值的思想家的主要观点，诸如罗尔斯的正义论是以个人"资源共享"和"差别原则"为基础的"平等优先，自由相随"的正义；德沃金的正义论是将其论证立足于"资源平等"和"牺牲原则"这一维度上，满足"钝于禀赋，敏于志向"的"实质平等"的正义；阿玛蒂亚·森以"可行能力"为核心概念、扩大平等的信息基础从而维护个人权利"平等"的正义论。罗尔斯与德沃金的观点较为接近，他们肯定了国家实施一定程度的政策干预和再分配职能的必要性，超越"夜警国家"的

第一章
权利匮乏与补救：完善和落实利益诉求机制

"守夜人"的职责权限，对社会弱者的补偿和对不公正分配的纠偏政府责无旁贷。德沃金和森在强调个人的主体能动性方面具有很大的共同性，德沃金突出强调"钝于禀赋，敏于志向"，森强调重在提高个人的"可行性能力"。个人主义流派中另一分支是基于自由价值的思想家的观点，诸如诺齐克的"分配正义论"是在坚持"持有正义"的原则下，实现不能侵犯的个人权利"自由"为基础的正义论；而哈耶克的正义论则是坚持以"自发秩序"为基础的个人权利"自由"的正义论。诺齐克与哈耶克认为罗尔斯、德沃金设计的分配正义需要"做大"国家，是极其危险的；他们强调通过正当持有而获得的个人权利优先于国家权力，认为天赋上的不平等并不需要通过政策强制来补偿。

（2）另一派是基于社群主义的思想家对于分配正义的观点。诸如沃尔泽根据社会物品的多样性提出的多元主义分配正义论和复合平等观，他看到了不同社群的正义基础存在的多元差异性的客观事实，也揭示了满足社会平等得以实现的内在复杂性。当然，也有人批判沃尔泽的多元主义分配正义观容易陷入相对主义的泥潭，认为不能把正义建立在不同群体的利益表达上，这无疑会使正义这一概念失去其为人们所坚持的平等理想辩护的力量。但是，我们也不能以正义的道德呼吁而置正义基础多元差异性的事实于不顾。戴维·米勒也提出了一种阐述社会正义原则的新思路，即从人类关系的不同模式来考察社会正义的实施范围，重新定义分配正义原则，发展了社会正义理论。他指出，各种社会物品的分配实际上是由人们之间的关系的性质、形式和所包含的内容决定的。人类的社会关系是多种多样的，只有从人类关系的特殊性来考虑，社会正义的实施或社会正义原则的确定才是可行的。可见，社群主义的分配正义有些地方与马克思主义的观点有不谋而合的地方。

其三，分配正义的真正解决最终需要从生产、交换、消费和分配权过程来考量，改变权利体系和提高生产力是关键。人类社会要真正解决分配的正义问题，首先，必须明确分配与生产力、生产关系的内在一致性，不能只停留在分配模式、程序、过程等环节上兜圈子，生产力的发展是协调利益矛盾、保障公平正义的前提条件，实现公平正义与社会和谐在很大程度上取决于社会生产力的发展水平，必须坚持用发展的办法解决前进中的问题。其次，人类社会要实现对分配的真实道德评价,就必须使人的道德情感与生产力、生产关系以及生产资料所有制所追求的目标一致,实现对现实的分配尺度、分配方式以及分配观念的真正变革。分配不仅现实地表征人类社会的发展状态与文明的进步程度,而且真实地体现出处理人与人、人与社会关系的基本准则。再次,要将分配原则与分配程序都放到人类社会的整体与历史发展的进程中来把握。脱离具体的历史条件和现实的社会关系不可能存在一种抽象的、永恒的、具有普适意义的公平正义。马克思指出,一定时期的公平正义不具有永恒的历史合理性,它产生于现实的经济生活,也只能随经济生活的发展而发展。社会的经济结构发生了变化,反映经济结构的公正观念也会产生新的内容和要求。恩格斯也说道:"这个公平则始终只是现存经济关系的或者反映其保守方面、或者反映其革命方面的观念化的神圣化的表现。"① 因此,不应该从公平正义观念出发来解释历史,而应该从历史出发和从生产力与生产关系的矛盾运动过程来解释公正,才是解决正义问题的关键。

(二) 分配不公带来的巨大社会危害

其一,中国的贫富差距已经成为突出的社会问题。人们普遍认为,当基尼系数在 0.3—0.4 之间的时候,属于中等不平等程度,而大于 0.4 时,属于高不平等程度。2010 年我国经济总量已达 6 万亿美元,人均国民生产总值 4000 多美元。但同时,考察居民内部收入分配差异的基尼系数,已从改革开放初期的 0.18 上升到 0.47,可见,中国的不平等程度已经属于高不平等程度了。"如果把一些不合理、不合法、不规范的灰色收入计算在内,基尼系数可能会加大到 0.5—0.6,大大超过国际警戒线,超越许多西方国家的贫富差距。"② 据 2009 年 7 月 27 日《深圳新闻网》发布的 2009 年《中国 3000 家族财富榜总榜单》。"3000 个家族财富总值 16963 亿,平均财富 5.654 亿。进入总榜单的 1 万个家族,财富总值 22057 亿,平均财富值 2 亿元。"③ 据

---

① 《马克思恩格斯选集》第 3 卷,人民出版社 1995 年版,第 212 页。
② 刘国光:《重新审视社会公平问题》,载《北京日报》,2005 年 4 月 25 日,第 3 版。
③ 《中国 3000 家族财富榜总榜单》,载《深圳新闻网》,2009 年 7 月 27 日。

世界银行2009年统计显示,"中国贫富收入差距已经接近1∶13,1%的家庭掌握了全国41.4%的财富,成为全球两极分化最严重的国家之一"①。与财富向少数人快速集中的情形相反,我国的劳动者的报酬呈连年下降趋势。据《新京报》报道:"我国居民劳动报酬占GDP的比重,在1983年达到56.5%的峰值后,就持续下降,2005年已经下降到36.7%,22年间下降了近20个百分点。而从1978年到2005年,与劳动报酬比重的持续下降形成鲜明对比的,是资本报酬占GDP的比重上了近20个百分点。全国总工会近期一项调查显示,23.4%的职工5年未增加工资,75.2%的职工认为当前社会收入分配不公平,61%的职工认为普通劳动者收入偏低是最大的不公平。"②我国贫富差距状况已突破合理界限,目前,"我国的收入差距正呈现全范围多层次的扩大趋势。城乡居民收入比是3.3倍,国际上最高在2倍左右,行业之间职工工资最高与最低相差15倍左右;不同群体间的收入差距也在迅速拉大,国有企业高管与社会平均工资相差128倍。收入最高的10%人群和收入最低10%人群的收入差距,从1988年的7.3倍上升到23倍。"③"共同富裕"问题实际上在进入新世纪后,就已经成为我国现阶段的"中心课题"。

其二,贫富差距悬殊如果与公正失衡叠加,就容易引爆群体性事件,产生社会危机。

(1)贫富差距悬殊导致社会阶层分化产生结构化矛盾,导致底层社会向精英社会流动的困难,也使身处底层的民众感到悲观绝望。一方面展示的是权势暴富阶层的狂妄自大:诸如"你是哪个单位"的骄横,"我爸是李刚"的张狂和"拼爹时代"的腐败。另一方面展示的底层民众的怨恨与无奈,要么表现为社会上"仇官"、"仇富"的怨恨和戾气聚集,一点就燃;要么表现为平时忍气吞声,被点燃后各种不良情绪的总爆发,导致巨大的社会破坏性。

---

① 欧洲国家与日本的基尼系数大多在0.24—0.36之间,中国在所公布的135个国家中名列第36,接近于拉丁美洲和非洲国家水平,美国5%人口掌握了60%的财富。参见《世行:中国财富差距近1∶13,1%的家庭掌握41.4%财富》,载《法制晚报》,2010年8月25日。
② 《数据显示我国劳动者报酬占GDP比例连降22年》,载《新京报》,2010年5月12日。
③ 参见《我国贫富差距正在逼近社会容忍"红线"》,载《经济参考报》,2010年5月10日。

"目前中国的弱势群体规模已达 1.4 亿—1.8 亿人左右,约占我国人口总数的 11%—14%,他们的状况如果不能得到改善,必然会对社会稳定带来一定的影响,因此应当在立法上对弱势群体给予关注和保护。"①

(2)尽管三十多年的改革开放带来了经济的巨大繁荣,但是在社会分配领域也存在一些体制性不公。分配体制公共资源的投入过度集中在具有政绩效应的投资项目和"面子工程"上,民生问题得不到应有的关注,教育、医疗、养老等民生问题上国家投入得过少,使得政府公共服务功能长期低下,社会保障体系建设进展缓慢,导致为改革付出较大代价的弱势群体无法充分分享改革发展的成果,弱势群体的社会不公平感不断增强。体制内外的差距日益扩大,国企与民营企业的差别待遇,户籍制度导致进城务工者难以受到国民的平等权利和待遇,造成不同"身份认同"的矛盾。《中国新闻周刊》在评价吉林通钢事件时指出:"通钢的职工是以集体暴力的手段,反抗企业改制中存在的不公平现象。他们反对的既不是国资的退出,也不是民间资本的进入,而是整个过程中的不公平与不透明。这不是一个姓社、姓资的讨论,而是一次有关社会公正的冲突。这几乎是一个极端的样本。由通钢的悲剧,我们需要思考,在国企改制中,如何兼顾各方的利益,既给被兼并企业的发展带来后劲,也充分考虑到职工的集体利益。"② 以城乡二元分割为代表的(但不仅限于此)体制性不公平,城乡补偿的差别对待以及补偿标准的不统一,使得各地征地纠纷高发,2005 年河北定州征地血案就是因为地方政府给农民的土地征用价格太低。

(3)由于权力腐败而造成的社会不公平,也是当前社会大众最痛恨的不公平现象。权钱交易的大量腐败剥夺了普通大众的平等参与和竞争机会。诸如房地产开发商、老板、富家子弟,因为给政府行贿而导致官商共谋,大量低价拿地,大量减免税费,随意调整规划,轻易获得贷款,而那些尊重社会正常交易规则、契约的商人、普通人则举步维艰。社会底层民众甚至大学毕

---

① 王学辉等:《群发性事件防范机制研究》,科学出版社 2010 年版,第 137 页。
② 周正华、张鹭:《吉林通钢总经理被职工打死事件全记录》,载《中国新闻周刊》,2009 年 8 月 5 日。

业生也构成社会弱势群体,诸如许多地方在公务员、选调生、选拔生的公开招考,使大家都觉得笔试是"绝对公平"、面试是"相对公平"、考察是"难得公平",等等。这些问题的存在,也构成诱发群体性事件的主要原因。

(4) 由于长期以来不少地方政府和部分领导干部的认识片面而导致的社会不公。一方面,表现为唯 GDP 马首是瞻,仅仅顾及"效率第一",而难以做到"兼顾公平",片面地认为只有强势群体才是 GDP 创造者,也只有他们才会给自己带来经济增长的政绩,而弱势群体给自己带来的只是"麻烦"与"负担",构成社会动荡的不稳定因素,影响自己的政绩。因此,为外商、开发商、房地产商大开绿灯,或在改制中片面照顾经营者的利益,漠视、伤害职工利益,对于经济发展中涉及群众利益问题的处置简单轻率,埋下了大量的利益冲突的导火索,成为群体性突发事件的重大矛盾源。另一方面,部分领导干部甚至直接站到了强势群体的一方,成为强势群体的代言人甚至帮凶,牟取官员私人利益或部门机构利益。

其三,当然,我们需要澄清的认识是:不是基尼系数高低或贫富差距问题导致群体性社会危机,而是分配公正严重失衡才导致危机的总爆发。"巨大的贫富差距所造成的'社会结构紧张'是一种客观结构,它确实使得发生社会矛盾有了重要的基础,但是,矛盾是否出现或是是否激化,那还要看另一个环节,那就是'公正失衡'……只有当贫富分化与'不公正'、'不合理'、'不公平'相关联的时候,才真正会激化社会矛盾。"[1] 我们不是要抹杀基于公平竞争制度而产生的贫富差别,当人们认为贫富是一种合理竞争的结果时,它不仅不会导致社会矛盾冲突,反而会积极调动人们的积极主动性,带来社会活力和增进社会繁荣,增加国家财富实力和国家能力。人们仇富的根源在于:要追问"为什么我贫穷"、"为什么他富裕",当社会绝大多数民众将贫富差别归因于社会不公时,在这种"公正失衡"严重的舆论环境下,社会矛盾自然会频繁发生。因此,为了防止整个社会大范围出现"公正失衡",社会分配正义问题亟待解决。

---

[1] 李强主编:《中国社会变迁 30 年(1978~2008)》,社会科学文献出版社 2008 年版,第 29 页。

(三) 确立分配正义机制

其一，起点平等。起点平等来源于现代社会对人人生而有别这一社会现实的道德反思。"人是目的"这一道德箴言是康德哲学的核心，康德的道德哲学以及自然权利的观念，给解决不平等提供了理由和根据，也成为人们追求平等的本体论根据。由于每个公民具有同等的平等权利是现代国家具有统治合法性的基础性支持，就不仅要求现代国家在理论上给予平等的公民身份，而且要在实践上提供起点平等制度化和物质方面的保障，尽可能减少先天或人为原因所导致的不平等差距和歧视。起点平等是现代国家建设的逻辑起点，尽管起点平等也是机会平等的一种，难以解决仅凭自由竞争所带来的巨大差距，但是起点平等又是最能让人信服的、也可能是成本最小的一种平等模式。尽管结果平等也因为关爱弱者而充满了正义感，但结果平等更大是在修补不平等方面具有价值意义，而真正挖掘社会的活力、调动每个主体的积极性，还得在制度设计上发现保证起点平等的机制。

当然，也要求政府在起点平等的阶段就充分预设必要的补偿机制，可能才是最有利于发挥政府、社会和个人各方的能力来保证平等有效制度设计的办法。政府为何能够实现起点平等呢？这是由政府自身的性质与能力所决定的。作为公共权力的掌控者与行使者，政府不仅掌握着其他社会组织和个人无可比拟的公共资源，而且在提供公共物品上具有规模效应与规模优势，使得它比其他社会团体或个人更有资格成为起点平等的实现力量。也正因为政府是公共利益的代表、作为公共政策的供给者、作为社会利益的权威性分配力量，使得它比其他社会团体或个人更能够满足政策倾斜的公正性要求，能对自然和偶然性所导致的不利给予补偿，通过适度的政策倾斜保障每个人的能力获得充分的发展，也有可能减少或降低社会偶然性因素对人们前景的影响，给人们提供相类似的初始资源和发展机会，使具有同样天赋的人获得大致相同的初始资源，从而获得平等的发展，展现同样的成功前景。

其二，政府再分配的结果补偿正义。起点平等面临的质疑是：第一，起点平等的起点该追溯到历史的何处才算是起点呢？做到完全起点平等又可能吗？第二，如果一个社会的每个人的原初状况都是一样的，那么如何进行社会劳动分工？差别与竞争是社会永不衰竭的动力之源，没有分工，怎么建立合理的社会生活秩序？如果没有合理的社会生活秩序，社会又如何发展？

对分配正义的道德呼吁和制度设计也是为了主要满足穷人或者弱势人群的基本需求，对这部分人生存和发展的伦理关怀是任何以追求公共利益为旨归的政府责无旁贷的责任。穆勒认为："在所谓公共利益中，最主要的是人民的生存。因为任何人对自己的出生都没有责任。所以，为了使现在已生存的所有人都得到充分的物品，即使要那些持有多余物品的人牺牲一些金钱，这也是应该的，不能说是太大的牺牲。"① 近代英国经济学家马歇尔也主张，在一个经济体制下应该关心那些生活在社会下层的人群。他说："财富的不均虽没有往往被指责的那样厉害，却是我们经济组织的一个严重缺点。通过不会伤害人们的主动性、从而不会大大限制国民收入的增长的那种方法而能减少这种不均，显然是对社会有利的。"② 罗尔斯认识到了机会平等所依赖的市场体系将带来不平等的后果，所以他一方面主张必须对自由市场进行限制，即"自由市场的安排必须放进一种政治和法律制度的结构之中，这一结构调节经济事务的普遍趋势、保障机会平等所需要的社会条件"③。另一方面坚持用"差别原则"来解决实质上的不平等。由此观之，结果平等反而更容易保证实质上的平等。政府再分配行为，并不必然导致像新古典自由主义者所惧怕的那样使人类通往奴役之路，恰恰相反，它是实现社会正义的重要保证。

当然，我们也应该看到，不管是起点平等，还是结果平等，都少不了政府的调配和干预，只是一个在初始阶段就纳入补偿机制，另一个是在最后阶段提供再分配机制。理顺起点平等与结果平等之间的关系，笔者认为应该注意以下三点：一是人们原初起点的不平等对分配公正和结果公正影响的长期性，有时甚至会影响到某些人的一生，直接决定着人的命运。二是正确看待和对待原初起点的不平等，应确立以下原则：强调人人在机会上的平等，弱化先天给定、外在名分和非能力因素，注重后天作为、内在实力和能力因素，

---

① 穆勒：《政治经济学原理》（上卷），赵荣潜等译，商务印书馆1991年版，第404页。
② 马歇尔：《经济学原理》（下卷），陈良璧译，商务印书馆1981年版，第364—365页。
③ 罗尔斯：《正义论》，中国社会科学出版社1988年版，第74页。

建立合理有序的社会流动机制，使努力奋斗、发挥能力和贡献业绩的人有改变其不利地位的机会；承认现实中人们之间差别的客观存在，且有的差别在现有条件下是不可避免的。三是真正的平等只能是综合考虑了各种现实条件限制后的平等，是在作为价值追求的形式平等与在现实中存在的事实上不平等之间达成妥协后的一种平等。既允许差别存在，应增进"最不利者"的利益，也要通过增加弱势群体受教育和培训的机会，加强其后天能力建设。

其三，程序正义。

（1）程序正义内涵的价值：是外在工具价值和内在目的价值的统一。程序正义的工具性价值，指程序将应然的权利与义务转化为实然的权利与义务，将静态的宪法与行政法律制度转化为动态的政策过程，实现对公共权力的合理性限制。程序的工具主义认定程序是达到某种良善目标的工具性手段，其合理与合法性源自某种结果的正义性，即认为程序追求的目标是"好结果效应"。程序的内在价值直接保障了人的主体性和人的尊严，内在的价值通过法律程序内部来进行评价，其标准是程序本身的要求；而程序的外在价值则满足了人们对正义结果的不断追寻，外在的价值通过社会系统来评价，其标准是程序以外的要求，反映的是一种工具主义取向。两种价值标准共同决定着纠纷解决的正义性。

（2）程序正义基于底线正义，确保在价值多元的社会达成"重叠共识"的可能。随着社会不断变革，社会利益日趋复杂化与异质性，人们的观念也在不断地发生变迁，不同利益主体之间的价值冲突是不可避免的。同时，国别与文化的差异，也导致人们对正义的体认面临着民族性、时代性等特殊性的差异。这种社会发展的不平衡性和道德规范的多样性，人们在实体正义上的纷争不断，使得人们关于正义的言说纷繁复杂，难以恰与其分地找到实体正义所内含的规律性，对于实体正义人们总有种说不尽、道不明的混沌感，影响了正义化约社会利益矛盾的功能效应。基于以上逻辑，一种"最低限度"的程序正义理念便应运而生。正义概念正如人权概念一样。米尔恩针对当今世界各国对人权的纷争提出了"作为最低限度标准的人权概念"。这个概念包含两层含义：一方面，由于多元社会道德规范的多样性，得到某种共同体认可的特定的权利要求，无法用充足的理由来证明它在别的共同体也得到同等程度的认可；另一方面，不论社会发展和道德规范存在多大的差异，一些最起码的即最低限度的人权必须得到所有共同体的一致信服，这意味着，社会和文化的多样性不能成为拒斥最低限度的普遍正义的托词。虽然正义是张普洛透斯似的脸，但存在最低限度的正义，即程序正义。所以，"在一定条件下，把价值问题转换为程序问题来处理也是打破政治僵局的一个明智选择。"①在价值多元时代，人们通过程序的设置，程序正义代表了底线正义的逻辑，从底线正义的共识中找到"重叠共识"的交点，使不同的价值与利益要求达成共识，并借此作出政治决策，不失为处理政治决策成本与决策风险两者矛盾的一种恰当的方法。

（3）程序正义基于过程正义，实体正义经由程序正义变为现实。程序正义理论以过程的正当性为着眼点，强调了诉讼过程对事实认定的决定性作用。程序正义能够让法律主体真实地触摸到法律的真实存在，关注规则界定下的法律行为本身，从而对法律的实体正义有清醒的认识。法律的实体正义标榜的是一种实质性的、永恒不变的正义，它是人们借以控制自然和社会从而得到普遍规律的愿望和能力，它以追求普遍性为己任，体现人类一种抽象的普遍约定，但我们可能无法完全恰当地找到它。季卫东教授评述道："面对多元化的社会价值观冲突，政治自由主义的解决办法是健全法律程序，通过程序主义来摆脱在实质正义问题上无法达成的宗教的、哲学的、道德的共识的僵局，具体的步骤包括区分公域和私域——在公共事务方面通过民主程序作出决定，在私人性或者非公共性价值方面通过法治秩序保障思想信仰的自由、促进对话、商谈以及论证性话语活动以在不同价值之间达成谅解和相互宽容（至少是缩小差距，避免纠纷）。可见随着社会多元化程度的提高，客观中立的合理性程序势必发挥越来越重要的作用，通过满足形式要件而达成实质性合意的程序性方法在政治学和法哲学的理论建构中也势必成为日益重要的分析框架。"② 这样，程序过程的开放性、交涉性、理性商谈性也保证了程序的

---

① 季卫东：《法律程序的意义——对中国法制建设的另一种思考》，载《中国社会科学》，1993年第1期。

② 季卫东：《法律程序的形式性与实质性：以对程序理论的批判和批判理论的程序化为线索》，载《北京大学学报（哲学社会科学版）》，2006年第1期，第119页。

正当性,"通过把社会成员吸纳到公正而富有理性的程序之中进行对话、沟通、妥协、理性选择等方式,既可以有效地避免因为实体问题过于敏感和难以把握而可能导致的社会动荡或不满,又没有回避社会与国家之间按照公正合理的程序而持续进行的反复交涉与对话,可以创造一种关注现实并解决矛盾的制度条件的机制,从而为解决转型社会中诸难题提供有效途径。"① 实体正义也只有通过程序正义的过程运作才能保证结果的正义性。

(4) 遵循程序的中立性规则使程序具有"作茧自缚"的功能,这也保证了程序的自治、自洽和封闭,正因为如此,程序正义成为现代国家赖以成长的制度基础。程序的自治就是即通过抽象的逻辑建构从现实世界中分离出一个中立的程序世界,以创造出一个相对独立的决策"隔音空间",从而排除外在因素的影响和外部环境的干扰,最终形成一个平等对话、自主判断的理想的程序世界。在程序设计中分配程序参与者以角色并明确其职责与义务,以解决程序所要解决的问题。如果没有程序的这种分化与独立的功能,现实的政治权力就可能会左右决策的选择,也就没有很好的办法对政治权力的恣意进行有效的限制。经过程序所产生的决定是公共慎思的结果,而且具有法律效力,要求无条件地服从,从而构成了对程序系统的内在限制。也即是利用程序不断进行地自我复制和内在限制,程序必须具有作茧自缚的效应,任何经过程序所确定的决定都具有法律的强制性,全体公民都必须认同并遵守。程序的这种"作茧自缚"的功能保证了程序世界的封闭性、客观性和严谨性,也有助于排除外界干扰,对任何人都是平等对待的,这样,一种有管理的程序自治的社会秩序也就产生了。在程序进行的过程中,自主与自治的权利得到了保护,社会整合与调控也得到了公民的认可,具有合法性,"自然的秩序"在程序中得到了承认。

(四) 政府为分配正义所做的努力

其一,关于效率与公平的政府决策的变化。

---

① 罗豪才、王锡锌:《行政程序法与现代法治国家》,载《行政法论丛》第3卷,法律出版社2000年版,第188页。

第一章
权利匮乏与补救：完善和落实利益诉求机制

新中国成立后很长一段时间实行平均主义，难以调动社会活力，人们的生活水平在改革开放前增长缓慢。改革开放以后，为了实现共同富裕，让一部分人先富起来。如果仔细考察中央文件的话，1992年10月中共中央十四大报告仍然使用的是"兼顾效率与公平"的说法。到1993年11月，十四届三中全会的《中共中央关于建立社会主义市场经济体制若干问题的决定》中，才第一次在收入分配制度方面使用了"效率优先、兼顾公平"的表述。十五大继续沿用了这个说法。直到21世纪初，主要以市场经济为导向，追求效率，把蛋糕做大成为主要的工作重心。

在十六大报告中，一方面仍然使用了"效率优先，兼顾公平"的提法，另一方面又使用了"初次分配注重效率"、"再次分配注重公平"的说法。十六大后，中共领导人提出了建立"以人为本"和均衡发展基础上的"科学发展观"，并且屡屡强调，要更加注重社会公平。温家宝总理更是直截了当地指出："如同真理是思想体系的重要价值，公平正义是社会主义国家制度的首要价值。公平正义就是尊重每一个人，维护每一个人的合法权益，在自由平等的条件下，为每一个人创造全面发展的机会。如果说发展经济、改善民生是政府的天职，那么推进社会公平正义就是政府的良心。"[①]

2003年，十六届三中全会虽然仍然沿用"效率优先、兼顾公平"的提法，但其分量已经被"科学发展观"冲淡。

2004年9月，十六届四中全会的《中共中央关于加强党的执政能力建设的决定》中放弃了"效率优先、兼顾公平"的提法，使用了'注重社会公平'的说法。

2005年10月，十六届五中全会的《中共中央关于制定国民经济和社会发展第十一个五年规划的建议》中明确提出，"更加注重社会公平，使全体人民共享改革开放成果"，强调"努力缓解地区之间和部分社会成员之间收入分配差距扩大的趋势"。中央出台的一些重要的具体政策也进一步落实了此种政策调整。比如，中央关于"五年内取消农业税"的决定，又如中央关于建设

---

① 俞可平：《走向善治：30年来中国的治理变迁及其未来趋势》，载俞可平主编：《中国治理变迁30年（1978~2008）》，社会科学文献出版社2008年版，第10页。

"新型农村合作医疗",试行城乡统筹发展战略,建立和完善社会救济和司法救助制度的决定等,都体现出了在收入分配上的调整。

2007年3月16日,全国人民代表大会通过了《中华人民共和国物权法》,明确提出对于私有财产和公有财产给予平等的保护。

2007年10月15日,胡锦涛代表中国共产党中央委员会所做的十七大报告中提出"创造条件让更多群众拥有财产性收入"。在所有这些条件的促进下,可以预期,财产会逐渐成为显示经济地位和社会地位的主要指标,财产所有权制度地位正在逐渐上升,并有可能财产成为新的维持秩序的首要制度。另外,十七大报告更是明确提出,"初次分配和再分配都要处理好效率与公平的关系,再分配更加注重公平",要"提高劳动报酬在初次分配中比重"。在这些政策的指引下,利益分配应该更多地向弱势群体倾斜,不仅要在再分配中通过社会保障制度来增加弱势群体的福利,还要在初次分配中,提高最低工资水平,提高征税起征点。在十七大报告更为突出的亮点是关于社会保障制度的论述:"要以社会保险、社会救助、社会福利为基础,以基本养老、基本医疗、最低生活保障制度为重点,以慈善事业、商业保险为补充,加快完善社会保障体系。促进企业、机关、事业单位基本养老保险制度改革,探索建立农村养老保险制度。全面推进城镇职工基本医疗保险、城镇居民基本医疗保险、新型农村合作医疗制度建设。完善城乡居民最低生活保障制度,逐步提高保障水平。完善失业、工伤、生育保险制度。提高统筹层次制定全国统一的社会保险关系转续办法。采取多种方式充实社会保障基金,加强基金管理,实现保值增值。健全社会救助体系。做好优抚安置工作。发扬人道主义精神,发展残疾人事业。加强老龄工作,强化防灾减灾工作。健全廉租住房制度,加快解决城市低收入家庭住房困难。"这些具体措施只有得到完满的落实才能使弱势群体真正享受经济发展的成果,共享社会福利。

胡锦涛主席在2009年11月亚太经合组织第十七次领导人非正式会议第二阶段会议的讲话中、在2010年9月第五届亚太经合组织人力资源开发部长会议上的致辞中系统阐述了"包容性增长"的概念和内涵。"'包容性增长'概念是2007年亚洲开发银行的研究报告中首次提出,该概念强调的'增长',

摒弃通过再分配形式来'劫富济贫',而是主张通过扶贫或者益贫、生产性就业、提升人力资源能力和加强社会保障等途径,让那些发展中国家的贫困人口在国家政策的护持和自身能力的提高中,均衡分享社会财富"[①]。因此,包容性增长既是对再分配结果正义的反思,对于弱势群体的扶贫由直接的物质援助走向对其进行人力资源的开发和培训,提升其可行能力,又是对每个人发展机会公平、权利公平、规则公平和分配公平的重申,保持经济可持续发展所需要的活力和创业的积极性。

陈红太认为在未来应从"包容性增长型科学发展"走向"共同富裕型科学发展"。"'包容增长型科学发展'与'共同富裕型科学发展'具有内在要素的同一性和排位偏重的差异性。'包容增长型科学发展'强调的是发展机会的平等,偏重发展过程中机会平等的价值,以平等的参与自由和权利保障实现结果的共享;而'共同富裕型科学发展'强调的则是发展享有的平等,偏重的是发展结果平等共享的价值,以公平地享有促进参与自由和保障权利平等的实现。用现在通俗的比喻,前者是'在做大蛋糕的过程中分享蛋糕',后者是'在公平分享蛋糕的过程中做大蛋糕'。"[②]

其二,基于国家职能分类和国家干预必要性角度看,政府为分配正义所进行的努力。国家职能可分为最小、中等和积极职能三种类型。实现国家最小职能对应的是统治型政府,主要提供安全和秩序;中等职能对应的是管制型政府,主要对市场和社会进行监管;积极职能对应的是服务型政府,主要提供更多的公共服务。由于我国是一个社会转型的巨型国家,国家治理的事务非常复杂,小政府的模式并不是适合,国家干预的广度和深度都在加剧,这也是弥补市场失灵和增进社会公平正义的需要。

---

① 陈红太:《中国经济奇迹的密码在政治领域》,中国社会科学出版社2012年版,第337—338页。

② 同上,第340页。

国家职能分类表[①]

	应对市场失灵			增进公平
最小职能	提供纯公共物品 国防 法律与秩序 财产权 宏观调控 公共卫生			保护穷人 济贫计划 赈灾
中等职能	应对经济外部性 教育 环境保护	反垄断 公共设施管理 反托拉斯	克服信息不对称 保险 金融监管 消费者保护	提供社会保险 养老金重新分配 家庭补助 失业保险
积极职能	建设市场 集群战略 协调私人领域的活动			再分配 资产再分配

从新中国成立六十多年来看，政府也在经历着三次转型的变迁，从政治秩序、到经济秩序、再到社会秩序的建设，政府扮演着越来越重要的作用，基于公民权利的增长不断满足人们日益增长的物质文化生活的需要，提供国家的再分配，维护社会的公平正义，因此也必然面临着起点平等和结果平等的取舍，也面临着效率与公平的抉择，这是一个永恒的难题。分配正义的问题一定不能仅在分配环节解决，也不能仅基于价值的追问来实现，而要从生产、交换、消费和分配整个环节，从生产力与生产关系变革的社会经济基础出发，进行依法治国的制度建设，借助程序正义实现实体正义的现实转化。这是我们国家正在进行的改革，也是解决社会正义的关键。

[①] 应星：《"气"与抗争政治：当代中国乡村社会稳定问题研究》，社会科学文献出版社 2011 年版，第 60 页。

第四节 域外经验与启示

(一) 西方关于权利启蒙观念对人们认识的影响

其一,"天赋人权"与"法赋人权"的区别。欧美国家的权利范式与中国不同,如美国《宪法修正案》第 10 条规定:"本宪法所未授予中央或未禁止各州行使的权力,皆由各州或人民保存之。"对于公民权利而言,"法不规定即自由",其蕴含的理论预设是"天赋人权"。而中国《宪法》明文规定"权利",不得超越宪法和法律的范围,"一方面要引导公民认识自己的权利和自由,在此基础上把权利和义务统一起来;另一方面要引导公民认识我国国情,在此基础上把利益表达与维护社会稳定结合起来,防止出现脱离法治轨道的利益表达行为。"[①] 可见中国的公民权利更多地还不是从公民自我表达出发,而是以遵守现有规章制度为原则,把公民利益表达纳入制度化的轨道,在尊重宪法和有关法律的前提下,用法律规章的形式来调整、规范公民利益表达的内容、范围、方式,法律没有授权就没有权利而言,其蕴含的理论预设是"法赋人权"。群众的维权抗争很大程度上也是维护宪法和法律所授予的权利,也即是"依法抗争"。这与西方的公民权利观念有着很大的区别。这源于西方有源远流长的自然法传统,对于前国家阶段的"人之为人"的基本权利的追问,对个人权利所具有源于自然的固有性、不可侵犯性和普遍性,也正是基于此,近代权利启蒙的思想家们从契约论的传统论证和解释了政治权力的合法性来源。

其二,私域与公域的界分,私人领域的开放、多元和自由的理念也越来越被接受。"风能进、雨能进、国王不能进"这句名言是对公共权力约束的形象表述,在宪法规范上以法律保留、权力制约、违宪审查、程序正当等形式来划清个人与国家的界限。中国也正在从"全能主义国家"走向"后全能主

[①] 王春福:《构建和谐社会需完善利益表达机制》,载《人大复印资料〈中国政治〉》,2006 年第 8 期。

义国家",公共权力从过去集政治权力、经济权力、社会权力为一体的格局走向一种新局面,即政治权力紧缩、经济权力松绑、社会权力回归的三权互相支撑的结构。正如郭道晖教授所言,"民间社会及其社会权力从国家和国家权力的统治下挣脱出来,成为相对独立的主体和力量"。① 拥有自主性的社会权力就能采取"自立救济"的方式,一方面维护了整个社会的权利,另一方面也很好地发挥着社会作为"缓冲器"、"安全阀"和"晴雨表"等功能,弥补政治权力统治的不足。

(二) 西方关于权利启蒙观念对立法层面的影响

西方对个人的重视,也逐渐影响我国的宪法修改。2004 年在《宪法》修改之前,"在涉及'个人'时,主要是对个人权利界限的硬性禁止性规定,宪法规范模式是:'禁止、不得……',并且没有'任何'例外。可以说,中国宪法给个人自由留下的空间很小,个人只有成为公民后才有基本权利和义务可言,个人不是宪法权利主体,个人利益只是'兼顾'的对象,而不是重点保护的利益,个人在大多数宪法规定的情况下只是义务主体,不是权利主体。另外,从中国《宪法》的相关规定(如第 51 条)可以看出,个人利益相比较国家或者集体利益而言是次要的,个人利益服从国家和集体利益。"② 2004 年《宪法》修改把"国家尊重和保障人权"写进宪法后,加入世界两个人权公约③,显然,接受了西方对个人给予足够尊重和保护的理念,个人在《宪法》中的地位越来越凸现,个人权利也有了宪法规范保护的依据。从作为"类"的人权到"集体人权"再到"个人人权",代表着一种观念上的巨大进步,权利的落实与保障也变得更加实实在在,对个人权利的主张不再"欲言又止"、也不再感到"空乏无力",而是合理正当、受宪法保障并要求积极贯彻落实。1982 年《宪法》通过后,历经 1988 年、1993 年、1999 年、2004 年四次修改

---

① 郭道晖:《法治新模式与新动力:以社会权力制约国家权力》,载《学习与探索》,2009 年第 5 期。
② 陈雄:《国家权力与公民权利的规范理论》,法律出版社 2012 年版,第 44 页。
③ 即《世界人权宣言》和 2001 年全国人大常委会正式批准加入联合国《经济、社会、文化权利国际公约》,目前还没有批准《公民权利和政治权利国际公约》。

共通过 31 条修正案，内容涉及政治、经济、文化等社会生活的多方面。这些修正案从最广泛的意义上说都是与人权和公民权利保障有关，因为宪法一切条款的设计从最根本意义上都是围绕人权而展开的。

即使在紧急状态下对于权利的限制也是以自由和人权作为紧急状态权力合法性的标准和底线。（1）严防紧急状态权力的滥用。（2）要求紧急措施应当与紧急状态的危害程度相一致，不能过度。"在民主法治社会理想状况是所有的问题都能通过平常的民主、法治手段来解决，预防各种平时的危机状态，主要靠完善公共安全方面的法律，加强危机管理，建立公众的安全意识，在正常的框架下解决问题，只有这样，公民权利和自由才能得到最好的保障。"[1]

这些观念的变迁与吸纳，有助于弄清个人权利与国家权力的排序、国家权力的来源和社会对公权力滥用的监督，"国家权力与公民权利的分界是要充分注意到国家权力和公民权利的界限，国家权力不能侵犯个人的私域，这些主要依赖于宪法法律来保障，而个人权利要实现制约国家权力之目的，主要依靠公民的政治意志和自由。公民权利的核心就是政治参与权和政治防卫权，它既是参与形成国家意志的权利能力，又是以'公民权利'制衡国家公权力的政治力量"。[2] 这也为中国的抗争政治从"依法抗争"走向"以法抗争"提供依据。

---

[1] 陈雄：《国家权力与公民权利的规范理论》，法律出版社 2012 年版，第 193 页。
[2] 郭道晖：《公民权与全球公民社会的建构》，载《社会科学》，2006 年第 6 期。

第二章 信息堵塞与疏通：舆情引导、信息公开和媒体的引导机制

第一节 谣言与舆情引导机制

（一）谣言的传播与遏制

目前，政府在指导思想和认识层次上，认为自然灾害、卫生疾病、事故等三种类型的突发事件更多是客观原因导致的，还基本上能做到如实及时地报道，但对于群体性社会事件充满了担忧和恐慌，要么视为影响社会稳定的破坏因素，要么担心它影响自己的政绩，破坏政府形象，往往采用封锁信息和强制打压等手段，诸如隐瞒事实真相、删除网上信息、全城断网、切断手机信号、期望依靠强制力把事态压制在萌芽阶段等等。很多时候是在事件被掩藏不住、被"闹大"、"拖炸"之后，不得不给民众一个交代时，才被动报道。在一个信息爆炸的时代，靠"堵""压"的方式是控制不住的，政府和主流媒体的信息报道失语，必然为大量的传闻、谣言的生存与传播提供了空间，民间各种小道消息就会抢占主要阵地。"主流媒体对突发事件报道的缺席，使广大希望获取信息、了解事件真相的群众被'不明真相'，反而推导出政府有不可告人的秘密的结论，有黑幕的印象，更加相信传闻和谣言，从而导致了网络燃烧效应的产生。"① 一旦政府失信于民，很容易使事件恶化，"当政府失去公信力，新闻媒体单一乃至失声，社会缺乏具备公信力的非政府权威信用

---

① 朱力：《走出社会矛盾冲突的漩涡：中国重大社会性突发事件及其管理》，社会科学文献出版社2012年版，第245页。

机构，民众必然'不明真相'，不明真相而又义愤填膺的民众最容易被高度情绪化的传言动员起来，当群情激愤的民众为真相而战，为正义而战时，他们采取的行动势必过激，势必导致严重的政治后果。"① 而且在一个全球化的时代，境外媒体也很容易介入，这样更容易使事态蔓延甚至发生质的转变，最终可能酿成恶性重大事件。

谣言产生的原因主要在于政府的信息失真和失语。正如西方学者所说，"当人们希望了解某事而得不到官方答复时，谣言便会甚嚣尘上。这就是信息的黑市。"② 如果政府不能坚持信息透明，不能及时向民众提供相关信息或提供的信息量不足，就会给谣言等虚假信息的产生与传播提供土壤。在政府失语、权威信息缺失的情况下，社会公众很容易听信各种流言蜚语，以填补信息的空间。政府失语的时间越长，校正流言与谣言的成本也就越高。一旦小道消息捷足先登，就会在社会公众中间产生先入为主的效应，社会公众也倾向于"宁可信其有，不可信其无"的态度。迟滞的真实信息将很难校正小道消息，很难树立自己的权威地位。因此，导致谣言产生和传播的主要责任方是掌握"知情权"和"信息发布权"的政府，我们限制小道消息的消极作用，信息公开是对流言和谣言最好的抵制方式，提高危机沟通的效率，通过权威媒体及时发布事件的信息，将突发事件及相关处置情况公之于众，在第一时间抢占信息高地，保证人们的知情权，让权威信息主导信息空间。至少，在流言与谣言一出笼时，政府就应该立即予以应对。而不能简单得出结论：认为谣言是少数别有用心的坏人、甚至是黑恶势力所导致。这样的政治性、敌对化的处理方式不仅转移了对事件性质的认定，掩盖了政府责任，也扩大了打击面，激化了民众的怨恨。

从谣言传播的自身规律来看，信息越模糊越容易导致事态放大。按照美国社会心理学家 G. 奥尔波特的总结，流言的传播过程具有三个显著特点："①简化。谣言中省略了大量有助于了解事实真相的细节，这些省略并非由于

---

① 于建嵘、钟新、李元起：《变话：引导舆论新方式》，世界图书出版公司北京公司2010年版，第113—114页。

② ［法］让·诺埃尔·卡普费雷：《谣言——世界最古老的传媒》，郑若麟译，上海人民出版社2008年版，第9页。

人们记忆的不可靠性。相反，它们是有系统的省略。②强化。当一些细节被删去后，那些保留下来的细节就更为突出、重要。对那些经过挑选的细节的强化，造成了这个故事夸张的戏剧性内容。③同化作用。当然，简化和强化不会随便产生，而只会在与谣言传播者过去的经验和现在的态度一致的情况下产生。简化、强化和同化这三种并存的过程，反映了谣言传播者的'自发行为的结果'。"①从而根据传播者自己的主观感受对谣言进行加工、补充和完善，使之更像"真相"一样，促成以讹传讹的局面。这也说明谣言在传播的过程中相互感染，相互迎合民众的好奇心理，导致越传越像真的一样；而实际上，传播者往往在传播的过程中对问题重新建构，越传越扭曲走样。"耳闻的流言在民众口口相传过程中又似乎成为亲身经历的'现场体验'，变得更为'活灵活现'。恶意的、不合常规的、不合逻辑的想象在集群行为中就这样演变为'共同情绪'、'共同意识'。"② G. 奥尔波特和波斯特曼进一步提出了一个公式：Rumor（流言）＝Importance（重要）×Ambiguity（模棱）。"重要性和含糊性这两个重要条件似乎与谣言的传播有关"③ 这一公式告诉我们，信息越不透明，流言传播得越快、影响的范围越广。同时它也告诉我们，不管是多么重要的主题，只要消除模棱两可的信息，确保信息公开透明，流言就能得到有效控制。"后来又有人加了一个分母，变成这样一个公式：Rumor（流言）＝Importance（重要）×Ambiguity（模棱）/Critical Ability（批判能力）。"④ 也即是说，公众越认为重要的信息，同时越感到模糊不清，传播越快越广；公众的批判能力越强，对流言传播的控制也就越强。增加的"批判能力"这个变量，来源于民众对信息的甄别能力，而这又源于政府和权威媒体提供真实信息的多少和信息公开的程度。蔡静进一步细化这一公式为：Rumor（流言）＝Curiosity（好奇）×Anxiety（不安）×Uncertainty（不确定性）×Involvement

---

① ［美］奥尔波特、波斯特曼：《谣言心理学》，刘水平等译，辽宁教育出版社 2003 年版，第 94—97 页。

② 沙莲香主编：《社会心理学》，中国人民大学出版社 2002 年版，第 247—248 页。

③ ［美］奥尔波特、波斯特曼：《谣言心理学》，刘水平等译，辽宁教育出版社 2003 年版，第 17 页。

④ 陈力丹：《舆论学——舆论导向研究》，上海交通大学出版社 2012 年版，第 12 页。

(相关程度)/Critical Ability(批判能力)。① 这个公式分解出更细致的要素，也更有助于探索如何控制谣言的传播。可见，如果政府和权威媒体不占据信息传播的空间，那么民众的猎奇心理、恐惧不安、事态发展的不确定性等各种因素的相互叠加，再加上民众在视听混淆的状态下也难以做出很强的批判能力，这就容易导致流言传播中的"滚雪球"效应，"为何控制流言的难度极大，也在于此。除非有决定性的证据或者不安心态的消除，流言极难消失。"②

（二）舆情引导机制

其一，"门诊政治"带来的"输入性故障"。许多群体性事件始于政治系统的"输入性故障"。"当下地方政府倾向于'门诊政治'的既定模式和惯常思维，而利益多元化、阶层多样化使得'求诊'者越来越多，'坐诊'者的能力和能量可能已经无法解决'求诊'问题，于是'坐诊'者'避诊'、'逃诊'情况越来越多，百姓对于基层干部的意见也就越来越大，问题矛盾也会越积越深。"③ 这也是政府停留在被动回应阶段的表现，在家里坐等问题找上门，而不愿意主动走出去收集民意、拓宽利益诉求渠道，即使对于找上门的上访申诉事件也常常推诿扯皮、使已经受到伤害的弱势群体二次受伤，对政府丧失信心和信任，政府形象力和公信力一再流失，造成公众在舆情事件中会不自觉地倒向一边，直接将矛头指向政府、公安部、司法部门等，导致干群关系僵化、恶化。在政治渠道不畅通、利益表达机制不健全、话语表达方式单一、制度保障又不足的政治生态环境下，一种"堵塞型社会"便容易形成。在这种"堵塞型社会"下，民众的利益诉求不能反映到政府这里来，舆情必然在社会上找其他突破口，必将给社会带来更多的不稳定因素，问题的积压和舆情的发酵也给政府的舆情处理增加了难度，因此，促进社会舆情畅通、理性、平和的表达，对于社会的和谐稳定显得尤为重要。

---

① 蔡静：《流言：阴影中的社会传播》，中国广播电视出版社2008年版。转引自陈力丹：《舆论学——舆论导向研究》，上海交通大学出版社2012年版，第13页。
② 陈力丹：《舆论学——舆论导向研究》，上海交通大学出版社2012年版，第13页。
③ 聂方红：《涉政公共事件：地方政府行为新挑战》，人民出版社2012年版，第42页。

其二，不回避、正面面对舆情、学会驾驭媒体。面对舆情不回避，积极面对，按照"确认事实，快速反应，妥善处理"原则，第一时间启动响应机制，这在处理舆情事件中尤为重要。如在湖南郴州儿童医院使用"工业用氧"事件中，因为当地政府反应及时，相关负责人处理也较为及时妥当，从而得到社会舆论相当程度的认可。政府犯错不可怕，可怕的是不能积极认错改错，诸如在辽宁庄河"千人下跪"、海南三亚社保局"招考门"等事件中因为政府正面应对不当，最后只有被上级党政机关处理和问责之后才让事件平息。

（1）对于传统媒体，平衡好收放度，正面动员媒体。首先，掌握媒体规律，放宽对媒体的管制，营造宽松的舆论监督环境。因为在传媒发达的时代，作为"第四种权力"的监督功能越来越明显，如果还继续用控制的方式来管制媒体，已经力不从心，也得不偿失。其次，放松而不是放任，也要引导和监督媒体，培养媒体的社会责任，确保传达真实可靠的危机信息，抑制媒体对潮流的盲目追随，监督和追究媒体被利益集团所绑架的腐败行为。再次，政府学会运用媒体进行适当的社会动员，借助媒体作为中介第三方来传递信息更能够让民众信服，从而把社会舆情稳定住。"如果媒介的'动员'适当，留有充分的余地，把风险讲足，强调相关群体和个人的责任，就有把握将可能产生的不安定因素减少到最低限度。社会动员是一种重要的引导舆论的形式，适度性把握得好，可以减弱舆论的情绪化，形成适度的而非激进的激励力量。其中有两点需要把握，即公众对于当前努力所达到的目标要实在而不虚夸，而对实现目标的概率估计，要有把握。"① 刘崇顺等从社会心理学的角度给出了一个公式：M（激励力量）＝V（实际目标）×E（实现的可能性）②。这个公式表明：民众对于实际的目标和实现的可能性掌握得越具体，媒体动员所起的激励作用也就越明显，民众对于危机事态的认识也就越客观理性，情绪化成分也就会大大降低，舆情也就能得到较好地控制。

（2）对于网络等新传媒，更多的是宽容和积极回应。对于网络等新传媒，虽然权威性和可信度没有传统媒体诸如电视广播和报纸杂志那么高，

---

① 陈力丹：《舆论学：舆论导向研究》，上海交通大学出版社 2012 年版，第 124 页。
② 刘崇顺、王铁：《大潮下的情感波动》，中国社会科学出版社 1993 年版，第 67 页。

第二章
信息堵塞与疏通：舆情引导、信息公开和媒体的引导机制

但是通过无数网民迅即的点击率形成的网络聚集效应，对政府形成"倒逼"之势，迫使政府不得不回应网民的追问。首先，对于网络新传媒，政府应该学会宽容。根据网络的特点进行疏导，网络是信息的汪洋，来势凶猛，去得也快，靠堵是堵不住的，网络空间越是公开越是安全。"灯不点不亮、话不说不明"，越是让各种意见和诉求充分表达、有发泄的渠道，充分的争论，越是能够得到自然的平息。甚至在这信息的汪洋中一些异端表达也会随着争论的平息而渐趋沉没、退隐。"一切公开的思想与表达，都可能进行交流与讨论，而那些不公开的内幕、阴谋、策划，则可能危害社会，社会几乎没有任何应变的时间，也没有对话的可能。所以，网络里的表达，即使是异端的不可理喻的表达，我们都要尊重。我们能通过回应与交流，达成共识。"① 其次，政府积极关注和有针对地回应也是必要的。如果政府不积极回应、占据网络的话语权，更容易形成谣言。政府要想引导网络，也要掌握网络技术、建设和利用好政府的信息化服务平台，通过网上新闻发布和在线互动等环节，认真研究如何利用网络技术与网民沟通，如何回应和引导网民，"切不可动不动就用国家机器来对待某些网络民意的表达。特别要正确对待网民对某些地方政府或机构的批评和建议，只要在法律范围内，就不能对他们进行打击和迫害"②，只有理顺对网络传媒的治理，也才能使政府的权威深入民心，减少谣言的产生。

其三，治理舆情重在疏导。原因在于：（1）如果说传统媒体还可以通过控制取得一定的治理效果，那么网络新传媒已经是控制不住了。"治理江河，我们可以用疏导的方式，也可以严防死守。但面对大海海啸与台风呢，我们不能用治理河流的方式来管制大海。纸媒时代是河流文化时代，它的编辑、印刷、出版有时间周期，传播也需要一定的路径，管控起来既可以疏而导之，也可以严防死守。但网络时代却是一个全媒体时代，每一个人都可以是媒体人，是网络信息的发布者。这样的文化形态，就是海洋形态了，对网络信息进行传统纸媒时代的管控，无异于围着大海设长城或篱笆，徒劳而无益……

---

① 吴祚来：《通往公民社会的梯子》，华龄出版社 2010 年版，第 161 页。
② 于建嵘：《期待建立制度性的社会减压方式》，载《人民论坛》，2009 年第 16 期。转引自：于建嵘：《底层立场》，上海三联书店 2010 年版，第 155 页。

严格地管制网络，不如通过网络顺应民意，利用网络的资源与信息，来问政于民，问计于民，问需于民。网络是海洋，管理者不能待在陆地上对海洋指手画脚，而应该学会扬帆远航"。① 因此，对于网络传媒这个信息的汪洋，已经不能靠一言堂、画地为牢、故步自封的方式来进行治理，而只有通过不断地学习、提升驾驭网络的能力，在纷繁芜杂的信息汪洋中迎风破浪。（2）不管是旧传媒还是网络新传媒，"疏导"的治理绩效都要比"防控"的模式好。在很久远的时代，人们就已经懂得"防民之口，甚于防川，川壅而溃，伤人必多，民亦如此"的道理，也常常以此古训来告诫统治者。从现代社会文明的价值来看，没有人的表达能代表真理，每个人都有平等的意见表达的权利，只有每个人的意见得到充分地表达，才可能离真理更进一步，这种对于人民表达尊重权的现代观念越来越被人们所接受，另一方面，随着人民主体性的提升，知情权也构成人权基本组成部分，保持信息公开和沟通畅通等等，都是现代社会管理重要原则。（3）人们对于稳定的观念也在发生改变，也更能容忍社会稳定中的变化。传统的静态社会稳定观，主要指政权的稳定和现状的不变，把稳定理解为静止不动，并通过压制的手段维持现存的秩序。现代的动态社会稳定，更多是把稳定理解为过程中的平衡，是用新的平衡代替旧的平衡，并通过持续不断的调整来维持新的平衡，社会秩序也是一种动态的稳定秩序。因此，"改革以来，这种传统的稳定观正在发生重大变化。公共秩序在社会稳定中的重要性正在增加，以'疏'为主的'动态稳定'开始逐渐替代以'堵'为主的'静态稳定'。"② 其实，中共十五大报告就表达出这样一种动态稳定的政治观："在社会政治稳定中推进改革、发展，在改革、发展中实现政治稳定。"③

其四，"先入为主"、第一时间抢占舆论话语权。群体性事件一旦发生，时间因素就显得最为关键，必须考虑到能在可利用的时间范围内有条不紊地

---

① 吴祚来：《通往公民社会的梯子》，华龄出版社2010年版，第160—162页。
② 俞可平：《走向善治：30年来中国的治理变迁及其未来趋势》，见俞可平主编：《中国治理变迁30年（1978～2008）》，社会科学文献出版社2008年版，第21页。
③ 江泽民：《高举邓小平理论伟大旗帜，把建设有中国特色社会主义事业全面推向二十一世纪》（在中国共产党第十五次全国代表大会上的报告），载《人民日报》，1997年9月12日。

第二章
信息堵塞与疏通：舆情引导、信息公开和媒体的引导机制

解决各种问题。第一时间采取措施，"第一时间发布权威信息，抢占舆论先机和制高点，牢牢把握社会舆论的引导权。就要第一时间启动应急管理预案，按照职责分工要求迅速到岗到位做好对应工作。就要第一时间深入现场一线，调查研究，沟通协调，控制局面。就要第一时间向上级报告，争取理解、支持。"① 信息与舆论传播有一个"先入为主"的规律，人们在接受信息时，总是相信第一次听说的，而对后来的说法心存怀疑。"国外学者做过一个实验，受众于第一时间接受的信息要想得到有效消除，至少需要数倍于第一信息的信息量。"② 因此，引导舆论、应对媒体的第一条原则就是要快，争取事件发布信息，不贻误时机，取得时间上的主动权。不惊慌失措，取得工作上的主动权。不激化矛盾，取得事态的控制权。"新华社记者刘子富曾总结的经验适用于事件现场处置中的有：地方政府负责人第一时间亲临现场；信息公开，尤其要在黄金24小时内不断公布准确、真实的信息，不给谣言传播的机会。"③ 而且随着网络新传媒技术的发达，第一时间也在不断被刷新，"人民网舆情监测室根据QQ、BBS、微博客等新兴网络技术的应用与普及情况，提出新媒体时代，处置突发事件的'黄金4小时'法则，刷新了传统理论的'黄金24小时'法则"④。政府主导的信息发布传递越快越好，赢得第一时间，有助于赢得主导权、话语权，也有责任及时发布信息，建立通畅的信息传播机制，遏制谣言的传播，消除公众的恐慌或不安情绪，这样，才有可能成功地将群体性事件的负面影响控制在最小范围。这是因为如果政府不第一时间抢占现场的主导权和话语权，就会给流言蜚语的滋生提供酝酿时间，也会使民众的各种不满情绪积压发酵，不良情绪很容易传递给周围人群，从而使事态扩大恶化，这样就使得局面更加难以驾驭，处理起来更加被动。

---

① 聂方红：《涉政公共事件：地方政府行为新挑战》，人民出版社2012年版，第112页。
② 贺文发、李烨辉：《突发事件与信息公开——危机传播中的政府、媒体与公众》，中国传媒大学出版社2010年版，第64页。
③ 于建嵘：《泄愤事件不算破坏稳定》，载《南风窗》，2009年第15期。转引自：于建嵘：《底层立场》，上海三联书店2010年版，第149页。
④ 李鹤：《新媒体时代，处置突发事件的"黄金4小时"法则》，载《人民日报》，2010年2月20日，第19版。

（三）信息疏导普遍采用制度化的方式进行

要成立专门的舆情收集部门，及时掌握当地的社会情绪；在危机发生时也要有专门的机构疏导群众的情绪，尤其要注意被疏离和边缘的阶层的情绪。常见的正式渠道有新闻发布会、领导的电视讲话、新闻发言人、政府网站等，非正式渠道包括私下人际交往的信息传递，即"小道消息的传播"，政府应急管理信息发布应当通过正式的信息发布渠道，避免流言和谣言。

其一，新闻发言人制度。举办新闻发布是世界、各行各业通用的一种正规隆重的新闻舆论引导与管理方式。"目前在美国各级政府中大约有40000名的新闻发言人，时刻准备向媒体提供信息，引导舆论。英国政府在应急指导原则中指出：各机构平时就应该做好准备，在危机发生时及时设立专门部门，委任新闻官，专门处理媒体事务。俄罗斯政府也主动谋求与媒体的合作，通过召开新闻发布会的方式，建立和保证与媒体之间交流渠道的通畅，增强危机处置工作的透明度。"[①] 尽管从1983年中国开始新闻发言人制度，但是直到目前我国政府机关还没有形成常态化的新闻发布会制度，往往是根据时间的紧迫程度由政府自己选择是否召开，制度化程度不高。应该多向国外学习，定期召开新闻发布会，保障公民的知情权，通过用政策议程来引导媒体和公众议程，把民意吸纳到政策的制定中来，通过这种制度化、直观化、人性化的方式，可以有效确保权威信息的发布和实施影响，使主流声音占领宣传阵地，避免群体性事件信息在传递中扭曲传播，塑造公正、公开、透明、负责的政府形象，有助于产生很好的社会效果。这也源于它的权威性、主动性、可控性。"说它权威，一般是官方主办的，或者是涉政公共事件处置工作机构举办的，其发布的信息、新闻来自事发现场经过调查核实过的，其介绍的工作过程、措施是当事人直接决策执行过的，是真正的第一手信息、第一时间信息、第一现场信息。说它主动，就是新闻发布的内容、时机由发布者自己决定，发布什么、不发布什么、由谁发布、在什么地方发布、在什么时候发

[①] 张成福、唐钧、谢一帆：《公共危机管理：理论与实务》，中国人民大学出版社2009年版，第49页。

第二章
信息堵塞与疏通：舆情引导、信息公开和媒体的引导机制

布，完全由发布者视情况而定。说它可控，就是参加的新闻媒体数量、人员可控；发布时间长短可控，是否允许提问可控；该由哪些部门解释、说明可控；甚至宣传报道的内容可控，除了新闻发布稿，相关背景材料都是统一提供，内容都是经过各方面层层把关了的。"① 因此，在群体性舆情控制的过程中学会运用新闻发布制度能够取得事半功倍的效果。积极有效的新闻发布会值得注意的事项是："一般而言，每次新闻发布会确定一个主题，明确一个范围，突出三个方面：（1）政府想说的。（2）媒体关注的。（3）群众关心的。"② 也有的学者研究更加具体，"（1）熟悉相关舆情。（2）了解出席新闻发布会记者的成分与特点。（3）确定发布内容、重点和答问口径。（4）准备新闻背景材料，备记者媒体索取，方便他们报道宣传。（5）为增强效果，有条件的还可以准备多媒体资料。（6）事先进行彩排。"③

其二，网上在线交流与网上发布新闻。在网络发达的时代，政府信息化建设一定要跟上时代的步伐，要充分利用网络资源，尽可能发挥其积极正面的价值。在政府网站的建设上，确保信息的权威性、真实性和全面性，做到及时更新，满足民众的知情权，让网站成为民众了解政府的一个重要窗口。在网络舆情的争锋中，政府应高度关注网络舆情的发展动态，尽可能收集有关事件的各种信息，并对其进行归类研判分析，通过政府专门负责人员积极参与互动答疑，及时通过网络交流、发帖、跟帖等方式对网上舆情进行引导。网上引导也要注意方式方法，不回避、不堵塞、不推诿，主要根据事实、真相、道理、逻辑来还原事件真相，及时发布正面、正确的信息，澄清谣言。在虚心接受民众的拷问和真诚回应的同时，也要积极拿出解决事件的方案，及时设置引导议题与议程，给民众尽可能清晰的预期，既展示出政府解决问题的能力，也给民众以信心，从而赢得民众的信任，减少网络的助燃作用。

---

① 聂方红：《涉政公共事件：地方政府行为新挑战》，人民出版社2012年版，第163页。
② 贺文发、李烨辉：《突发事件与信息公开——危机传播中的政府、媒体与公众》，中国传媒大学出版社2010年版，第75页。
③ 聂方红：《涉政公共事件：地方政府行为新挑战》，人民出版社2012年版，第164页。

(四) 政府在舆情疏导方面所作的努力

进入21世纪以来，随着信息化网络化时代的演进和改革开放的深度拓展，对政府而言是机遇也是挑战，胡锦涛和温家宝这一届领导上台后，更是为打造亲民政府形象而不懈努力，致力于关注民生，把国情、党情与民情三者结合起来，让改革开放的成果为所有人共享，推进城乡公共服务一体化建设的进程。

十六大报告曾明确指出，要完善深入了解民情、充分反映民意、广泛集中民智、切实珍惜民力的决策机制，推动决策科学化和民主化。十六届四中全会通过的《中共关于加强党的执政能力建设的决定》也提出"建立社会舆情汇集和分析机制，畅通社情民意反映渠道。"

随着以人为本的执政理念不断深入，落实科学发展观、和谐社会和服务型政府的建设目标，舆情成为政府科学决策、民主决策的重要依据。十六届六中全会通过的《中共中央关于构建社会主义和谐社会若干重大问题的决定》提出，要"依法保障公民的知情权、参与权、表达权、监督权"，"拓宽社情民意表达渠道"，"健全社会舆情汇集和分析机制"。

2006年，《国务院关于加强应急管理工作的意见》（国发〔2006〕24号）中指出："要高度重视突发公共事件的信息发布、舆论引导和舆情分析工作，加强对相关信息的核实、审查和管理，为积极稳妥地处置突发公共事件营造良好的舆论环境。坚持及时准确、主动引导的原则和正面宣传为主的方针，完善政府信息发布制度和新闻发言人制度，建立健全突发事件新闻报道快速反应机制、舆情收集和分析机制、把握正确的舆论导向。加强对信息发布、新闻报道工作的组织协调和归口管理，周密安排、精心组织信息发布工作，充分发挥中央和省级主要新闻媒体的舆论引导作用。"这是21世纪以来，群体性事件进入了高发期，所带来的社会现实危机，这也催促政府积极应战、直接面对。

在十七大报告中，胡锦涛同志提出要"推动决策科学化、民主化，完善决策信息和智力支持系统，增强决策透明度和公众参与度，制定与群众利益密切相关的法律法规和公共政策原则上要公开听取意见。"即在决策中引入和重视民众参与决策，把利益相关者纳入到决策中来，既满足其知情权，也提升重大决策的科学化水平和决策的执行力度。

第二节 信息公开机制

(一) 政府信息公开的必要性

我国群体性事件频发的一个重要原因是由于政府常用关门决策模式,与民众切身利益密切相关的信息,民众无法参与和了解决策过程,无法对自身行为做出适时调整,容易导致民众对政策的不理解,甚至抵触抗拒。当民众自身的现实利益受到政策损害时,向政府诉求比较艰难,也往往难以得到满意的答复。由于信息的不公开,导致民众与政府之间的信息不畅通,彼此隔阂加深,积怨累积,"部分地方政府信息失真、信息不对称、信息不公开是导致民众心理失衡和利益失衡,诱发群体性事件的助燃剂。"[①]

其一,从某种角度上看,群体性事件的发生学逻辑就是信息传播与管理过程出了问题。"特定信息的传播使得单纯的事情、事故可能最终走向公共事件、群体性事件,并且由于不同信息的推动,群体性事件、公共事件走向发展与高潮,最终又由于信息的有效管理而趋于平静。"[②] 信息可以恶化事态,也可以平息事态,"它在事件的产生过程中是'催化剂'、'导火索',在事件的发展过程中是'助燃剂'、'推动器',在事件的恶化过程中能'推波助澜',在事件的解决过程中可以'力挽狂澜'",[③] 发挥何种作用主要取决于决策者如何驾驭和处置信息。由于信息纷繁芜杂,政府对其掌握的信息资源进行分类处理和必要的控制,有其正当性,但是不能因为对信息的恐慌而过度控制甚至封锁信息。如果这样,就容易滋生民怨,也容易导致流言蜚语遍地散播,丧失民众对政府的信任。"当政府失去公信力,新闻媒体单一乃至失声,社会缺乏具备公信力的非政府权威信用机构,民众必然'不明真相',不明真相而

[①] 谭和平:《群体性事件诱因及其消解——基于信息公开视角》,载《中共杭州市委党校学报》,2007年第1期,第28页。
[②] 王向民:《群体性事件中信息传播与管理》,载《探索与争鸣》,2009年第3期,第19页。
[③] 王敏、喻发胜:《浅析近年来群体性事件中信息的传播》,载《华中师范大学研究生学报》,2009年6月第2期,第63页。

义愤填膺的民众最容易被高度情绪化的传言动员起来,当群情激愤的民众为真相而战,为正义而战时,他们采取的行动势必过激,势必导致严重的政治后果。"① 由于群体性事件事关社会公众的切身利益和福祉,也事关政府的长治久安,因此,应急管理者必须满足社会公众知情的需要,处理过程透明,向公众准确、及时地传递事件及处置的调查结果、事发原因、处理措施等重要信息,"让'无可奉告'与'踢皮球'等各种试图推诿、包揽行为减少,让'摆平'等非制度化、非程序化、非规范化的手段失效,让社会监督政府的行为,加大处理事件的公开性与公平性,防止留下事件处理后的各种后遗症。"② 而且,信息公开透明和共享机制的建立也会增进人们之间的沟通了解和坦诚信任,减少流言的滋生,培养起从容面对困难的良好心态,增强共渡难关的信心,"在突发事件中,人对确知的风险是比较从容的。而真正容易引发恐慌的是对突发事件的不确定感。"③

其二,信息时代政府封锁信息不再行得通。在信息技术高度发达、社会透明性极强的今天,"民可使由之,不可使知之"的时代一去不复返了,隐瞒信息真实性的企图几乎是徒劳的。"首先是事件瞒不住,一个地方发生了涉政公共事件,网络媒体马上会有报道,有许多涉政公共事件就是因为网络等媒体点燃的。其次是问题瞒不住。有些涉政公共事件原本就是公共权力机关或者公共权力行使者的错,出于面子观念和体制惯性,许多领导想瞒住、压住、不予承认、认账,但一旦被网络或媒体还原事件全过程,还原事实本身,就会原形毕露,被迫承认的窘境比主动公开要麻烦得多、难受得多。再次是处置过程瞒不住。不能暗箱操作,不能私下了断,而必须置于阳光下,不然一串串媒体、网络的质疑会让你觉得不说、迟说不如早说、就说,免得社会舆情去乱说。最后是处置结果瞒不住。处置结果是否公平公正、是否符合事实、是否符合公共价值,这些都要公开去检验,也是媒体、网络、民众最为关注

---

① 于建嵘:《社会泄愤事件反思》,载《南风窗》,2008年第15期。转引自于建嵘:《底层立场》,上海三联书店2010年版,第135页。
② 朱力:《走出社会矛盾冲突的漩涡:中国重大社会性突发事件及其管理》,社会科学文献出版社2012年版,第375页。
③ 王宏伟:《应急管理理论与实践》,社会科学文献出版社2010年版,第200页。

的，不要瞒，也不能瞒。"① 因此，正如"一壶已经已经烧开的水，如果还使劲捂着盖子，结果只能是连壶底都被烧穿；而盖子一揭，尽管可能会烫着自己的手，但沸腾的民意也就会变为蒸汽慢慢消散"②，只有因势利导，尊重民众的自主性和认知能力，满足民众的知情权，保障信息公开畅通，把权力行使放在阳光下接受监督，才能得民心、顺民意，也才能为化解矛盾、赢得广泛的群众支持，提供深度的心理认同基础和全面真实的信息保障。

其三，法律保障政府信息公开。公民知情权得到法律的确认，最早开始于北欧的瑞典，该国于1776年制定了具有宪法效力的新闻自由法。大规模的知情权运动和知情权法律制度的确立，是在20世纪后半期才开始的。首先，公民的知情权既是公民自主意识崛起后的必然要求，也是现代民主政治得以实现的基本保证，构成现代公民权利体系中的重要组成部分，也是公民的一项基础性权利，必须予以保障。"侵犯公民知情权就等于扼杀了公民享有其他权利的机会，而侵犯了知情权所表达的现代社会成员对公共信息资源的普遍利益需求和权利意识，很容易在权利受到侵犯的群体中引发共鸣，从而导致群体性事件的发生。"③ 政府权力的行使来源于公民的授权和同意，因此，"把公众的呼声当做第一信号，把公众的需要当做第一选择，把公众的利益当做第一考虑，把公众的满意当做第一标准。"④ 公民只有了解政府各项工作信息，即了解政府是怎样做出决策、怎样实施政务的，即政府制定各种法规和政策的内容、制定的理由和依据，以及工作人员的工作情况等，才会相信政府，同意政府的统治，支持和配合政府的管理，从而减少因怀疑、误会而产生的与政府的矛盾和冲突。即使产生了矛盾和冲突，由于信息的公开，也易于实现与政府的沟通协调，易于平和地解决矛盾和冲突。其次，在法定信息公开的时代，政府也必须把信息公开纳入到规范化渠道。"公民有必要对政治信息或对公共事务方面的信息能够有充分的了解，这就需要有正常化的获取信息的渠道与方式，这也要求政治过程尽可能向公民开放，增加政治活动的公开

---

① 聂方红：《涉政公共事件：地方政府行为新挑战》，人民出版社2012年版，第147页。
② 转引自陈力丹：《舆论学：舆论导向研究》，上海交通大学出版社2012年版，第25页。
③ 王学辉等：《群发性事件防范机制研究》，科学出版社2010年版，第158页。
④ 秦启文等：《突发事件的预防与应对》，新华出版社2008年版，第135页。

性与透明性，并使这种政务活动公开化与透明化成为一定的规范化的制定。"① 再次，不仅仅要遵循法律制度的规范，被动地满足公民信息公开的要求，而且，政府要根据所掌握信息的变化，真正领悟信息公开法的精髓，积极主动地不断更新、补充，以便更准确全面地满足公民知情权的需要，赢得民众的理解和支持。因此，在信息公开法定的时代，政府既要及时地面对媒体和公众，又要站在更为广泛性的角度上，立足点面向全国、全世界，充分考虑其可能产生的影响。只有高瞻远瞩，才能为民众提供更加优质全面的信息服务并驾驭住舆情。

（二）我国政府信息公开的现状

其一，对群体性事件处置的传统封闭型模式，奉行"三不主义"，这种惯性作用依然存在。"三不主义"指的是事件的信息不公开、处理方法不公开、处理结果不公开。因为许多官员由于担心公开群体性事件的真实信息会诱发社会公众的过度恐慌，造成社会的动荡不安，于是对信息进行封锁，很多是通过内参的方式，只能在基层政府与上级政府相关部门中传递。这种传统封闭型模式由于信息不公开，导致政府治理成本很高，也容易导致民众对政府认同的丧失，引发和加剧民众与政府之间的矛盾。"媒体与社会公众无法知道当地领导的决策过程，无法知道处置的方法，处理的结果也不告之社会。这种封闭处理模式的后果是，频繁发生的社会性突发事件给管理者带来了巨大的'麻烦'，但至今仍然没有很好的、有效的应对方法。"②

其二，在处置大量群体性事件的过程中，政府也意识到信息公开的必要性和积极价值。以 2008 年贵州瓮安事件与云南孟连事件为标志，媒体公开报道事件情况与处理过程，意味着政府打破封闭式的处理方法，采用公开透明的方法处理群体性事件的时期到来。"'瓮安事件'发生后，贵州省委书记石宗源明确指出了三点：坚持信息透明，要在第一时间把真实、准确的信息全面地让媒体知道，并借助媒体力量披露事件真相和细节。启动舆论监督系统，

---

① 姚建宗：《法律与发展研究导论》，吉林大学出版社 1998 年版，第 326 页。
② 朱力：《走出社会矛盾冲突的漩涡：中国重大社会性突发事件及其管理》，社会科学文献出版社 2012 年版，第 245 页。

及时回答人民的疑问。实事求是地公开真相,打破'不明真相的群众在少数坏人的煽动下'的公式。"① 这在学者和有责任心的官员之间都形成很好地信息公开的自觉意识,但在具体的处置群体性事件的过程中,基层政府和不少干部在贯彻落实方面又常常回到传统封闭型处置的老路上去。

其三,在群体性事件处置方面的信息公开还不容乐观,信息公开的立法还有很长的路要走。"现在,对全国每年发生的社会性突发事件的总量、事件发生的总体类型、发生的地点、处理的结果等公众十分关心的信息,政府基本没有公布。而一些进行公布的社会性突发事件,基本上是已经闹大了,在网络上已经传播开了,完全无法屏蔽、隐藏的事件。如果以保守估计的每年发生10万起社会性突发事件计算,近几年来得到公开报道的事件每年不到100个(笔者几乎每天上网收集社会性突发事件的案例,2006—2011年,每年约收集到50个左右媒体公开报道的案例,也就是说公开率不到千分之一)。而且,对许多地方性的重大社会性突发事件,网民自发将信息传到网络之后,信息管制会将这些信息消除殆尽。许多重大社会性突发事件的信息被完全屏蔽了。"② 这也说明,我国政府在群体性事件信息公开方面做得还很不够,这也亟须在官员干部中普及信息公开的意识和加快信息公开的立法步伐。

(三)政府信息公开应注意的事项

其一,信息公开的步骤。《中华人民共和国政府信息公开条例》和《中华人民共和国突发事件应对法》都要求政府在处置群体性事件等突发事件的处置信息必须同步、及时、完全、真实、公开。对政府信息管理方面的工作策略,有学者细分为九大步骤:"第一是认清局势;第二是发出通告;第三是进行评估,启动预案;第四是明确任务;第五是准备新闻发布;第六是向媒体和公众发布信息;第七是获取反馈、展开评比;第八是展开公众教育;第九是进行信息监控。"③ 也就是说信息公开不是放任,而是对信息进行甄别、分

---

① 于建嵘:《泄愤事件不算破坏稳定》,载《南风窗》,2009年第15期。转引自:于建嵘:《底层立场》,上海三联书店2010年版,第149页。
② 朱力:《走出社会矛盾冲突的漩涡:中国重大社会性突发事件及其管理》,社会科学文献出版社2012年版,第266页。
③ 史安斌:《危机传播与新闻发布》,南方时报出版社2004年版,第22页。

类别和分阶段处置，是加工之后的公开，是收放自如的有序公开。"有调查研究发现，突发事件发生时，社会公众对信息的关注程度依次为：'具体是什么事情'、'事件发展到什么程度'、'事件发生的原因'、'政府在做什么'、'跟我有没有关系'等，而事发时间公众对政府的期望方面，认为政府首要职责是'组织实施救援'，排位第一；其次是'第一时间发布信息'，排序第二，后面依次是'维持社会稳定'和'向上级报告情况'。公众对媒体的期望中，过半数的人认为媒体的首要任务是'报道灾情'，其次为'及时引导舆论，稳定民心'，第三是'报道救灾进展'，排在第四、第五位的分别是'紧急呼吁社会救援'和'宣传与该事件相关的知识'。"[1] 分清主次，遵循信息公开的轻重缓急秩序，才能既满足民众的知情权，又避免出现舆论混乱和事态的恶化。

其二，排除例外信息，即政府除了不应该公布的信息之外，都要确保信息公开。要求政府一一列举应该公开哪些信息很难，换个角度思考，就会豁然开朗。即研究哪些信息不应该公开，信息公开例外就能提供一种切实可行的操作捷径。"政府信息公开法的使命之一就在于明确界定不公开信息的内容、范围，不给行政机关留过多的自由裁量的空间，以免其借此妨碍公开。"[2] 当然，也可能出现以应急管理性质特殊、需要保密等为借口，拒绝与其他部门共享信息。事实上，应急管理的大量信息都是公共信息，不必把公共安全神秘化，更不能限制群体性事件信息的共享。在美国，司法部、联邦调查局（FBI）、国防部部长办公室坦言，90％以上的信息都是可以公开获得的，只有大约10％的信息是涉密的、敏感的、受限制的。政府信息公开的功能和作用就在于真正促进政府和公民的互动，目的就在于行政活动涉及的各方能够彼此了解和沟通，减少误会和抵触。共同行动使得行政活动的目的能够更好更有效地实现，这也正是信息公开之所以能够防范群体性事件发生的重要原因之一。进一步来讲，政府信息公开不能仅仅以是否"公开"为标准，更重要的应当以是否"有效"作为判断标准。这就要考察政府信息公开的原则和信息沟通的技巧。

---

[1] 杨魁、刘晓程：《政府·媒体·公众：突发事件信息传播应急机制研究》，中国社会科学出版社2010年版，第68—70页。

[2] 刘莘、吕艳滨：《政府信息公开研究》，载《政法论坛》，2003年第4期。

第二章
信息堵塞与疏通：舆情引导、信息公开和媒体的引导机制

其三，信息公开的原则。张成福教授的研究团队总结为五大原则：公开透明、广泛参与、行动适当、基于证据和明确责任。具体是指："1. 政府要在风险性质的理解上和处理风险的过程中做到公开透明。政府应该及时公布对于影响公众的风险的评估，并解释所使用的数据、假设、价值观和评估方法，以及将要如何处理风险。当风险信息必须被保密时，政府要解释其原因。2. 政府要在决策过程中，广泛吸纳受风险影响的公众的意见。在整个风险识别、评估和管理过程中，政府要鼓励广泛的代表团体和公众的参与。在政策发展、风险评估和风险管理的所有阶段都要开展双向交流。3. 政府在处理风险时要行动适当，在需要时要采取预防措施。面对公众处理风险的行动和需要的保护水平要成比例，与其他行动一致，并且指向风险。在政府确信发生有害影响时，以及可能性和后果的科学评估显示了不确定性时，就要果断采取预防措施。4. 政府要在具有所有相关证据的基础之上制定决策。要把识别和评估风险作为其事务的核心部分，其目标在于保证考虑所有相关因素，包括对面临风险的察觉、公众关注以及社会价值观。当收到不同意见时，应通过公开的讨论来阐明那些问题。5. 政府在管理风险时要划分责任到位，以便控制风险。要保证愿意承担风险的人也对其结果负责，其目标在于赋予个人选择权以决定如何管理影响他们的风险，且确保不会给其他人带来不可接受的风险或损失。"① 也有专家主张要"速报事实，慎报原因，再报继续"，也就是说，在原因没弄清楚之前，依据事实，就事论事，不扩展，不猜测，根据事实进展，不断推进报道。"瓮安事件、石首事件等许多酿大的涉政公共事件，一个共同的特点是当地政府和当地主要媒体集体失语，迟迟不发声，任凭谣言传播，酿成群体性大事。与此形成鲜明对照的是，2009年新疆'7·5'事件，我国新华社全球首发新闻，中央电视台也同步跟进，及时还原现场，亮出观点，掌握了国际舆论的主导权，压缩了外媒负面报道的时间空间，在舆论引导上取得了先机，赢得了赞誉，为党和政府有效处置营造了好的环境。"② 只有及时、主动、尽职告知真相，既不夸大也不缩小，既不猜测

---

① 张成福、唐钧、谢一帆：《公共危机管理：理论与实务》，中国人民大学出版社2009年版，第100页。

② 聂方红：《涉政公共事件：地方政府行为新挑战》，人民出版社2012年版，第154页。

也不隐蔽。及时，就是把所掌握的事件相关信息尽早告知给民众与媒体；主动，就是不要等待民众与媒体来"倒逼"才作出回应，而是主动披露民众和媒体需要的信息；尽职，就是依据职责尽可能为民众和媒体提供周到的信息服务，不推诿，尽可能满足其知情权。

（四）我国在政府信息公开方面所作的努力

我国《宪法》规定一切国家机关和国家工作人员都必须接受人民监督，为行政公开制度的建立、发展和完善提供了依据。我国信息公开最早可以追溯到20世纪90年代"阳光政府"的提议与建设上。当然，也有学者认为我国的政府信息经历了三大阶段，即：（1）20世纪80年代中后期以国家吏治为中心的防治腐败型政务公开；（2）20世纪90年代以经济建设为中心的发展经济型政务公开；（3）21世纪以来的以和谐社会建设为中心的综合型政府信息公开。事实上，我国第一部全面规范政府信息公开行为的政府规章，是2002年11月出台的《广州市政府信息公开规定》，出台相对来说还是比较晚的，该规定明确指出："政府是信息公开的义务人，公民是信息公开的权利人"。2004年，《上海市政府信息公开规定》出台，该规章明确要求"以公开为原则，不公开为例外"。为方便各类群体获取所需信息，上海全市形成互联网、公共查询点、政府公报、新闻发布会、热线电话等五大类公开渠道。市民还可以通过免费实名制"市民信箱"获得政府公报、政策法规、人事任免等政府公开信息等。地方的探索与实践，为制定政府信息公开的全国性法律提供了基础。"值得肯定的是SARS之后，国家在信息公开变革中的种种建树，仅法制建设方面，国家层面的《信息公开条例》已颁布施行；《传染病防治法》修改案单列了疫情必须及时上报的条例；《突发事件应对法》则对新闻报道作了有限的'网开一面'规定等。"① 2004—2005年的《全国推进依法行政实施纲要》、《建立健全教育、制度、监督并重的惩治和预防腐败体系实施纲要》明确提出"健全政务公开、厂务公开、村务公开制度"，从政务公开的角度推进政府的信息公开制度。此外，2011年中共中央办公厅、国务院办公厅印发

---

① 沙勇忠等编：《多难兴邦：中国政治年报2008》，兰州大学出版社2009年版，第207页。

第二章
信息堵塞与疏通：舆情引导、信息公开和媒体的引导机制

《关于深化政务公开加强政务服务的意见》，提出要抓住重大突发事件和群众关注热点问题的公开，客观公布事件进展、政府举措、公务防范措施和调查处理结果。2005年3月，中共中央办公厅和国务院办公厅联合发布了《关于进一步推进政务公开的意见》，这份文件具体明确了政务公开的指导思想、基本原则和工作目标，并要求政务公开制度化、法律化。在经历过许多重大的突发事件后，政府在信息公布方面有了重大的进步，《中华人民共和国政府信息公开条例》（以下简称《条例》）经2007年1月17日国务院第165次常务会议通过，并于2008年5月1日起试行。该《条例》明确了政府应担负信息公开的义务，"保障公民、法人和其组织依法获取政府信息，提高政府工作的透明度，促进依法行政，充分发挥政府信息对人民群众生产、生活和经济社会活动的服务作用"，为行政公开提供了具体的实施依据。行政公开不仅是国家机关和国家工作人员接受人民群众监督的前提条件，也是行政机关及其工作人员的工作准则。第4章规定了以下几种信息公开监督和保障机制：一是各级人民政府应当建立健全政府信息公开考核制度、社会评议制度和责任追究制度，定期对政府信息公开工作进行考核、评议；二是政府信息公开工作主管部门和监察机关负责对行政机关政府信息公开的实施情况进行监督检查；三是各级行政机关每年3月31日前公布行政机关的政府信息公开工作年度报告；四是公民、法人或者其他组织认为行政机关依法履行政府信息公开义务的，可以向上级行政机关、监察机关或政府信息公开工作主管部门举报，受到举报的机关应当予以调查处理；五是公民、法人或者其他组织认为行政机关在政府信息公开工作中的具体行政行为侵犯其合法权益的，可以依法申请行政复议或者提起行政诉讼。这标志中国政府全面迈入信息公开化时代，通过颁布更多关于信息公开的法律来沟通公民与政府之间看似不可逾越的"鸿沟"，一方面使政府的信息公开更加充分而有效，另一方面也使公民和政府能在同一个信息平台上交流，加强对政府的监督，无疑是现阶段我们能选择的最好的方法之一。这也打破了以往政府信息公开多以政策性规定为主导，欠缺法律规范保障的局面。但《条例》仅仅规定了政府应当及时公布信息，对于应该公布什么信息、信息应该如何公布、什么时间公布、由谁公布等规定得过于笼统。尤其是对于群体性事件方面的信

息公开只是做了原则性规定，操作性不强。诸如，《条例》某些规定的表述在行政实践中极容易产生理解的不一致，诸如"涉及公民、法人或者其他组织切身利益的"，这样的表述必然导致政府和公众的不同理解。这不仅使得政府容易懈怠履行公开信息的义务，公众知情权的实现也可能遭遇政府或政府工作人员的阻挠。从防范群体性事件的效果看，这不仅不能起到良好的防范作用，反而可能成为群体性事件发生的新原因。因此，政府信息公开的范围和内容应当以公众的现实需要为标准，划分应当公开信息的层级，逐步地、有序地、实际地实现信息的公开。

第三节　媒体的引导机制

（一）双向互动传播

其一，"风险传播理论"的特点。通过有效沟通化解危机风险于预警阶段，"英国前首相布莱尔在这方面做得非常成功，他举行记者招待会或接受媒体采访时，一般都提前到场，与来的媒体人士做先期沟通，遇到特别刁钻的记者，先表扬他们敬业有水平，再套问他们这次有什么难题给自己，大多数记者都会把自己想问的和盘托出，在肯定这些问题提得好，提到点子上，并从中选一个自己熟悉且准备充分的问题建议记者到正式场合提问，并通过发言人或主持人保证兑现机会，这样，既摸清了对方的底牌，也使记者开心完成任务，友好的结果是双赢。据说伦敦申办 2012 年奥运会成功也得益于布莱尔事前与奥委会委员的熟悉沟通。"[①] 这在于布莱尔灵活运用了"风险传播理论"。该理论注重危机发生之前的预警阶段，主张从个人、团体、机构以及媒体之间交换信息和意见的过程中注重风险情境和公共议题的讨论，及早通过与民众互动，变单向传播的信息模式为双向对称模式，也叫互相理解模式，这一模式重视组织与利益相关人双方的平等互动，促进双方的相互了解，达成共识，从而达到化解矛盾与风险的目的。

[①] 聂方红：《涉政公共事件：地方政府行为新挑战》，人民出版社 2012 年版，第 159 页。

其二，政府与媒体互动应注意的事项。有学者指出与媒体打交道应遵循四个总体原则："（1）主动配合。（2）积极引导。（3）平等尊重。（4）有理有节。"① 在与媒体沟通的全过程中，还应当注意以下"几要"和"几不要"②：

	要	不 要
事前	问清楚发言的主持人	不要对该采访谁、不该采访谁指手画脚
	问清楚发言的主题	不要对记者显示出过度的熟悉感
	问清楚发言的形势和持续的时间	不要告诉媒体自己喜欢哪个记者
	问清楚还有谁同时发言	不要对个人与组织立场区分不清
	注意发言内容是否涉及自身知识局限	不要将发言当做展示才华的机会
	提前准备并练习	不要宣布讨论范围之外的事项
事中	专心听取提问，认真思考	不要说谎或掩盖真相
	传递并重复传递关键信息	不要与记者发生争执
	先陈述自己的结论，然后提供论据支持	不要谈论不愿意在报道中出现的内容
	尽量达到自己预定的目标	不要超越自己的级别去回答问题
	提供获取其他信息的途径	不要揣测、猜想或进行假设
	注重真实准确的事实	不要和旁人交谈
	如果不能讨论某一问题，给出原因	不要说无可奉告
	争取澄清事实的机会，纠正错误	不要被导向主题之外的讨论
	相信麦克风和录音设备一直是开启的	不要前后不一，观点矛盾
事后	记住自己仍处于录音状态	不要认为采访已结束或录音设备已关闭
	如果可以的话，主动提供信息	不要拒绝做进一步的交谈
	遵守时限，提供自己承诺过的其他信息	不要问"我该做什么"
	注意后续情况，看看是否出现其他问题	
	关注并阅读报道结果	
	如果报道中出现影响内容的错误，礼貌地向记者指出来	

---

① 张成福、唐钧、谢一帆：《公共危机管理：理论与实务》，中国人民大学出版社2009年版，第328页。

② 同上，第329页。

（二）媒体审查的必要性

其一，媒体需要审查制度的原因。

（1）任何宣称的新闻自由也都是接受审查限制的新闻自由。无论这种自由是为了满足公众知情权还是为了化解危机的需要，新闻自由是媒体共同的呼声。但是"在任何时候的自由系统总是在那个时候存在的限制或控制系统"①，每个人自由的边界就是别人权利的领地，任何自由都是"受限制的自由"，而不是"放任的自由"。即使以新闻自由著称的美国，丹尼斯也指出："美国新闻界生活在各种规定和规则、惯例与限制当中。从世界标准看，它是相对自由的，尽管附带有所有这些对其自由的限制。即使对美国新闻界所处的这些条件作最浮光掠影式的表面审视，也会告诉我们他们不是真正自由的。"② 只有处理好了个人的自由与共同体的自由之间关系，自由才得以实现，无序才可能避免。

（2）由于媒体也是利益主体，由于利益的驱使，容易受利益集团的绑架而偏移客观真实性。一些媒体容易成为利益的追捧者，主要为了迎合利益集团的利益，甚至通过制造假新闻来误导公众。"许多媒体由于缺乏危机意识，在危机发生期往往难以遏制抢新闻的心态，忽视了传播的基本伦理规范，甚至置科学于不顾，基于制造所谓假新闻，在客观上使矛盾激化，甚至在危机处理中形成障碍。基于此，在特定情况下，有选择地为新闻'设限'是必要的。"③ 所有这些存在的媒体，由于控制着话语权，在危机处置过程中与社会和政府构成微妙博弈关系，可能滥用民众授予的新闻监督权，牟取媒体集团或个人私利。

（3）由于人们认识能力的局限和出于本能的对事件的改编，而使新闻难以做到客观真实。"由于人们在直接接近他们所看到的事物时他们可能会产生

---

① 黄旦：《新闻传播学》，杭州大学出版社 1998 年版，第 106 页。
② Everette E. Dennis and John Merill, *Media Debates：Issues in Mass Communication*, New York：Kongman, 1991, pp. 5-6.
③ 蔡志强：《社会危机治理：价值变迁与治理成长》，上海人民出版社 2006 年版，第 272—273 页。

第二章
信息堵塞与疏通：舆情引导、信息公开和媒体的引导机制

误解，同时又没有人能够决定他们将如何误解，除非他能决定他们到哪里去看和看什么。因而审查制度在某种程度上得到人们的认同。"① 没有谁能够代表真理，最有权威的表达也仅仅是一种意见表达而已。更何况，就旁观者而言，几乎所有的社会学与心理学的实验都证明了社会群体在描述危机事件的时候，会对事件进行改编，"绝大多事实似乎都在某种程度上经过了有意加工"②。因为每个旁观者基于自己所处的地位和观察习惯，他们的选择性和可能的创造性倾向，往往使事件在传播中变得面目全非。但对流言传播的分析显示，多数时候人们的这种添枝加叶或添油加醋并非出于恶意。李普曼甚至认为，没有某种形式的审查制度，就没有严格意义上的宣传。

因此，"控制媒体并引导舆论就成为政府在紧急时期维持稳定而运用的固定方式，而信息透明度和媒体审查就成为舆论主体和舆论对象冲突的焦点。"③

其二，如何进行媒体审查。

应急管理者也要认识到：（1）并非所有的新闻媒体都一味地追求轰动效应。大多数记者愿意本着严肃的态度、依据事实、客观报道新闻，不愧于"无冕之王"的美誉，也希望与应急管理者建立密切的合作伙伴关系，取得危机治理的良好效果。（2）也不能因为害怕媒体的监督而故意为难媒体。尤其对于地方政府被卷入的群体性社会事件，由于担心上级政府的问责与追究，影响自己的仕途，地方政府非常害怕被中央主流权威媒体《焦点访谈》的曝光，也怕社会有影响力的权威杂志诸如《南方周末》等的披露，经常出现地方政府想尽办法竭力利诱、劝服和阻挠这些媒体的介入，对于非正式的民间媒体则是打压和封锁。然而，随着媒体的独立性增强，媒体介入事件的能力也越来越强，依据事实，勇于承担起媒体的社会监督责任，这样，利诱和打压等手段对于媒体越来越难以奏效。这还有一个可能的原因是："媒体不会因为你不欢迎而不报道，你不欢迎他们会去找现场群众，你不给正面的、官方的信息，他会去街头巷尾了解道听途说的、似是而非的东西，那样报道出来

---

① ［美］沃尔特·李普曼：《公共舆论》，阎克文、江红译，上海人民出版社 2002 年版，第 62 页。
② 同上，第 65 页。
③ 蔡志强：《社会危机治理：价值变迁与治理成长》，上海人民出版社 2006 年版，第 267 页。

后更麻烦。"① 因此，应急管理者不能因为逃避责任而审查媒体，而是应该学会与媒体打交道，与媒体建立良好的伙伴关系。

（三）媒体的双面性，积极发挥媒体的正面价值

其一，媒体的负面价值。除了上文对于媒体需要审查的原因分析中所提到的媒体的负面价值之外，媒体在传播过程中，由于其传播迅速，覆盖和影响的领域广泛，不负责任的媒体运作则可能对危机的发生与蔓延起到推波助澜的作用。这主要表现在新闻媒体报道可能会引发四个"效应"："（1）放大效应，比如媒体对'非典'的过度报道引起了社会恐慌；（2）麻醉效应，频繁地报道反而削弱了人们对突发事件的警觉性；（3）屏蔽效应，虚假的新闻报道会妨碍人们对突发事件真相的了解，如山西繁峙矿难中新闻记者因受贿而发布虚假新闻；（4）传染效应，新闻媒体对暴力事件细节的过度报道可能会引发一些人的模仿，进而导致类似事件的重复发生。"② 这四大效应在媒体的传播与报道中也常有发生，不仅导致严重歪曲事实真相，干扰了危机处置的进展，对社会的负面影响也短时间难以修复，也导致对大量人力、物力和财力资源的巨大浪费，混淆视听，扰乱秩序。这一方面需要政府对媒体进行危机和责任意识的教育，将新闻媒体作为满足公众知情权的重要渠道，也作为合作信赖的对象，将群体性事件的信息通过新闻媒体传递给广大社会公众。另一方面，媒体也要严格遵守媒体报道的规范，遵守媒体人责任和职业道德，在危机治理中，媒体需要解决以下几个基本问题："首先是对所传播事实的客观性认定的问题，危机发生的不确定性决定了事实传播客观性把握的难度。由此带来的第二个问题是危机管理中如何科学维护媒体的传播信度问题。第三个问题是新闻大战中如何避免传播加剧社会恐慌和蔓延的问题。……此外，媒体还必须注意如何通过后续报道，化危机为转机，克服危机给社会发展造成的不利影响。"③ 这才有可能减少不准确的新闻报道，尽可能及时、准确、

---

① 聂方红：《涉政公共事件：地方政府行为新挑战》，人民出版社2012年版，第170页。
② 王宏伟：《应急管理理论与实践》，社会科学文献出版社2010年版，第212页。
③ 蔡志强：《社会危机治理：价值变迁与治理成长》，上海人民出版社2006年版，第273页。

第二章
信息堵塞与疏通：舆情引导、信息公开和媒体的引导机制

完整地把事实真相还原给公众。

其二，媒体的积极作用。尽管对媒体的负面价值也常有讨论，但作为"第四种权力"的媒体监督权扮演重要作用。

（1）对民众而言，作为信息传递的基本工具，媒体的职业化程度越来越高，通过对现代信息的传播规律的把握，准确捕捉信息，并对信息进行及时梳理和传播，引导人们把握真实情况，满足人们对信息知情权的诉求。也是对人们开展公共安全教育的良好途径，增强人们的选择能力和参与能力，有利于塑造全社会重视公共安全的文化氛围和危机意识，从而从源头上减少群体性公共危机的发生，提高危机治理的成效。

（2）对政府而言，新闻媒体对于群体性事件的报道最主要起到舆论监督的作用，有利于各级政府领导强化责任意识，减少突发事件发生的概率。媒体也可以为官方提供最好的信息来源，有助于帮助政府查找思维与工作的盲区，提高警惕和应急管理决策水平。

（3）从危机处置的过程而言，在危机的萌芽状态，媒体可以传递预警信息，帮助人们和政府克服对危机预防预警的冷漠和忽视。在危机来临时，媒体的监测作用会被公众前所未有地重视，并成为人们行为的主导者。危机自身的不确定性和不同群体的利益诉求往往容易导致行为选择的偏差，此刻媒体的及时介入尤为迫切，媒体第一时间向政府和社会进行事实传播，让群众及时了解事态进程，及时透明地把真实信息反馈给政府和社会，创造有利的危机处理环境。在危机的化解和处理时，需要全社会的支持与协助，此时，高效而迅捷的社会动员尤为重要。现代社会，媒体无疑是社会动员最为重要的载体，在危机状态下，最大限度地实现社会动员，确保生命价值的不受损害，降低灾害损失，防止人为扩大危机。通过社会资源的合理调配和媒体覆盖，提供有效信息，避免谣言泛滥，也有助于争取资金援助、捐款和危机管理措施的再选择。

其三，政府与媒体积极合作的必要性。以开放的心态面对媒体，不要为难和指责媒体，而且应该善待和欢迎他们，如主动为媒体提供方便和服务，提供媒体所需的资料和素材，配合记者到现场群众中采访和收集信息，乐于接受他们的监督，勇于承认错误及承担起应负的责任。政府与媒体合作的好

处之一：通过政府与媒体积极主动的互动，既让媒体感受到诚意和被尊重，也让媒体的采访活动处于掌控之中，通过阳光处置重塑政府形象和赢得民众的认同。好处之二：顺应和尊重媒体，带来的合作成本永远低于对抗的成本，借助媒体形成覆盖广泛的沟通网络，不仅向公众提供有关群体性事件的重要信息，保证公众对群体性事件的知情权，还尽量给公众提供一个政策参与的机会，让公众感受到自己的国家主人翁地位，接受民众的监督和参与共治，从而取得群体性社会危机的治理绩效。好处之三：媒体积极面对群体性社会事件，把社会公众对危机的舆论引导到有利于危机解决的正确方向上来，扮演起社会中立"第三方"的作用，积极加强政府的政策宣传，更好地起到安抚民心、稳定社会情绪、缓解社会紧张状态的作用。好处之四：媒体还可以积极动员非政府组织资源，为民众在危机中的心理、经济和法律问题提供援助和服务，加快公众服务体系的建立，从而配合政府治理，形成多元合作的治理结构。

（四）驾驭媒体的制度化设计

其一，通过议程设置和议程管理来引导媒体。"美国学者通过实证研究发现，在公众对社会公共事务中重要问题的认识和判断与媒体的报道活动之间，存在一种高度对应的关系"[①]，也即说越是受媒体关注的事件，公众对其重视程度也越高，尤其是权威媒体在塑造民意方面起重要作用，作为政府应该加以重视和积极引导利用。"地方政府完全可以充分利用新闻议程的设置权，充分利用自己的掌握的信息源，对媒体的议题进行管理，引导媒体把焦点、视角转到为中心、大局服务，为民生改善服务，为主流价值观造势、定调，形成积极的媒体舆情议题。如杭州市就抓住'飙车案'，组织网民讨论如何提升法制意识、社会公德和城市管理水平，实现社会公众关注焦点的良性转移。此外，政府新闻的议程设置与管理也非常重要，它可以通过控制媒体采访时间、内容、数量和参与单位人数以及时间的安排调整，来引导新闻流向、采

---

① 洪向华主编：《媒体领导力——领导干部如何与媒体打交道》，中共党史出版社 2009 年版，第 101 页。

第二章
信息堵塞与疏通：舆情引导、信息公开和媒体的引导机制

访重点、报道主题，让媒体围绕政府转，按政府的意图办。"① 政府通过媒体中介来吸纳民意设置和传递政策议程，既避免政府与民众之间的直接对立冲突，也可以通过引导媒体而驾驭媒体，也把政府的工作重心调整到对科学政策议程的设置上来。

其二，加强对媒体立法。中国目前还有没有一部《新闻法》，导致新闻监督无法可依。不过近年来，政府越来越重视传统媒体和现代网络的作用。如《焦点访谈》、《每周质量报告》、行政首长的网上在线与网民互动等活动有助于主动暴露问题、回应民意、调整政策和促进制度变迁。尤其是《突发事件应对法》的颁布，为新闻媒体介入突发事件，探究事件背后的政策、制度、结构和价值因素并推动变革提供了法律保障。《突发事件应对法》第五十三条明确规定：履行统一领导职责或者组织处置突发事件的人民政府，应当按照有关规定统一、准确、及时发布有关突发事件事态发展和应对处置工作的信息。也有地方政府颁布地方政府规章来追究新闻发言人隐瞒信息的责任。2009年12月1日，深圳市推出《深圳市人民政府新闻发布工作办法》，对新闻发布工作的"不作为、不及时、不规范、不准确"行为进行问责。2010年4月9日，重庆市宣布，如果所在部门或区县发生突发事件不及时回应，新闻发言人说"无可奉告"，或者出现其他推诿行为，将追究其责任。新闻自由需要法律保障，同时，监管新闻也要依法进行。"政府对媒体在危机期间的舆论导向和社会职责应做出法律规范，并在危机期间，依法加强对媒体的管理，旨在防范禁止因出现'泄密'报道而破坏政府危机处理方案的效力，避免因失实报道而扰乱人心，加剧社会紧张状态。"② 从而，把政府对媒体的服务和对媒体的审查都纳入到法律规范的渠道中来，处理好政府与媒体之间的良性互动关系。

---

① 聂方红：《涉政公共事件：地方政府行为新挑战》，人民出版社2012年版，第171页。
② 朱力：《走出社会矛盾冲突的漩涡：中国重大社会性突发事件及其管理》，社会科学文献出版社2012年版，第302页。

第四节 域外经验及启示

（一）政府信息公开经验

其一，发达政府信息公开立法模式大致可分为三种模式。

（1）分散式立法模式。英国为典型代表。即在制定全国统一的信息公开法之前，具体的政府职能部门先行立法。如1984年英国国会通过的《地方政府法》赋予了公众获知地方议会的会议报告和文件的权利；1988年，通过的《环境和安全信息法案》规定，当有关机构或组织违反环境保护和安全的法令时，公众有获知相关信息和处理措施的权利；1990年《健康数据获得法案》赋予公众有查阅自己医疗信息的权利等。然而，一方面是这些规定操作性差，有些政府机关比较容易规避法律义务，另一方面是这些单行法所赋予的权利非常有限。20世纪90年代后期，制定统一政府信息公开法律的呼声越来越高，终于在2000年11月，英国议会通过了《信息公开法》，结束了分散立法的局面。

（2）地方先行立法模式。日本是典型代表。日本先是在所有47个都道府县都通过了自己的政府信息公开条例。地方政府信息公开条例的颁布使得基层群众和组织能够依据该条例的规定或区地方政府的一些信息，但由于条例的位阶较低，且各地的规定不一致，操作性不强，事实上并没有形成对地方政府的监督。在基层民众的呼吁下，1999年5月7日通过了《信息公开法》。

（3）中央集中立法模式。美国为其典型代表。美国国会于1966年制定了《情报自由法》，随后形成了以《情报自由法》、《隐私权法》、《阳光下的政府法》、《会议公开法》、《削减公文法》、《电子信息自由法》等一系列法规为核心的规范体系，从不同角度对政府信息公开制度作了较为详细的规定，美国的政府信息公开制度颇具影响且其规范体系相对健全。

以上三种立法模式各有特色，即政府职能部门优先立法、地方政府优先立法和中央政府集中优先立法，但三种模式都是殊途同归，最终由议会制定统一的政府信息公开法，这是社会发展的趋势。我国是先启动地方立法模式，后形成全国统一立法。

其二，各国在信息公开方面的立法保障。

（1）世界上最早建立行政信息公开制度的国家是瑞典，制定有《出版自由法》来保障新闻自由。这从实体法上赋予新闻权力，监督政府主动公开信息，防止政府虚假公开和延迟公开。在美国《情报自由法》说明书中，时任司法部部长的克拉克写道："如果一个政府真正的是民有、民治、民享的政府的话，人民必须能够详细地知道政府的活动，没有任何东西比秘密更能损害民主。公民没有了解情况，所谓自治，所谓公民最大限度地参与国家事务只是一句空话。"[①] 记者不但通过参与政府举办的记者招待会获取政府信息，而且还可以根据《情报自由法》、《会议公开法》等法律查阅政府纪录、旁听政府会议，从而扮演政府公开信息和公众知情权的桥梁。1974 年修改《情报自由法》的一项重要内容就是增加了国会的监督，"该修正案规定，行政机关和司法部长必须每年向国会提交一份报告，说明情报自由法的执行情况，由国会判断和制止政府不负责任的拒绝公开文件的行为。"[②] 早在 1996 年克林顿政府就专门颁布了《电子信息自由法案》，该法案规定美国政府必须建立自己的政府网站，并在网站上通过三种形式公开政府信息：建立电子阅览室；建立电子信息自由法资料的导引；刊载上年度本政府机构对信息自由法执行的报告，包括为公开信息的个案及其原因。"在'9·11'事件以后，美国一直努力提升全面协调、全面整合的信息共享能力以打击恐怖主义。为实现这个目标，美国推行了一下几项原则：一是促成联邦、州、地方政府、私人组织及美国的国际伙伴、盟友之间结成伙伴关系，实现有效的信息共享；二是在各级政府官员中形成一种文化，即利用各种来源的信息为反恐服务；三是反恐活动的方方面面都可以融入信息共享的理念，包括预防与保护行动、犯罪与反恐调查、事件准备、灾难的响应与恢复等；四是支撑信息共享的程序与系统必须利用和整合现有的技术能力；五是美国在各州及大城市设立的'整合中心'要达到处理、共享和利用信息的基本标准，并被纳入国家信息共享的

---

① 王名扬：《美国行政法》，中国法律出版社 2007 年版，第 959 页。

② 同上，第 1022 页。

框架中。"① 2007年10月，美国政府出台了《信息共享的国家战略》报告。

另一方面，不少国家从程序法上保障政府信息公开，美国《联邦行政程序法》第553条规定了政府规章的主动公开，行政机关在制定规章之前应当在联邦登记上公告或者直接通知利害关系人，公告或通知的内容包括制定规章的事件、地点、性质说明，制定规章的依据，拟定规章的条款或涉及的主题和问题的说明等。韩国《行政程序法》第41条规定，制定、修正或废止与国民权利义务或日常生活有关的法令时，制定该立法提案的行政机关应予以公告。法国1978年制定的《改善行政机关与公众关系法》第9条规定，行政机关必须主动公开对实体法的解释或对行政程序进行描述的指示、指令、通令。台湾地区的《行政程序法》也规定了政府法令的预告程序。德国在宪法中就规定政府法令的公开方式。

（2）对于信息不公开的救济方面的立法。政府在信息工作中可能存在疏漏或失误，对于法定应当主动公开的实际情况可能不愿意公开或不及时公开，对此需要完善救济程序来保障，主要有行政救济和司法救济。"有的国家情报公开法规定可以向行政机关首长提出申诉，如美国；有的国家或地区则规定向专门设置的信息委员会申诉等，如日本、中国台湾、韩国等。在履行行政救济之后，仍然不满的，可以向法院提起诉讼由法院予以审查。"②

（3）配合信息公开的其他制度保障。世界各国对政府信息公开的保障既包括行政信息公开法本身的保障，诸如制定完备责任条款、程序条款等，也完善行政信息公开法之外的其他法律制度来配合信息公开，诸如政府公报制度在西方发达国家已经成为一项成熟的制度，即强制行政主体定期将其法定必须公布的行政命令、行政管制措施及其他普遍涉及公民权利义务的情报发表于法定的公告媒介上，使行政情报能及时、全面地为人们所知悉，否则该行政命令、行政措施或类似行政情报不生效。

"简言之，从各国的行政公开制度来看，政府信息主动公开的内容和范围

---

① *National Strategy for In formation Sharing*，www.whitehouse.gov/nsc/infosharing/index.html，转引自王宏伟：《应急管理理论与实践》，社会科学文献出版社2010年版，第277页。

② 应松年、陈天本：《政府信息公开法律制度研究》，载《国家行政学院学报》，2002年第4期。

主要集中于三个方面：一是政府法令或规章的制定程序，包括法令或规章的制定机关、制定理由、依据和规章的内容及其说明；二是行政机关的组织、职责权限及其所适用的规范性文件、办事规则；三是涉及公共利益的其他重大行政事项。"①

其三，中美政府信息公开的比较。

（1）在规范内容上，尽管中美在政府信息公开制度所应有的公开主体、公开范围、公开程序和公开制度的保障等方面都有所规定。但"在每个部分具体的包容度和侧重上有很大的差别，如在公开主体上，美国的信息自由法适用于联邦政府的所有行政机构，包括各个行政部门、军事部门、政府控制的企业、政府部门所属的其他机构等"②，中国政府信息公开更多是指在具体行政行为中形成的信息，获取政府信息对于人们来说仍然很困难，对于抽象行政行为还不能提起行政诉讼。而美国所规定内容的包容度要大得多，任何人不需要说明任何理由，只要能指明所要求的文件按照规定的手续和费用都能得到政府文件。如果行政机关拒绝公开文件，那么当事人可以提起诉讼。

（2）"在公开的范围上，中国的信息公开条例分为政府部门主动公开、应社会申请公布和无需公布三部分，规范方式是列举应予公开的范围并将公开的范围进行重点和一般的划分。而美国在规定方式上是列举九种免除情形，原则是予以公开，公开的范围有更大的延展空间。另外，中国更强调在信息公开中依据保密法规等的审核以及政府应对申请的决定职能，强调政府的判断。而美国用几部法律强调政府公布信息的义务和其在信息公开过程中对公民、法人和其他组织的权利保护。

（3）"在公开的方式和程序上，中国以公开、公正、便民为原则，但方式上仍旧强调书面申请的形式，美国则更加灵活，专门应时修订、出台了电子信息自由法；在公开的保障和监督方面，美国的《隐私权法》对政府获取、保有和使用个人信息的限制是中国显得薄弱的地方。中国只在《政府信息公开法》中笼统地规定了公开第三人信息时书面通知和取得第三人同意，但当

---

① 王学辉等：《群发性事件防范机制研究》，科学出版社 2010 年版，第 161—162 页。
② 周汉华：《美国政府信息公开制度》，载《环球法律评论》，2002 年秋季号。

政府自我判断此信息应得以公开时却只需通知而无需第三方同意,并未规定第三人的诉讼权利。美国信息自由法在因政府公开问题产生诉讼上强调政府的举证责任。"① 尽管在权利高涨的时代,传统中国的统治思维诸如"愚民政治"和"替民做主"等依然在很多领导干部心目中根深蒂固,既怀疑民众的政治参与能力,也对于民众的参与充满恐惧,把民众的参与与秩序混乱等同起来。因此,党和政府的政策制定中民众的参与有限或很难参与,信息限制很严格,一些政策听证会也流于形式,传统行政思维的惯性再加上法治观念的滞后,成为阻碍政府信息公开的重要原因。而"美国的政府信息公开从一开始便是基于对公民权利的尊重和对公民的信任,认为公众的参与——沟通——协商是公民与政府互动的过程"②,参与式民主和协商式民主越来越流行,并成为可能。再加上信息公开的法制保障,公众参与政策制定和监督政府也更加容易。

(二) 国外政府驾驭媒体的经验

其一,美国的经验。媒体在西方自由民主国家发挥着"第四种权力"的作用,有力地监督制约政府权力的运行。美国以《第一宪法修正案》保证了新闻自由,确保"无冕之王"的地位。在美国,"应急管理者特别注重采取以下步骤与新闻媒体建立良好的关系:在灾害来袭之前,经常并坦诚地进行沟通,以建立信任;努力理解媒体的要求;征求建议,研讨媒体保护社区的方式;抓住每一个机会,对记者与编辑进行应急管理教育;积极邀请新闻媒体成员参与应急规划及应急行动讨论中。"③ 可见,驾驭媒体没有灵丹妙药,最佳途径就是对媒体的尊重和信息公开,赢得媒体的理解和支持,与媒体一起协商共治。同时,美国联邦应急管理署也总结出一些应

---

① 王学辉等:《群发性事件防范机制研究》,科学出版社2010年版,第60—61页。
② [美]詹姆斯·博曼、威廉·雷吉:《协商民主:论理性与政治》,陈家刚等译,中央编译出版社2006年版,第187—189页。
③ Daivd A. Mc Entire, *Disaster Response and Recovery: Strategies and Tactics for Resilience*, John Wiley&Sonsm Inc. 转引自王宏伟:《应急管理理论与实践》,社会科学文献出版社2010年版,第214页。

对媒体应该注意的事项：

美国联邦应急管理署（FEMA）应急信息指导总结[①]

应对媒体的要点	
	（1）注意媒体的事件要求。
	（2）迅速回答所有媒体提问。即便是信息处于未知状态，也要如实报道。
	（3）全面、准确地回答问题，但不要超越范围提供信息。
	（4）坦诚与公开。如果不知，就实话实说，并尽快向记者提供正确的答案。询问记者的时间要求。
	（5）当记者问及其他机构事宜时，不要做深入的讨论。
	（6）灵活应变。特别是当遇到不合理的要求时，策略地应对。

其二，英国的经验。"英国的媒体应急论坛由高级媒体的编辑、政府代表、地方应急规划人员、应急服务部门、警察、私人工业者组成。其成立的目的是解决突发事件中的媒体问题。'9·11'事件发生后，该论坛制订了一个与公众沟通的计划，以防止英国发生类似的恐怖事件。"[②] 英国解决媒体问题的良方，就是成立多元主体参与的论坛组织和根据沟通达成共识，这样有助于信息的畅通和相互之间的监督，从而也使得解决危机事件的信息易于被公众所知晓，并为之付出努力。

其三，澳大利亚的经验。"澳大利亚联邦政府不仅大力投资发展互联网，而且在世界上率先构建并形成了良好的互联网法制氛围，使互联网步入良性发展轨道。加强政府层面的管理，健全机制，引导并保持互联网健康的发展方向，是澳大利亚联邦政府在互联网管理中的'第一管'。据此，澳联邦政府决定将广播管制局和电信管制局合并，于 2005 年 7 月 1 日成立传播和媒体管理局（ACMA），负责全澳大利亚的互联网工作……还组成了一个管理委员会，将广播电视和电信、互联网管理结合在一起。互联网是社会大众共有的虚拟世界，但不应是绝对的自由平台，如果管理不善，任由其发展，国家信息安全、企业电子商务、大众个人隐私就会受到损失，网络谣言、网络色情

[①] *FEMA Emergency Information Field Guide*, 1998. 转引自王宏伟：《应急管理理论与实践》，社会科学文献出版社 2010 年版，第 214 页。

[②] 王宏伟：《应急管理理论与实践》，社会科学文献出版社 2010 年版，第 214 页。

和网络诈骗等违法犯罪就会泛滥。所以，ACMA 的主要职责是针对上述问题进行监管。在行业协会层面，澳大利亚互联网协会作为社会组织，在协助联邦政府促进互联网有序运作方面也发挥着积极作用。该协会的成员来自社会各界，有运营和信息传播机构，规避各种弯路和风险，促进澳大利亚互联网快速发展。依法管理互联网目前是国际上通行的和必需的做法，明确在互联网管理中哪些是要得到保护，哪些是要进行限制、禁止，并让互联网用户明确自己的权利与义务，互联网才能顺利、安全地发展。监规立制、依法管理是对互联网管理的最重要环节，这是澳大利亚联邦政府管理互联网的'第二管'。澳大利亚是世界上最早制定互联网管理法规的国家之一，使互联网管理有章可循，有法可依。澳大利亚有关涉及互联网管理内容的法规及其标准由 ACMA、行业机构和消费者共同制定。有关互联网管理的法规主要有《广播服务法》、《反垃圾邮件法》、《互动赌博法》、《互联网内容法规》和《电子营销行业规定》等。网络实名制管理在澳大利亚得到社会舆论和民众的支持和拥护。……此外，澳大利亚政府正在推行互联网强化过滤机制，防范网络不良信息对国家安全、个人隐私和经济利益的威胁。ACMA 与各网络服务商签订协议，要求他们不得传播垃圾邮件、淫秽色情信息、暴力内容以及有害儿童身心健康的信息等，并向他们提供过滤软件。当出现传播违法内容问题时，ACMA 可根据协议，要求网络服务商关闭受感染的服务器。同时，ACMA 设有专门的举报投诉热线，接报后 24 小时内就会采取处置措施，并向投诉方做出回复。……开展网上执法，ACMA 与警方密切配合，共同严格检查各种网络违法行为。这是澳大利亚联邦政府与互联网严厉进行的'第三管'。澳大利亚联邦和各州政府警署负责网上执法，并设有专门的互联网监控部门，对网络违法犯罪情况实施监控……为保障网络安全，澳大利亚联邦政府拨出大量资金，包括向每个家庭提供过滤软件，开展网络安全教育。通过社区向公众进行正确使用互联网教育，在学校设立专门机构对学生传播正确的互联网启蒙知识。同时，澳大利亚政府还设立了专门的智能网略网站，以保障学生使用互联网的安全。澳大利亚还建立国家网络安全运行中心，目标是不断占领和掌握高科技，追踪和瓦解复杂的网络攻击，在保护国家网络和信息安全方面发挥重要作用,为政府决策提供可靠的安全建议和协助"①。如果说美国和英国的经验对于驾驭传统媒体有很好的借鉴意义,那么澳大利亚的经验对于网络新媒体的成功监管值得我们大力借鉴。总结起来,主要有如下几点:(1) 对网络监管的制定法规,依法管理。(2) 成立国家统一的机构和国家网络安全运行中心,国家的高度重视。(3) 严格执法,并动员社会,提供与政策相应的资源配备,以确保法规的落实。(4) 监管与引导并重。

---

① 朱力:《走出社会矛盾冲突的漩涡:中国重大社会性突发事件及其管理》,社会科学文献出版社 2012 年版,第 302—303 页。

第三章 政府权责与绩效：理顺纵向整合与横向协作的政府运作机制

第一节 整体性政府与统一指挥

随着对全能政府的反思、对官僚制的批判以及新公共管理运动的影响，政府的面纱一层层被剥离，人们监督政府的运行也变得相对易行，政府权力受到监督的程度代表着政治文明的进化程度。但当我们看到喜忧参半的新公共管理运动，对于整体政府和协同政府的诉求又一次回流，政府到底应该被授予何种权力、权力行使的边界在哪里等一些永恒的政治问题又一次引人深思。针对于群体性事件的应急管理的政府整体性和协同性的要求更为明显。

（一）危机频发对整体性政府的诉求

整体性政府和协同性政府产生的背景是一致的，都是20世纪90年代中期以来，对新公共管理运动的完善和超越。这些新的理论认为新公管理运动在批官僚制之后也没有很好地解决如何提升行政效率的问题，相反，大量分散的市场化和独立的私有化的改革，带来机构分裂、"职能悬浮"和"政府空心化"，与官僚制导致的碎片化是一样的危机。但是整体性政府又是协同性政府的高级阶段，"希克斯指出，协作主要包括协同和整体性运作、协同的信息系统、机构之间的对话、协同的计划过程和决策制定等，而整合则指一种通过发展共同的组织结构、合并专业实践和干预活动等来实现执行或贯彻协作的理念。因此，整合是协作的一个更高层次。与此相对应，协同政府是指议程、政策的组织安排的一致性和连贯性，以及组织间的协同工作，它的目标不相互冲突，手段也不相互增强。而整体政府则是协同政府发展的一个更高

第三章
政府权责与绩效：理顺纵向整合与横向协作的政府运作机制

阶段，它意味着一种更加苛刻的业务，该业务由一些基于结果的术语构成明晰的、相互加强的目标，以及实现这些结果的一系列工具来完成"①。整体政府是对过度分权化所产生的问题的一种矫正和对适度集权化的理性回归，也是要从根本上遏止成本转嫁问题，以提高政府自身解决问题的综合能力。在类似非典这样的重大危机面前，地方政府为了谋取地方利益和部门利益，逃避责任、相互推诿、各自为政的弊端及其带来的严重危害显得尤其突出，也急需建立起全国统一的危机应对策略。因而，国内研究危机管理的著名专家张成福及其团队很早就提出全面整合的危机管理模式，即"在高层领导者的直接领导和参与下，通过法律、制度和政策的作用，在各种资源支持系统下，通过整合的组织和社会协作，通过全程的危机管理，提升危机管理的能力，以有效的预防、应对、化解和消弭各种危机，从而保障公共利益以及人民的生命、财产安全，实现社会的正常运转和可持续发展。全面整合的危机管理模式，代表着一种危机管理的哲学和理念；代表着一种危机管理的基本制度安排；代表着一种危机管理的整合流程；代表着一套危机管理的科学方法"②。由于群体性突发事件所具有的复杂性和不确定性，其具体处置方法的选择具有差异性和灵活性，但有一点是共通的：即必须有一个系统性的应对与处置机制的构建与设计。否则，所谓应对、处置只能是治标不治本，各级政府头痛医头、脚痛医脚、疲于应付而无大效果。其中最为重要的，就是在现实应对实践中随时将相关经验教训系统化，以利于逐渐形成完善系统的应对机制。当然，强调整体政府的政治整合效能，并不意味全能式、父爱式和强制式政府的回归。而是在整体系统考量中，也伴随整合式磋商，即"在冲突过程中，着眼于整体利益、令双方受益、坦诚相待、相互倾听，并通过多种渠道进行互动的一种磋商"③。只有吸纳民众参与磋商的整体政府才是真正对全能政府

---

① 曾维和：《后新公共管理时代的跨部门协同——评希克斯的整体政府理论》，载《社会科学》，2012 年第 5 期。

② 张成福、唐钧、谢一帆：《公共危机管理：理论与实务》，中国人民大学出版社 2009 年版，第 59—60 页。

③ Katherine Miller, *Organizational Communication*，北京大学出版社 2004 年英文影印版，第 191—192 页。

的超越，也才能取得有效的危机治理。

希克斯断言："21世纪政府改革的新议程变得更加明确，其核心理念和目标就是始终的整体政府"①。整体政府改革的趋势"不仅在英国、澳大利亚和新西兰这些被称为新公共管理改革先锋的盎格鲁—撒克逊国家非常明显，而且在其他并没有致力于推行新公共管理改革的国家也日益显现"②。回到我国的现实，由于公共治理问题的复杂性和治理的紧迫性，决策中枢机构在危机治理中处于最核心的地位，决策中枢机构能不能在最短的时间内作出有效的反应、发挥好领导和指挥作用，直接关系到危机治理工作的成败，也是衡量一个国家危机治理的主要因素。因此，对于政府权威和政府强有力的行动能力的渴求在危机治理中显得更加强烈，整体政府理论也将成为解决公共治理问题和提供公共服务的一个重要理论工具。

（二）整体性政府构建的必要性

其一，临时合作策略的有限性。在高度不确定性或者复杂的情况下，在必须回应亟待解决的问题时，目前流行的做法是成立临时应急机构，采取临时合作策略。即政府部门和公共组织迫于处置紧急事态的需要，在没有固定程序、权威组织或者通常没有明确沟通渠道的条件下，积聚力量、紧急决策以达到化解矛盾的目的。这种临时抱佛脚的应急心态可能对于偶发事件的"一事件一处理"很有针对性，但是危机处理常态化的要求又使得临时合作策略功效有限，甚至使政府明显感到手足无措、疲于应付。例如在中国的《突发事件应对法》第七条、第八条作出如下规定："根据实际需要，设立国家突发事件应急指挥机构，负责突发事件应对工作；必要时，国务院可以派出工作组指导有关工作。""根据实际需要，设立相关类别突发事件应急指挥机构，组织、协调、指挥突发事件应对工作。"可见，规定比较模糊，应急指挥机构仍然不是相对独立的专门机构，容易导致政出多门或者根本没有负责主体等

---

① Perry Hicks, *Holistic Government*, London: Demos, 1997, p.71. 转引自曾维和：《后新公共管理时代的跨部门协同——评希克斯的整体政府理论》，载《社会科学》，2012年第5期。

② Christensen, Per Lagraid：《后新公共管理改革——作为一种新趋势的整体政府》，张丽娜等译，载《中国行政管理》，2006年第9期。

第三章
政府权责与绩效：理顺纵向整合与横向协作的政府运作机制

问题，这依然受到传统的应急响应模式的思维支配。"我国传统的应急管理体制是一种建立在政治动员基础上的平战转换和部门分割型体制，存在临时性、模糊性、协调不畅等问题。"① 令人遗憾的是，目前我国政府应对社会危机事件遵循的依然是这种临时建立各种指挥部的模式，这种模式具有如下特点："第一，临时指挥机构人员彼此之间互不熟知，且无既定的工作规则，彼此协调困难，不利于应对系统性、耦合性极强的突发事件；第二，临时指挥机构的任务重点是在突发事件发生后负责应急处置或恢复重建的领导工作，不将各类突发事件的预防纳入自己的职责范畴；第三，临时建立的指挥部不能形成稳定的应急管理队伍，更不能积累应急管理的经验，'学习效应'无从体现；第四，临时指挥工作的思路是：各相关部门按照任务分工再调动自己所辖应急救援队伍，加剧了应急救援队伍单队单能的趋势"②。这种临时建立各种指挥部的模式一方面导致各种设备和人力资源重复投入或大量闲置，因为一旦事件处置完毕，成员回到原来的工作岗位，惨痛的历史教训往往是"好了伤疤忘了痛"，导致危机事件低水平简单重复爆发；另一方面由于机构设置的临时性和缺乏综合性协调机构，既缺乏长期的目标导向又缺乏对权责划分的制度保障，从而导致不同地区和部门在信息、资源、人力调动上不能共享、难以有效整合，丧失最佳救治时机，难以取得治理的绩效。

其二，从世界经验看，整体型政府的构建至关重要。世界发达国家都特别重视危机事件的处置，都建立起以总统或首相为总负责人的常设应急处置机构，机构级别高，地位重要，作用显著。在借鉴国际经验和总结国内不足的基础上，我国也非常有必要在中央政府建立高层次的危机领导、指挥和协调机构，由国务院牵头并直接负责，并借助由社会科学领域的专家学者组成的智库，形成和完善社会性突发事件的国家预警中心和应急处理机构。"这一机构的主要职能在于：制定危机管理的战略、政策和规划；进行危机信息管理；开展危机风险的评估；在非危机时期，负责危机管理的监督管理工作；在危机发生期间，负责领导与协调工作；负责危机管理的监督管理工作；对

---
① 钟开斌：《风险治理与政府应急管理流程优化》，北京大学出版社2011年版，第18页。
② 王宏伟：《应急管理理论与实践》，社会科学文献出版社2010年版，第297—298页。

政府管理者和社会公众进行危机管理的教育和培训等。在中央政府的统一领导下，明确中央各部委、各级人民政府危机管理的职能、职责和责任。考虑到危机的多样性，应明确不同政府机构承担某些特定危机管理工作时的职能和职责"[1]，并把各种突发事件的管理纳入到统一的程序和制度中，明确规定紧急状态下的政府应急机构和机制的具体内容也显得非常重要。同时，也"要建立延伸到基层、具有区域和行业代表性的、真实高效的重大事件和复杂情报传递与预警机制，实行纵向领导，直接对党中央、国务院负责。要进行定期和不定期的情报分析预测，并将结果及时报送中央及有关部门，使党和国家能够果断决策，从容应对"[2]。从而努力形成一套统一领导、分工协调、功能齐全、反应灵敏、运转高效的应急机制，增强预警、防范、应变和处置能力，提高应对各种突发事件和风险的能力。

（三）以问题为导向的观念变革：从职能型向流程型的转变

其一，从职能型向流程型转变的政府理念具有普遍性。优先考虑政府和机构的职能是传统行政理论的首要问题，政府组织结构的设计和人员的安置也都是根据政府职能的需要来定岗定编。职能型模式是传统行政理论的基础，也是其追求的主要目标，围绕特定职能而展开分工管理活动，诸如监狱管理、警察治安、医疗服务、实施防御基础设施建设等，尤其这种职能型模式的政府理念再配备严格的科层官僚制，最开始很有行政效率，井井有条。但随着时间的推移，条块分割的问题越来越明显，引发20世纪六七十年代政府的治理危机、财政危机和信任危机等等。尽管新公共管理运动试图通过"去管制化"和"私有化"等途径来扭转这种状况，尽管在一些市场化领域取得了一些成就，但是在有关社会管理领域诸如犯罪、疾病、贫困教育、环境污染等方面并没有取得预期的效果，甚至带来新的问题，也使得对里根的改革和撒切尔夫人的改革的评价损益参半。希克斯认为其失败的原因在于，"这次改革

---

[1] 张成福、唐钧、谢一帆：《公共危机管理：理论与实务》，中国人民大学出版社2009年版，第64—65页。

[2] 王银梅：《社会稳定及预警机制研究》，法律出版社2009年版，第266页。

的主要失败就在于它使政府较少地，而不是更多地解决这些重要的'邪恶'问题。"① 即缺少以问题为导向的整体政府改革的思维，如英国政府部门尽管经过多次组织结构改革，机构间的功能仍然保持着高度的分离，这导致部门主义的牢笼左右着机关工作人员的工作行为和思考方式，也导致改革的结果损益参半。

其二，职能型应急管理与流程型应急管理的区别。如下表所示：

职能型应急管理机制模式与流程型应急管理机制模式的区别②

机制模式	职能型	流程型
运作依据	按职能来组织部门分工；各职能机构在自己业务内向下级下达命令和指示，直接指挥下属。	按突发事件应对流程分工，将突发事件应对看做是各方共同参与的全过程管理过程。
纵向结构	垂直型集权式结构，管理权力高度集中，下级部门的主动性和积极性的发挥受到限制。	管理权力比较分散，弱化上下级之间的指挥——服从模式，各职能部门之间平等和相互支持关系。
横向结构	"职能分裂"导致各职能部门横向联系较差，容易导致脱节和矛盾。	典型的扁平式组织体系，各职能部门按照应对流程建立对接口。
适用环境	规模较小、性质较单一、不确定因素较少的常规性突发事件。	规模较大、性质比较复杂、不确定性较高的非常规性突发事件。

可见，"流程型应急管理运行机制模式是一种超越部门和地域界限的综合性管理模式。以流程为中心的流程再造能够打破部门界限、跨越地域界限的综合性管理模式。以流程为中心的流程再造能够打破部门界限、跨越地域的阻隔，有效地整合组织和流程。"③ 以流程为中心就要研究事件的发生、蔓延、应对和治理的内在规律性，以强烈的"问题意识"和"问题导向"来整合不同层级、不同类型政府、组织和机构的职责、内容、要求和时限，有效减少

---

① Perry Hicks，*Holistic Government*，London：Demos，1997，pp.12-13. 转引自曾维和：《后新公共管理时代的跨部门协同——评希克斯的整体政府理论》，载《社会科学》，2012年第5期。
② 钟开斌：《风险治理与政府应急管理流程优化》，北京大学出版社2011年版，第55页。
③ 同上，第56页。

纵向上盲目服从、等靠依赖上级政府和领导的现象和横向上由于职能分立、机构分离所经常出现的推诿扯皮现象。"建立健全基于流程优化的应急管理机制，有利于实现应急管理工作模式从经验应急到科学应急转变，从依靠领导临时指挥协调到制度化指挥协调转变，从非制度化的粗放式应急管理模式到程序化、规范化、精细化的应急管理模式转变，从单部门分割指挥到综合指挥协调转变，从重治标不重治本的管理方式向标本兼治、从源头解决问题的管理方式转变。"①

其三，应急管理的特点需要我国从职能型走向流程型政府。原因在于：（1）从应急管理领导人的观念认识和行为方式上看，政府对于群体性突发事件的处置没有太多的经验，还多是非制度化的临时性管理模式，临时性机构进行临时性合作决策、临时性审批，仍主要依靠领导个人经验和知识进行决策指挥。中央统一领导的力度和方式方法也不足，地方的权限不足，"等靠要"的依赖思想严重，信息点（事发地）和决策点（决策措施产生区域和层级）之间的链条被人为地延长，导致有时错过对突发事件的最佳时机，造成许多不必要的损失。"要实现从'经验行政'到'科学行政'的积极转变，必须提高决策者对流程化工作重要性的认识，进一步细化应急管理工作流程，提高应急管理工作的规范化、系统化、科学化水平，做到职责明确、流程科学、运转协调。"②

（2）目前我国很多政府改革还多停留在明晰政府职能、进行机构的重组的层面上，不是以过程为中心来设定相应的职能和职责，根据所确定的岗位和职责进行组织结构的调整和优化。但由于部门利益、个人利益严重，诸如"权力部门化、部门利益化、利益法定化"，这些现象常常导致政府行为的扭曲，条块分治、部门分割、协同沟通能力差等特征明显。一旦发生复合型的群体性突发事件，需要各地区各部门协同配合时，部门之间经常相互推诿扯皮而导致综合协调机制很难启动。而跨越部门界限和地域阻隔的流程型应急管理运行机制模式，有利于推动从单门管理到综合化管理的积极转变，实现

---

① 钟开斌：《风险治理与政府应急管理流程优化》，北京大学出版社2011年版，第223—224页。
② 同上，第54页。

各地区、各部门、各单位在应急管理过程中有机衔接和配合，形成整体合力。"建立健全流程型应急管管理运行机制模式，有利于实现突发事件应对从粗放式管理向精细化管理的积极转变，不仅能有效降低应急管理的成本，减少各地区各部门之间的内耗，增强彼此之间的协同能力，更主要的是让应急管理组织形成以战略导向、以流程为中心、追求绩效、关注结果的管理模式和管理文化。"①

（四）政府在整体性政府的应急管理方面的建设

自从 2003 年"非典"之后，中国特别重视应急管理的体制建设，开始设立应急管理的常设机构。其主要意义在于：适应应急管理的综合性要求，履行综合协调的职能，建立稳定的应急管理人员队伍。

2003 年 9 月，全国政协办公厅向中央办公厅、国务院办公厅报送《关于我国城市应急管理机制建设中的问题及对策的调研报告》，提出了城市应急指挥机构建设的三种模式：一种是张家口、广州、佛山模式，依托市公安局；二是深圳模式，依托市委、市政府办公厅；三是南宁模式，新建应急管理机构。

2006 年 4 月 10 日，国务院办公厅下发《关于设置国务院应急管理办公室（国务院总值班室）的通知》，通知中说，"国务院办公厅设置国务院应急管理办公室（国务院总值班室），承担国务院应急管理的日常工作和国务院总值班工作，履行值守应急、信息汇总和综合协调职能，发挥运转枢纽作用"。此后，全国各地纷纷在政府办公厅或办公室内成立应急管理办公室。

2006 年 5 月，成立了国务院应急办，也对国务院常务会议或国务院组成机构的应急权责关系进行了明确。国务院应急办是一个专司综合协调的机构，只有 24 人的编制，实际到编 21 人，既无足够的人员编制，更无足够的权威与资源来应对国家层面的突发事件。"国务院应急办要在全国范围内规划并统一建设应急管理机制的整体框架。在《突发事件应对法》与《国家突发公共事件总体应急预案》等相应法律、法规和政策文件的整体框架下，国务院应

---

① 钟开斌：《风险治理与政府应急管理流程优化》，北京大学出版社 2011 年版，第 55 页。

急办要完成应急管理机制的顶层设计,在全国范围内规划并统一建设应急管理机制的整体框架,作为各地区各部门工作的指引。要重点针对一些需要在国家层级进行协调统一但相对仍旧较为薄弱的领域,加强相关机制的建设工作,如风险评估、对重要基础设施与关键资源的保护机制,协调联动机制、高效的决策指挥机制、第三方评估机制、问责机制。"①

目前我国应急管理机构的主要问题是:设置规格过低,权力层次不够,导致应急管理机构在履行综合协调职责的权力方面能力不足。

第二节 协同性政府与合作互补

(一)为了提升执行效率对协同性政府的诉求

其一,从协同学和系统论的角度,需要构建协同性政府。"协同学在上世纪70年代由联邦德国物理学家哈肯创立,是一门研究协同系统在外在参量的驱动下和子系统之间的相互作用,以自组织的方式在宏观尺度上形成空间、时间或功能有序结构的条件、特点及其演化规律的新兴综合性科学。"② 群体性事件不是一个个孤立的事件,而应该放到社会问题系统中去考察。"现代社会中的许多突发事件并不局限于某个具体的地域或领域。根据系统论的研究成果,一个系统越大,它也就越脆弱。当整个系统紧密地结成一体的时候,系统的一环受到攻击时,一旦没有得到很好的控制,就很容易迅速波及到其他环节,并随时有可能导致整个系统的崩溃。现代社会就是这样一个环环相扣的大系统,当它的某一个环节受到攻击时,其他环节也很可能随之进入危机状态。"③ 这也就是著名的"木桶原理",即木桶的最底端决定木桶的最大容积。协同是社会内部各子系统之间的沟通、协商,使系统能够正常运转,在现代社会中,各种危机往往是到处潜伏、经常出现的,为了应对这种情况,

---

① 钟开斌:《风险治理与政府应急管理流程优化》,北京大学出版社2011年版,第229页。
② 蒋旭峰:《抗争与合作:乡村治理中的传播模式》,浙江大学出版社2011年版,第193页。
③ 韩大元、莫于川主编:《应急法制论:突发事件应对机制的法律问题研究》,法律出版社2005年版,第65页。

第三章
政府权责与绩效：理顺纵向整合与横向协作的政府运作机制

部门间的协调机制还应当做到常态化、稳定化。

其二，从官僚制得到的反思和新公共管理运动的超越看，需要构建协同性政府。协同性政府的改革诉求起源于20世纪70年代末80年代初的新公共管理运动，整个大的时代背景源于整个西方世界对于官僚科层制的批判，官僚科层制本来是为了提高工作效率但由于过于强调专业技术化分工而带来机构的碎片化。以市场化和私有化为核心的新公共管理本来想突破官僚制过于僵化的科层体制，但也带来管理的碎片化和公共服务的碎片化等负面效果，这些都会影响执行效率，出现"公共治理的失效"，最终导致20世纪90年代中后期英国、美国、澳大利亚、新西兰和加拿大等国探讨超越于新公共管理的第二轮改革。它既属于新公共管理的范畴，又是对新公共管理运动的修补和深化，提出了"协同政府"、"整体政府"、"网络化治理"、"无缝隙政府"、"协作性公共管理"、"协作型政府"和"协作治理"等新名词的新公共管理的第二轮改革的浪潮。公共治理的目标仅靠过于分散、孤立机构的单独行动已经难以实现，但也不能期望由一个"超级机构"的巨型政府来提供，而是为了让不同层级和机构共同提供更为整体化的公共服务，寻求协调和整合现有正式的独立组织和机构，在承认分工为前提的基础上探索跨行政区划的跨地区、跨组织的协同政府的可能性。可见，协同政府具有整体化理念，强调重组政府机构，整合政策制定与执行，希望提供更为优质、高效和具有整体回应性的公共服务。弗里斯曼预言，"一种高度整体化的协作结构——组织间网络在资源分散化、管辖权共享和重叠的许多公共政策领域日益普遍"①。政府改革者的雄心和公共事务发展的客观趋势，呼唤协同政府时代的到来，实现横向和纵向的协调行动。资源依赖、网络优势和共同目标是协同政府特别重视的重要因素。英国学者汤姆·林认为"协同政府"是"实现政府治理目标，对不同组织实施正式组合和促进这些组织有效沟通与合作的各种方式的总称。……寻求协调试图实现协同行动的不同机构和所有政府部门的工作，通

---

① Fleishman Rachel, 'To Participate or Not to Participate? Incentives and Obstacles for Collaboration', In *The Collaborative Public Manager: New Ideas for the Twenty-First Century*, Rosemary O'Leary, Lisa Blomgren Bingham (ed.) Washington: D. C. Georgetown University Press, 2009, pp31-52.

过组织结构再造实现政府组织内部整合,通过跨组织、跨部门工作方式发展外部协作关系"[①]。

(二)应急管理中协同政府的必要性

其一,政府之间协同性差的危害。各部门之间的权责边界不清、协作共事能力不强的毛病很突出,危害也很明显。突出表现是,群体性事件爆发后,表面上多部门齐抓共管、场面很壮观,实际上,各自为政,缺乏有效的沟通协同,相互之间推诿扯皮、推卸责任,要么表现得手忙脚乱,要么表现得手足无措,人们称之为"碎片化治理"现象。在碎片化的治理体系中,社会行动者都基于狭隘的个人私利或本位利益而行动,法律制度形同虚设,道德规范被弃之一边,治理主体之间高度割裂,支离破碎,缺乏沟通协作和互为信任,使治理过程呈现出极大的偶然性、随意性、无序性和不确定性,公共治理日益沦为非正式规则主导下的特殊化运作[②]。宪法、法律和各种规章制度的权威性、稳定性和有效性都大打折扣,而国外对专门机构以及机构设置和运作程序有明确的法律规定,也反映了其对规范与效率的关系的科学认识,这些都将对公共治理产生极其深远的影响。

其二,良好的协调组织对于化解矛盾非常必要。群体性公共危机治理失败的一个很重要的原因就是面对突如其来的危机,主要应急领导者和相关部门之间缺少有效的协调和合作,也没有长效的协调组织提供组织保障,相互推卸责任,不能采取坚强有力的处置措施,导致错过了化解矛盾纠纷最佳的时机。在面对亟待处理的群体性事件时,主要行动者之间对于协调组织的价值更容易达成基本共识,对于拥有协调组织的渴望也越强烈。良好的协作性强的组织一方面要满足尽快实行统一领导与协调指挥,一个声音对外,也要满足分工明确、责任具体、可操作性强等特点的要求,从而实现组织外部整合和内部的分工协作功能得以有效实现。"因此,一旦确认出现了涉政公共事

[①] Tom Ling, 'Delivering Joined-up Government in the UK Dimensions, Issues and Problems', *Public Administration*, 2002, vol. 80, NO. 4, pp. 615-642.

[②] 赵树凯:《论基层政府运行体制的"碎片化"体制》,载《北京日报》,2010年11月29日。

件,应立即根据涉政公共事件的类型、涉及的范围、影响的程度,迅速组成由主要领导或主管领导、相关部门、相关专家、相关单位组成的处置领导小组和具体的工作机构,并明确第一负责人和分项工作牵头人、总协调人及新闻发言人"①。

其三,协同政府的特征。协同政府有效实现,基于以下五个基本维度:"一是协作建立在互惠价值基础上,协作过程体现为资源交换与共享过程;二是协作型组织,通过文化、价值观、信息和培训进行协同工作,最大限度地清除损害彼此利益的边界和不同政策,建立跨部门协作网络,将某一特定政策领域或网络中的不同利益相关者组织在一起,实现协同效应;三是协作型方式——跨地区、跨组织协同工作的新方式,通过共同的领导、预算、整合结构和联合团队,以及资源整合和政策整合进行协同,更有效地利用稀缺资源;四是提供公共服务的新方式,通过联合咨询和参与、共享客户关注点、共享顾客界面,为公民和整个社会或社会局部提供无缝隙、整体化而非碎片化的公共服务;五是新的公共责任和动机,通过共同的结果目标、绩效指标和规制监管推进协同"②。满足这五点的协同政府的构建还有很长的路要走。

(三)现代官僚制的不足与协同政府面临的困难

其一,现代官僚制存在的不足。

(1)唐斯对官僚制的批判:"典型的官僚主义者常常被描述为一个笨拙的、思想狭隘的庸才,由于不能协调自身与其他部门的行为,从而造成很多可笑的失误。这种批判表明,在许多官僚组织中缺乏高度统一的协调。"③ 由于官僚制会随着时间的推移变得僵化、滞后、官僚作风严重,机构臃肿、人浮于事等等恶习,也成为人们对其诟病的重要原因。

(2)专业化是官僚制初期取胜的秘诀,但也成为阻碍官僚制前行的绊脚石。"现代官僚政治必须通过划分明确的正式结构而获得合理的职责,特定的

---

① 聂方红:《涉政公共事件:地方政府行为新挑战》,人民出版社2012年版,第117页。
② 吕志奎、孟庆国:《公共管理转型:协作性公共管理的兴起》,载《学术研究》,2010年第12期。
③ [美]安东尼·唐斯:《官僚制内幕》,中国人民大学出版社2006年版,第141页。

职能与职位将必要的工作有序地划分成执业资格领域。专业化是现代官僚政治的基本特征,是管理复杂现代社会的必然要求。但是,作为复杂的社会系统工程的社会问题的解决,却不是单一的职能部门可以解决的,需要动员各方面的力量。因此,通过有效的组织化机制来突破专业化职能分工的局限性,实现整体化的组织协调是政府管理面临的一项基本任务。"① 由于专业的限制以及由此产生的专业之间的隔阂加深,缺乏整体的系统思维,沟通协调起来变得困难。

(3) 信息封堵,部门利益严重。庞大的官僚系统越是缜密,内部之间的信息传递以及民众对于官僚系统内部的了解会变得越困难,投机钻营的政客也会增多,部门或机构也更容易受自身利益的驱使,偏离公共利益的主航向。

其二,协同政府面临的困难。

(1) 突出表现就是治理碎片化。政府的碎片化是指各行政层级之间、各地方政府之间、垂直部门与地方政府之间、政府各部门之间、行政业务之间机构林立、权责分割,功能重叠,政出多门,效率低下等。中国政府的碎片化主要包括组织价值、权力和资源配置、政策过程的碎片化三个方面②。而基层政府的碎片化问题尤其突出,其中主要是指价值、体制、政府职能和预算制度的碎片化等③。在应急管理过程中有效地协同整合有助于避免政府的碎片化弊端,包括横向碎片化和纵向碎片化。"所谓'横向碎片化',就是指不同性质的应急参与者彼此互不沟通,缺少协同,甚至彼此制约、掣肘;所谓'纵向碎片化',就是指不同层级的政府缺少有效联络,相互协调不力,如突发事件超越下级政府的应对能力,但上级政府不能迅速、及时地提供有力的支持。"④ 按照政府各部门在紧急状态中发挥的作用,及其参与危机管理过程的直接与否,我们可以将危机管理体制及其运作分解为五大系统:指挥决策

---

① 唐皇凤:《社会转型与组织化调控:中国社会治安综合治理组织网络研究》,武汉大学出版社 2008 年版,第 315 页。
② 叶托等:《碎片化政府:理论分析与中国实际》,载《中共宁波市委党校学报》,2011 年第 2 期。
③ 赵树凯:《论基层政府运行体制的"碎片化"体制》,载《北京日报》,2010 年 11 月 29 日。
④ 王宏伟:《应急管理理论与实践》,社会科学文献出版社 2010 年版,第 279 页。

第三章 政府权责与绩效：理顺纵向整合与横向协作的政府运作机制

体系、职能组织体系、信息（参谋）咨询组织体系、综合协调部门和辅助部门。这要求政府在专业分工基础之上又能够很好地沟通协作，但由于实行部门分工负责制，不少部门之间存在权力与资源的竞争关系，争功诿过的现象在所难免，职责分工和机构分离最终导致了政府职责交叉、多头指挥、流程破碎、本位主义、效能低下、无人问责等碎片化的弊病。尤其对于涉及面广、需要多部门协同治理的群体性事件更是显得问题严重，积重难返，加剧危机或灾难。

（2）克服公共治理过程中的碎片化，就要使"社会各部门、各单位之间发生组织联系，是围绕问题的治理而形成的一个'问题网络'，这个网络具有强烈的问题解决意识，围绕政策问题组织在一起，在解决问题的过程中各个相关行动者有机互动，进而形成经常化的联系机制和共享的价值观念，进而构成一个真正意义上的网络。各部门、各单位的综合治理责任，是建立在社会整体分工基础之上的，是各部门、各单位担负的社会职能在综合工作这一特殊领域的具体化。"① 具体到制度设计层面讲，首先要求应急管理的领导部门建立全面准确的目标责任体系，最大限度地把目标引导与利益驱动融为一体，构建"利益兼容的激励机制"，也使考核简单易行。其次，加强部门之间的信息沟通，信息资料在负责人与具有协作关系的部门之间相互共享，构建完整的信息共享机制。再次，各责任主体都应参与部门协作、自我接受监督，并使监督机制得到制度化保障，以便减少部门之间在履责过程中的矛盾，减少责任间隙与责任交叉问题，发挥奖惩监督机制的激励作用。最后，将责任落实和激励监督的机制纳入日常管理的工作范围中来，使政府之间的协同合作常态化。

（四）我国在协同政府方面所作的努力

其一，区域性政府在我国的公共治理中发挥的作用越来越明显。"美国联邦应急管理署（FEMA）将全国50个州划分为10个大的协调联动区域的经验，我国一些地区（如长三角、珠三角和环渤海等条件相对成熟的地区）可

---

① 唐皇凤：《社会转型与组织化调控：中国社会治安综合治理组织网络研究》，武汉大学出版社2008年版，第179—180页。

以尝试建立健全区域联动机制,通过对这些区域授权促使自发联动起来应对突发事件,尽量减少行政审批环节和层级管理、优化应急管理流程。"[1] 事实上,区域化合作共赢的认识和制度化构建越来越成为中央和地方共同推进的战略。如为了解决河流域污染的"泛珠江9+2合作"模式、为解决城市一体化进程的长三角合作模式以及以京津塘为中心的环渤海经济区的国家大战略,已经形成明显的合作聚集效应,成为中国最具有核心竞争力的区域。其他的各种区域合作形式也如雨后春笋般大量地涌现,诸如西部大开发、振兴东北老工业基地、促进中部地区崛起等国家大战略,各个省内与省际也在打造城市群战略,诸如河南的郑州、洛阳、开封中原城市圈、湖南长沙、株洲、湘潭城市圈、成渝一体化等等,也纷纷形成新的地区性分中心。它们在解决大型项目工程的合作建设、环境治理、共同治理犯罪及社会治安问题和经济要素自由流动的大市场的形成等等方面都发挥着极其重要的作用。未来区域发展必然趋势是从过去的以省区为基础的"行政区划"转向"跨行政区域之上"的区域合作,从资源要素的合作走向更为持久牢固的"制度化的合作",协同合作的形式更多样,合作的程度更深化。由于信息时代、网络时代、高铁时代等新时代的到来,这在客观上有协同合作的可能,而且在主观上人们也越来越认识到协同合作的必要性,积极探寻和促进协同工作的展开。

其二,政府在群体性事件的应急管理方面也更加注重协同合作。群体性事件的复杂性、综合性、跨区域性和流动性等特点,都要求应急管理工作需要进行跨地区、跨行业、跨领域的综合应对。"通过对应急管理机制的顶层设计和关键机制的核心内容进行界定,建设涵盖'块、条、事件'的覆盖广、综合性、系统性的政府应急管理机制。"[2] 对此,2006年6月15日,《国务院关于全面加强应急管理工作的意见》,提出"健全分类管理、分级负责、条块结合、属地为主的应急管理体制,落实党委领导下的行政领导负责制,加强急管理机构和应急管理救援队伍建设"[3]。《突发事件应对法》第一章第四条也

---

[1] 钟开斌:《风险治理与政府应急管理流程优化》,北京大学出版社2011年版,第230页。
[2] 同上,第225—226页。
[3] 《国务院关于全面加强应急管理工作的意见》,载《人民日报》,2006年7月7日。

明确规定：国家建立统一领导、综合协调、分类管理、分级负责、属地管理为主的应急管理体制。"总体预案确定了应对突发公共事件的六大工作原则：以人为本，减少危害；居安思危，预防为主；统一领导，分级负责；依法规范，加强管理；快速反应，协同应对；依靠科技，提高素质。"① 具体来讲，在党中央的领导下，国务院是突发公共事件应急管理的最高行政领导机构。在国务院总理领导下，由国务院常务会议和国家相关突发公共事件应急指挥机构负责突发公共事件的应急管理工作，必要时派出国务院工作组指导有关工作；国务院办公厅设国务院应急管理办公室，履行值守应急、信息汇总和综合协调职责，发挥运转枢纽作用；国务院有关部门依据法律、行政法规和各自职责，负责相关类别突发公共事件的应急管理工作；地方各级人民政府是本行政区域突发公共事件应急管理工作的行政领导机构。同时，根据需要聘请有关专家组成专家组，为应急管理提供决策建议。这样就形成了"统一指挥、分级负责、协调有序、运转高效"的应急联动体系，可以使日常预防和应急处置有机结合，常态和非常态有机结合，从而减少运行环节，降低行政成本，提高快速反应能力。而且有些地方政府也已建立一体化的应急指挥中枢。当然，由于起步较晚，我国地方政府的应急指挥中心与国外相比，无论软硬件条件，均存在很大的差距，尚需加大投入逐步改善。

其三，政府机构改革中大部制改革和加强协同政府的建设。党的十七大报告明确提出"加大机构整合力度，探索实行职能有机统一的大部门体制，健全部门间协调配合机制"，这反映出中央对部门间协作机制的重要性给予了高度关注，彰显了对协作性公共管理这一主题进行探索和研究的重要价值。大部制改革是加强部门之间的整合、以解决问题为导向、通力协作、提高工作效率，这也是世界普遍通行的机构改革方向。健全部门间协调配合机制的基础是理顺部门权责利关系，在以往的政府机构改革中，中央主要通过加大机构整合力度和划清部门职能边界来解决部门职责交叉问题，对于加强政府部门间协调配合的重视和研究不够。也即是说，更多集中在政府和机构的职能改革上，而很少把工作重心放在如何以问题的解决流程为中心来加强各政

---

① 沙勇忠、刘亚军编选：《2007中国政治年报：惠风》，兰州大学出版社2007年版，第48页。

府与各机构之间的合作,总是停留在局部的改善上,而缺乏整体性改革思维,也使得机构改革一直难以走出"精简——膨胀——再精简——再膨胀"的怪圈。在欧美国家,进行大部制改革,不是不要部门的职能分工,恰恰是建立在分工的基础之上,考虑在执行机构的多样化的客观现实面前,如何协同行动,提高工作效率,更好地解决问题。为了协调不同机构的行动,协同政府改革的重要内容就是通过削减机构或建立跨部门协作小组,将这些机构整合在一起。

党中央不仅在机构改革中积极推动协同政府的构建,而且在多种治理机制的兼容上积极推进和加强地区间/区域协作机制建设。如十一五规划纲要强调"健全区域协调互动四大机制——市场机制、合作机制、互助机制和扶持机制,形成区域间相互促进、优势互补的互动格局"。在实践中,我国的区域协作机制在不断丰富和创新。

第三节 理顺各级政府的权责划分和角色重塑

(一)中央与地方权责不清的主要表现

其一,在统一指挥和分工协同上存在诸多问题。在中央层面缺少统一的应急管理机构,即使有,级别层次也不够高,在统一调度方面明显力量不足。领导人的思维还多停留在应急响应模式上,整体预警的知识储备和准备工作明显不足,也多是群体性事件爆发后成立临时性的指挥机构,一旦事态平息,这类机构也宣告解体,明显常态治理的思维还没有养成。而在执行过程中,各级政府和各部门之间的协调合作比较差,还没有形成以"问题意识"为导向的流程控制的化解矛盾的机制,依然按照以完成各级部门的职能为己任的职能型管理模式作为工作方针,不越雷池一步,各部门之间相互隔离、沟通配合比较少,实质性的分工合作机制比较难以展开。

其二,中央与地方的权力严重不对等。"就现状来看,中国政府处于无限责任与有限能力的冲突中,这尤其体现在地方政府层面。由于计划体制的残存以及责任分担机制的缺失,各级政府承担着大量的责任,远远超出了它们的能力。更重要的是，在某些责任追究上采取'一把手'责任制，用职务调动和升迁作为检验责任的基本机制，使得政治责任无限扩大，并妨碍了政府法律责任的履行。因此，对于承担着无限责任的具体责任部门或官员来说，当责任与能力有巨大的差距时，他们会寻找机会逃避责任。"① 也即是说，中央政府事权上收、事责下放，权力过大，监督比较困难，而基层政府能力不足，掌握的资源有限，在中央对地方层层施压的"压力体制"下，地方政府就会出现"体制性迟钝"②。处于权责极其不对等的地方政府，就会选择替代性的执行模式，来逃避责任、谋取私利。一方面由于自上而下的权责分配的机制失衡，另一方面也由于各级政府与各级部门之间的责任缺乏制度化的协商机制和相互合作的机制，必然使责任政府的制度化构建方面比较混乱，在权力缺乏监督的制度真空中就会出现各种形式的腐败，也会导致群体性事件爆发后，相互推诿，要么管理混乱、要么无人问津，直接影响整体型政府的构建和形象。

（二）中央政府的权力过大但被虚置化

其一，中央政府作为"弹性政府"的必要性。中央政府是制定战略的机构，不应把眼光仅仅放在应对性策略上，面对未来世界的不确定性，不可能决策得太具体，保留决策的适当弹性和战略决策的原则性以便应对客观形势更迭的复杂性；保留最后的裁决权和最高的协调能力，以便对地方权力行为进行矫正和协调平衡。有学者这样解释邓小平的"摸着石头过河"，既然是摸，就是实验，"试验是基于中央选择性控制的。中央对怎么改革并不预先设定一个原则和目标，而是通过对试验的不确定态度，实现对地方的选择性控制"，③ 中央政府选择在动态性和弹性中去应对不确定性，保留决策的回旋余地和最后解释权，这对于秩序的调控还是很有必要的。"从维持政治程序合法

---

① 杨雪冬：《政府责任》，见俞可平主编：《中国治理变迁30年（1978～2008）》，社会科学文献出版社2008年版，第178—179页。
② 黄豁等：《"体制性迟钝"的风险》，载《瞭望》新闻周刊，2007年第24期。
③ 刘培伟：《基于中央选择性控制的试验——中国改革"实践"机制的一种新解释》，载《开放时代》，2010年第4期。

性视角看，面对伴随改革开放而至的复杂制度创新与不确定的制度实施效能，中央政府理性选择是让地方政府成为制度创新和实施主体，同时也是制度失效的责任主体，将自己置于观察者、评判者和校正者角色，以期避免利益受损群体进行自下而上的体制反思与整体性否定的可能。"① 金太军对中央政府这一评述也是比较有说服力的，中央政府如何保持政治权威的凝聚力和政治统治的合法性对于整个社会秩序的维护和政治秩序的构建是非常必要的。

其二，中央政府具体行为分析。

(1) 中央政府事权上收，事责下放。"中央试图通过各种责任追究给地方政府施压，以解决基层社会的各种问题。然而，面对各种来自上级政府的'一票否决'，少数地方政府和官员采取阳奉阴违的做法，以各种潜规则化解来自中央的政府压力，甚至不惜压制民众，更为严重地侵害民众的各种合法权益，成为了既不对中央负责，又不对民众负责的独立王国。要改变这种状况，需要进行政治体制改革，变压力体制为参与体制。"② 中央与地方之间的矛盾是一个古老又永恒的关于权力配置的政治问题，中央政府全能主义时代已经终结，地方政府也不再是中央的附属机构，尤其是放权松绑式改革已经使地方政府自主性明显增强，这也对国家整体繁荣作出了巨大贡献。这表明转型社会的巨型国家需要各级地方政府参与共治，而不是把中央与地方对立起来，把权力揽在手里对地方充满了不信任。而且这种不信任也会感染对方，更何况在压力体制下负压太重的地方政府要真成了"独立王国"，那就成了比群体性事件还要复杂得多的重大政治问题了。在此，并不是不要中央对地方的监管，而且非常必要。诸如中央默许地方政府政策执行中的变通，但是又不能无限变通。"在日常状态下，国家权力主要体现在以中国特色的科层制为代表的自上而下的运作中。由于政策制定者和监督执行者的目标过于庞大，而他们所掌握的信息又大量残缺，变通就成为这种科层制十分普遍的、在相当范围和程度内被认可的运行机制（应星，2001）。但是，上级对这种信息不

---

① 金太军、沈承诚：《从群体性事件到群体性行动——认知理念转换与治理路径重塑》，载《国家行政学院学报》，2012 年第 1 期。

② 于建嵘：《期待建立制度性的社会减压方式》，载《人民论坛》，2009 年第 16 期。转引自：于建嵘：《底层立场》，上海三联书店 2010 年版，第 155 页。

第三章
政府权责与绩效：理顺纵向整合与横向协作的政府运作机制

对称的情况的容忍也是有限度的。如果任由下级将种种变通都指向与民争利的方向，甚至由其一手遮天、胡作非为，那势必导致权力的失控、民怨的沸腾、政权合法性的削弱。因此，上级又必须通过下级汇报之外的其他渠道来监管政策执行的真实情况。这些渠道除了由记者等构筑起来的内参系统外，还包括由民众通过抗争政治所传达出来的信息。抗争政治在一个地方的爆发，已经意味着当地政府没有将矛盾摆平理顺。因此，上级政府需要通过抗争政治这个窗口去了解政策执行中的问题所在，并督促下级政府纠正过于偏离政策的行为。"① 发动民众来监督地方政府的政策执行固然很好，但也要避免中央与地方政府在处理群体性事件中所出现困境。中央政府关于国家政策的意图要多与地方政府沟通，也积极吸纳地方制度创新的做法，进一步完善政策，这需要很好的统治艺术，达成政策变通最好的状态："形不似而神似"。即在中央与地方的有效沟通中，让地方政府对中央意图心领神会，又能结合地方的多样性很好地配合中央政府，把地方治理好了就是对中央国家治理的最大贡献。

（2）中央政府通过"揭盖子"，发动群众来监督地方政府固然是必要的，但也要考虑如何监督自身和接受外部监督。"揭盖子"是指高层政府揭开基层政府权力运行中的"黑锅"，以平民愤、得民心，要求基层政府改善工作作风、克服官僚主义、纠正不端行为、提供更多的公共服务，对因贪污腐败、渎职枉法等问题导致群体性事件爆发的基层官员严惩不贷、追究责任。为了应对中央政府的"揭盖子"，基层政府只得"开口子"，"开口子"是指基层政府满足民众的利益诉求、倾听民意和维护老百姓的权益。然而，也激发了民众的机会主义心理，使其更加笃信"不闹不解决，小闹小解决，大闹大解决"。"口子"好开，事难办。面对群体性事件的爆发，事件发生地的基层政府必须责无旁贷地解决，为了把矛盾尽快遏制住，基层政府常用的策略是"拔钉子"。"拔钉子"是指基层政府对于群体性事件的组织者采取打压的方式，也强化了民众为释放心中的怨气而与基层政府抗争到底的决心。这种

---

① 应星：《"气"与抗争政治：当代中国乡村社会稳定问题研究》，社会科学文献出版社 2011 年版，第 203 页。

"打压—反弹"模式告诉我们,打压不但不能化解矛盾冲突,反而激化成更为猛烈的群体性冲突,使基层治理更加恶化,社会秩序更加混乱、令人担忧。新一轮的"揭盖子"、"开口子"和"拔钉子"的循环又开始,而且会愈演愈烈。即是说,中央政府一方面要求基层政府维持社会的治安稳定,民众出事追究基层政府责任,另一方面又要动员民众依法抗争,联合民众来监督基层政府,处在夹缝中生存的基层政府的行为模式难免尴尬。在理论上需要研究的问题是:如果不给予地方政府事责与事权相匹配的行为自主性,就必然会出现地方政府的短视行为。如果给予地方政府行为自主性,那自主性的范围边界在哪里,又该如何监督地方政府很好地行使自主性权力而又不越权呢?对于这一问题值得深刻反思,不容忽视。

其三,中央政府的角色重塑和责任承担。

汪玉凯用六个词来概括责任政府的功能:行使公共权力、代表公共利益、管理公共事务、提供公共服务、维护公共秩序、承担公共责任。"公共"二字对政府寓意深远,"公共精神"是政府追求的首要价值,作为公共利益代理人的中央政府具有很高的政治权威性,也享有非常大的公共权力能力,它是从全局、整体和全体人民的利益为出发点来考虑问题的。但也要澄清一个偏见:中央政府代表的是公共利益,地方政府代表的是地方利益,这就容易导致把中央与地方对立起来,地方完全成为被监督管制的对象。事实上,二者本质是一致的,行使的都是公共权力,权力合法性来源都是人民授予的,在代表人民的意志和公共精神方面是平等的,只是在管理具体行政事务的范围和行政层级上有差别。如果在这一点上达成共识,中央与地方的矛盾就能够很好地解决。中央对地方的管控是为了更好地服务于公共精神,而不是为了控制而控制,"死磕"、"互掐"在一起,更不是为了显示高高在上的强制力而去榨取掠夺地方政府,一定要在国家治理的过程中把公共权力行使好、驾驭住,真正服务于公共利益。一种中央政府权力行使的理想状态是中央政府的权力既不被虚置,也尽可能不被无限放大而导致滥用,行使好作为"第三方"的仲裁权和"最后的权责追究的权力"。在利益冲突事件的处置中,政府要将自己定位为"公共利益的保护者"、"各方利益的协调者"、"专业调查的组织者"、"法律制度的带头遵守者"和"法律落实的监督者"。克服"全能主义"

的全面控制或"过度抚慰",即摆脱"父爱式家长制"权威的控制思维,尽可能把权力的行使纳入到法制约束的权限范围之内,尽可能扮演好"第三方"的角色。这的确对中央政府提出了巨大的挑战,因为这个第三方不可能是价值中立的第三方,必须带有价值判断,但又由谁来监督价值判断,以便使中央政府的"自我判断"与公共意志相一致呢?这又是一个古老又经典的政治哲学的老问题。具体到群体性公共危机管理活动中来讲,左小麟提出:"公共危机管理中的政府,是科学决策者而非仓促决策者;是信息发布者而非信息封锁者;是社会力量发动者而不是忽视者;是主动作为者而不是被动应对者;是常态管理者而不是危机处置者;是系统思考者而不是思维局限者。"[1] 也即是发挥整体政府的优势,从系统角度作全局性的科学决策,从危机应急治理走向事件的常态治理,积极主动的预警多于消极被动的回应。

(三) 地方政府的权力有限导致权力的异化

其一,从通行的经验上来讲,地方政府应该享有相对独立的权力以应对群体性事件的妥善处置。"从经验上讲,绝大部分紧急事件都是源于地方的,因此在中央和地方的分工上,一般都采取地方负主要责任的原则,上下级政府之间一般是以下级发挥主导作用的原则,这也是世界立法的通例。在突发事件中,一般都要求行为者的户籍所在地政府和相关部门负责全部的善后工作。在应对各种紧急状态中,虽然中央对地方、上级对下级政府要提供宏观政策的指导,但是政策的实施是否到位、是否有效主要还是依靠地方政府的具体执行,我国当前的情况也不例外,有鉴于此,我们应该合理地确定中央和地方政府的职能,给地方政府以更多的权力"[2]。

其二,权力异化:地方政府趋恶的行为分析。

(1) 地方政府处理群体性事件的"体制性迟钝"的不作为。"体制性迟钝"这一概念最初是由黄豁等人概括出来的。何显明的完整阐释是:"各级政

---

[1] 左小麟:《公共危机管理中的政府角色》,载《思想战线》,2008年第1期,第121—122页。
[2] 韩大元、莫于川主编:《应急法制论:突发事件应对机制的法律问题研究》,法律出版社2005年版,第65页。

府部门(尤其是基层政府)在面对和处理各种社会矛盾和冲突时,特别是在社会矛盾的萌芽和聚集的初期,反应迟钝,信息失真,处理失当,不仅不能及时化解社会矛盾和冲突,反而会导致社会矛盾和冲突的扩大和爆发"[1],具体表现是:①在日常的地方行政管理过程中,唯马首是瞻的是上级领导的偏好和各种决定自己升迁的考核指标,欺上瞒下,弄虚作假,阳奉阴违,研究人际关系和官场"潜规则",编织自己的权力关系网,眼睛根本不向下看,也听不进民众的利益表达,更谈不上主动解决矛盾,遇到困难绕道走,甚至视其为"刁民"制造的"麻烦事",能躲就躲,能拖就拖,矛盾日积月累,"小事拖炸"而导致群体性事件爆发。②在针对群体性事件的处置过程中,很多学者的概括很精彩:"瞒"、"包"、"捂"、"拖"、"滑"、"等"[2]。在矛盾化解的初期最佳阶段,担心影响政绩和前途,地方政府先"瞒"着不报、"包"着、"捂"着;针对民众提出的诉求,久"拖"不决;而等到实在拖不下去、自己又摆不平的时候,就把问题"滑"给上级政府或其他部门,踢皮球;自己当起缩头乌龟,不去积极主动调查民意,而是关起门来搞研究,坐"等"上级政府的处置方案。这一套"鸵鸟政策"在地方政府的针对群体性事件的危机处置中非常普遍。由于消极懈怠的工作作风和认识缺陷,常常导致错失群体性事件的最佳处理时机,而使矛盾激化。

(2)压力体制下,"打压模式"成为地方的必然选择。荣敬本等人所指的压力体制是中央政府通过层层施压、运用各种数据指标量化考核的方式对各级政府实施评价和奖惩的科层体系,经济增长的"唯GDP"是问的竞赛,社会管理中出现各种形式的"一票否决权"或"零指标",诸如"计划生育的一票否"、"环境治理的一票否决"、上访数的"零指标"等等。这的确使中国地方政府治理逻辑在改革前后发生重大变化,从务虚的政治动员走向务实的经济绩效,从经济繁荣和税收增长的治理效果看,也的确卓见成效。但是,这

---

[1] 何显明:《群体性事件的发生机理及其应急处置:基于典型案例的分析研究》,学林出版社2010年版,第112页。

[2] 诸如何显明:《群体性事件的发生机理及其应急处置:基于典型案例的分析研究》,学林出版社2010年版,第112页;聂方红:《涉政公共事件:地方政府行为新挑战》,人民出版社2012年版,第92页。

第三章
政府权责与绩效：理顺纵向整合与横向协作的政府运作机制

种压力体制的正激励作用也随着体制的运行越来越出现激励不足、甚至负激励的效果。如果在地方授权和资源配置能力都比较有限的情况下，根本完不成上级政府的指标考核，基层政府就很可能会选择其他替代性目标来使中央政府的目标考核流于形式或变相扭曲，根本起不到预期的目标，从而使这种目标激励的制度设计失效。"组织学的大量研究工作指出了科层组织运作过程所存在的各种问题：第一，有限理性常常导致组织目标、组织设计和激励机制等制度安排上的问题。第二，组织中的委托—替代关系，一方面，造就下级官员的代理人角色，权、责、利分离，难以从长计议；另一方面，不对称信息导致拥有信息方（通常是下级政府）有着更大的'谈判'优势，致使其在实际运行过程中具有相对独立性。第三，组织基础上的稳定利益集团导致科层制链条间的信息传递不畅、甚至失灵"。① 也即是说，因为组织规模和主体的能力、"逆道德的选择激励"而导致委托代理链条的断裂和利益集团的垄断等问题，导致越来越庞大的组织结构的失灵而走向崩溃。"中国的群体性事件在很多时候是因为制度安排本身不合理或地方政府干预过度引起的。"② 诸如目前让中央和地方政府都很头疼的维稳压力，基层政府在上访的"零指标"和实现上级关于"将问题解决在基层"、"将矛盾消除在萌芽状态"的死命令的压力面前，他们手中能够使用的利器只有高压手段，试图在群体性事件的初期通过打压和强制等简单粗暴的手段，把事件的组织者及其积极分子震慑下去，甚至不惜利用地痞打手进行围追堵截的方式与上访的群众玩"猫捉老鼠"的游戏。"从一时的打压效果看，行动可能起到使草根行动者队伍发生一些分化、抗争行动短时期陷入困顿状态或没有直接暴露在高层政府面前的作用。"③ 但从打压行动的长远效果看，不仅不能从根本上解决、反而进一步激化了群体性事件向更大恶性事件转化，这种替代性的打压策略无异于饮鸩

---

① 周雪光：《权威体制与有效治理：当代中国国家治理的制度逻辑》，载《开放时代》，2011年第10期。

② 杨光斌：《政治参与》，见俞可平主编：《中国治理变迁30年（1978～2008）》，社会科学文献出版社2008年版，第79页。

③ 应星：《"气"与抗争政治：当代中国乡村社会稳定问题研究》，社会科学文献出版社2011年版，第114—115页。

止渴。

尤其是当基层政府在打压的手段上不断加码、草根民众的底线不断受到挑战时,这种"打压—反弹"模式就变成群体性事件治理的顽疾,陷入僵局难以自拔。"在不少地方,一些官员在打压行为中表现出来的泼皮无赖、残酷无情,这是其个人非常恶劣的政治德性使然。他们对草根行动者的打压主要有以下方式:威胁吓唬;造谣污名;找茬为难;抄家清产;雇用黑手;栽赃入罪。其中,后三种手段最为恶劣。"① 对于草根民众而言,"当基层政府的打压进一步加强(而这在草根行动者看来非常无理),导致他们的境况越发恶化时,问题的性质发生了转化:农民群体抗争行动的首要目标从如何争取集体的利益开始转化为如何保证生命的安全,捍卫做人的尊严,获得底线的承认。……这种清醒使他们一方面坚定了抗争到底的决心,哪怕是鱼死网破,也要将整治他们的官员拉下马,捍卫政府应该给予他们的基本承认……没想到正是这种打击使基层政府再无退路,而成为群体抗争行动的新的动员因素,使这种行动得以再生产"②。当地方政府与基层民众出现这种"死磕到底"的对抗时,后果就不堪设想,也是我们极其不愿看到的。

(3)"俘获型地方政府"的行为及其危害。"俘获型地方政府"指的就是地方政府由于部门的自身利益导向而被强势的利益集团所俘获,公共利益的指向被部门利益或个人私利所侵蚀。这类行为在招商引资、经济比较发达的地方比较明显。进入 21 世纪以来,更多的群体性事件围绕农村土地征用、城市房屋拆迁、大型项目建设和生态环保等问题而展开。在举国的"造城运动"和"地产经济"的推动下,不少人认为地方政府成为房价猛涨的重要推动者。地产商从地方政府那里拿到廉价的地皮,地方政府又通过地产经济在宏观上推动了地方 GDP 的增长,官员个人从地产商那里获得丰厚的贿赂、巨额资产和房产等,而老百姓在征地和拆迁的过程中由于分蛋糕不均而导致的群体性事件愈演愈烈。再拿大型项目工程和生态环境保护来看,地方政府的"公司

---

① 应星:《"气"与抗争政治:当代中国乡村社会稳定问题研究》,社会科学文献出版社 2011 年版,第 116 页。
② 同上,第 117 页。

化倾向"比较严重,在搞工程、上项目的过程中,被强势利益集团俘获政府的案例比比皆是,而在关于弱势群体与这些强势企业集团的纠纷处理过程中,政府由于利益的诱使又很容易偏向强势利益集团而导致处置不公,激起民愤,加剧矛盾冲突。这些行为不仅仅是地方政府的行为违法,而且更为根本的是政府决策行为的不正当,代表利益的出发点就出现偏差,这已经不仅仅是一个法律问题,而且带有政治性问题,应当拷问此类公共权力行使的正当性基础。

(4)"侵害型地方政府"的行为及其危害。"侵害型地方政府"指的是地方政府直接作恶、掠夺民脂民膏,造成的负面效果比较严重。这在经济比较落后的地方,地方政府权力还多表现为"强制性权力",利用权力与经济交易的机会相对较少,而选择直接利用强制性权力来强取豪夺。"如果说俘获型地方政府是市场经济初级阶段因为难以抵御的物质诱惑而自然形成的权力与金钱的联姻,那么侵害型政府形成的直接原因则是国家权力过大而不受约束;如果说俘获型政府会因为权力与金钱的联姻而造成对社会弱势群体的侵害,那么侵害型政府不仅侵害社会弱势群体的利益,还可能侵害其他阶层的利益。"[①] 甚至侵害政府本身,直接造成民众与政府的对立紧张关系。在这种恶性循环的紧张关系中,让地方政府反映民意根本不现实,政府权力行使出现了合法性危机。有学者总结地方政府权力行使出现的合法性危机的四种情况:"一是一些地方迫于发展和财政压力产生对资本的依赖和顺从;二是因为掌权者的钱权交易实际形成了权力被资本控制;三是国有垄断资本对行业利益的垄断以及对相关政府机构和政策的左右。四是'政府自身利益的放大',是指由于政府支出以及扩大福利和待遇的需要,执政机关和政府也通过自身掌握的资源向市场和公共需求领域攫取规定之外的特殊利益。"[②]

其三,地方政府角色的重塑和责任承担。

(1)学者对地方政府角色定位的认识。胡雅琼认为:"地方政府应该扮演'监管人'、'发言人'、'把关人'和'责任人'等四种角色。'监管人'——

---

① 杨光斌:《政治参与》,见俞可平主编:《中国治理变迁30年(1978~2008)》,社会科学文献出版社2008年版,第78页。

② 陈红太:《中国经济奇迹的密码在政治领域》,中国社会科学出版社2012年版,第52页。

事前监测,事发管理;'发言人'——说出真相,澄清事实;'把关人'——甄别真伪,稳定民心;'责任人'——承担责任,积极应对。"① 刘惠荣认为:"各级政府必须对危机管理高度重视,义不容辞地承担起防范和化解危机的主体角色,做未雨绸缪的预防员、科学决策的指挥员、防控有序的消防员、社会力量的组织员、权威信息的发布员和危机创伤的修复员,在危机管理中始终发挥积极的主导作用,从容而有效地应对与化解社会危机。"② 笔者认为,这些角色的扮演固然很重要,但还是在策略层面的进言献策,从更为根本的角度看,也从上文地方政府行为的分析看,首先地方政府管理地方要有权,并以相应的责任来监督权力的运行,地方政府管理的事务是地方性的,但所反映的利益是公共性和人民性的,服从中央大局,这是与中央相一致的地方。其次,有了权力不能消极不作为、明哲保身,"庸官也要被问责"。第三,有了权力不能乱作为,被强势利益集团俘获,谋取部门或个人私利。第四,有了权力更不能作恶,侵略型政府直接危及政治统治的合法性基础。

(2) 中国地方政府在群体性突发事件管理中的经验与不足。中国地方政府按照"条块结合,以块为主"的属地原则,不断积累应对各种突发事件的经验,目前已经形成了较有特色的应急体制类型,如以北京市为代表的整合条块关系,强化属地管理模式;以南宁市、上海市为代表的多元联运型模式;以广州市为代表的公安型模式等等。但是,总体而言,相关经验教训已有累积,但缺少系统性整理,在现实应对实践中及时将相关经验教训系统化尚未形成普遍共识。

(3) 对危机的系统性治理源于与上级政府有效沟通,形成上下齐心协力以"问题导向"的处置机制。应当完善信息的逐级上报制度,"该制度的具体规定应当包括:必须上报的信息类型,上报的时限,上报的主体,以及不报、谎报、缓报等行为的法律责任。如此方能保证上级机关在尽可能短的时间内得到信息、形成判断、作出决策。另一方面,畅通的信息机制也能保证上级

---

① 胡雅琼:《突发共公事件中地方政府的角色研究》,载《湖南公安高等专科学校学报》,2009年第3期。

② 刘惠荣:《危机管理中的政府角色》,载《领导之友》,2009年第4期。

机关的决策及时下达,得到完整的贯彻执行"①。

(四)权责清晰是解决问题的关键

其一,将权力和责任纳入到法律的框架中来。"在错综复杂的部门关系中,仅仅依靠临时的命令和协商来确定彼此的关系、开展共同的行动,既缺乏效率又不具可行性。唯一可行的只能是通过稳定的法律机制明确规定各个机关的职责和他们之间的权利义务关系。"② 回到对群体性突发事件治理的权责划分上来,首先,中央应成立统一的常设性应急机构,其职责权限以法律的形式明确固定下来,也把自己的行为纳入到依法行使的法律轨道中来。其次,属地管理是世界通行的惯例,为了确保在最佳时机把矛盾危机控制住,应该给予地方政府应有的权限,以便在紧急事件发生之后,各个部门可以自动地履行职责,而不必消极等待上级机关的命令。再次,加强政府和常设应急机构之间的信息交流和行动协作,设立专门的政府协同机构,并从法律上赋予该机构的职权和地位,以确保政府协同畅通。

其二,立法模式选择的比较分析。

(1)目前世界上关于中央与地方在应急管理方面的权责划分的立法有两种模式,集权型立法模式和横向自治型立法模式。"集权型立法模式的特点是,将紧急权集中在一个部门;从纵向上,将紧急权集中在中央政府。自治型立法模式恰恰与之相反,横向上,将紧急权分散到多个专业部门行使;纵向上,地方享有一定的紧急权。集权型的立法模式导致突发事件应急立法以中央的立法为主,以统一的中央突发事件为应急部门为主,自治型立法模式则表现为突发事件应急立法以中央与地方立法并举,并发立法为主,多部门立法并举。"③ 集权型立法模式比较好理解,即在全国成立以专门的机构来负责突发事件的应急,平时由该部门承担突发事件预防和预警的责任,一旦发生突发事件,则由该部门全权负责,其他部门配合或者在该部门的协调下进

---

① 韩大元、莫于川主编:《应急法制论:突发事件应对机制的法律问题研究》,法律出版社2005年版,第65页。

② 同上,第67页。

③ 同上,第87页。

行突发事件的应对。横向自治型立法模式目前越来越受到重视,比较注重地方政府在突发事件管理中的自主性功能以及不同部门针对不同类型的突发事件的自主性功能,与下文将要谈的"一事一法模式"形成配合,这种立法模式优点是有针对性、有助于调动政府和机构的主观能动性,缺点是可能立法众多、资源浪费、协调起来比较困难,尤其对于互不隶属的不同类型的机构更是突出。针对横向自治型立法模式的不足,集权型立法可以发挥整合与协同的优势,形成巨大的行动能力,发挥资源整合的优势。

"是否采取由中央大包大揽的集权型模式或发挥地方主动性的自治模式,决定的因素不是权力的配置,而是处理突发事件的规律。正因为这样,在中央和地方进行适当的分工就是必要的。"[①] 从各国的立法状况来看,两种模式往往是交叉使用的,在横向的部门管理上,采用集权型立法模式的较多;在纵向的中央与地方的分工上,采用自治型立法模式的较多。我国目前的现状是:尽管作为单一制国家,有长期的中央集权的传统,但中央在突发事件的应急处理方面整体性立法的能力不强,诸如针对SARS危机有180余项各部门针对各自领域的通知、意见出台,可见条块分割现象之严重。又由于地方权力有限,长期养成的"等、靠、要"的作风,地方制定突发事件应急的法律规范很少,这导致错过处置危机的最佳时间。可见,我国在中央的统一立法和地方的自主立法方面都有待加强,在法治的轨道还有很长的路要走。

(2)"一事一法模式"与"一阶段一法模式"的比较。所谓"一事一法模式",是指分别针对不同类型的突发事件专门立法,一种类型立一个法律,从而构成突发事件的应急法律体系。诸如在自然性突发事件方面的立法有,《地震应急法》、《防洪法》、《传染病防治法》等等,在社会性突发事件方面的立法有,《戒严法》、《反恐怖法》、《消防法》等等。一阶段一法模式,由于突发事件的各个阶段的措施近似,故可以针对不同的阶段立法,诸如《灾害预防法》、《紧急状态准备法》、《紧急处置法》、《灾害救济法》等等。"一阶段一法模式"的优点在于立法数量较少,有利于整合资源,发挥统一领导机关的拳

---

① 韩大元、莫于川主编:《应急法制论:突发事件应对机制的法律问题研究》,法律出版社2005年版,第89页。

头优势；一事一法模式比较符合人们的一般认识习惯，容易为人们所接受。两种立法模式并不是截然对立的，在一个国家可以同时存在两种模式，实际上，两模式本身也存在一些交叉。我国目前，基本采用的是"一事一法的模式"，这需要加强"一阶段一法"的更具整体性的立法精神，加强对群体性突发事件的规律性认识依法治理。

其三，我国的应急立法模式选择应满足政府"以流程为中心"的应急治理的需要。立法最主要的目标就是如何最快最好地化解矛盾冲突，因此，首先在认识上考虑的是"问题导向"和整体思维，适合采用集权立法模式。其次，在战略方案的选择上依据"问题网络"，从系统的角度，从解决问题的合理化流程安排着手，形成环环相扣的缜密系统，适合采用"一阶段一法模式"。再次，在权责划分和追求治理绩效上，中央应放权给地方，地方应急处置可以采用"自治立法模式"。最后，在具体的策略选择上，针对专业化比较强的领域，落实到具体的部门或具体人员分工，可以选择"一事一法模式"。

第四节 域外经验

（一）国外整体性政府的应急管理

其一，统一领导的机构。鉴于危机管理的复杂性，世界各国大都设立了统一领导应对突发事件的专门工作机构，负责突发事件防范处置的综合协调，进行跨部门协调和指挥，并为行政首脑提供决策的辅助和咨询。"行政首脑担任最高领导；统一协调咨询机构；分工合作的组织框架；常设、专门的危机管理机构等。各职能部门通过统一领导、横向协调、专业分工，共同维系国家层面危机管理系统的日常运转。"[①] 政府的行政首脑担任最高领导，全面领导国家的危机管理工作，例如美国总统、俄罗斯总统、日本首相和澳大利亚总理等。日常管理委托给直接下属的危机管理机构，如美国有专门的"联邦紧急事

---

① 张成福、唐钧、谢一帆：《公共危机管理：理论与实务》，中国人民大学出版社2009年版，第36页。

态管理局"、国家安全委员会和国土安全委员会,英国有国内紧急情况秘书处和国内紧急情况委员会,日本设置了"紧急对策总局"和中央防灾会议,德国有隶属于内政部的"紧急救援局",澳大利亚有联邦抗灾特别委员会和危机管理委员会,俄罗斯有联邦安全会议,法国也有隶属于内政部的"民事安全与保护总局",负责危机处理的综合指挥,控制现场的指挥命令系统,此类机构还兼有宏观的信息中心和最高协调中枢的功能。这种体制确保了应对突发事件的危机决策效率和重要资源的快速配置。这些机构主要又包括两种应急管理体制模式①。

	单部门型		综合协调型
俄罗斯	1994年设置联邦民防、紧急情况与消除自然灾害后果部(紧急情况部)	英国	在内阁办公室成立国内紧急状态秘书处(CCS)
美国	1979年成立联邦应急管理署(FEMA);2003年并入新成立的国土安全部	日本	设有常设性应急管理机构:安全保障会议、中央防灾会议、内阁应急事务和应急管理专门机构,在总理府新设副部长级的风险管理总监,内阁管理中心针对各种原因产生的紧急事态一般都规定要建立相应的临时性应急管理机构
法、德、印度	内政部	瑞士	民防局

简单概括各国的共同特征是:"行政首长担任最高领导;应急委员会或联系会议辅助决策;常设的应急管理处理日常事务;地方政府为操作主体等。"②

其二,在整体政府下的多执行机构之间联动一体化。"西方国家在地方层面一般设有一体化的应急指挥中枢,作为地方政府应急系统的心脏,实际指挥和协同应急活动中涉及的众多部门和机构。从组织机构上看,应急指挥中枢的最高负责人多是地方政府的行政首脑,而警察、消防、环保等相关职能部门均在应急指挥中枢设有席位和常设代表。以美国为例,较大的城市和州

---

① 钟开斌:《风险治理与政府应急管理流程优化》,北京大学出版社2011年版,第17页。
② 中国行政管理学会课题组:《政府应急管理机制研究》,载《中国行政管理》,2005年第1期。

都建立了应急运行中心,如休斯敦是应急运行中心,也是全美现代化水平最高、规模最大的应急中心之一,该中心警署、消防部门和紧急医疗救助中心被集中安排在一起,并与公共安全局、建设局等市政府共同组成了一个应急联动机制,最大限度地利用各种组织和资源,通过收集、分析和传递应急信息,发布预警。该中心实行无节假日 24 小时全天候值班,直接受理处置各种应急事务。中心可以直接调用警察和各方力量,避免通过其他机构而浪费时间;可以要求市政府其他部门提供信息;在应急过程中可以使用联邦政府设在该市的设备设施;应急运行中心负责人直接向市长报告情况,在发生重大危机事件时市长将亲临该中心,坐镇指挥,统一协同各方行动。"[1] "2001 年美国9·11事件的一个重要教训就在于多头管理和信息分散。因此,2003 年 2 月 28 日,美国总统布什发布第 5 号总统令,要求新成立的国土安全部建立'国家事故管理系统'(简称 NIMS),规定了美国各级政府对事故应急的统一标准和规范,旨在为联邦、州、地方各级政府提供一套全国统一方法,使各级政府都能协调一致和快速高效地对各类事故进行预防、准备、应急和恢复。NIMS 包括一套核心的适用于整个系统的概念、原则、术语和技术,包括多部门协调系统、联合指挥、培训、资源的确认与管理(包括资源分类系统)、资格的授予与认证,以及收集、跟踪和报告突发事件信息与资源。NIMS 具有灵活性和标准化两个特征,前者提供了一个可靠的、灵活的、可调节的全国性框架,各个级别的政府和私营企业可以在这一框架内共同工作,处理国内突发事件,不管这些事件的起因、规模、发生地点和复杂性程度如何;后者则提供了一套标准化的组织,如突发事件指挥系统、多部门协调系统和公开信息系统,以及用来改进不同地区和部门之间互通性的方法、程序和系统,如培训、资源管理、人员资格审查与认证、装备认证、通信与信息管理、技术支持和不断的系统改进。"[2]

其三,应急模式向预防及风险减缓模式转变。各国应急管理的发展都体

---

[1] 张成福、唐钧、谢一帆:《公共危机管理:理论与实务》,中国人民大学出版社 2009 年版,第 43—44 页。

[2] 张海波:《中国转型公共危机治理:理论模型与现实路径》,社会科学文献出版社 2012 年版,第 211 页。

现出一个共同的倾向:"以响应与恢复为基础的管理日益向以预防及风险减缓为基础的管理发展,综合性地应对各种突发事件。"① 如下表:

两种应急管理模式的比较②

响应与恢复基础型	预防及风险减缓基础型
主要关注灾害事件	关注脆弱性及风险问题
单一的、事件基础情景	动态、多风险问题和发展情景
对事件进行响应的基本责任	评估、监测和更新对不断变化情况的暴露的基本需求
时常为固定的、特定地点的条件	延伸的、变化的、共享的或地区、地方的变量
单一权威机构的责任	将多重权威、利益主体和行为者吸纳进来
指挥与控制,指令性的运作	特定情境的功能,自由、开放的联合与参与
既定的等级式关系	变换、流动、松散的关系
通常以硬件为核心	依赖相关实践、能力及知识基础
依赖专业化知识	注重将专业化知识与公众意见结合起来
迫切、即时、短暂的时间框架:观察、规划、注意及收益	中长期时间框架:观察、规划、注意及收益
信息使用:快速变化、动态,通常相互冲突或性质敏感	信息使用:累积、历史、分层的、更新、比较性
信息源:初始、权威、单一的信息源,需要确切的事实	信息源:开放或公开信息、多重的、多样的、变化的、视角与观点不同
信息从里向外或纵向流动	信息分散或横向流动
与公共安全事务相关	与公共利益、投资和安全相关

(二) 国外协同政府的应急管理

其一,英国的经验。英国"协同政府"改革是探索跨部门协作性公共管理的典范,不断成就了英国政府改革,也推动了世界其他地方的政府改革运动。1999 年,布莱尔政府颁布了《现代化政府白皮书》,为英国提供了一个以

---

① 王宏伟:《应急管理理论与实践》,社会科学文献出版社 2010 年版,第 67 页。

② Damon P. coppola, introduction to international disaster management, 2007,转引自王宏伟:《应急管理理论与实践》,社会科学文献出版社 2010 年版,第 67 页。

"协同政府"为主题的现代化政府革新框架。英国协同政府改革的具体政策包括：通过公私伙伴关系、一站式服务中心和其他方法强力排除跨部门协同工作的障碍；进行民意调查，收集公共服务需求信息，促进各部门合作，实行整合服务，满足多方需求；建立公共服务标准和公共服务协议，并通过跨部门公共服务提供标准和协议，使跨部门协同工作得以实现等。英国运用嵌入式协同机制将政府、企业和第三部门等主体的力量协同起来提供公共物品，实现公共目标。面对政府执行机构多样化的必然现实，专门成立了由伊布斯首相担任顾问的内阁办公厅效率小组，作为主导部门加以推动，执行机构改革也都在法律框架下进行，例如执行机构改革的同时通过政策与资源框架文件进行实距控制、引入公民宪章和最佳实操标杆来解决降低政策部门、执行部门和公民之间的交易费用。另外以大部制来践行职能——结构协同机制，实现部际和府际之间的协同[1]。

其二，美国的经验。美国的三权分立制既保障了公共权力不被滥用，也确保着公共机构执行各协同机制的运转。特别值得强调的是美国总统办事机构在加强总统控制、在发挥高层战略和政策协同、增强各个部门之间的协同方面发挥了关键作用。2002年，美国总统布什颁布《总统管理日程》，重建了总统管理委员会，由其负责提供在不同机构和跨部门之间提供政策执行的整合机制，从而保障总统建立学习性的、以解决问题为导向的、创新的管理领导权。与英国不同的是，美国成立了独立管制机构，实行委员会体制，也渗透了三权分立的思想精髓和用"交往理性"重塑行政权力的思想。美国的大部制也充分体现了职能——结构协同机制和部际协同机制[2]。

其三，日本的经验。国家发展主义模式对二战后日本经济的迅速崛起作用十分重大，但在20世纪90年代以来，国家干预过多的一系列弊病纷纷呈现出来，各种危机也迫使政府进行改革，以应对国家目标的多样化和环境的复杂化。一方面强化行政领导系统；另一方面，加强政府的协同。1999年制

---

[1] 曹堂哲：《公共行政执行的中层理论：政府执行力研究》，光明日报出版社2010年版，第211—224页。

[2] 同上，第227—230页。

定了《内阁法修正案》和《建立内阁府的法案》，这些法案的核心在于强化内阁的战略协同、事前协调、计划和规划、决策对执行控制的功能。使内阁官方从一个综合协调部门变为一个综合战略部门，强化了内阁的综合战略能力，也在决策层面上加强了政府的整合与协同。内阁官房共设立了五个内阁官房助理，其中一个主管公共关系，一个主管信息调查。助理职位使得原来分散在各个行政机构中的同类职能得以整合，加强了内阁官房的计划、规划能力和综合协同能力。在进行组织重建的过程中，中央政府创设了部际协调系统和政策评估系统。《中央政府组织法》规定了进行协调的固定程序。高层协调由内阁府和内阁官房来做。针对特殊问题设立内阁总务官层次的职位，用以应对内部和外部环境的变化和行政议题的变化。每个机构首先自我评估后，总务省将第三方（比如政策评估委员会和独立行政法人）引入政策评估过程中，以确保评估的客观性。日本还在总务省之下设立"国家地方纠纷处理委员会"，该委员会由五人组成，委员会由具有丰富社会经验和学识的人担任，经参众两院统一，由总务大臣任命，从而确立让地方参与中央纷争的解决机制①。

在英美等国的大都市区域治理实践中，地区间/政府间/跨部门协作成为一种基本策略。围绕一些跨地区边界的公共问题，地方政府间形成了跨地区协作管理网络，经常通过缔结合作协议，组建大都市区委员会机构，诸如"政府间协议"、"谅解备忘录"、"地方政府协会"、"市自治团体协会"、"县议会协会"、"城区议会协会"等等。地方政府间协议是不同市、县之间合作提供公共服务和构建协作性伙伴的一种重要制度安排，联合制定区域规划，共同解决区域公共问题。"在公共危机管理的组织框架中，所有相关机构的角色和职责都应以制度化的形式得以确认。以美国为例，美国政府采用功能性的方法，整合联邦部门和机构以及美国红十字会的能力形成15个'应急支持功能'，对应每个功能都制定了协调机构、牵头机构和支持机构，以有效提供支持、资源和服务。协调机构负责事前策划，与牵头机构、支持机构保持联系，

---

① 曹堂哲：《公共行政执行的中层理论：政府执行力研究》，光明日报出版社2010年版，第234—241页。

并定期组织召开本功能相关机构的协调会；牵头机构作为功能的执行主体，负责提供人员，并尽可能获取足够的应急资源；支持机构应牵头机构要求，提供人员、装备、技术和信息方面的支持。"[1] "支援保障系统是处置危机的直接机构，它的主要职责是有效地贯彻危机中枢指挥系统的决策，保证在危机发生以后，政府的决策能够得到社会各部门有效配合，从而化解危机。危机支援保障系统是一个包括国家安全、警察、消防、医疗、卫生、交通和社会保障等部门的庞大管理系统的紧急调度和演练。判断整个系统的有效程度，关键就是看能否有效地贯彻危机中枢指挥系统的决策，在最短的时间内调度所有的社会资源来解决危机。"[2] 在地方设置网格化的危机管理系统，由于危机管理涉及的专业性日趋强化，因此无法依靠某一个部门应对和解决危机，而必须将所有相关职能部门整合一体，形成一张严实的危机管理网络，通过对职责的分配和规定，有条不紊地应对出现的各类危机。如"纽约市的危机管理系统包括纽约市消防局、警察局、交通局、环保局、新技术和通信局、卫生防疫局、健康与心理卫生局、健康和医院联盟等众多政府机构。纽约市城市危机管理系统清晰界定了各机构在危机处理中的角色和责任，明确规定了各种不同类型的危机事项应当由哪些机构负责。有些危机由某一机构单独负责，有些危机则需要多个机构协同负责。"[3]

---

[1] 张成福、唐钧、谢一帆：《公共危机管理：理论与实务》，中国人民大学出版社2009年版，第39页。

[2] 朱力：《走出社会矛盾冲突的漩涡：中国重大社会性突发事件及其管理》，社会科学文献出版社2012年版，第302页。

[3] 张成福、唐钧、谢一帆：《公共危机管理：理论与实务》，中国人民大学出版社2009年版，第42—43页。

第四章　紧急决策与选择：发挥沟通与协商机制

第一节　紧急决策的特殊性对政府的要求

（一）现场指挥应该被赋予全权

由于危机"出乎决策主体的意料"、具有高度的不确定性等特征，"在应急处置的过程中，现场指挥部要被赋予充分的权力。应急管理人员在广泛听取各方面意见的基础上，要发挥自身的智慧和创造精神，果断作出决策。其实，我们应该在确保决策者和指挥者对公共安全负责的同时，也应该给予他们更为宽松的决策环境。美国在'卡特里娜'飓风过后反思处置不力的教训时，就特别强调应急管理人员的'想象力'。应急管理者没有宽松的决策环境，就没有想象力，也就没有创新性的决策。"[①] 这也是应急决策非常不同于平常决策的地方，按照科层制的层层审批可能会错过决策的最佳时机。罗森塔尔 1989 年对危机的界定："危机是指对一个社会系统的基本结构和核心价值规范造成严重威胁，在这种状态下，由于高度的不确定性和时间压力，必须对其作出关键性决策的事件。"[②] 不确定条件下的决策就对决策者个人的素质要求很高，属于创意性决策，因人而异，具有很大的差别。这就要求赋予决策者全权，充分调动起自己的智慧和潜能。这就要求赋予其足够的决策空间，不受过多的条条框框的限制。应急处置就好比战时状态，时间紧迫，应

---

① 王宏伟：《应急管理理论与实践》，社会科学文献出版社 2010 年版，第 164 页。
② Uriel Rosenthal、Charles Michael T. and Hart Paul, eds., *Coping with Crises: the Management of Disasters, Riots, and Terrorism*, Springfield, Charles C. Thomas, 1989, p. 10.

急指挥的领导者由于掌握第一手内部重要信息,最了解事件内幕,也是这方面的专家。既然选择他并把他安置在第一重要的位置上,就要给予其充分的决策和处置权,不要过多地干涉和对其瞎指挥。而在现实应急管理过程中,由于应急指挥者的级别不够,也没有成立专门的机构和人员,而是由党政领导临时抽调成立的临时应急处置机构,在层层请示的等待中往往错过最佳的处置时间。由于没有赋予应急指挥者全权决策权,他(她)也就对决策失误不负全责。再加上多部门权力之间交互重叠、推诿扯皮的官僚恶习也使得处置乏力。我们不能因为担忧全权决策者可能独断专横而对决策者横加干涉,我们能做的只是通过事后的责任追究来监督评判决策者的能力和去留。

(二)政府在场的必要性

其一,正视矛盾冲突,深入了解民情,维持现场秩序。按照常理应该要求上一级领导敢于露面靠前指挥。因为假如老百姓对乡长有意见,还让乡长靠前指挥肯定不行,已经缺失信任基础的见面,不但难以控制局面,反而可能激化矛盾。要求上一级县长来指挥,即可以减少对立情绪,县长也可以充当裁决的第三方,争取谈判包容的余地。"如果政府和相关领导及时出现在现场、及时深入群众了解情况、公正处理、承担责任,对受害人一方给予充分的关注与同情,就可能建立起共鸣,赢得方方面面的理解与信任,尤其是在公权力可能有错的时候,适当的及时地道歉往往能赢得尊重与谅解,缓解社会的不满。"[①] 可见,占有了第一现场,也占据了民众的心灵,在情感和道义上取得信任感和支持度。"在现场处置方面,在指挥系统、行动预案上,中国突发事件的现场处置很多是由各级政府掌握核心决策权的领导到指挥现场处置的,也能够调动各部门的协调。但没有对现场处置的比较独立和专业的指挥系统进行梳理和总结,构建突发事件的专业应对、操作机制。中国也有对突发事件进行分级的规定,但针对不同级别需要采取的不同措施则没有详尽和统领性的界限规定。"[②] 这也说明仅仅有情感的付出远远不够,一定要有专

[①] 聂方红:《涉政公共事件:地方政府行为新挑战》,人民出版社 2012 年版,第 158 页。
[②] 王学辉等:《群发性事件防范机制研究》,科学出版社 2010 年版,第 62 页。

业的应对机构和很有操作性的运作机制来保证应急决策的科学性和有效性。因为"突发事件发生后，各级、各部门领导纷纷赶赴事发现场，靠前指挥，发布指示。这经常会导致现场秩序混乱、令出多门，令现场指挥人员无所适从。而众多领导的指示往往又不统一、甚至相互矛盾。结果，现场指挥部的权力被僭越，实际上造成了'谁官大，谁决策'的局面。有时，事发地政府和现场指挥部还不得不在百忙之中抽身接待各级领导，给现场处置带来了诸多的不便和麻烦"①。可见，政府在场又不能变形走样，人们常苦不堪言的是"领导多了整死人"，分散决策，权责不清，争功推责，在迎来送往中耗尽大多数精力，而给现场的决策带来诸多的阻挠和低效，使一个本来很好的意图在推行过程发生严重的变形走样。

其二，不要逃避和怕见群众。这一点主要针对的是由于政府或主要负责人的原因，群众要求其出面"给个说法"。"有的官员认为，遇到事情自己如果不出面、不作为，顶多算是失职，但如果自己出面把事情弄糟了，轻则暴露了自己的无能，重则很可能把自己也'搭进去'。因此，很多官员怕见群众，不愿到现场与群众进行对话沟通。"② 由于怕见群众，领导干部缩在后面，把公安武警推到第一线，这也就很容易使矛盾进一步激化。这亟须要理念上的根本转变，党政一把手亲赴现场做群众工作，而不是让对付群众的力量冲在一线。若确属党政机关及其工作人员的错误或问题，现场领导要敢于担当，代为认错，并明确态度一定公正处理给群众以满意答复。靠"鸵鸟政策"想躲过群众的追究是躲不过去的，恰恰相反，主要领导人的不在场则非常容易授人以柄从而导致事态的恶化。2008年贵州瓮安事件是一个典型，据报道，在事发当天晚上，当受害者家人报案之后，公安部门如果进行积极主动的处理，完全可以以刑事案件来定性解决问题。但闻讯赶来的警察拿着手电筒在河面上扫了两圈就放弃了努力。理由是"夜太黑，明天再说"。受害人尸体被救起的时候，已经天色泛白，受害人父亲来到派出所，希望警察赶赴现场。

---

① 王宏伟：《应急管理理论与实践》，社会科学文献出版社2010年版，第163页。
② 朱力：《走出社会矛盾冲突的漩涡：中国重大社会性突发事件及其管理》，社会科学文献出版社2012年版，第247—248页。

得到的答复还是"白天再说"①。当地警察的这种行政不作为延误了案件的处理,死者家属的最后一道防线被政府工作人员的冷漠态度彻底激怒,酝酿和啸聚了群众的不满情绪,使一起简单的刑事案件演变为群体性突发事件。更为关键的是,当这一群体性突发事件发生之后,瓮安县委县政府主要负责人消极对待,在事件发生后数小时内都未主动到现场和群众进行沟通与对话,从而引起了群众的强烈不满,事态进一步加剧。当政府大楼被点燃后,相关领导仍然没有站出来采取果断措施,而是在办公室里进行所谓的"开会研究",层层请示、消极等待,从而使处理事件的时机一再延误,最终导致了本来可以避免的严重后果。很多群体性事件大爆发都有相似性,为什么我们的领导干部还是屡错屡犯呢?根本原因就是没有把民众的利益放在第一位,缺少责任的担当,忽视甚至漠视民众的利益。

(三)非常态决策考验领导者的决策处置能力

其一,对高层领导的要求。"突发事件应急处置是一项技术含量很高的具体工作。罗伯特·卡茨认为,领导者必须具备三种技能:技术技能(业务能力)、人际技能(处理人际关系的能力)和概念技能(抽象和决策能力)。"②领导者的层次越低,对技术技能的要求越高;领导者的层次越高,对概念技能的要求越高。因此,高层领导更应注重提升理论水平,为观念创新提供理论支撑,对于群体性事件的处置更应该把精力放在平时,研究其性质、危害、发展趋势以及制度的顶层设计等,对具体的群体性事件的应急处置工作可以给予方针、原则方面的指示,从更高的远见和整体的大局上给予引导,提供基层政府决策的自主性,不应干预现场处置工作。工作的重心放在对各相关部门之间的应急协调上,减少官僚科层制内部之间的执行阻力,提高基层应急处置政府的行动能力。当然,为了有效地监督和指挥具体工作,也需要基层应急处置政府及时汇报、保持信息畅通,以便把握事态发展的趋势,尤其当事件不断发酵、事件影响的范围和程度不断扩大,事态朝向更为不确定性

---

① 《瓮安事件调查:刑事案件如何演变为群体性事件》,载《中国新闻周刊》,2008年第25期。
② 王宏伟:《应急管理理论与实践》,社会科学文献出版社2010年版,第163页。

方向发展,应急处置的基层政府已经难以驾驭局面的时候,需要高层领导出面以防止事态恶化。同时,高层政府及领导也保留了对基层政府的最后追究的权力。

其二,对基层干部的要求。

(1) 抓住关键时机,就事论事。"上面千条线,下面一根针",很多具体性的事物都需要基层领导干部去贯彻落实。对于群体性事件而言,首先要反应迅速,占据时间的先机。基层领导干部能否在第一时间控制住第一现场,能否及时、迅速地控制局面,使矛盾不蔓延、不扩张、不升级,是成功地处理群体性事件的关键,抓住事件处置的最佳24小时,甚至4小时,把矛盾化解在萌芽状态。群体性事件爆发后,事态的突发性、严峻性和高时效性,再加上决策的不可逆转性,要求领导者遵循快速、果断、高效的原则,具有应对突发事件的敏锐洞察力,恰当估计形势,快速应变,及时疏导,快刀斩乱麻,果断地依法处理和有效地控制危机状态,迅速作出决策。其次,立足于事实,就事论事,不要主观臆断。所谓"就事论事",是指把工作重点放在处理群众提出的具体问题上来,不要动不动就上升到政治高度,不要动不动就追究提出诉求者的"居心"(视群体事件参入者为"居心叵测"的对象)。"就事论事。不做过度政治化解读。越向政治这边引,越把自己陷进去。很多突发公共事件,包括群体性事件,当事人和围观民众的诉求都是地区性、行业性利益问题。高明的领导者把带有某种政治诉求的问题化解为地区性问题、行业性问题,把社会压力分解到社会治理各个环节中去逐一处置,问题就容易解决。把具体的经济、民生问题政治化,只会激化矛盾,让各种社会压力都集中到一个断裂点上。"① 要有大事化小、小事化了的能力。中国危机管理切割理论创始人艾学蛟指出,"通过对突发事件从不同角度进行切割、逐渐减少应急管理的难度,实现突发事件损失最小化。切割法包括三种方法:一是纵向切割法,即从量上进行控制,如通过数量的增减切割危机;二是横向切割法,即从范围上进行控制,如整体与局部的切割;三是斜向切割,从时间上进行控制,如早与晚、快与慢。目的都是为了控制突发事件,不要让其放

---

① 陈力丹:《舆论学:舆论导向研究》,上海交通大学出版社2012年版,第24页。

第四章
紧急决策与选择：发挥沟通与协商机制

大，即通俗的说法：大事化小，小事化了"。① 群体性事件的爆发多是由"小事"引起，很多事件的导火索并不复杂，也不剧烈，很多事态的恶化是由民众的小的利益诉求无法得到满意回应。再把平时多种情绪的积怨结合起来，在群体效应的烘托下，一步步发酵演化的结果。因此，本着"可散不可聚，可顺不可激，可解不可结"的原则，重视民众的利益诉求，缓解民众的愤怒情绪，社会事件要按照社会问题来处理，不要上纲上线到政治高度来扭曲臆断事态的性质，这并不是说无视事件的严重性，而是不要人为对立起来，激化矛盾冲突。

（2）发动社会力量，控制事态发展。基层决策主体训练有素，学会利用和发动社会力量，尽可能控制事态发展、把损失控制在一定的范围内，并遏制和扭转失控的状态。"紧急状态下社会的宽容和社会耐受危机的能力无疑显得十分重要。治理能力的增强同时表现为社会抵御危机的心理承受力的增强，以及在政策失灵的情况下能够有效发挥社会的功能。"② 一方面，发动群众来帮助处置和救助。另一方面，控制好群众的情绪，不参与群体性事件也是对化解群体性事件很好的支持。在事件全过程，充分动员和发挥基层政府、社区、企事业单位、社会团体和志愿者队伍的作用，依靠公众力量，有效参与对群体性事件的共同治理，积极培育民众对政府的信任和支持，形成统一指挥、反应灵敏、功能齐全、协调有序、运转高效的应急管理机制。在事后，积极恢复秩序重建，把政府的援助和社会的自救互救结合起来，尽可能减少人民生命财产损失，帮助民众渡过难关，妥善处理后续安排等等。处理好基层政府与民众之间的关系，不是在事态紧急时才显得重要，而是从根本上化解群体性事件的关键之所在，也是政府把对矛盾的化解、对民众感情的培养等细致入微的工作贯彻到日程的工作行程中去，形成良好的干群关系和民众对政府的信任关系，也就净化了群体性事件发生的社会土壤。这一治本之策应该引起我们的政府和领导干部的充分重视。

（3）以情化之，软性管理。面对现场，领导者首先要沉着冷静、不慌不

---

① 艾学蛟：《突发事件与应急管理》，新华出版社2010年版，序言第4页。
② 蔡志强：《社会危机治理：价值变迁与治理成长》，上海人民出版社2006年版，第50页。

乱、镇定自若，学会引导群众的情绪，引导人们将激烈的情绪稳定下来，使之恢复理智。良好的领导心理素质，取决于对自己能力的自信和对民众的爱戴。"鉴于群体性冲突型公共事件现场群众的情绪化、随意性、无序性、爆发性等特征，加上一些参与者的借机发泄心理、英雄情结、逆反和法不责众心理的共同作用，现场很容易点燃，进入现场做工作的领导和相关人员必须是性格平和、群众口碑好、有威信的，最好有能与冲突弱势一方进行有效沟通的人士。"① 在群体性事件爆发的关键时刻，一个在人们心目中信誉高、口碑好、能力强的领导干部，通过日常的良好工作作风积累起来的"卡理斯玛型权威"，在与民众的沟通谈判中能起到"四两拨千斤"的神奇功效。也有不少基层干部由于平时扮演"恶人"的形象，成为众矢之的，躲避群众，怕见群众，也就根本不能指望这类干部去与民众沟通谈判。这也就要求我们的领导干部注重个人日常行为修养，提升自己为人民奉献的"公共精神"和"公共情怀"。

（4）诸多的两难困境，对享有决策自主权的基层干部提出更高的要求。对于基层干部，尤其随着决策自主权的增强，更是对其能力提出很高的要求。如何对事件进行准确定性，及时拿出可行性方案，不再是凭经验决策，也不再是以等靠要的方式机械执行决策，而是根据事态发展，总揽事件发生的全局，抓住事件的本质，找准解决矛盾、平息事件的突破口，提升事态控制的技能和技艺，以更高超的方式来处置群体性事件。基层领导干部的应急决策不仅要求具体，同时，也需要敏锐的洞察和准确的判断，尤其是面对两难抉择的紧急时刻，更是考验领导决断力的时候，"假若参与者采取暴力手段，政府以及相关方应该采用何种方式去制止和控制，需要现场的指挥员有高超的指挥艺术和统揽全局的能力；如果容忍暴力事件发生，会间接鼓励暴力行为，可能引发更大的灾难；如果采用坚决果断的控制行为，不利于争取舆论、获得社会的支持，也有可能激发更大规模的群体性事件"②。不能按照以往机械

---

① 聂方红：《涉政公共事件：地方政府行为新挑战》，人民出版社2012年版，第118页。
② 陈良咨：《论暴力与群体性事件》，载《中国人民公安大学学报（社会科学版）》，2011年第6期。

第四章
紧急决策与选择：发挥沟通与协商机制

的做法，一上来就把警力警械推到群众面前。还有诸如"在决策程序上必须简化，在措施采用上必须坚决，在舆情引导上必须及时，在现场控制上必须有效，在处置效果上必须明显直接。这些都让处置者面临巨大的压力，作为临时性的应急措施，完全讲程序不行，完全不讲程序也不行；……在人多、亢奋状态下沟通对话效果不好，但不沟通对话可能结果更糟。总之，不采取行动会出问题，采取行动也可能招来新的问题，常常是左右为难，里外不是人。处理起来非常棘手。"[①] 这就要求应急处置者在紧急决策时行使好手中的自由裁量权，通常的做法是完善对于紧急状态的立法，最好能在法律规定的范围内行使其自由裁量权。

其三，领导者可能存在的问题。现在领导干部干大事的能力很强，许多领导干部都有了高学历，出国见过世面，会外语、懂科技，会招商引资，会搞工程项目，会迎来送往拉赞助经费……但吃苦耐劳精神减退了，深入群众的时间减少了，书本理论知识增多了，而实际工作经验与技能减弱了，官气十足了，平民气息没有了，这也就导致在处理群体性事件时，平时养成的趾高气扬的官架子难以放下，在群情激愤的情况下更容易加剧民众的"仇官"心理。在现场气氛特别紧张的情境中，由于平时与群众接触少，也不知道如何与群众面对面对话、协商，只会说些不着边际、无关痛痒的大话、空话、套话。也由于离老百姓越来越远，对于处置群体性事件也就没有经验、缺少信心，缺乏协调好各方面的利益关系的能力，没有解决问题的底气，怕见群众、躲避群众，不敢讲真话、说实话。这也就导致大量"明哲保身"的庸官出现。尽管对于庸官问责也提上日程，但目前最基本的"过错问责"都没有很好落实，"庸官问责"就更是明显不够。况且，中国在群体性突发事件应对时的临场指挥的决策能力整体水平都不是很高，直接指挥者往往会因为平息心切而采用头痛医头、脚痛医脚式的决策，对"庸官问责"也是心有余而力不足，想问却又问不过来。这就需要我们改变干部官僚作风，调整工作的着眼点，真正做到以人民群众的根本利益为重，赢得人们的认同和信赖，这才是问题的关键。

[①] 聂方红：《涉政公共事件：地方政府行为新挑战》，人民出版社2012年版，第109页。

第二节 慎用警力

(一)"摆平"式维稳模式存在的问题

在自上而下的政治压力的作用下,各级地方政府事实上只能借助其所能整合的各种资源和力量,不计成本地对潜在的不稳定因素进行管制性控制,只求表面上把群体性事件控制住,从而形成"为稳定而稳定"的"摆平"式维稳模式。人们很形象地描述领导干部这种心态:"搞定就是稳定,摆平就是水平,无事就是本事,妥协就是和谐",而且这种心态很普遍。这就容易导致两种情况:一种是不讲原则的一味和稀泥,另一种是运用高压强制。

其一,不讲原则的"和稀泥"产生的危害。诸如在应急处置的过程中,有些指挥决策的领导干部没经过充分考虑而给民众"空头支票"的承诺,打群众的马虎眼,争取暂时的事态平静。然而,一旦不能兑现承诺,可能会激起民众对政府更大的不信任,可能会聚集更大的怨气来一次总爆发,酿成更大的混乱。又如在维稳过程中,用人民币来维稳的策略也导致"上访油子",使得维稳经费居高不下,给政府带来巨大的财政负担,也使政府卷入难以脱身的"缠讼"之中;也是造成"闹大"现象的始作俑者。可见,不讲原则的和稀泥的处置方式不但难以摆平事态,反而在解决问题的过程中引发新问题,使事态变得更加难以控制。

其二,运用高压强制的危害。本来政府存在的目的是为了保障公民权益的实现,然而,"一些地方为了急于摆平冲突,习惯于强迫当事人接受单方的调查结论,强使受害人一方接受处理方案"[①],结果造成事情越闹越大。例如为了完成考核目标的压力,许多基层将维稳这个手段异化为至高无上的终极目标,为了维稳,他们通常的做法就是将上访群众反映的问题不惜通过简单粗暴的方式来打压,而不是去彻底解决引起矛盾冲突的问题根源,从而使政府与群众之间的矛盾越来越深,维稳的难度也越来越大,并成为一些地方政

---

① 聂方红:《涉政公共事件:地方政府行为新挑战》,人民出版社2012年版,第96—97页。

府和相关部门的最大负担和首要的工作重心。也导致出现人们常说的"越维越不稳"的怪圈,牵扯了政府相当多的精力而没有取得治理效果,反而越治越乱。

事实上,"摆平"式的维稳模式,也就是人们常说用"大棒加胡萝卜",甚至是威胁加收买的权宜之计来维稳。这不但没有有效地舒缓、解决影响社会局势稳定的社会矛盾,反而给社会的长期和谐稳定留下了更大的隐患。"这种维稳模式不仅完全堵塞了弱势群体的利益表达渠道,而且封闭了他们发泄不满情绪的通道。其结果只能是源于各种社会问题的不满情绪长期积压,层层累积,并在相互刺激和共鸣中逐步发酵,形成社会不满情绪的'堰塞湖'。一旦形成这样一种局面,一起偶发性的事件,都足以引爆一场大规模的不满情绪的非理性宣泄事件。"[1]

(二)从"强制的逻辑"走向"说理的逻辑"

孙子在《孙子·谋略》中曾说:"是故百战百胜,非善之善者也;不战而屈人之兵,善之善者也。故上兵伐谋,其次伐交,其次伐兵,其下攻城。攻城之法,为不得已。"[2] 动用武力是迫不得已而为之的最次选择,劳民伤财,很容易被卷入战争中而难以脱身,即使不是两败俱伤,也是虽胜犹败,损兵折将,最好的策略还是"得民心"。然而,我们在处理群体性应急事件时把前辈留给我们的智慧忘得干干净净,检视近些年的各种群体性事件,惯常的危机处置逻辑就是武力"控制",其结果常常是:(1)所在地官员以稳定和大局为由,强制对付围观群众,强压媒体舆论不予介入,控制相关信息的传播。然而,随着民众权利意识的提高,以及当代信息传输技术尤其网络和收集信息传输技术的普及化,只手遮天已成痴人说梦。真相缺位的同时,也容易导致流言漫布。(2)在缺乏监督的控制调查处理中,有关领导干部和公共权力部门,也容易被事件和利益相关者"绑架",一起合谋而造成执政腐败,大大

---

[1] 何显明:《群体性事件的发生机理及其应急处置:基于典型案例的分析研究》,学林出版社2010年版,第11页。

[2] 孙武:《十一家注孙子校理》,[三国]曹操等注,杨丙安整理,中华书局1999年版,第45—48页。

损害政府形象,加剧民众的"仇官"、"仇警"情绪。(3)动用国家机器来控制现场和相关当事人,多是以敌对的情绪对待整个事件而不注重与公众的沟通以化解公众的不满情绪,而是试图尽快在可控制的范围内使事件消弭于无形。如瓮安事件与石首事件,就由于滥用强制暴力而使刑事案件发酵演化成剧烈的群体性冲突事件。

传统的危机处理观念亟待改变。动不动就把公安政法机关推到第一线,用专政的手段来对待人民群众,这种传统的危机处理理念和方法日显局促,甚至导致事态向相反的方向演化,形成更大的危机。在传统的层层施压的行政体制下,在日常处置群体性事件的过程中,把稳定理解得过为狭窄,稳定就是"不出事",把一些小的事件都视为"闹事"、"危害社会",往往一上来就把公安和武警推到了第一线,急于求成、滥用警力,试图通过高压强制把事态控制住,消灭在萌芽状态,殊不知不弄清楚事件缘由的、一味打压集体行动的组织者恰恰成为事件恶化的导火索。结果往往不但难以控制,反而加剧事态的恶化,导致使许多普通事件转化为恶性群体性事件,引发更大的社会问题和社会危机,增加事件处置的难度,可能带来更为严重的政治后果,最终使局面彻底失控。因为打压只会产生反弹,只会把利益纠纷转化为关系到人格尊严的冲突上,把可以理性谈判、相互妥协的事情转为"整人"与"不甘心被整"之间的"死磕"。坚持采取高压政策,由偶发的刑事案件、治安案件或其他小事件,因最初的处置失当,引发大规模的带有巨大社会危害性的突发群体性事件,近年来并不鲜见。各级政府在处理社会危机时必须抛弃传统的依赖专政的强制手段,学会运用沟通协商来化解矛盾冲突。"任何社会危机的解决都要求有关政府领导首先试图通过沟通达成协议,通过沟通了解对方的真实要求和意图,切实掌握事态的进程。那种只知道随意动用专政工具而根本不愿意尝试谈判的领导不是称职的领导"①。

顺应时代潮流,以理服人,取得民心是关键。如果政府不能从"强制的逻辑"走向"说理的逻辑",群体性事件也就得不到根治,高度类似的群体性

---

① 严励:《秩序的中国解读:转型期中国社会矛盾之研究》,上海社会科学院出版社2007版,第256页。

事件还会重复上演。随着民众权利意识的觉醒,信息公开化程度提升,新闻媒体监督的加强等,这些客观因素也督促政府工作重心的转移,从基于身体的强制走向基于心理的沟通说服。再从权力类型的文明演进来看,即从强制性权力、走向奖酬性权力、再到象征性权力,权力的使用从具体走向抽象,从强制威慑走向魅力权威,对权力的使用越来越成为一种高超的艺术。因此,"我们应该深刻加以反思,缓解维稳工作的压力,增强容纳冲突和矛盾的能力与信心,形成宽松、理性、协商的问题解决氛围,重在解决民众的实际问题或者把道理讲透,切忌用专政手段对付民众,切忌轻易把警力推到干群冲突的第一线。温家宝总理在 2010 年全国人大会议上提出,'我们所做的一切都是要让人民生活得更加幸福、更有尊严'。严防死守与强力高压岂是予人尊严之道?!"①

(三) 有限使用警力

其一,关于暴力,在理论上有一个基本观点:暴力能量是守恒的,如果政府及其相关方采用暴力的手段解决问题,那么,参与者同样会采取暴力的行为方式作为回报甚至加倍奉还,形成恶性循环。暴力的能量守恒定律告诫我们的政府,以暴抵暴的恶性循环会加剧事件性质的转化。在群体性事件的初期阶段动用警力,参与者暴力涉入程度低,可能还有一定的作用,但时间一长,参与者就会以暴抗暴,导致政府没有足够的力量控制局势,暴力必然会泛滥。那些施加给社会或个人的暴力即便是合法地施加,最终也会反弹回来,施暴者与受害者同样会受到损害。更何况很多时候是政府滥用暴力机器,置民众利益于不顾,顾及的是个人利益得失。在现实中最典型的例子是云南孟连事件,政府派警察以治安为名对不满的群众进行强行抓捕,群众则回报以刀棍。还有一些征地拆迁案例,处置者动用一些流氓地痞企图赶走不愿意拆迁的群众,最终导致流血冲突,河北定州绳油村事件就是典型。政府以及相关方所选择的处置方式尽管有很大的主动权,但也受参与者所采取的行为

---

① 应星:《"气"与抗争政治:当代中国乡村社会稳定问题研究》,社会科学文献出版社 2011 年版,第 226 页。

方式影响，二者是相互影响的。假若参与者采取非暴力手段，政府以及相关方有两种选择：采取非暴力手段进行沟通，事件会朝妥善解决的方向发展；采取暴力手段，有时也可以把问题压下去，但会为将来发生更大规模的冲突埋下种子。

其二，暴力的选择适用必须与不同类型和性质的群体性事件保持一致。这也就说，即使我们不得不选择使用暴力，也一定要使用准确，打击力度适当。一般来说，政府对暴力使用享有最后保留权，一旦选用就必须起到以暴制暴的震慑效果，而不是不加选择地在任何情况下滥用暴力，导致暴力运用的强烈反弹。目前我国发生的群体性事件大体上可以分为维权事件、社会泄愤事件、暴力骚乱和有组织犯罪类型。一般来说，处置暴力骚乱和有组织犯罪就得及时使用警力维持秩序和打击犯罪，对于藐视法律、破坏社会秩序的行为，就不存在强制力慎用的限制，否则只会造成施暴者的有恃无恐。惩罚必须是有效的，能够切实达到对违法犯罪行为的威慑和遏制的效果，以防止骚乱事件的滋生和蔓延。这样的惩罚必须是迅速的、可靠的、公正的和强有力的，足以让违规者有所顾忌，从而尽快平息事态，恢复社会正常秩序。但对待维权事件和社会泄愤事件就不能乱用警力，需慎用警力。对经济型的突发事件，采用强制性手段显然只会激化矛盾，这是因为这类事件往往起因于具体的利益纠纷和情感伤害，并不具有政治性，民众由于具体的利益受到侵害，所以诉求较为明确，行为较为克制，不能视之为对党和政府的政治对抗，不宜动用警力。但近些年来，由于土地纠纷涉及的利益十分巨大，有些地方官员也涉及其中，他们就企图动用警力压服维权的民众，产生了十分严重的后果。如云南孟连事件就是一起典型的滥用警力处理民众经济纠纷的案件，我们一定要避免类似的情况再发生。同时，"对待像瓮安事件和石首事件这类泄愤事件，在什么样的时候和运用多大规模警力也需要慎重研究的。这类事件，因某些偶发事件引起，在没有权威信息的引导下，一些民众并没有直接的利益诉求，只是路见不平或借题发挥，也不需要进行组织动员，在一定的程度上影响到了社会的安定和人民的生命财产安全。从理论上来说，动用警力防范打砸抢烧行为是应当和必要的。但现实中，反而公安或武警的不当介入，民众的怨气好似突然决堤的洪水，怒火又像接连爆炸的汽油弹而变得不可收拾。"①

其三，不仅要根据事件的性质来选择使用暴力工具，也要加强对暴力使用的立法规定。目前，我国政府在处置群体性事件的过程中，很大程度上由于对群体性事件的性质不作区分，眉毛胡子一把抓，简单粗暴地使用公安和武警这类"灭火器"，而使事件变得更加复杂。本来，政府应保留在不得已的情况下使用武力的选择，但由于一上来就选择使用武力，这样也就把政府推上无退路可走的险境。再加上社会发育不成熟，缺少针对群体性事件的减压阀和缓冲剂，使事件很容易被点燃，性质恶化。这就要求在具体的采取强制的相关法律规定中，以固定程序来明确在何种冲突情境、何种冲突水平下采取（或不采取）一定的强制性的措施，主要涉及"警察强制措施、警械以及武器使用等问题"，对执法中自由裁量权的行使要设置"必要界限"和"底线"②，对于紧急状态下的强制力使用也要遵循法律的规定，要进一步启动和落实强制程序的制度化建设，减少其随意性和盲目性。

（四）西方慎用警力的经验及启示

其一，西方的经验。西方在警力运用过程中对于"强制—反弹"模式的警示作用是非常注意的，警方越采取强硬的手段对付示威者，对方通常都会采用更激进的方式对抗。当然，如果在必须运用警察的情况下，应果断处置，将肇事者拿下。在介于"强制"与"说服"之间的灰色地带，既不是为了急于求成选择强制，也不是无原则一味和稀泥，而是区别对待，如对待理性、平和的群众该"柔软"的，政府的"身段还要更柔软"；对集体行动中的越轨者该"强硬的"，当然也要"强硬"，这样才能真正起到奖罚分明的效果。还有一点非常值得借鉴的地方是：西方政府基本上不采取围堵、封杀的策略；相反，往往用软性的办法，给示威者在法律允许的范围内游行示威，给民众制度化的发泄渠道和一定程度的曝光率，使政府处在民众的监督之下，也使

---

① 于建嵘：《期待建立制度性的社会减压方式》，载《人民论坛》，2009年第16期。转引自于建嵘：《底层立场》，上海三联书店2010年版，第153页。

② 魏新文、高峰：《处置群体性事件的困境与出路——以警察权的配置与运行为视角》，载《中共中央党校学报》，2007年第1期。

民众在参与政治的过程中学会运用政治理性,"有话好好说"。民众有监督政府的勇气,政府也有接受民众监督的气度和自信,在双方的互动过程中重塑各自的行为模式,学会谈判和妥协,让群众和基层政府都学会运用理性而平和的心态来处置群体性事件。尽管达成这种理想的关系很难,但是需要我们培养这种良好机制形成的土壤。"西方国家多数坚持警察中立,不以'民众刻意制造混乱'为前定出发点;最少使用武力;武力使用要与危机严重程度相当;在沟通磋商、协调缓解等和平方式用尽之前尽量不诉诸武力等原则。"① 这一排序原则也值得我们学习借鉴,我们也对我国警察遵循"和平、非暴力"这样的原则充满了期待,不要再用"一小撮"、"别有用心"、"受少数人教唆"、"刁民"等字眼给自己戴上有色眼镜。也不要一上来就把公安、武警等推上一线,这样就斩断了协商谈判的后路,给自己不留后路的结果只能是把自己推到与民为敌的绝路上。"尽量保护公众权益,慎用警力等是各国通用的指导原则。在此原则的指导下,对什么情况才可以,以及怎样的程度使用警力才恰当等问题,各国也都有不同程度的规定。但在警察执法态度和现场指挥的原则上还是有很大的不同。以人为本和信任公众,尊重公众意见表达为指导观念的国家如英国、加拿大等更注重对公众的引导"②。可见,注重说理,尊重民意,合理疏导是化解矛盾的关键,也是防止矛盾激化、走上武力对抗的关键。"在突发事件警力使用上,中国没有像加拿大一样有体系比较完备的,各个环节都有所针对的、有保障的警力配备体系。中国只规定了在事态严重时可以出动警力或者相应使用武力,但是具体怎样操作,却将其归为现场处置时应急性的自由裁量。这在一定程度上保障了处置的灵活性,但对于可能对生命、财产等造成重大危险的警力的使用,应该加以更加规范性的规定。"③

美国社会学教授查尔斯·蒂利对相关问题也进行了深刻的分析。蒂利指出,暴力的爆发与否与政治制度有关,也与政府的能力有关。用这两个维度,

---

① 王学辉等:《群发性事件防范机制研究》,科学出版社 2010 年版,第 56 页。
② 同上,第 62 页。
③ 同上,第 62 页。

第四章
紧急决策与选择：发挥沟通与协商机制

可以将国家划分为高能力的非民主国家、低能力的非民主国家、高能力的民主国家、低能力的民主国家。如果你生活在高能力的非民主国家，你比较倒霉，因为这种国家的暴力一般是自上而下，是政府欺负民众；如果你生活在高能力的民主国家，你最幸福，你可以尽情闹事而政府会忍着，当然，因为各种交流渠道比较有效，集体暴力被激活的概率较低；如果你生活在低能力的民主国家，那就只好自己强大一些，因为政府介入暴力事件的力量有限；如果你生活在低能力的非民主国家，你就只好自认倒霉了，政府不疼人民不爱，每时每刻都有陷入战争的危险。[①] 可见，在处置群体性事件的问题上，一个更为根本的问题是：完善和健全民主政治体制，增强政府的执政能力。

其二，中国的实践。毛泽东指出，"在不断地处理和解决矛盾的过程中，将会使社会主义社会内部的统一和团结日益巩固。这样，就有必要在我国人民中，首先是在干部中，进行解释，引导人们认识社会主义社会中的矛盾，并且懂得采取正确的方法处理这种矛盾"[②]，毛泽东对于矛盾辩证法的理解是非常深刻的，矛盾本身不是问题，问题出在是谁制造了矛盾，正视、处理和化解矛盾的过程也是提升我们对于矛盾的认识过程，使我们对社会的认识更深刻，对于矛盾的处理更加科学。我们的领导干部是在向群体性事件管理交"学费"和血的教训下，逐渐总结出一些规律性的认识，正视矛盾冲突，慎用警力和强制，学着通过平等协商对话的方式去处理一些棘手问题。如瓮安事件发生后，贵州省委书记石宗源曾严厉指出："一定要慎用警力、慎用警械武器、慎用强制措施，决不能动不动就把公安政法机关推到第一线，更不能用人民民主专政的手段来对待人民群众。"在孟连事件中，省政法委书记不带一辆警车、不派一兵一卒，同群情激愤的胶农进行对话，最终有效地缓解了群众的愤怒情绪。"孟连出现的较为激烈的利益冲突，完全可以在不动用强制性手段的情况得到解决。当地党委政府一意孤行，执意用强制性手段解决利益纠纷，不仅暴露出工作方式简单、粗暴的惰政作风，而且反映出了执政理念

[①] [美] 查尔斯·蒂利：《集体暴力的政治》，谢岳译，上海世纪出版集团2011年版，第51—54页。

[②] 《毛泽东文集》（第七卷），人民出版社2009年版，第213页。

的严重错位。"① 这都是在惨痛的教训面前总结出来的宝贵经验教训，一定要引起政府和相关机构工作人员的高度重视。"事实上，早在 2000 年 4 月，公安部针对一些地方滥用警力造成警民关系紧张的问题，就曾下发了《公安机关处置群体性治安事件规定》，明确规定了公安机关在处置群体性治安事件时应当遵循三项原则，即'防止矛盾激化原则'、'慎用警力和强制措施原则'以及'慎用武器警械原则'。《规定》还将'三个慎用'细化为'对参与群体性治安事件的群众，要坚持可散不可聚、可解不可结、可顺不可激，以教育疏导为主，力争把问题解决在萌芽状态或初始阶段'，'处置群体性治安事件现场的民警应当携带必要的警械装备，但不得携带武器；现场外围备勤的民警可以根据需要配备武器。使用警械和武器，应当严格依照《人民警察使用警械和武器条例》的规定。使用催泪弹和武器须经现场指挥批准'等具体细微的要求。"② 2004 年 11 月 9 日，时任公安部部长的周永康同志《在全国预防和处置群体性事件电视电话会议上的讲话》中指出："一、人民内部矛盾需要党委政府解决，才能彻底解决问题；二、事件起因各有不同，解铃还须系铃人；三、只有从源头上解决问题，才能彻底解决问题。公安机关不是解决问题的主体，而是辅助力量。要为党委政府妥善处置当好参谋，在处置中用公安人员的专业眼光、情报渠道和处置功能，动态评估，向党委政府提出建设性意见或可行性方案，供党委政府参考，而不是被动等待党委政府指令。公安机关要注意：千万不要大包大揽，简单粗暴；千万不要推诿扯皮，不尽职责。"③ 从部门规章和高层领导的规定中都已经认识到慎用警力的必要性，但在落实的过程中还总是延续传统旧习，滥用强制，这要进一步加强立法和外部监督。

---

① 何显明：《群体性事件的发生机理及其应急处置：基于典型案例的分析研究》，学林出版社 2010 年版，第 201 页。
② 同上，第 201 页。
③ 林维业、刘汉民主编：《公安机关应对群体性事件实务与策略》，中国人民公安大学出版社 2008 年版，第 19—20 页。

第三节 沟通与协商机制

（一）有效沟通的价值

随着公民权利意识和法律的意识的觉醒，在群体性事件中有不少参与者是"有备而来"，他们对相关政策和法律法规有一定程度的了解，对自己的诉求目标也越来越清晰，因此，只要参与者不违反法律，政府就应当与其组织者形成正常的对话和谈判。如果主要领导能够及时出场并进行积极主动的协商沟通，将为群体性突发事件的解决提供重要动力和解决问题的突破口，此为现场应对的关键。

成功的沟通有助于有效地化解群体性矛盾。在群体性突发事件的现场应对中，主要领导及时到场并能够很好沟通，往往能够较好地掌控事件的主动权乃至妥善处置事件。如2000年2月浙江杭州市"两会"期间的一天上午，某厂20余名职工因企业兼并安置问题到人代会所在地的大华饭店及省信访局上访，并扬言要到省政府上访。接报后，区委相关领导立即赶赴现场，耐心劝说职工到区政府协商，从而及时有效地化解了一起群体性上访事件[1]。2005年在广东省江门市某区共发现和处置群体性事件及其苗头50起，其中30起因有相关领导及时到场积极沟通而得到妥善处置，占总数的60%[2]。在2008年11月3日重庆出租车司机罢运后，重庆市委、市政府主要领导及时与出租车司机、市民代表展开座谈协商，听取各方诉求，并随即出台了政府相关的规章条例来调整出租车行业利益分配的措施，并积极建议应成立一个出租车司机的协会组织，以便有组织有代表地及时向政府反映诉求，使民众与政府主管部门形成一种常态化的谈判协商机制。2009年贵州省德江县舞龙事件的处置也是如此，德江县领导在第一时间赶到现场，主动与行动者展开谈判，

---

[1] 陈月生：《群体性突发事件与舆情》，天津社会科学院出版社2005年版，第128页。
[2] 陈云燕：《妥善处置种种群体性事件的原则和措施》，载胡关禄、林维业主编：《新时期群体性事件研究》，中国人民公安大学出版社2006年版，第31页。

兑现承诺，消解现场民众情绪，从而赢得了时间和主动权，为事件的平息打下了良好的基础①。

与之相反，不能有效的沟通引发群体性事件的爆发和恶化。2008年11月17日甘肃陇南一些上访拆迁户只是想了解一下具体的政策，想见一见市委主要领导，听一听对行政中心搬迁是什么样的考虑，如何保障他们将来的生活，就是这一最基本的诉求都没有得到及时回应，就因为没有信访代表而没有得到接待，政府以冷冰冰的规章条例来回应群众的迫切的利益诉求，冷热的碰撞，激起了民众不满情绪的总爆发。人们总结这次陇南事件的最大教训是：如果有关领导尽早出面对话、协商、解释疏导，事情完全可以得到有效的解决和控制，也不至于造成无法挽回的灾难性后果。"政府如以僵硬的规范对待上访，态度必然是强硬的。如果放下身段，以平等的、柔软的方式进行对话，进行协商，完全有可能化解矛盾。诸多地方党委、政府已经跳出僵硬的思维模式，开始认识到协商机制的重要性，意识到只有将集体行动与协商纳入体制性轨道，才能避免发生群体性对抗。"②

很多时候，人们总是在惨痛的教训面前才能更真切地认识有效沟通的价值。2008年陇南事件平息后，甘肃省省长专门同拆迁户农民代表座谈，听取农民意见，疏导群众情绪，其诚恳的态度获得了拆迁户的认同。在孟连事件后，云南省政府成立了孟连县橡胶产业利益调整工作指导小组，工作组还吸收了孟连县有关群众代表，一步步具体落实胶农的利益诉求。"亡羊补牢，为时不晚"，最要不得的是不能从危机中吸取教训，屡错屡犯。事实证明，对于弱势群体的利益诉求，只要相关主管部门能够放下身段，只要有公正合理的协商，平等的对话，矛盾还是可以得到缓和的，问题也是能够得到解决的。老百姓并不是愚钝不化的闹事者，更不是什么别有用心的"刁民"，我们的领导干部应该学会如何与群众有效的沟通，并使这种谈判协商机制制度化。从政府的角度具体来讲，首先，把松散的民间社会组织重新组织起来，帮助成

---

① 詹祖良、尹合远：《群体性突发事件的特点及其处置原则初探》，载《法制与社会》，2011年第19期。

② 朱力：《走出社会矛盾冲突的漩涡：中国重大社会性突发事件及其管理》，社会科学文献出版社2012年版，第279页。

第四章
紧急决策与选择：发挥沟通与协商机制

立弱势群体的协会组织，选出群体利益的代言人，以便通过组织和代表与政府展开常态化的谈判，以避免由于过于原子化的个人带来的参与无序和政府也找不到合适的谈判沟通的对象，无法进行有效的沟通。其次，搭建公平有效的谈判协商的制度化平台，诸如通过新闻发言人制度、利益相关人的听证会制度、定期的网上在线互动制度等等，确保制度化利益表达渠道的畅通。再次，沟通协商机制要想常态化，必须纳入到法律约束的渠道中来，不能成为权宜之计的应景策略。

其二，应急管理中沟通的价值。

（1）应急管理中有效的沟通有助于了解双方的真实想法，避免流言蜚语的产生。"注重协商和沟通应当是政策制定的必要环节也是双方相互信任相互依靠的体现。群发性事件的产生就是这三个环节没有良性对接，没有使这个意见在生成——反馈——健全的链条中进行良性的运转，沟通和协商不充分造成的"[①]，沟通和协商越是不畅通，流言蜚语、误解偏见就越容易滋生，"1942年，美国战争信息办公室有一句名言：在缺少新闻的时候，谣言满天飞。如果应急管理者不重视沟通、不能向社会发布及时、准确的信息，谣言和流言就会不胫而走，填塞信息真空"[②]，谣言和流言盛行，必然混淆视听，扰乱判断，公众也难以对风险或危机情势作出理性和准确的研判，加剧事态的恶化。因此，需要有效地沟通和协商以确保信息真实、顺畅、充分地被利益相关者所获取，以使民众的行为更加理性。

（2）双方在互通有无的沟通中都能得到信息最大化。民众的知情权得到尊重，减少了与政府的对抗情绪，政府也根据掌握的真实信息、吸纳民众的意见，这为制定科学的应急处置方案奠定坚实的基础。

（3）应急管理中的有效沟通，能够形成信息共享的互动平台，一方面加深民众与政府之间的相互了解，另一方面也使应急管理的相关机构之间协调合作成为可能。这也有助于赢得民众对政府公信力的认同和支持，从而拥护

---

① ［西班牙］奥尔特加·加塞特：《大众的反叛》，刘训练、佟德志译，吉林人民出版社2004年版，第48—56页。

② 王宏伟：《应急管理理论与实践》，社会科学文献出版社2010年版，第271页。

其应急管理的决策,大大减少决策执行的成本。也有助于降低机构部门之间由于信息不畅而导致的执行过程中的摩擦与阻力,从而大大提高了应急管理的执行效率。

(4)应急管理中的有效沟通可以大大改善政府的形象,树立政府的威信,培养公民与政府之间的信心和认同感,政府坦诚面对公民的知情权、告诉社会公众突发事件的真实情况及政府所采取的应急措施,让民众参与应急管理的全过程,参与共治,调动社会各方面的潜能,取得应急管理的实质性的突破。这种政府与民众关系的良性培养才是危机给我们最大的财富,把对危机的应急管理变为常态管理成为可能,也找到了化解群体性事件危机的关键之所在。

(二) 有效沟通的注意事项

其一,有效沟通的一般步骤。一般而言,应急沟通战略建立要经过以下步骤:"(1)建立一个沟通团队或网络。应急沟通不是一个人的'独舞',而需要多人的集思广益、探讨协商,必须要形成一个团队或网络。(2)确定将要实现的目标。应急沟通的主要目的是:保护社会公众或帮助社会公众进行自我保护,最大限度地降低公众生活受到的扰动。为了实现这个目标,应急管理采取的措施包括:发布预警信息;确保公众感觉安全与消息的灵通;提供足够的信息,让公众自己判断如何进行处置;等等。(3)了解谁是利益相关者。应急沟通的利益相关者包括:应急响应的参与者;需要尽快获得信息以进行自我保护者;某些为人们提供咨询、服务的专业人士,如医生;不直接卷入突发事件但深受影响的组织,如非典疫情中的旅行社;受影响组织的成员;媒体。(4)确定采取的咨询形式。在与利益相关者进行接触之前,咨询是一个不可缺少的步骤。首先,应急管理者应该明确咨询的目的;其次,要确定自身的期望,即从利益相关者的参与中获得什么。(5)接触利益相关者。其方式包括通过问卷、调查的方式获得利益相关者的反馈;通过采访等方式了解利益相关者的态度;使利益相关者参与应急决策的过程,等等。(6)监督、评估沟通战略。其主要目的是:确保应急沟通战略的实施;发现问题,解决问题或进行调整;监控已知的风险,发现新的风险;监控利益相

第四章
紧急决策与选择：发挥沟通与协商机制

关者的情绪；评估公共参与的情况，等等。（7）维持政策沟通战略。经常评估与维持沟通战略的重要性在于：进行预警；跟踪新技术、新发展；与利益相关者密切接触；帮助人们发展或调整政策。"①

其二，沟通要发自内心、真诚以待。应急管理者在进行应急管理沟通时容易陷入以下误区："（1）没有把握好坦诚与开放的尺度，过分渲染突发事件，造成社会公众不必要的恐慌；（2）作出言过其实的保证和许诺，缺少回旋余地；（3）留下信息真空，给流言和谣言以可乘之机；（4）向公众或媒体提供过分复杂与技术化的资料，令人费解；（5）忽视社会公众最为关心的问题，不得要领；（6）一问三不知，似乎一切皆在不确定之中。"② 出现这些误区的原因之一在于没有尊重信息规律、新闻规律。政府在信息公开和驾驭媒体方面的学问很大，需要政府在实战演练中摸索出一套行之有效的应对之策，这要求政府对于信息在广泛收集的基础之上，进行甄别和综合利用，用真实、简洁、通俗的语言来及时传递信息，以遏制流言，满足人民的知情权。原因之二在于没有做到以人为本、真诚以待、以心换心，赢得民众理解和支持。为什么需要政府坦诚以待？这是因为："1. 互联网的存在带来了极大的透明度，现代社会是一个高曝光社会，任何秘密都可能随时暴露出来，试图隐藏秘密非常困难，弄虚作假、封锁消息、掩盖事实只会适得其反。2. 人们有一种好奇心和窥私癖，越是保密的东西，人们越感兴趣。3. 人们永远比较容易原谅诚实的人，越是不诚实的人，人们越要追根究底。4. 人们总有恻隐之心，尤其是当一个诚实的人承认犯了错误并且请求宽恕时，人们更容易原谅。5. 人们喜新厌旧的本性告诉我们，当一件事情已经真相大白以后，人们就会迅速对此失去兴趣，转而去关注其他新事物。"③ 因此，笔者认为政府坦诚以待最重要的目的是：获得民众支持和理解。只要不是有意封锁，在一个信息爆炸和高度不确定性的世界，一个诚信且敢于承认错误的政府，能获得人们的理解和支持，赢得人们的信赖和爱戴，也会与政府一道共同克服难关，群

---

① 王宏伟：《应急管理理论与实践》，社会科学文献出版社2010年版，第275—276页。
② 同上，第215页。
③ 鲍勇剑、陈百助：《危机管理——当最坏的情况发生时》，复旦大学出版社2003年版，第117页。

体性事件爆发的心理和社会基础就没有了。一个开诚布公的坦诚以待的政府，需要设身处地站在民众的立场上来思考问题，"信息中展现的语言、行为、举措应该符合社会大众的心理，能体现社会的同情心、平等感，表现出敢于担当、负责、关怀他人的情怀，让每个人都感觉活得有尊严，而不是被侮辱、被歧视或被忽略。在通报给媒体、社会公众的讯息中，应该让方方面面都能体会到政府是尊重关心人权的，即把生命的价值、生存的权利、人性的尊严看得高于一切；把公众利益、公共利益、服务对象的利益始终摆在第一位。要体现尊重民意、体恤民难，维护社会公平、公正，尊重每个主体、个体，特别是关心弱势群体、受害者，表述要充满情感与人情味。"[①] 但孙立平教授从社会学的角度强调了"社会断裂"出现的危机，精英社会与普通民众之间的裂痕越来越结构化了，社会阶层的差距拉大，设身处地从对方角度来考虑问题变得越来越困难，越来越疏离的状态使得有效地沟通成为很大的困难。徐泓教授从传播学的角度讲："抛开有无足够的干群交流机会不谈，仅从话语表达上，长期以来就存在着庙堂与民间两种话语体系，而且两者之间越走越远。如果'谈不拢'日益成为常态，那就会出现'险境'。"[②] 这一现象应该引起我们的足够重视，群体性事件的爆发很大程度上就是源于社会阶层差距拉大而带来的"谈不拢"现象。

其三，沟通的原则。"沟通战略建立的原则：（1）坦诚、开放。（2）确保事实无误。（3）尽快纠正任何错误。（4）提供最新信息。（5）尽可能提供地方、地区性细节。（6）满足不同受众的需要。（7）同时进行内部沟通与外部沟通。（8）最大限度地利用现有技术。（9）兼容并包。（10）沟通迅速。"[③] 国内学者在这方面的研究也比较多，"比如郑文斌在谈及管理沟通的时候，就提出了十大原则：公开性原则，简捷性原则，明确性原则，适度性原则，针对性原则，同步性原则，完整性原则，连续性原则，效率性原则，效益性原则

[①] 聂方红：《涉政公共事件：地方政府行为新挑战》，人民出版社2012年版，第156页。
[②] 刘瑜：《群体性事件，授之以鱼不如授之以渔》，载《南方周末》，2009年8月11日，转引自于建嵘、钟新、李元起：《变话：引导舆论新方式》，世界图书出版公司北京公司2010年版，第59—60页。
[③] Ian Anderson, *Foot and Mouth Disease*, 2001; *Lessons to be Learned*, 2002, 转引自王宏伟：《应急管理理论与实践》，社会科学文献出版社2010年版，第67页。

等。有很多文章在具体细节上进行了分析,综合起来有下列值得在沟通中注意的原则,这就是,坦白讲出自身的感受;不批评、不责备、不抱怨、不攻击、不说教;互相尊重;绝不口出恶言;不说不该说的话;不带着情绪去沟通、做决定;不争执、理性沟通;承认自己错了,敢说'我错了';说'对不起';有爱心,有耐心,有智慧;不放弃,相信努力可以化解任何误会和偏见;实在不行,也要等待转机等等。"① 鲍勇剑、陈百助认为有效的沟通大致有 10 个方面:"1. 领导亲临现场。2. 选择大众媒体传递信息。3. 简短扼要,不讲套话,'真诚'沟通。4. 不要高声叫嚷,不使紧张气氛更加令人恐慌。5. 军事化的口令重复往往很有效。6. 选择首先响应者做沟通热点,用响应者去带动犹豫和迟疑的跟随者。7. 与媒体沟通时应该选择正面的语句,不要正话反说。8. 与媒体保持良好的关系,确保他们能将你要讲的话正确无误地传达出去,不要把媒体推到你的对立面。9. 不做问题的奴隶,正面表达你的意思,更不要去回答猜测、预测性的问题。10. 沟通之前做好充分的准备,准备所有的数据,最好预测一下可能遇到什么样的问题。"② 还有学者总结政府危机公关的基本原则简称为 SPACE 原则。"S:快速应对原则(speed)。一旦发生群体性事件,便要迅速行动,组织力量进行相应活动,在谣言传开来之前占领信息传播通道。切忌反应迟钝,任由事态发展。P:政策制胜原则(policy)。政府公关必须在法律与制度许可的范围内进行,充分动用合法的法律资源与制度资源,切忌用一个错误来掩盖另一个错误。A:态度真诚原则(attitude)。危机时刻,最重要的就是信任,尤其是公众对于政府的信任,而这个信任又来源于政府面对危机的真诚态度。政府相关部门应当直面问题而不是回避问题,勇于承担责任而不是推卸责任。切忌态度生硬,推托责任。C:信息一致原则(consistency)。政府面对危机所作的任何反应,必须保证前后所提供的信息一致,而且要求政府部门不同信息源提供的信息保持一致。如果发布的信息前后矛盾,或口径不一,媒体和社会公众就会对政府的发言或官方信息产生怀疑甚至不信任,政府形象严重受损。信息发布切忌不真实、不

---

① 聂方红:《涉政公共事件:地方政府行为新挑战》,人民出版社 2012 年版,第 129 页。
② 鲍勇剑、陈百助:《危机管理》,复旦大学出版社 2003 年版,第 115—117 页。

严谨。E：社会效益原则（efficiency）。政府危机公关的根本宗旨在于保护公众利益，提升社会公众对政府的信任与支持。切忌本末倒置，以维护政府形象为由损害公众利益。"① 这些信息沟通原则有很多相同之处，简单可以用以下几个关键词概括："真实"、"快速"、"用情"、"坦诚"和"易懂"，根本目的就是探究如何使有效的沟通成为可能，相信对于我们在实际沟通过程中处理问题很有帮助。

（三）沟通中劝服的价值和技巧

有效的沟通不仅仅要考虑政府如何保证信息发布出去，还要考虑从沟通的受众角度来考虑，信息被接受的程度、如果不接受又该如何展开劝服（或说服）。做到知己知彼，才能百战不殆。这就要求相关的工作人员能够站在受众的角度，考虑公众的可接受性与理解能力，诸如尽量使用通俗易懂的语言、根据受众的真实需要做非常有针对性地回应、就事论事等。"在信息发布之前，应急管理者需要了解社会公众对于风险的认知与理解，掌握公众行为的特点，做到有的放矢。一般而言，在突发事件发生的初期，公众需要知道：何时、何地发生了什么事情。在信息发布的过程中，信息发布者一定要坦诚，站在公众的角度进行换位思考。编写的信息一定要清晰，便于社会公众的理解：简单而准确地描述问题，避免信息过量；以公众易懂的语言进行信息的编写，避免过多的技术术语；满足不同社会公众的需求，特别是有特殊需求的公众的需求；使公众能够作出清晰的判断，采取适当的防护行动；信息一致，避免前后矛盾；不要猜度与臆想等。"② 有效的劝服模式可以简单归纳为以下基本要点："1. 劝服者的条件，能否给对方好的印象；2. 信息的劝服是否有力，理由是否充分，论据是否确凿；3. 诉诸情感还是诉诸理智，动之以情，晓之以理；4. 注意不同信息的表达程序；5. 劝服者要把结论明白地表达出来，这样可以强调自己的论点，获得较好的劝服效果。"③ 也就是想尽一切

---

① 何显明：《群体性事件的发生机理及其应急处置：基于典型案例的分析研究》，学林出版社 2010 年版，第 249 页。

② 王宏伟：《应急管理理论与实践》，社会科学文献出版社 2010 年版，第 198 页。

③ 董传仪：《危机管理学》，中国传媒大学出版社 2007 年版，第 155 页。

可能的办法吸引受众的注意力,使之与劝服者产生共鸣,从而达到很好地理解和认同。"在危机沟通中必须注意几个重点:一是如何引起被劝服者的关注与兴趣,怎么让对方进入沟通的环节中来,是主动进取还是消极等待,是单向联系还是多渠道进行?二是劝服、说服的内容是什么?在内容选择与设计上如何提出利益相关者感兴趣的话题?如何让利益相关者能够理解与接受?三是劝服、说服的节奏、进程如何把握?什么时候打快攻,迅速说服公众,什么时候慢慢影响,用恒心去融化坚冰,也就是如何通过言辞情境、气氛促使利益相关者的态度转变。四是如何寻找最佳的劝服、说服主题?要通过这个主题设计最大限度吸引公众参与。五是如何强化劝服效果?这就是当劝服、说服后利益相关者的行为被证明有效时,劝服者要加以强化和巩固;当其受挫时,劝服者则宜助其寻找原因和理由,以避免态度和立场走向另一个极端。因为,在危机状态下,利益相关者采纳了劝服者的意见并不意味着他已经深信不疑、立场坚定,他总是在游移,寻找新的可能。因此,劝服者有必要持续地补充新信息、新理由,以强化已经达成的劝服效果。"[1] 可见,劝服(说服)不是一锤子买卖,更不是一意孤行,而是只有照顾到受众的利益和感受的劝服(说服)才是有效的,而且需要全程跟踪,强化劝服(说服)的效果。

(四)从矛盾双方的角度看平等协商的价值

其一,为什么需要平等协商?有效的沟通和说服是构成解决群体性事件社会矛盾和冲突的重要手段,我们也更多是从应急管理者的角度来论述如何实施沟通和说服,但是受众也不是被动的接受者,有效的沟通和说服也只有建立平等协商的基础上才能更好地实现,也需要从受众的角度考虑如何参与到沟通和说服的过程中来,通过参与决策、平等协商来共同找到解决问题之道。"协商民主,作为既强调理性决策又强调公众参与,既强调多数原则又强调保护少数的民主体制,则可以有效地规范和建构现代的公共行政。因为真正的公共行政需要在讨论和决策中把公开性、平等性和包容性最大化,所有政策协商的参与者都有确定问题、争论证据和形成议程的同等机会,协商过

---

[1] 董传仪:《危机管理学》,中国传媒大学出版社2007年版,第156页。

程能够包容各种不同的利益、立场和价值，协商能够使讨论和决策过程中社会知识最大化。透明和负责的政治过程，使民众能够有效地监督和制约政府机构，使政府发挥其应尽的责任，避免其超越责任范围、法律界限。"① 如果把协商民主所代表的这些价值运用到对群体性事件引发的危机治理中来，就能很好地弥补仅从应急管理者的角度考虑问题的不足，能够很好地调动起受众的主观能动性，尤其很多受众就是群体性事件的利益直接相关者，他们的参与，能使沟通和说服变得更加有的放矢，也使决策更加科学，由于是受众参与的决策，接受度和执行度也就必然增高。"协商谈判作为沟通思想、缓解矛盾、维持社会平衡和维护社会稳定的重要手段应当引起各级领导的高度重视。"② 协商民主的核心要素是主体在理性基础上的对话、讨论、辩论和审议，是近几十年来在批判代议制民主基础上产生的一种非常流行的民主形式，协商民主属于一种程序民主，强调的是有效监督公共权力运行和达成共识的过程。"协商能够防止如糟糕的决策、断章取义的政治、低水平的参与、不断下降的政府合法性及市民的参与能力等现代民主中易出现的问题。"③ 正是协商民主代表的交往理性和主体间性的理性能力的运用，通过主体之间的相互交往达成的"重叠共识"奠定了政治合法性的基础，也规范了政治权力的行使。何包钢归纳了这一制度和事件的共同特征："1. 在下结论前，让人们到桌边并鼓励他们畅所欲言；2. 参与者有充分的时间来参与协商过程，并有少量的时间参与讨论；3. 在协商的过程中，尽管有不同意见，参与者被要求在相互尊重的基础上交换意见。"④ 把协商民主的机制运用到能够化解群体性事件的矛盾中来，就是要让民众充分参与到对于矛盾化解议程的协商过程中来，将"是非之争"转化为"意见之争"、"得失之议"，本来属于人民内部矛盾的群

---

① 陈家刚：《协商民主与当代中国政治》，中国人民大学出版社2009年版，第320页。

② 严励：《秩序的中国解读：转型期中国社会矛盾之研究》，上海社会科学院出版社2007版，第256页。

③ [南非]毛里西奥·帕瑟琳·登特利维斯主编：《作为公共协商的民主：新的视角》，王英津等译，中央编译出版社2006年版，第82页。

④ 何包钢：《中国的参与和协商制度》，见陈剩勇、何包钢主编：《协商民主的发展：协商民主理论与中国地方民主国际学术研讨会论文集》，中国社会科学出版社2006年版，第94页。

体性事件不是大是大非的政治判断，而是意见表达的差异或利益纠纷的得失，要学会尊重和妥协，善于用理性的对话方式来化解矛盾、解决问题，而不是一味地强加意志、施以高压，甚至动用警力。

其二，与群体事件的组织者的有效协商能起到事半功倍的效果。对于群体性事件的组织者，应急管理者不仅不应该一上来就把他们视为打压的对象——"枪打出头鸟"，反而应该将他们作为谈判对象，承认他们合法权益和平等地位，吸纳他们参与合作共治，积极调动他们的理性能力和召集能力，通过他们来有效地控制集体行动的规模、烈度以及适时地结束集体行动，取得事半功倍的治理效果。因为作为群体性事件的组织者，他们在群众中有威望、有号召力、更有理性能力，能够集中代表民意来反映利益诉求，应急管理者找准了协商谈判的对象就成功了一半，有了协商谈判的对象、目标，问题再困难也已经迈出了具有决定意义的一步。建立在平等和真诚基础之上的协商谈判，使群体事件的组织者得到尊重，达成共识和合作的意愿，然后借助他们在民众中的威信，来传递信息，帮助做好沟通和劝服工作，也就大大降低了工作的成本，这也要比应急管理者直接去做民众的工作要容易得多，阻力也要小得多。

其三，平等协商也有助于培养理性的公民。

（1）有助于培养公民遵守规则和服从规则的规则意识。协商民主是建立在包容、平等、公正、自由的协商讨论和沟通合作的机制之上，在这一规则平台的交往过程中，使各方都能了解彼此的立场，设身处地站在对方的立场上考虑问题成为可能，拓宽了彼此的心胸，重塑了个人的愿望，进而把私利提升为公利，在决策参与过程中找到了自我的尊严感，也增强人们对共同体的认同感，努力寻求公正价值和公共利益的实现，这样建立在公共利益基础上的被社会成员广泛接受的共识也就达成了。由于共识的达成也是自己参与的结果，也就使得讨论的参与者更倾向于接受和支持这个共识的实施。因为程序的公正使他们更倾向于服从或支持结果，这种规则意识的培养对于现代公共生活的意义重大。

（2）有助于培养公民的公民美德。通过平等的参与协商，也从自我的利益诉求、心理感受出发要求被满足、被尊重，在协商交往的过程中，更好地认识到共同体的生活得以维系需要所有政治共同体成员之间的相互理解、相互尊重、妥协和个人需要的节制等。也使人们在个人权利主张的过程中,慢慢意识并看到,个人是社会的组成部分,只有社会的繁荣和政治共同体的强盛,才有个人的幸福和自由,这种通过参与协商而习得的政治美德、集体责任感,构成一个政治共同体赖以成长的坚强后盾。因为公民发自内心的对政治共同的责任、认同和美德,是共同体走向繁荣昌盛取之不竭的动力源泉。

(3) 使公民在参与协商的过程中提升参政议政能力,降低政策执行的成本。平等协商不仅在认识上和心理上提升了参与者的道德素养和政治美德,也在现实的政治实践过程中,提升了自己的知识水平和参政议政的能力,使他们成为更好的公民,也能更好地理性地参与决策、理解政策和配合政策的执行,大大降低政策执行的阻力和成本,也使政府与群众的合作共治模式成为可能。

(4) 通过平等协商的参与机制也可以包容和吸纳多元异质的公民,"和而不同"的政治共同体更具有生机活力,也更具有合法性的信任基础。群体性事件爆发一个深层次的社会原因也就是社会越来越多元,多元的生活方式、不同群体或族裔的利益都要求得到平等的尊重和实现,不能以一种生活方式压倒另一种生活方式而宣称其更优越,也不能为了优先满足某些群体的利益而不顾或损害其他群体的利益。正是在这样的一个多元开放的社会,相互接触碰撞,矛盾冲突凸现出来,协商民主能够促进不同文化间的沟通与理解,通过公开的对话、交流和协商,各种生活方式和不同群体或族裔之间达成一种相互理解、相互共存,"各美其美、美人之美、美美与共、天下大同",从而奠定一个共同体赖以需要的合作共存的社会信任基础。"协商过程和程序能够包容存在差异、边缘化的少数族群、文化团体,平等、公正地对待社会的异质性,促进多元化国家的政治合法性。"①

其四,通过公民参与的协商决策是监督行政权力运行的有效途径。协商民主是对行政权力膨胀的有效制约。20世纪以来行政权力在世界范围走向集权是一个总体趋势,这是由于行政权力要求应对越来越复杂、范围越来越广泛的客观情势变化的需要,行政立法权和行政的自由裁量权越来越大。再加上官僚科层制的极度精致化,使得精英决策与大众的参与越来越隔离,行政

---

① 陈家刚:《协商民主与当代中国政治》,中国人民大学出版社2009年版,第324页。

第四章
紧急决策与选择：发挥沟通与协商机制

机构获得了制定规则和确定公共政策的权力而无需承担同等民主责任的问题，"不受监督的权力必然走向腐败"，这是行政权力膨胀的关键。协商民主认为，制约行政权力膨胀的恰当途径是实行协商民主，只有协商模式才能建构和规范现代的公共行政。因为协商民主不仅关注行政权力行使的结果，而且要决策前置，参与到决策的过程中来，即使不能完全参与到决策过程中，也要在决策阶段使个人的意愿得到表达和体现，即使不能体现也要给予合理的解释理由。这种通过决策过程中的监督，使行政权力的运作公开化，减少决策的失误和权力的滥用。也使权力的行使者在接受民众的参与监督的过程中，体现社情民意，重塑公共行政。

其五，平等协商的参与机制对政府相关机构和工作人员提出很高的要求。一直以来政府处在高高在上的地位，如何能够放下身段，与民众进行平等的协商，这是对政府特别大的挑战和观念变革的要求。"对包括社会泄愤事件在内的群体性事件的解决，有识之士提出的解决之道是，改变政府的定位和职能，从无所不管的'大政府'转变为服务社会的'小政府'，从与民争利的'经济'政府变为中立的社会管理角色。减轻对社会组织的束缚，让不同的利益群体有其代言人，能够进行对话和协商。放松对媒体和舆论的管制，加强社会监督。加强司法权独立性，使地方政府权力得到相对的制约。"[①] 这是从政府自身变革的角度，来解决在能力极其不对等的条件下如何进行协商。政府需要从"父爱主义"的全能政府中走出来，主动分权放权，打造"有限政府"。放权给社会，使权力回归到社会，给社会的成长提供相对宽松的土壤，帮助培育社会，也使社会组织起来，也便于产生社会利益群体的代言人，主动接受社会权力对行政权力的监督。既有协商谈判的对象，又有社会组织的力量来弥补"原子化"个人的力量不对等的地位，从而也使社会监督成为可能，并发挥非常有效的作用。在公共权力内部，也使横向的权力机构之间、纵向的政府间权力也都能在受法治制约的观念下行使，也只有公权力与公权力之间相互的监督，才能有效约束权力滥用的行为。这是从比较宏观的行政

---

① 于建嵘：《泄愤事件不算破坏稳定》，载《南风窗》，2009 年第 15 期。转引自：于建嵘：《底层立场》，上海三联书店 2010 年版，第 152 页。

权力改革角度来看如何解决权力不对等、如何协商的问题，主要是创造相对对等的监督机制，最为根本的还是有赖于掌握权力的机关和个人意识到平等协商的价值，积极主动地分权放权、接受监督。落实到具体的关于群体性事件的处置过程中，寻找和看准时机，积极推动协商合作，放下身段、真诚与民众平等协商，是化解群体性事件的高超艺术。"作为公权力一方，在处理涉政公共事件的时候，应该主动沟通，主动放下身段，不计较，主动给对方台阶下。那么在什么情况下要主动送对方台阶平息事态呢？一是在对方自我意识到理由不充足而松口示弱的时候，马上肯定他们，让他们下台解脱。二是在双方争执不下的时候，不妨用假设句，以有条件的语言来帮对方下台阶。三是在各项矛盾纠纷的解决都基本达成一致，矛盾一方有意思离开的时候，创造条件，比如要机关单位组织车辆送他们回家，既给他们面子，也让他们有台阶可下。总的说来，在干群冲突的涉政公共事件处理过程中，强势一方的公权力，就是有理也不要'得理不饶人'，更不像小朋友吵架那样，当众揭对方的隐私、错处，有意渲染对方的问题、过失、失误，穷追猛打，而最多只能'点到为止'，不露声色'给台阶'，主动担当'造台阶'，风趣幽默'送台阶'，积极服务，搭一个梯子，让对方从容下台，尊重别人，也解放了自己。"① 可见，处在权力不对等的应急管理者主动放下身段，给对方台阶，也是给自己最大的台阶，找到化解群体性矛盾的"破冰之旅"，从而赢得民众的最大信赖和最大支持，有助于接下来达成共识的可能，减少执行的阻力，吸收民众的智慧，参与合作共同共治，在多元主体合作共赢的局面下化解群体性事件带来的危机。

第四节　域外经验

（一）国外应急管理经验

其一，现场处置与警械的使用规定。"加拿大注重群发性事件现场处置的

---

① 聂方红：《涉政公共事件：地方政府行为新挑战》，人民出版社2012年版，第134页。

第四章
紧急决策与选择：发挥沟通与协商机制

指挥系统、行动预案的制定和警务力量的协调联动。其指挥系统由一个核心指挥官掌握决策权，此人必须具备很强的组织能力和判断应变能力。其下有参谋部门、行动指挥部门、警用装备部门、后勤保障部门等，指挥系统发挥着指挥和控制、警力的部署调派、收集信息、后勤保障、技术支持的功能。在行动预案上，综合考量各种事前、事中、事后信息，对危机进行评估分级（分为1、2、3、4、5五级）。制定可操作性的、灵活的行动方案。"① 可见加拿大对于指挥协调和警力的调配方面规定得非常详细。"在警力的使用上，防暴部队是主力，民警、巡逻部队等是配合力量。法律规定了警察在处置群体性骚乱时采取向人群投掷烟幕弹和催泪弹、发射塑料子弹、开枪射击等措施各自需要的条件。"② 对警械的慎用作了严格的规定，另外加拿大警方还很重视争取媒体对警方工作的最大支持。

其二，应急管理的系统立法。美国在完善危机管理立法方面的经验值得我们借鉴。"早期美国在危机管理方面也是缺乏统一的法律和标准的。1803年发生在新罕布什尔的一场罕见大火促使美国国会通过了国会火灾法案，这是美国历史上第一个与危机管理有关的法律。在此后150年中，美国国会通过了125个减灾的法律。但这些法律均是单项法，缺乏一个完整的法律体系。1950年，美国国会通过了第一步统一的联邦减灾法案，融合了过去的单项法的精华，使危机管理有了统一的法律支持"。③ 美国从1803年通过第一部救助新罕布什尔地区大火灾民的灾害救助法律开始，先后针对自然灾害、社会危机、恐怖袭击等有关突发事件的各个领域制定了一系列专门的法律，并通过了《国家安全法》、《全国紧急状态法》、《灾难和紧急事件援助法案》、《反恐怖主义法》和2001年10月25日美国国会通过的《反恐怖主义法案》修正案等适用于全国范围的应急法律，各州和市也相应地完善了相关的法规制度。由此建立了一套从联邦政府到地方州市政府的完善的、涉及各个领域的突发事件管理法律体系。该体系中的法律法规都对其程序、方式、期限及职责权

---

① 王学辉等：《群发性事件防范机制研究》，科学出版社2010年版，第56页。
② 杨玉梅：《加拿大警方处置群体性事件的启示》，载《公安研究》，2005年第5期。
③ 辛向阳：《中国发展论》，山东人民出版社2006年版，第170页。

限做了明确的规定,做到了有法可依、有法必依。当出现联邦规定的可宣布紧急状态的情况,总统有权宣布全国进入紧急状态。在紧急状态期间,总统可以行使特别权力颁布一些法规,一旦紧急状态终止,这些法规将随之失效。

其三,成立专门的应急管理机构。"国际上很多发达国家都在政府序列中设有专门的机构,进行危机管理。美国在联邦政府序列中设有联邦紧急情况管理署,在州政府有紧急情况管理局。美国联邦紧急情况管理署是一个独立的联邦政府机构,有工作人员2600人。日本设有内阁危机管理小组和内阁危机管理监(相当于副大臣),澳大利亚设有紧急情况管理署,英国有危机管理委员会,土耳其有总理府危机委员会,意大利有部际危机委员会,阿根廷有政府危机委员会,加拿大有应急准备办公室,瑞士有国家应急管理中心,俄罗斯、乌克兰、白俄罗斯、塔吉克尼斯坦等国家设有紧急情况部。这些机构的设置很好地发挥了自己的作用。"[①] 这些独立的应急机构级别都很高,在平时也注意收集整理信息,总结研讨突发事件治理的规律,把应急管理纳入到日常管理中来,能够很好地发挥突发事件应急管理时统一指挥和迅速调配资源的能力,起到很好的统一领导和综合协调的作用。

(二)危机沟通的经验总结

其一,"3T原则"。英国危机公关专家杰斯特提出3T原则,"即主动沟通(Tell your own tale)、全部沟通(Tell it all)、尽快沟通(Tell it fast)。"[②] 运用"3T原则""用以解决'讲真话,还是不讲真话?'、'全部讲出来,还是部分讲出来?'以及'迅速讲出来,还是慢慢讲出来?'的问题"[③] 比较有效果。尽快地毫不保留地讲出事情的真相是有效沟通的关键。

其二,危机公关的"金科玉律"。"福莱灵可公关咨询公司特别情况小组在研究危机沟通战术中,发明了一个简单的公式:(3W+4R)8F+V1或V2,这一公式被称为危机公关成功的'金科玉律'。3W指的是:我们知道了什么

---

① 辛向阳:《中国发展论》,山东人民出版社2006年版,第153页。
② 转引自刘刚:《危机管理》,中国经济出版社2004年版,第172页。
③ 鲍勇剑、陈百助:《危机管理》,复旦大学出版社2003年版,第107页。

(what did we know); 我们什么时候知道的 (when did we know about it); 我们对此做了什么 (what did we do about it)。4R 指的是：对要解决的问题确定的态度，即遗憾 (regret)、改革 (reform)、赔偿 (restitution)、恢复 (recovery)。8F 指的是：沟通时要遵循的原则，即事实 (factual)：向公众沟通事实的真相；第一 (first)：第一时间对问题作出反应；迅速 (fast)：处置要果断快速；坦率 (frank)：真诚沟通不回避；感受 (feeling)：与公众一起感同身受；论坛 (forum)：内部有一个可以准确可靠的信息来源渠道；灵活性 (flexibility)：根据事件发展变化，随机应变；反馈 (feedback)：随时对公众关注高的问题及时反馈。V1 指的是'勇于承担责任者'(victim) 的形象；V2 指的是'小丑和恶棍'(villain) 的形象。"①

其三，"7C 原则"。"美国著名的公共关系专家卡特里普、森特与布鲁姆在他们合作的被誉为'公关圣经'的著作《有效的公共关系》中提出了有效沟通的'7C 原则'：credibility：可信赖性，沟通双方要有基本的信赖；context：一致性，指沟通必须与环境（物质的、社会的、心理的、时间的环境等等）相协调；content：内容的可接受性，沟通内容必须与受众相关，能引起他们的兴趣，满足他们的需要；clarity：表达的明确性，简洁明了，易于被公众理解接受；channels：沟通渠道的多样性，采用多种方式沟通；continuity and consistency：持续性与连贯性，沟通要有耐心，不断重复、补充、坚持到底；capability of audience：受众能力的差异性，沟通要根据不同对象采用不同方法。"②

---

① 庞亚辉：《"黄金法则"在危机管理中的妙用》，载《财务与会计》，2008 年第 6 期，第 66 页。转引自聂方红：《涉政公共事件：地方政府行为新挑战》，人民出版社 2012 年版，第 127—128 页。

② [美] 格伦·布鲁姆、艾伦·森特、斯科特·卡特里普：《有效的公共关系》，明安香译，华夏出版社 2002 年版，第 353—354 页。转引自聂方红：《涉政公共事件：地方政府行为新挑战》，人民出版社 2012 年版，第 128 页。

第五章　不足与供给：积极动员社会与社会自组织机制

群体性事件频发警报，政府社会治理出现危机，而要形成危机治理机制并确保机制的良性运行，强大的政府无疑是应对危机最为有力的保障，也是实施危机治理和制度设计的根本，但是政府也要从传统的危机控制模式走向与社会合作共治模式，危机治理的机制运行只有根植于一个健康成熟的社会，才能更好地发挥机制的实效。"从社会发展的趋势来看，在政府指导下，推动专门社会工作机构成长，充分利用社会资源，以相应的社会工作组织为主体向全体社会成员提供职业化的社会矛盾处理服务是比较理想的发展方向"[①]，国内也开始出现类似社会工作事务所的组织越来越多，也扮演着越来越重要的作用。因为危机爆发的不确定性、后果的巨大危害性和危机源头的社会性等特征，单靠政府的一元主体强制治理不仅难见成效而且已经频频告急，一个发育完备的社会所培育的社会信任和互惠网络，将极大地降低危机防治的成本和发生的可能，人们的社会参与决策和危机社会自救也主要依托这些发达的共同体组织得以实现。政府改革的一个重要方向是政府权力紧缩、经济权力放权和社会权力回归，在治理主体上充分调动政府、社区、民间组织、企业和媒体等多元主体参与共治；在治理机制上也充分发挥政府机制、市场机制和社会机制三种机制相互配合、相互竞优；在政府与社会关系上，政府权力源自于社会，要积极挖掘和利用社会自组织的功能，让社会母体有生长的空间和成熟的土壤。只有社会强大了，藏富于民间，社会才能源源不断地提供给政府可以利用的资源和统治合法性的认同基础，另一方面，政府也扮

---

① 严励：《秩序的中国解读：转型期中国社会矛盾之研究》，上海社会科学院出版社2007版，第45页。

演着整合社会资源以促进社会资源配置达到最优化状态的角色,提供社会多元主体竞争的公正平台,并发挥监督和裁决功能。也就是说,在社会的自我管理和政府的必要干预之间保持良性互动,实现政府与社会的协调互补,才是人们所期待的政府与社会的良好关系。"我们经常认为的社会缺位腾出的巨大空间只能由政府来充实。而经过这么多年的危机治理的实践,我们有理由要求危机治理中的政府和社会实现权力共享和责任共担。"① 经过六十多年的国家建设和社会建设,人们的心态也变得理性了,对于全能主义政府充满担忧,也对社会的无组织化所带来的冲击一样充满忧虑,国家权力嵌入社会之中,社会权力支撑起强大的国家,这种新型的国家与社会关系是化解社会危机关键,这也越来越形成共识。

第一节 社会动员的必要性

(一) 公共治理理论的魅力

如果说统治的主体是国家和政府,治理的主体则是国家、政府和社会力量,治理是国家、政府与社会力量之间的合作博弈,治理成为一种时尚,这也是目前比较流行的认识:政府职能的一个重要转向是从"政治统治"走向"公共治理"。在公共治理理念的指导下,政府需要转变自身的职能:从横向上看,加强政府与市场、社会力量的联系、沟通与合作,寻求多元主体之间的参与共治;从纵向上看,政府向社会还权,形成扁平化的行政组织架构,和多种社会组织交织在一起,形成交互网格化的新治理格局。"公共治理理念的核心是通过合作、协商实现对公共事务的管理。1989 年,世界银行首次使用'治理中的危机'这一术语来描述非洲国家的问题。此后,'治理'的概念被广泛地应用于公共行政之中,强调政府、企业、社会力量的共同作用。"② 这不仅要求在日常政府管理过程中贯彻落实合作的公共治理精神,而且在突

---

① 蔡志强:《危机治理与社会和谐》,湖南人民出版社 2007 年版,第 369 页。
② 王宏伟:《应急管理理论与实践》,社会科学文献出版社 2010 年版,第 220 页。

发性群体事件爆发的危急时刻更是需要调动社会各方面可以利用的资源,使民众参与共治,尽可能快速地把危机降到最小范围之内,提升治理的绩效。《中华人民共和国突发事件应对法》第 6 条规定:"国家建立有效的社会动员机制,增强全民的公共安全和防范风险的意识,提高全社会的避险救助能力。"在社会动员的过程中,各级人民政府通过一系列行政、法律、经济措施,把社会团体、企事业单位、公民个人等非政府力量充分调动起来,必要时也可以调动武装力量,整合全社会的人力、物力与财力,形成一种强大的应急合力,以成功地预防和有效地应对突发性群体事件。这是由于突发性群体事件具有突发性、超乎政府的预测、控制能力,社会公众如果单纯依靠有限能力的政府来应对与处置行动,可能会招致不必要的损失,也达不到应有的治理效果。当然,仅仅通过民间社会的自组织也难以有效解决,它需要协调各方来实现资源整合,以期实现整体治理的效果。"社会危机治理是指为了有效维护社会秩序,推进社会和谐发展,实现危机消解和规避的目标,政府与社会组织运用权力和手段对社会资源实行计划、协调、控制、管辖,同时积极动员社会群体的有效参与,并提高其应对各种危机和获得济护与安全保障的能力的过程,并通过法治原则规定政府、各级社会组织及社群和个人的权、责、利关系,由此形成的克服危机的目标、战略、组织管理体系、政策和制度规范及行为模式的有机整体。"[1] 针对主要是人民内部矛盾引发的社会群体性事件除了在非常紧急的时刻迫不得已使用强制力之外,更应该广泛吸纳社会多元主体的参与决策、利益的整合协调,以期赢得社会的认同和支持,发挥多元主体的积极性,达成共赢的合作共识。

(二) 政府社会动员的必要性

其一,政府社会动员的道德基础。这也是追问为什么政府具备动员社会的权威。政府动员社会不是出于邪恶或者集团私利的目的,而是为了引导社会向善和培育健康的社会,代表公共精神和贯彻公共意志,这也是赋权给政府的唯一正当理由。密尔指出,"对于任何政治制度来说,首要问题就是在任

---

[1] 蔡志强:《社会危机治理:价值变迁与治理成长》,上海人民出版社 2006 年版,第 38—39 页。

第五章
不足与供给：积极动员社会与社会自组织机制

何程度上它有助于培养社会成员的各种可向往的品质——道德的和智力的，或者可以说，道德的、智力的和积极的品质。在这方面做得最好的政府，就很可能在其他一切方面是最好的，因为政府的实际工作中一切可能的优点正是有赖于这些品质（就它们存在于人民中来说）。"① 也即是说，代表公共精神的政府最有权威也最有可能承担起培养社会成员美德的职责，这为营造公民社会、奠定良好的道德基础、也为实施善治提供丰厚的社会土壤。政府社会动员就是要求公民或社会组织能够参与到对公共事务的治理过程中，也通过在政治参与的过程中训练公民、进行公民教育、完成公民政治社会化的目的。如毛泽东认为："群众参与决策过程，参与对政策及其实施的批评，要比参与选举领导的过程更为重要，群众参与的最大力量在于基层组织之中，而且在那些直接涉及这些单位成员的日常生活的问题上。最后，他认为这种政治参与之所以必要，不仅在于使政治制度正确地发挥作用，而且在于对参与者本身进行政治教育。"② 这也就是说，在参与的过程中不仅有助于解决为什么需要参与的问题，也有助于解决如何进行参与的问题，因而，政府通过社会动员有助于把一盘散沙的社会有效地组织起来，把人民的力量调动起来，形成社会治理的合力，化解社会治理的危机。

其二，政府社会动员有助于解决经济增长与社会期待之间的心理失衡引发的秩序危机。"如果认为只要发展经济，改善生活就能解决问题，而不注意及时为公众提供能够接受或看得见的精神支持，可能会带来意想不到的社会混乱。就此，法国政治学家托克维尔的研究结论值得谨记：当人民忍受沉重的压迫时，并不一定发生革命，相反，当人民的生活水准有所提高、政治压迫变得不那么残酷时，社会革命却可能发生。"③ 诺贝尔经济学奖获得者西蒙·库兹涅茨也认为"持续性高速增长是一个连续性破坏过程，因为它对各个部门（构成人口的各种集团）的影响不大相同。在高速增长过程中，增长较慢部门的人口集团较之增长较快的人口集团相对受损，他们付出的代价

---

① ［英］J·S.密尔：《代议制政府》，汪瑄译，商务印书馆1982年版，第26—27页。
② 约翰·布赖尔·斯塔尔：《毛泽东的政治哲学》，中共中央文献研究室《国外研究毛泽东思想资料选辑》编辑组编译，中共文献出版社1992年版，第239页。
③ 陈力丹：《舆论学：舆论导向研究》，上海交通大学出版社2012年版，第124页。

往往不是少数受惠者获得的利益所能补偿的，因而可能发生摩擦和对抗。"① 这可以从亨廷顿的研究中得到解释："社会动员提高人们的期望，经济发展也许会提高一个社会满足这些期望的能力，因此，经济发展应该有助于减少社会的挫折感以及由此产生的政治不安定。……然而，我们从一个相反的角度看这个问题：即经济发展本身也是一个产生不安定的过程；为满足期望所需要的社会变革，实际上恰恰会提高人们的期望。"② 同时还有一种情况，即"从长远看，经济发展当然会创造出比传统社会更为平等的收入分配方式。但是在短期内，经济增长的直接影响往往是扩大收入的不平等。"③ 短期内的不平等带来的社会挫折感很可能成为社会动荡的直接原因，因此，也会影响到经济发展长远目标的实现。亨廷顿建立了一个公式来说明这一普遍现象："社会动员/经济发展＝社会挫折感"④，可见，经济发展程度是客观的外在条件，要减少人们的社会挫折感，就应该在社会动员上下工夫，即建立激励兼容的长远目标共识，动员民众调动社会责任，规约各自的行为方式，节制无限膨胀的不合理私欲，尤其是遏制社会精英阶层的过度攫取和缓解不平等格局导致的纠纷，这显得尤为重要。

其三，社会动员也是把社会应急潜力转为社会应急实力的有效途径。即社会动员有助于把社会潜藏的可用于应急的一切人力、财力、物力转化为实际可用于应急的一切人财物状况。三者的关系"可以用下面的公式来表述：$F=R \times P$，其中，$F=$社会应急实力，$P=$社会应急潜力；$R=$应急社会动员能力系数。在一个社会应急潜力既定的情况下，应急社会动员能力系数越高，其社会应急实力就越强。应急社会动员机制是决定应急社会动员能力系数大小的关键性因素。"⑤ 可见，危机管理不仅需要财力、物力和强制性机制等潜在的客观能力，更需要最大限度地吸纳各种社会力量，使

---

① ［美］西蒙·库兹涅茨：《现代经济增长》，耶鲁大学出版社1996年版，转引自胡鞍钢：《中国发展前景》，浙江人民出版社1999年版，第13页。
② 亨廷顿：《变革社会中的政治秩序》，李盛平等译，华夏出版社1988年版，第50页。
③ 同上，第58页。
④ 同上，第56页。
⑤ 王宏伟：《应急管理理论与实践》，社会科学文献出版社2010年版，第220页。

第五章 不足与供给：积极动员社会与社会自组织机制

危机处理具有更大的灵活性和高效性。"应对现阶段这些复杂交错的危机事件，不仅要强化政府在重大危机事件中的应急能力，还要凭借符合市场经济的社会动员形式，开发社会资源，争取危机后尽快恢复政策状态。"① 一个高效有能力的政府应充分把社会动员起来，通过民众的积极主动的参与，把社会潜在的人力财力物力最大可能地释放出来，配合政府最大限度地提升社会危机应急管理的能力和效率。"从国家治理的视阈出发，社会治理的有效性必须体现在治理成本最小和治理绩效最优上，体现在对多元利益主体的社会诉求和公民责权利的重视与满足上，体现在对危机中利益相关者的协调和对公共权力运用的监督和节制上，体现在对社会力量的科学凝聚上。紧急状态下，政府能力的有效性取决于权力运行的一元导向（即无论采取任何应对措施都必须得到无障碍地施行）和多元的利益协调过程，这个过程就是我们所说的社会动员过程。"② 通过社会动员增强社会公民的自信心和社会自主性，通过公众的自救和社会成员之间的互救，降低政府应急管理的成本，也减少应对群体性社会危机的恐慌而产生的再次危机。通过社会动员，动员起来的民众获得知情权和监督权，也增加了对政府的信心和认同，反过来也重塑了政府形象，也增强了政府的整合和调动能力。"社会主义制度具有'集中力量办大事'的优势，这使得我们能够在极短的时间内进行最广泛的社会动员，发动一切社会力量，整合一切社会资源，形成解决危机的巨大合力。建国以来，我国应对历次重大危机的实践无不显示出这种参与机制的有效性和生命力。"③ 然而，在市场经济的利益多元化浪潮的冲击下，社会的原子化状态和社会的弱组织化状态，使得政府的社会动员的能力开始减弱，急需要社会的发育和成熟。

---

① 张成福、唐钧、谢一帆：《公共危机管理：理论与实务》，中国人民大学出版社 2009 年版，第 371 页。
② 蔡志强：《社会危机治理：价值变迁与治理成长》，上海人民出版社 2006 年版，第 200 页。
③ 张成福、唐钧、谢一帆：《公共危机管理：理论与实务》，中国人民大学出版社 2009 年版，第 46 页。

(三) 确保有效的动员社会以社会潜能得到最大化开发为前提

其一,基于社会特征的社会动员才最有效。就如何改善我国目前的社会动员而言,一方面要适应社会生长的新的时代特征,从过去高度的政治或行政的动员走向依据社会自身特点的动员模式转变,不再是强制性动员,而是更多地基于社会的自主性和自愿性采取引导式和吸纳式动员,使民众对社会动员有充分的理解和认同,这也是未来参与式合作共治的发展方向。另一方面,处在转型社会的中国,在不少地方出现虚假的或形式化的政治参与现象,诸如有学者研究社区选举中的高投票率与政治冷漠之间的奇怪现象。社会在市场经济和世俗化浪潮的冲击下,原子化社会的社会再组织还在形成之中,社会松散、凝聚力和自主性明显不足,这需要政府加强对社会的培育,给社会组织的发展壮大提供相对自主的空间,积极利用各种社会组织的正向功能,重新把社会组织起来,把属于社会的权力放权给社会,使公民社会成长和壮大起来。

其二,要充分挖掘社会的最大化潜能,就要求充分挖掘市场机制、社会机制和政府机制三种机制的积极功能。"在转型中国,通过综合治理机制把市场资源与社会资源纳入国家治理体系,在综合治理组织网络的构建过程中充分重视利用各种市场组织与社会组织,是充分动员社会与市场力量、确保国家治理绩效的基本途径。在这个过程中,执政党与国家不断实现了组织网络和组织意图的延伸与渗透,各种社会组织和市场组织也承载了较多的国家治理的历史使命,不仅弥补了国家治理资源贫弱的结构性缺陷,而且通过组织渗透和国家意志的传输,不断拓展了转型中国的国家治理空间。"[1] 通过对市场组织、社会组织的重视、培育和挖掘,权力分享、责任共担,弥补仅由政府进行国家治理的不足,构建现代治理机制。杨雪冬也指出,"国家治理机制通过与日益壮大的市场机制、新兴的公民社会机制的不断互动,形成一个结构严密、环节众多、相互间能进行'反思性监控'的现代治理形态。"[2] 在市

---

[1] 唐皇凤:《社会转型与组织化调控:中国社会治安综合治理组织网络研究》,武汉大学出版社2008年版,第342—343页。

[2] 杨雪冬:《风险社会与秩序重建》,社会科学文献出版社2006年版,第64—65页。

场机制和公民社会日渐成熟的现代社会,政府构建起"反思性监控"的自我平衡机制就显得非常重要。一方面民族国家时期的政府比以往任何时期都更有能力来控制社会,另一方面社会的自主性、流动性和不确定性等特征也表明社会不是被动的监管对象,也是日益复杂的社会治理的主体,也是政府可以并且应该合作的对象。政府对社会监管的同时,也要加强自身的监管,并给予社会更多的自主空间,才更有利于社会的成长,更好地发挥社会的功效。政府监管的手段,也要从过去暴力强制的手段走向更多地利用法律、财政、金融和信息通讯等手段实施柔性监管,不仅能更好地应对人口规模扩大、流动加速和社会群体多元需求的要求,而且顺应了市场化生产结构的复杂化、公民社会的民主化等更高的要求。国家(政府)领域服从的是政府运行逻辑,其核心是"官本";市场(企业)领域服从的是市场运行逻辑,其核心是"资本";社会(民间组织)领域服从的则是社会运行逻辑,其核心是"民本"。"官本"、"资本"、"民本"各有其适用的领域,也不能相互取代,只能并行不悖、相互补充。①

三种治理机制与风险的关系②

	应对的风险类型	方式与手段	负面作用(内在风险)
国家机制	自然灾害;社会内部冲突;市场动荡;外部武力	①合法使用暴力;②制定法律规则;③建构社会观念;④实施社会工程和公共工程	总的来说是制度性风险。具体:①暴力的滥用(大规模战争和极权的增长);②破坏规则;③意识形态的扭曲;④社会工程和公共工程的破坏性(例如核扩散和自然环境的破坏)
市场机制	资源配置的不均衡;经济损失的集中;政治权力的过多干预	①分工的深入;②计算理性和方法(保险业和精算术);③以货币为媒介的投资激励;④风险的合法化(例如股票市场)	①投机过度;②垄断;③经济增长机制的崩溃;④经济主义对传统的冲击
公民社会机制	政治权力的扩张;市场的渗透;社会排斥和对立	①自愿合作与行动;②参与公共事务;③自我约束(对专家系统的约束);④信任	①内部断裂;②结构不平衡;③被某种力量或集团控制

---

① 童星:《社会管理的重点和本质》,载《电子科技大学学报(社科版)》,2012年第4期。
② 杨雪冬:《风险社会与秩序重建》,社会科学文献出版社2006年版,第65—66页。

就目前我国危机治理机制而言，还多处在政府被动回应危机的应急管理模式，头痛医头、脚痛医脚，疲于应付，还没有形成系统的、把政府、市场与社会三者有机统一的危机治理机制，市场、公民社会这些现代治理机制正在形成之中，尚存在着诸多缺陷，不仅难以充分发挥治理功能，还容易产生和诱发新的危机，凡此种种都给政府社会治理能力的构建和提高带来了挑战。当然，一个共识也逐渐达成：现代政府也意识到政府社会管理的实质就是公共治理，它不能仅仅依靠党和政府包揽，还需要党政机关、企事业单位、社会组织、媒体、民众的合作联动。

第二节　社会"无组织"的风险与组织化的功能

（一）社会"无组织"的状态

其一，群体性事件表现出"无组织"性特点。所谓组织，"是旨在实现集体目标而建立起来的有一定结构的社会团体。组织为政治生活中有目的的集体活动提供了基础"。① 在我国社会利益分化和社会矛盾集中的社会转型期，单位制解体，社会流动性加剧，社区人承接单位人的使命还没有形成，社会结构呈现出"无组织化"的特征。这具有很大的危险性，直接影响到转型期社会抗争的表现形式和社会冲突的冲突烈度，集中体现在转型期社会冲突和社会矛盾的主要表现形式——群体性事件中，表现为转型期群体性事件的"无组织化"问题②。现实中，很多群体性事件并"没有明确的组织者"、"找不到磋商对象"，如近年兴起的集体"散步"、"购物"和上访，尤其是群体性泄愤事件等。"当前中国的集体抗议行动大都是处于弱组织化状态，没有强有

---

① ［美］杰克·普拉诺：《政治学分析辞典》，胡杰译，中国社会科学出版社1986年版，第92—93页。

② 刘琳：《"无组织化"：转型期群体性事件的主要风险因素》，载《当代世界社会主义问题》，2012年第2期。

第五章
不足与供给：积极动员社会与社会自组织机制

力的组织形态为依托"①，在群体利益表达过程中即使存在草根动员，可以在一定程度上增强行动的组织性和理性控制，但是由于草根行动的私密性和松散性，并不具有正式甚至非正式的组织形式，仍属于弱组织化状态。"无论政府还是民众，没有人爱'折腾'。大规模群体性事件的出现，多半是因为缺乏制度性的对话机制而造成的诉求非制度性表达。与其'授之以鱼'，在矛盾爆发之后采取各种安抚性措施，不如'授之以渔'，宽容民间组织的存在，让民众可以通过自己的代表去持续地与政府对话，在细水长流的互动中化解矛盾。"② 奥尔森的集体行动逻辑表明：集体行动的生成与效能取决于集体行动的组织化程度。组织载体是组织化程度和组织目标实现的基础，要化解群体性社会危机，就必须宽容和培育相关组织载体，提高群体性行动的组织化程度。这不仅有助于群体性事件合法、有序和理性地展开行动，也有助于政府能够找到"谈判磋商"的对象，摸清群体性事件的规律，制定更有针对性的解决方案。

其二，政府对组织化社会的担忧长期存在。"社会组织的正常发育在我们社会中一直是一道未迈过去的坎，社会组织总是被当做可能带来不稳定的假想敌"③。不可否认，在一个权力高度集中的国家里，相对独立的、多样化的社会组织对于追求简单一体化的政府监控来说，压力的确是客观存在的。也由于担心集团组织犯罪，或大规模集体行动挑战政府的权威，长期以来我们国家对社会组织的发展有诸多限制，对社会组织的"政治质疑"到今天仍然存在，对于社会组织的申请和审批也是非常严格的。的确，从社会组织的双重功能来看，"社会组织对政府有两种功能：协同与对抗。新的社会组织既是潜在的解决问题的中介力量，又有可能是组织集体行动的力量。我们还没有见到社会组织的正功能的时候，就害怕它的负功能的产生，对社会组织实施了压抑的政策，政府担心社会组织形成压力团体，形成对抗政府的不稳定因

---

① 徐晓军、祝丽花：《"弱组织"状态下乡村集体行动的产生逻辑》，载《青年研究》，2008年第10期。
② 刘瑜：《群体性事件，授之以鱼不如授之以渔》，转引自于建嵘、钟新、李元起：《变话：引导舆论新方式》，世界图书出版公司北京公司2010年版，第170页。
③ 清华课题组：《以利益表达制度化实现长治久安》，载《领导者》，2010年第33期。

素。所以，对于化解矛盾、维护权利的社会组织，政府基本上是持怀疑与否定的态度。"① 但问题是，我们不能因为社会组织有负面作用就想方设法去遏制其发展，"不能因为要泼洗澡水就连同孩子一起丢掉"，更何况也不可能阻挡社会组织的蓬勃发展。当资源已经不再被国家完全垄断而能自由流动时，当个人不再依附单位而拥有自我实现的权利和机会时，当因市场局限和政府局限而产生的需求客观存在时，社会组织必然会产生，政府限制越多，只会导致非正式的社会组织越发展。中山大学朱建刚教授一项关于 110 家社会组织的调查发现，真正完成社团登记的只有 24.55%，约 13.64% 的社会组织采取商业注册，接近 4% 的是境外注册，未作任何独立登记或挂靠其他单位的达到 25.45%。可见，真正注册的比例不高，但它还是会以其他不同形式而依然存在。我们必须认识到，在一个高度分化的社会里，社会组织在需求满足、利益表达方面确实扮演着政府不可替代的角色。如果我们不承认这一点，反而把社会组织看做不稳定因素加以打压，在政治上付出的代价将是巨大的。因为社会组织的活动往往与基本民生保障息息相关，深得民众、尤其是弱势群体欢迎，对社会组织一味地打压和禁止，实际上是在"制造敌人"。其实，面对社会组织的发展，关键问题不是要不要发展社会组织，而是如何发展我们自己的社会组织，如何培育社会组织的自我管理、自我教育、自我发展的能力②。

客观上来讲，组织或组织者可能提高群体行为的暴力化程度，也有可能降低群体行为的暴力化程度。很显然，这与组织或组织者所秉持的观念有关，同时也与其诉求有关。假若组织或组织者及其群体诉求目标是具体的而不是抽象的，同时也认同政府的基本理念，他们就会千方百计与政府及其有关部门进行沟通、协调。即使达不到所期望的目标，也会尽量采取非暴力化的手段，诸如"依法抗争"的群体性事件。即使发生暴力性行为，无论是强度还是烈度都会比较低。反之，组织或组织者也会扮演蒂利所称的"政治大亨"

---

① 朱力：《走出社会矛盾冲突的漩涡：中国重大社会性突发事件及其管理》，社会科学文献出版社 2012 年版，第 282 页。

② 蔡禾：《利益诉求与社会管理》，载《广东社会科学》，2012 年第 1 期。

的角色,谋求政治权力和政治诉求,将人群划分为"我们—他们"的敌对性边界,如制造民族分裂活动。在这种情况下,暴力化程度就可能比较高,甚至有可能发生武装性质的冲突①。然而,我国政府官员一般倾向于把群体性的组织化活动都视为危险的信号,不作区分的都采用压制的态度。实际上,有政治诉求的暴力事件的组织化程度需要高度戒备,而对于经济诉求的群体性事件组织化程度越高,越有利于将其纳入体制内进行协商解决。"有人在对韩国工人运动与中国的群体性事件进行比较分析后得出这样的结论:工人运动组织化程度与其暴力的涉入程度成反比。即随着工人运动组织化程度的提高,工人在运动中的暴力涉入量呈递减的趋势,组织化程度越高,运动中使用暴力的可能就越小。形成这种组织化的和平与非组织化的暴力的原因主要有以下几点:(1)妥协的可能性——暴力无必要;(2)内部控制力——暴力受控;(3)责任明晰度——冲突的成本"。② 可以说,对于利益诉求明确的群体性事件,较高的组织化程度能够有效降低群体性事件中对暴力的使用。因为在组织程度比较高的情况下,如果组织者与实施侵害者之间能够达成妥协,事件的发展就没有必要通过暴力途径来解决。由于组织者本身责任比较明晰,他们也不愿意出现不可控的暴力事件,否则自己会承担相应的责任,他们会通过一定的内部措施,有效制止暴力行为的发生。在这种情况下组织化程度越高,越有助于为政府制度化解决问题提供一个理想的路径。

其三,从"双轨政治"到"单轨政治"导致的组织的缺失。"双轨政治"指的是在传统社会由官僚系统的王权政治和民间社会的宗法政治双轨并行。这种双轨政治也使得运用较少的朝廷官员却维护了长久的政治统治,这也源于广大的民间社会承载了较大的社会管理职能。"王权至于县",县域以下由宗法自治、宗法礼俗、乡规民约形成错综复杂的人情网略,承载了诸多的社会自治的功能。然而,伴随着宗法制度的解体、单位组织的功能转型、市场经济冲击下原子化社会的出现等因素,基层民间社会组织结构缺失,民间社

---

① 陈良咨:《论暴力与群体性事件》,载《中国人民公安大学学报(社会科学版)》,2011年第6期。
② 驿雨情乡:《社会转型、怨恨与群体性事件》,天涯社区,http://www.tianya.cn/publicforum/content/no01/1/393919/l.shtml。

会这一轨道出现断裂，而单靠国家强制的权力无限渗透民间社会的垂直体系越来越面临治理的危机，这也就是所谓的"单轨政治"。这也就形成目前我国社会组织严重匮乏的状况，甚至是"无组织化"，即我国社会中间组织或说公民社会组织的"历史性缺失"①。"这些年来，基层政府、基层组织的矛盾纠纷调处能力显著削弱。首先是基层组织建设滞后，治理退化，没人管事。突出表现在农村基层政权异化和城市社区管理能力不足。在农村，村委会自治在一些地方异化为宗族势力、强势人物甚至黑恶势力的专政管制。"② 广大民间社会的真空地带，如果没有正当的社会组织填充进来，必然为黑社会的滋生提供土壤。于建嵘深入农村考察研究认为："目前黑恶势力侵入农村基层政权的情况已十分严重且具有体制性原因"③，也使民众感觉"乱到根子上"了。对基层政府充满了敌视，其后果是"从内部消解了体制的自我净化能力，加剧了国家权力的官员私有、基层干部的奢侈腐败、施政行为的暴力匪化"④，"加深了农村基层政权的合法性危机，社会控制能力和动员能力正在逐渐丧失"⑤，失去政府权力监管的大量飞地很容易孳生黑恶势力，带来社会秩序的恶化。因此，农村组织体系的缺位是农村群体性事件发生的重要原因。有效的社会控制，有赖于相应的组织化体系。村民加入的组织越多，其行为的组织化、有序化程度就会越高。"在城市，随着国有企业改革的全面推进，主辅分离、剥离社会职能，让过去的单位人变成社会人，在职工从一个单位流向多个社区管理的过程中，城市社区管理接续的基本条件和基础工作没有到位，许多人游离在社区与单位之间成为管理上的盲区。其次，基层财政困难，没钱办事。我国现行的财税体制是财力往上集中，越往上财力越有保障，越到基层，财政越拮据。而公共产品、公共服务的供给主要靠基层政府来完成，不断增长的公共服务要求与日益困难的财力拮据之间的矛盾，基层政府和基层组织只能勉强做'维持会长'。再次，管理手段缺乏，无法做事。村委会、

---

① 王锡锌：《利益组织化、公众参与与个体权利保障》，载《东方法学》，2008年第4期。
② 聂方红：《涉政公共事件：地方政府行为新挑战》，人民出版社2012年版，第68页。
③ 于建嵘：《抗争性政治：中国政治社会学基本问题》，人民出版社2010年版，第204页。
④ 同上，第213页。
⑤ 同上，第215页。

居委会等城乡居民的自治组织缺乏刚性的制度约束来促使辖区公民履行相关义务,遇到矛盾纠纷,协调效果也比较差。基层组织化化解平台功能开始退化已经成为一个不争的事实。"① 无论是在农村还是在城市基层,由于社会组织的缺失,很多与民众切身利益相关的"小事"没办法落实,没有基层组织和基层社区的认同,即使国家办了很多利国利民的大工程,由于传递认同的链条断裂,也难以培养民众对国家和政府的深度认同,这就容易引发群体性事件。

(二)社会"无组织化"的危害

其一,"无组织"导致群体性冲突加剧。由于长期以来,基层群众没有自我组织机构,没有正常的利益协商与表达机制,无法靠自身力量解决问题,所有问题都要依赖政府解决。政府是群众利益诉求的唯一直接诉求对象,是群众诉求的第一事件处理者。同时,基层地方政府直接面对群众的利益诉求,而没有任何中间组织作为"缓冲地带"来汇集、整理、协调、以理性方式表达民众的分散化诉求。当群众分散化的利益诉求无法得到满足时,由于没有任何中间环节的调整和缓冲,最终导致民众与政府直接对话来解决问题,而群体性事件就是这种地方政府与基层民众之间直接对话的一种极端表现,最终导致民众与政府之间的摩擦碰撞,乃至激烈冲突。群体性事件因此呈现出"对抗性"的特点②。因此,相对其他类型群体性事件,无组织化的群体性事件冲突的烈度更大,破坏性更强,容易产生越轨行为和暴力行为,直接导致社会冲突与社会抗争行为的"不可预测"、"防不胜防"的状态,呈现出"暴烈性"、"破坏性"、"乱哄哄"的特点,"往往会产生大规模的社会骚乱"③。

其二,"无组织"带来的社会空壳化,引发心理危机,使群体性事件爆发更具有不确定性和非理性。"由于人类社会最重要的社会联结机制——中介组织的解体或缺失而产生的个体孤独、无需互动状态和道德解组、人际疏离、

---

① 聂方红:《涉政公共事件:地方政府行为新挑战》,人民出版社 2012 年版,第 68 页。
② 刘琳:《"无组织化":转型期群体性事件的主要风险因素》,载《当代世界社会主义问题》,2012 年第 2 期。
③ 朱力:《中国社会风险解析——群体性事件的社会冲突性质》,载《学海》,2009 年第 1 期。

社会失范的社会危机。"① 对于民众而言，冲突并不是理性的、工具性的、实现目的的手段，很可能因为情绪化或偶然的小事件就引发群体性冲突，导致不确定性增加、事件爆发更加频繁。"当一个社会中各种成分缺乏有组织的集团，或无法通过现存的有组织的集团充分代表自己的利益时，一个偶然的事件或一个领袖的出现都可能触发人们积蓄的不满，并通过难以预料和难以控制的方式突然爆发"②。如瓮安事件，表面上只是由一个少女溺水死亡而起，但深层次的诱因正如瓮安县委在事后的总结，是"社会建设滞后，社会管理软弱，社会功能不完善，人民群众不能各尽所能、各得其所，人民政府不能为人民群众提供和谐相处的社会环境"③。由于平时不注意社会功能的健全和完善，而且类似原因导致恶性事件的频繁爆发，这一定要引起足够的重视。

其三，利益表达不能通过组织的方式得以聚集，社会高度松散，使矛盾直接对立起来。没有比较成熟的居于国家与民众中间的社会组织，或社会利益群体的中间组织和协商机构处于缺位的状态，大多是以个人或小团体的形式自发进行的，呈现出高度分散化的特点，不能提供整合民众离散化利益诉求以及利益协商的平台和机制。"无论是社会底层的工人农民还是处于社会中间层的城市中产阶层，其社会自组织的机制都远远没有建立起来。"④ 特别是农民、普通市民、民企雇工等弱势群体既没有全国性的组织，也没有专业化的利益代言人，还没有行业协会，这种"没有组织起来或者无法组织起来的群体只会处于受统治的地位"⑤，就很容易把弱势的个体与政府直接对立起来，缺少社会缓冲机制，也容易使矛盾一触即发。"（1）政府让自身置于矛盾漩涡之中，基层政府与党的组织受到了直接冲击，而没有回旋的余地。（2）政府

---

① 崔月琴等：《回到社会：非政府组织研究的社会学视野》，载《江海学刊》，2009年第5期。
② [美] 加尔布里埃尔·A. 阿尔蒙德、G. 宾厄姆·鲍威尔：《比较政治学——体系、过程和政策》，曹沛霖等译，东方出版社2007年版，第229页。
③ 刘子富：《新群体事件观——贵州瓮安"6·28"事件的启示》，新华出版社2009年版，第113页。
④ 清华大学社会学系社会发展研究课题组：《走向社会重建之路》，载《民主与科学》，2010年9月。
⑤ [美] 加尔布里埃尔·A. 阿尔蒙德、G. 宾厄姆·鲍威尔：《比较政治学——体系、过程和政策》，曹沛霖等译，东方出版社2007年版，第188页。

不得不放弃大量可拟用于调节矛盾的社会资源与人才。(3) 少了一道社会安全阀,削弱了缓冲社会矛盾的力量。社会组织作为一个社会制度始终在突发性事件的解决中缺席,无论是现有的人民团体、工会、妇联,还是各种行业协会、地方商会,都没有缓和矛盾、化解冲突方面充分发挥作用。"① 由于利益群体的代言机构缺位,没有谈判对象,再加上又缺乏协商解决的必要机制,"在民间泄愤事件中,政府有关部门在处置的过程中根本找不到可以协商的对象:没有组织者能够或者愿意承担此责任,即使有人愿意承担与政府处置部门谈判的角色,但并不会得到参与者的认可,他们也控制不了群体性事件的进程和现场参与者的情绪。在万州事件处置过程中,当地政府主要负责人曾到现场与群众对话,但群众选不出代表"②。社会利益没有得到有效的组织,社会中间组织的缺失,分散的个体很容易被卷入群体化的行动之中。无组织的、原子化的大众社会是"一个可以被任何政治目的所利用的资源,唯独难实现的,恐怕就是有效的理性沟通、协商和妥协"③。

因此,社会组织的匮乏或缺位导致民众的非理性、一次性博弈的行为增多,而社会组织的健全和发达,基于组织的权威和荣誉有利于民众更理性地规约自己的行为,有利于民众的权益维护,也更容易使政府建立起平等对话、协商解决问题的平台,有助于问题的解决。"正因如此,政府应当宽容那些温和理性的民间组织,因为它们不但可以成为政府和民众之间沟通的一个渠道,及时有序地释放'健康信号',而且它可以成为民间声音温和化、理性化的一个机制。"④

(三)组织化的功能

其一,对组织化的认识。"组织化"是针对社会层面的有组织状态而言。

---

① 朱力:《走出社会矛盾冲突的漩涡:中国重大社会性突发事件及其管理》,社会科学文献出版社 2012 年版,第 282 页。
② 陈良咨:《论暴力与群体性事件》,载《中国人民公安大学学报(社会科学版)》,2011 年第 6 期。
③ 王锡锌:《利益组织化、公众参与与个体权利保障》,载《东方法学》,2008 年第 4 期。
④ 于建嵘、钟新、李元起:《变话:引导舆论新方式》,世界图书出版公司北京公司 2010 年版,第 170 页。

社会组织化,在一定程度上就是指,活跃在社会公共领域中,具有独立性、代表不同利益主体的各种社会组织或公民组织。怀特认为:"从公民社会这一术语的大多数用法来看,其主要思想是,公民社会是处于国家和家庭之间的大众组织,它独立于国家,享有对于国家的自主性,它由众多旨在保护和促进自身利益或价值的社会成员自愿结合而成。"① 康豪瑟认为,正常的社会在结构上应该有三个层次,即政治精英——中层组织——民众。所谓中层组织即"处于国家与个体之间的一切有组织的中间力量,……比如当地社区组织、志愿者组织和职业团体等等"②。"组织化"的社会和我们常说的公民社会的状态具有相似性。公民社会在一定意义上就是介于国家与家庭、企业之间的中间组织,其特点是"中间性"③,是保证公民权利和理性参与的民间机构和组织。"正如美国社会心理学的主要创始人爱德华·罗斯在20世纪前就已经指出的,社会组织、社会规范甚至市场本身都是社会控制的重要方面。发达的社会组织体系,如普遍、独立的工会、教会、非政府组织等,能够有效地起到民众与政府间社会中介和桥梁的作用,协商各层次、不同群体间的利益冲突,促进社会团结。社会规范如道德,作为一种非正式制度,如果被普遍接受和遵守,也将有力保障法律的实行和法律规范的约束,大大降低法律制度的运行成本,促进经济和政治系统的良性运作。"④ 亨廷顿认为"政治发达社会与政治不发达社会的分水岭就是各自拥有组织的数量、规模和效率。社团缺乏,组织发展层次低下,乃是政治混乱而动荡的社会的特点"⑤。卢曼认为,"在现代社会中,组织在所有的功能系统中都是不可或缺的。社会的特征是随着功能系统产生功能性差异,在几乎所有具有功能性差异的社会次系统中,

---

① Gordon White,"civil Society, Democratization and Development", *Democratization*, vol. No. 3, Autumn 1994. pp. 375-390.

② William Kornhauser, *The Politics of Mass Society*, The Free Press, 1959, p. 74.

③ 俞可平:《中国公民社会的兴起和治理的变迁》,见俞可平主编:《治理与善治》,社会科学文献出版社2000年版,第327页。

④ 中国行政管理学会课题组编:《中国群体性突发事件成因及对策》,国家行政学院出版社2009年版,第115页。

⑤ 亨廷顿:《变化社会中的政治秩序》,王冠华等译,生活·读书·新知三联书店1989年版,第29页。

组织是实现功能的主导性的有效形式"①。卢西恩·派伊也认为:"发展和现代化方面的问题,都渊源于能否建立起具有更加有效、更灵活、更复杂和更合理的组织。鉴别发展的最终试金石在于一个民族能否建立起有能力建立和维系庞大、复杂、灵活的组织形式。"②确实,"组织维度在现代社会位居中心的、第一位的重要性,为集体行动的发展和有效性,提供了路径和可靠的支撑"③,组织是现代社会得以存在和发展的前提和基础,也是现代国家治理的基本手段和工具。

其二,组织化有助于弱势群体维护自己合法权益。从弱势群体自身看,民众建立自己的利益表达组织,提高他们组织化的程度,一方面通过组织提供弱势群体利益表达的渠道,有利于自身利益的维护和保障,提高了弱势个体的利益博弈能力,将无序的个体"怨愤"纳入到有序的制度表达渠道贡献了力量,也减少了孤注一掷的一次性博弈的行为,在组织化参与的过程中也有助于培养起理性公民应具备的素养。另一方面对强势资本、公共权力的非法侵害也可以起到一定的抑制作用,使社会利益格局相对均衡。因为既可以作为直接代表弱势群体利益的一方通过组织的力量与强势利益集团和政府进行讨价还价,也可以作为独立公正的第三方组织来提供矛盾纠纷的调解和仲裁,可以作为政府之外的又一种社会救济的方式,对于平衡利益各方、在公民与政府之间实施有效沟通等具有不可替代的作用。因此,政府应"重视社会组织的建设,既要引导他们通过民主管理实现自身利益诉求的自主表达、自主维护,又要引导他们有组织地通过理性的方式和渠道合理表达组织和组织成员的利益诉求,充分发挥其沟通政府与群众的桥梁和中介作用。"④

其三,社会组织化有助于社会发挥自治功能。社会组织不仅能激活民间

---

① 转引自马赛尼斯·阿尔伯特等:《世界社会中的区域性组织:系统理论与新制度主义》,见薛晓源、陈家刚:《全球化与新制度主义》,社会科学文献出版社2004年版,第56—58页。

② 转引自许晓平:《现代化过程中的组织问题的思考——读亨廷顿〈变革社会中的政治秩序〉有感》,载《马克思主义与现实》,2005年第5期,第68页。

③ 埃哈尔·费埃德伯格:《权力与规则——组织行动的动力》,张月等译,上海人民出版社2005年版,第1—2页。

④ 李俊伟:《人民内部矛盾处理机制研究》,湖南人民出版社2007年版,第218页。

资源，还能扮演社会群体的自我管理、自我教育、自我发展的角色，从而在化解社会矛盾上发挥积极的作用。随着我国社会的发展，社会结构和利益群体明显分化，在利益高度分化的社会现实面前，分散的利益主体能够基于其利益的多样性，进行联合并以一定的组织结构约束这种分散状态，以实现分散利益的凝聚和理性表达。因为社会组织为服务的目标群体提供了生存和发展所需要的物质或精神产品，弥补了政府与市场的局限，为缩小社会差别，缓解社会矛盾贡献了力量。尤其要指出的是，人们的利益诉求也正呈现出越来越多样化、差异化的趋势，而灵活、自主、能动、多样化的组织特征使社会组织在适应市场经济条件下的利益诉求变化上呈现出优势。事实上，市场经济体制下导致政府职能转移，也需要新的社会机制来履行这些被转移出来的职能，而大量存在的社会组织是承接这些职能的组织载体，或者说，它是政府实现社会管理的"抓手"①。也正如康豪瑟的中层组织理论所强调的那样，社会组织化程度越高，社会参与治理的能力也就越强。"他认为社会中层组织能够对精英政治进行组织化和民主化控制，能够提供一个交往和讨论的平台，从而使民众对现实的感知更为真切；中层组织的多样性能够导致利益和认同感的多样化，从而降低民众被大量动员进同一个运动中的可能性。"② 使不同利益偏好的群体都能够找到代表切身利益的组织，也更能够收集不同的民意，提供多元化的利益诉求的渠道。既能为民众提供身心愉悦的精神家园，也能提供抗衡强势利益集团和公共权力的外部监督机制。社会组织有助于把原子化个人利益和组织的整体目标结合起来，改变松散的无组织状态，把孤立的个体有机的组织起来。在社会自组织比较发达、社会自主性与国家自主相互增强且角色定位明确的现代社会，更多的问题被交由社会自己处理和化解，而不是事事都由一个强权的政府来应对，也有助于最大限度地将群体性事件带来的社会危机在社会组织中予以化解消融。当然，社会的自组织也不完全是自生自发的，而需要纳入到法律框架之下来开展活动。"在法律框架内活动的社会组织本身就是社会建设和社会稳定的促进力量。具体来看，社会组织

---

① 蔡禾：《利益诉求与社会管理》，载《广东社会科学》，2012年第1期。
② 王学辉等：《群发性事件防范机制研究》，科学出版社2010年版，第56—57页。

的作用在于：首先，通过组织内部的沟通和自我约束，形成主流的理性意见，孤立个别的激进观点，可大大增强行为的可预期性，亦可称为解决群体矛盾的'助推器'。其次，通过社会组织间的合作协商，利用集体谈判的方式自行解决群体之间的矛盾，事实上构成了防止群体矛盾向社会冲突转化的'防火墙'。再次，即便仍需要政府介入，也为政府的调处工作提供了'着力点'，基层干部不必再面对散沙式的诉求，不仅大量节约工作成本，还可充分利用制度化的调处模式，妥善化解群体矛盾。"[1]

（四）社会组织化建设

其一，进入后全能主义时代，社会组织的自发功能越来越凸现。目前，国家全能主义在当前社会转型的大变革时代已经发生了很大的变化，国家已经不可能像计划经济时代单位制国家形态下遏制社会组织的发育。另一方面，由于风险社会危机治理的需要，政府越来越意识到社会组织的积极功能，放松对社会的管制。萧功秦明确指出当前中国由"全能主义政治"向"后全能主义政治"过渡，社会的自主性明显增强，他也分析了后全能型政治对于中国经济高速增长的优势[2]。这也与不少学者认为中国弹性社会的包容性和适应性是中国成功经验的重要因素，弹性社会明显区别于原苏联的刚性社会，即使在全能主义政治时代，民间社会也并不是完全被压制，德国学者托马斯·海贝勒也认为"中国并非一种同质的、铁板一块的权威主义政体，而是一种分散的或分权的权威主义体制。不同的政策行动者（中央政府、地方政府、军队、新兴的社会阶层与社会组织、公众舆论等）对政治产出都有不同程度的影响，各种政策与政治行动由不同的行动者共同举鼎。并且中国的政治体是一个多样化的实体，政府与社会相互作用，政府内部在垂直和水平方向上也细分为不同层次与组织，政府是各种组织同社会在不同层次上相互作用，

---

[1] 清华课题组：《以利益表达制度化实现长治久安》，载《领导者》，2010年第33期。
[2] 萧功秦：《中国后全能型的权威政治：发展中的优势与问题》，转引自《中国政治转型问题研究热点述评》，载《浙江社会科学》，2003年第21期。

并由内部的紧张和冲突塑造而成的一个整体。"① 甚至国内有学者把中国国家与社会关系的特性概括为"裂变型国家形态",即"一方面,国家似有凌驾于社会之上的能力;另一方面,它所要治理的社会却时常因各种原因,而长期处于非洲部落世系群式的裂变型自我治理的状态之中,从而也致使国家不得已参照社会的裂变性来制定其治理方式,使自身不断摇摆于强制式的绝对主义统治与疏离式的超地方统治模式之间。"② 这也即是说,一旦政策允许,政府对社会的管制松动,中国的民间社会各种组织会像雨后春笋一样蓬勃生长,目前,社会组织正在发展壮大,在超大规模的转型中国扮演着越来越重要的作用。

其二,中国社会组织发展的现状。"官方统计表明,近10多年,民间组织(主要包括社会团体、民办非企业单位、基金会)迅速发展,从1996年的18.4万个增加到2005年的32万个(其中全国性社团1500多个),到2010年达到53.2万个。"③ 从民间组织的快速增长可以看出,政府也越来越重视社会组织的功能,"用鼓励公民组织的发展来代替'压制',让不同利益群体形成自身的表达组织,这也是现代社会管理的重要经验。"④ 随着单位制的大量解体或转制,民间组织特别是社区组织必将扮演越来越重要的作用,由于现代社会问题的复杂性,仅靠政府的力量不足以解决所有问题,或解决的效果也并不好。事实上,许多有具体利益诉求的社会问题,通过民间社会自我调整的方式来解决可能效果更佳。因此,应该改变态度,挖掘和利用民间社会组织的力量,只有发动和依靠全体民众,社会秩序的长治久安才有牢固的社会基础。

其三,公民社会的培育。政府必须放松对社会的过度管制,探寻一种

---

① 托马斯·海贝勒:《关于中国模式若干问题的研究》,载《当代世界与社会主义》,2005年第5期,第9—11页。

② 王铭铭为赵旭东写的序言,见赵旭东:《权力与公正——乡土社会的纠纷解决与权威多元》,天津古籍出版社2003年版,序言第7页。

③ 杨广斌:《政治参与》,见俞可平主编:《中国治理变迁30年(1978~2008)》,社会科学文献出版社2008年版,第60页。

④ 于建嵘:《期待建立制度性的社会减压方式》,载《人民论坛》,2009年第16期。转引自于建嵘:《底层立场》,上海三联书店2010年版,第156页。

新型的国家与社会关系,特别是要培育一个成熟的公民社会。公民社会既可以在平时为群体性社会危机提供缓冲机制,也可以为公民参与应急管理提供一个有效的组织途径。因为,一方面,它可以在政府与公民之间充当桥梁与纽带作用,及时地反映社情民意,进行舆情反馈,防止矛盾积累、引发群体性突发事件。另一方面,在群体突发事件来临时,它又可以有效地号召大多数社会公众,积极参与群体突发事件的处置与应对。不仅如此,公民社会还可以利用自身的国际联系,为应对群体性突发事件争取更多的国际援助与支持。公民社会的培育在很大程度上首先取决于国家的重视和放权程度,"国家为社会留下的自治空间不同,致使社会自我管理的发展机会不同,社会自我管理和管理能力也就因为锻炼机会的多少而有所不同。"① 经历公民权利启蒙运动的西方近代兴起的国家,一般来说奉行"夜警国家"和"小政府大社会"模式,社会获得相当大的自主性,社会自治也得到了较多的锻炼机会,公民社会比较发达。而中国迈入现代国家的进程比较晚,在高度计划经济时代奉行政府全能主义,民间社会受到挤压而萎缩,公民意识和公民权利也非常需要再启蒙,在放权松绑的改革开放之后,民间社会才开始得到比较好的发展时机,"无论是前文提到的社会动员和政治参与扩张的速度和政治组织化和制度化速度两个维度,还是查尔斯·蒂利的政府能力和民主程度两个维度,其核心都是国家对时代变迁中不断出现的利益诉求的应对水平,其取决于国家的开放性和公民社会的发育程度。"② 其次,公民社会的发育也取决于社会的理性化和制度化程度。把公民的利益诉求纳入到体制化的范围之内,社会显得更加成熟、理性和温和,诉求也更容易实现。"将政权合法性建立在民主的理念和程序性安排上的西方发达民主国家,在其政治哲学理念的指导下,影响着群发性事件的公共利益表达途径被适时纳入体制内;政府信息公开和政策咨询也都有着立法层面的规范和具体实施中的遵守和信赖;在群发性事件防范和现场处置上也有着体系性和精细的安排。同时社会有相对较强的自治能力,社会能够与国家在正常渠道和框

---

① 王学辉等:《群发性事件防范机制研究》,科学出版社2010年版,第59页。
② 同上,第57页。

架下进行有效地抗衡,使暴力和破坏性的事件逐步减少,但利益的表达途径却逐渐丰富,公众利益也能得到更好的关注和维护"①。西方公民社会比较发达的国家给我们的启示是:一般来说都是法治比较健全,既张扬公民的主体性,又兼顾公民相互之间的主体间性,在表达公民利益诉求时,合理正当,行为也尽可能按入到法治约束的渠道之中,这样,公民社会才有较强的自治能力,能取得较好的自治效果。再次,处理好公民社会与国家权力之间的关系,分工明确、权责清晰,互不僭越,在合作共治方面又能够互相促进。一般来说,国家把属于社会的权力回归给社会,社会也在很大程度上把自己框定在非政治诉求的范围之内,把主要精力和社会资源用于满足社会成员的利益需求。社会在多大程度上能够自己消解社会内部的矛盾,决定着群体性事件的产生和发展。

为此,党和政府高度重视公民社会的建设,重视社会管理。胡锦涛在党的十七大报告中指出:"要健全党委领导、政府负责、社会协同、公民参与的社会管理格局,健全基层社会管理体制。最大限度激发社会创造活力,最大限度增加和谐因素,最大限度减少不和谐因素,妥善处理人民内部矛盾,完善信访制度,健全党和政府主导的维护群众权益机制。重视社会组织建设和管理。"

第三节 作为安全阀、缓冲剂的社会自组织机制

(一)冲突功能主义

20世纪中叶,美国社会学家科塞等提出"冲突功能主义"。这一理论是针对结构功能主义在理论和实践中面临的困境而提出的,在理论上结构功能主义过于注重社会系统的制度性结构,强调社会整体对个体行动者的制约和影响,未能充分重视社会冲突现象存在的意义和作用。从实践上看,从20世纪50年代末开始,结构功能主义理论也难于解释美国社会层出不穷的社会问题

---

① 王学辉等:《群发性事件防范机制研究》,科学出版社2010年版,第59页。

第五章
不足与供给：积极动员社会与社会自组织机制

和社会冲突，而社会冲突理论从肯定冲突的积极功能的角度获得重视，并有取代结构功能主义之趋势。科塞认为结构内部的冲突是常态，冲突对结构可能起到积极功能。在一个社会系统中社会冲突越频繁、其激烈程度越低，越能增强系统各单位的革新精神，从而缓解各单位之间彼此的敌意。冲突并非是一种破坏现象、一种功能失调现象，反而可以缓解社会中的不满和危机，增强社会的适应性，促进社会变革。科塞总结："在齐美尔看来，冲突与合同的情况一样：冲突总是在一个有约束力的规范空间展开，并且执行它自己的限制和调解规范。不仅如此，齐美尔进一步指出，在冲突发生的过程中，新规则不断地被创造，旧规则不断地被改进。冲突造成了一种部分或全部规则和规范所约束的新环境，同时它也作为一种催化剂促进新规则、规范的建立。……冲突是现存的规范复兴，又创造了竞争者来与其进行斗争的新的规范框架"[1] 也即是说，在一个允许冲突的富有弹性的开放的社会结构中，新旧规则的更替和制度的演进变迁，实现了建立一个自我调节和渐进变革的规范框架。一个没有公开冲突或者社会矛盾的社会现实中是不存在的，也绝不是一个稳定、和谐的社会，社会表面上没有冲突可能意味着冲突被压制和掩盖了，在一个社会中，如果社会矛盾通过某种体制化途径公开地表现出来，反而可能是一个社会关系正常、具有活力的社会。"如果冲突所针对的目标、价值或利益与社会关系的基本假设并不冲突，那么这种冲突对社会结构往往发挥积极的功能。这种冲突使得人们可以根据个人或子群体成员的需要对规范和权力关系进行调整。如在内部冲突过程中斗争的双方不再共享那些社会系统的合法性所赖之为基础的基本价值，这种冲突就会毁灭社会的结构。然而，防止冲突瓦解双方公认的关系基础的防护器就存在于社会结构自身之中：它是由冲突的制度化和承受力提供的。社会冲突是成为社会关系的平衡手段或对对立要求的再调解手段，还是成为分裂的威胁，在很大程度上取决于冲突赖以发生的社会结构。"[2] 可见，积极正面地看待结构系统中的冲突、保持弹性的结构、宽容结构中的冲突、允许结构适度的松散、加强结构防御冲突的

---

[1] [美] L. A. 科塞：《社会冲突的功能》，孙立平等译，华夏出版社1989年版，第109页。
[2] 同上，第135页。

韧性、给冲突留出释放的口子，只要把冲突纳入到制度化渠道中来，冲突并不可怕，反而可能是制度变革的推动因素，或是充当了系统结构内部的安全阀和缓冲剂，对僵化的结构起到很好的修复作用。"从冲突功能主义的现代冲突论观点可以看出，单一地否定社会矛盾或者没有认识到社会矛盾的正功能，将导致社会结构内部由于长期无法缓释而不断集聚，最终可能引发社会结构的收缩性塌陷。"[①] 冲突功能主义对我们认识当前的群体性社会事件的性质有很好的启示作用。对于处在转型社会的巨型中国，在赶超发展的现代化进程中必然会伴生各种各样的社会矛盾，不能再以打压控制的模式，把社会矛盾当做敌视和消灭的对象，而应该调整心态，认识到社会矛盾与社会发展是永远伴生的一对矛盾，也是一种常态，而不是病态，更不是应当予以消灭的罪恶。社会矛盾并不可怕，我们的积极态度是如何正视它和挖掘利用它，减缓消解它，化弊为利去利用它。这就需要我们从一种僵化的社会矛盾压制模式走向一种弹性的社会矛盾引导模式，改变过去僵化刻板的静态社会结构，积极探索建立一种包容适量社会矛盾的弹性开放式的社会结构，同时探索建立社会矛盾显现与解决体制化的安全阀制度。

（二）科塞的安全阀理论

科塞总结安全阀理论为："当对抗所出自的社会关系仍保持完整无损时，社会提供了一种引导不满和敌意的机制。这种机制通过'安全阀'制度经常地发生作用。这种制度提供转移敌对情绪的替代物，同样也是发泄侵略性倾向的替代物。安全阀制度可以用来维护社会结构和个人的安全系统，但对二者不是完全是功能性的。安全阀制度引起行动者的目标转移：他的目标不再对不满情形的解决，而只是发泄出由它引起的紧张。安全阀为敌意的转移提供另一个替代物，从而那里的冲突本身也被引离了最初的不能令人满意的关系，这为我们提供了一个区分现实的和非现实的冲突的标准。我们假设对安全阀的需要随社会结构的僵化程度而增长。在一个对冲突没有或者有但不够

[①] 严励：《秩序的中国解读：转型期中国社会矛盾之研究》，上海社会科学院出版社2007版，第41页。

充分的容忍和制度化的社会结构里，冲突易于导致机能失调。冲突导致的分裂的威胁的强度和对社会体系的公认基础的破坏程度，与这个社会结构的僵化程度有关。威胁这样一个社会结构内部平衡的不是这样的冲突，而是这种僵化本身。这种僵化使得敌意能够积累起来，一旦冲突爆发，这种积累的敌意就会集中到一条导致分裂的主线上。"[1] 因此，我们从科塞所强调的社会安全阀理论中看出，容许系统结构内部低烈度的冲突，不仅不是破坏力量，反而对系统结构的长久稳定起到润滑剂和安全阀的功能，通过日常不断地把矛盾释放出来，增加系统结构的弹性和化解矛盾的功能，防止问题的积压，减少大的社会振荡，保持社会的和谐稳定。达伦多夫也认为，压制冲突不可能消除矛盾，只会使冲突隐藏到表面下面，并因而积聚扩大，一旦爆发，必然更加强烈。因此，也主张应该承认冲突双方利益存在的合理性，并为之提供表达和协商的机会和途径，设立处理争端的公共机构和相应的冲突规则，如怎样谈判、怎样达成协议、违规制裁及如何变更规则本身等等，通过制度化来调节冲突。齐美尔也认为调控冲突就是允许人们发泄敌对情绪，从而改善紧张关系，并通过建立新的规范或者肯定旧的规范来消除不满情绪。

因而，对于目前群体性事件暴露出的一些社会稳定问题也应该积极对待，"群体性事件适当地的社会张力（对某些特殊利益群体的不满、对当地基层政府某些不合理政策、官僚主义作风、腐败现象的不满）能够释放出来，避免造成更大的社会动荡与社会冲突；能够使社会管理者警觉当地存在的社会矛盾与社会问题，予以尽快解决。"[2] 当然，科塞也认为安全阀制度只是在不毁坏现有社会结构的前提下使敌对的情绪得以释放，并不是一个理性的完备制度，因为产生紧张和敌意的社会关系并没有根本改变。因此，科塞也提出通过制度性机制来化解现实性冲突的长效合法手段。也就是说，并不是完全依赖社会自我消解机制，而是也要抓住制度条件成熟的时机积极推进制度化机制的设计，推进矛盾的解决。从目前我国有效预防和妥善处置群体性突发事件经验中，我们不难发现，扩大基层民主，健全基层社会自治组织和民主管

---

[1] ［美］L.A.科塞：《社会冲突的功能》，孙立平等译，华夏出版社1989年版，第138—139页。
[2] 朱力：《转型期中国社会问题与化解》，中国社会科学出版社2012年版，第273页。

理制度，保障人民群众依法直接行使民主权利，管理基层公共事务和公益事业，是在社会中直接构筑起的一道长期而有效的安全阀，一定要使其不断健全和完善起来。

（三）"社会缓冲带"机制

"社会缓冲带"的思想最初是由英国社会学家帕金提出来的，帕金所用的概念是"社会文化缓冲带"。他论证了"社会文化缓冲带"大大缓解了社会紧张和社会不适应，并说明这是西方社会得以稳定的重要原因。的确，以自由民主政治文化为基调的西方社会也在不断调适，经历几次世界范围的经济危机又能重振起来，也源于资本主义制度本身自我的修复与完善。诸如吸纳公民权利抗争争取的胜利成果，积极推进福利国家的建设，选择走更具兼容性的第三条道路，尤其在政策层面更是广泛吸纳公民政策参与，采纳民意，提高政策制定的科学性。"帕金的'社会文化缓冲带'理论，对于当前中国有重要的意义。虽然中国的国情与西方的情况很不相同，但是，对于一个急剧变迁的社会，'缓冲带'的原理，可以为我们缓解社会危机、缓和社会冲突、解决社会问题提供一种新的思路。"① 改革开放30多年来，尽管社会问题复杂多样，群体性事件也不断呈现，但中国能保持经济的持续高速增长，令世界瞩目，也被冠以"中国模式"、"中国道路"、"北京共识"等等，有很多学者把其归因为"弹性政府"、"渐进改革"。"放权松绑式"改革使社会充满活力，也使民间社会在促进经济增长和化解社会矛盾方面发挥重要作用。"我国社会'缓冲带'机制的形成和发挥功能，说明正像一个人具有免疫系统一样，一个社会也具有它的免疫体系，也具有自愈的能力。改革30多年来，转型中的中国社会遇到了诸多的社会问题，社会分化、社会解组、社会冲突、社会矛盾往往成为社会学家关注的焦点。但是，社会的另一个方面，我们也不能忽视，那就是社会的免疫系统和自愈功能也在发挥作用，而社会'缓冲带'机制就是社会的免疫系统和自愈功能的重要内容之一"②。当然，我们也要看到我国

---

① 李强主编：《中国社会变迁30年（1978～2008）》，社会科学文献出版社2008年版，第53页。
② 同上，第56页。

公民社会发育不成熟,社会缓冲带机制的作用还明显不够,导致民众易于选择非理性的群体性事件来表达诉求。

(四)社会自我调节机制

面对社会群体性事件的压力,为维持社会有序运行,借助社会自身权威和力量而非政府权威进行的社会自我协调与控制的机制,由社会自身独特的一套规范系统构成。很多社会冲突的理论家也认为矛盾冲突并不可怕,因为自利的人们为了争夺稀缺的资源而必然引发冲突,但是人们在相互竞争的交往过程中,也认识到个体的脆弱性决定了人们彼此之间必须通过合作才能实现对稀缺资源的占有,这也是亚当·斯密自由竞争经济学原理的基点,可以说,矛盾冲突与社会稳定和发展有着辩证统一关系。"如达仁道夫所说,在现代社会运行中,一定程度的社会冲突是无可避免的。社会现象本身充满着辩证关系,同时呈现出相互矛盾的二重层面:即稳定与变迁、整合与冲突、功能与反功能、价值共享与利益对立等,因此,要从社会均衡角度研究社会危机,又要从社会压制角度研究社会危机。"[1] 因此,社会危机是社会经常存在的现象,而且并不是所有的社会危机和矛盾冲突都是破坏性的,一些危机冲突在自我调节的过程中获得免疫系统,也起到报警器的作用,只要能够纳入到一定的规范体制下都能够得到消解,也有助于促进规范体制的创新变革。一个成熟的社会,由习俗惯例和制度沿袭传承下来的自生自发的社会秩序,也都有一套相应的应对危机的机制。"从危机自身的发展逻辑来看,既然作为社会发展进程中不可避免的现象,任何危机的存在并非以毁灭社会既有制度为目的,社会本身的自组织能力和原有的制度积淀和风俗规范,可以在很大程度上避免危机对核心价值的粉碎,……危机的存在犹如疫苗一般,适当的危机压力确保了社会发展的动态平衡,并可以避免社会出现不可逆转的大衰败。"[2] 因此,不少思想家如哈耶克等人更看重社会自生自发秩序的形成,危机、冲突和矛盾构成社会演进的动力机制,由传统、习俗和惯例沿袭下来的

---

[1] 蔡志强:《社会危机治理:价值变迁与治理成长》,上海人民出版社2006年版,第14页。
[2] 同上,第108—109页。

社会内在规则系统构成社会稳定的动态平衡基础,形成社会自生的免疫系统。当然,社会的自我调节机制也是以社会的自组织化和自治化程度为依托的,没有发达的社会组织和较好的自治传统,难以想象社会有强大的自我调节能力。"完善社会的自组织与自治化程度,从而使社会与政府之间的利益有一个缓冲地带。社会的组织化并不意味着危机事件的组织化。可以说,很多的危机事件的发生源于社会协商机制的缺乏,因此,提高社会自治能力和组织化程度,可以缓解一些矛盾冲突。而这些社会组织资源如何能够和政府在制度上有效整合,则可以成为社会向政府表达利益,政府与社会协商的有效途径。"① 也即是说,社会自组织发达,既可以自我化解掉一些矛盾冲突,也可以通过有效协商沟通机制获得政府的支持和解决,从而构建更为多元的危机解决机制。

第四节 域外经验及我国的创新实践

(一)世界普遍重视社会组织参与共治的价值

其一,各国的共同点。从世界主要国家的应急管理实践来看,为了迅捷、高效地应对突发事件、并降低应急管理行政成本,政府必须开展行之有效的社会动员,将政府、企业、非营利组织、新闻媒体及社会公众等力量凝聚起来,形成一股强大的应急合力,发挥各自优势,弥补政府不足,构筑一张相互合作、无缝衔接的公共安全网,形成一种由全社会共同参与、责任共担的危机管理机制,提倡逐步建立起相互合作的互助体系。如"澳大利亚维多利亚州兴起了'邻里相互守望'制度,旨在加强社区邻里关系、促进公民间感情沟通、预防攻击性事件、确保社区安全。"② 这种"邻里相互守望"制度在许多国家也得到重视,如"日本是一个资源匮乏、灾害频发的岛国。人们的

---

① 何显明:《群体性事件的发生机理及其应急处理——基于典型案例的分析研究》,学林出版社 2010 年版,第 171 页。

② 王宏伟:《应急管理理论与实践》,社会科学文献出版社 2010 年版,第 248 页。

危机意识与此密切相关。社区邻里之间深知灾时互救的重要，平时出入相友、守望相助。根据这一特点，日本非常重视社区防灾能力的培养，使社区形成良好的居民参与机制，以便于他们灾时在政府救援到来之前开展自救与互救。"① 公民自救、社会互救再配合政府的援助形成多元主体参与共治的格局，才有助于"小政府、大社会"模式的确立，社会的自治和自主能力的增强，一方面有助于以社会权力监督政府权力，另一方面也有助于降低政府的统治成本，取得合作共治的治理绩效。

其二，美国的经验。早在19世纪美国蓬勃发展的社会组织和民主潮流就使得来自法国的托克维尔羡慕不已、赞叹不已，写下了传世名著《论美国的民主》，托克维尔认为美国民情非常了不起，并按重要性列举了民情、法律和地理自然环境对一个国家政治稳定的作用，认为民情的作用尤其重要。而托克维尔反观自己的国家，对于大革命时期的原子化的法国民众，他又写下另一本名著《旧制度与大革命》，对民粹主义的多数暴政充满了担忧和警醒。托克维尔的研究对后来产生了深远影响，也有不少学者的研究认为，制度设计得再完美精致，要真正能够发挥制度的效用，必须与民情高度契合，才有制度生长和运行的环境。与其看一个国家的顶层设计，不如看一个国家的基层社会的有效组织程度，笔者也非常赞同这一经得起实践检验的学理性认识。有着深厚基层自治传统和民间组织发达的美国，为了应对突发应急事件，美国公共危机管理是由联邦政府、州政府、地方郡市、志愿义务组织、民间团体、私人企业等组成的，并将它们之间的合作纳入联邦应急计划。20世纪80年代中期，美国出现了"社区应急响应团队"，它是公民自愿组成的灾害救助服务组织，充分发挥志愿者在危机管理中的积极作用，加强对志愿者的管理和培训，让所有有爱心的各阶层人士参与到灾害救助服务中来，有效汇集和统筹分配救灾资源，在社区重大突发事件中作用巨大。随着全球化时代的新发展，超大规模的应急管理事件频发和全球性恐怖性的增多，美国更是加大培训和利用志愿者组织参与社会公共治理，取得了非常好的治理绩效。"1990年，'独立、无党派及非营利性质'的美国闪光点基金会成立。1991年，它与

---

① 王宏伟：《应急管理理论与实践》，社会科学文献出版社2010年版，第248—249页。

美国全国志愿者中心网络合并,组建了一个覆盖全美的志愿行动网络体系,即'闪光点基金会与志愿者中心全国网络',并于1993年创建下属公共事业团体——'国家和社区服务社团',为不同年龄、背景的美国人提供回报社会和国家的机会。其运作模式是在全国层面上构建统一的领导、协调机制,并逐级延伸至地方,覆盖全国。全美范围内的志愿资源可以统一配置,并在对各地志愿服务需求和志愿参与机会准确识别、评估的基础上,快速、高效地采取行动。"[1] "1995年,美国俄克拉荷马州联邦大楼发生爆炸事件。上百个公共组织、非营利组织、私人组织以及自发的志愿者参与其中。美国红十字会为应急人员提供了食品和住所,为受害者及其家人提供了帮助。私人公司也给予应急响应者以大力支持。在'9·11'救援行动中,有数百个组织、几千名志愿者参加。餐厅、食品企业、救灾组织为应急响应者和执法者提供食品;美国红十字会协调数万名志愿者的招募和部署工作;私人公司在物质上给予支持,为应急响应者提供从搜救装备到干净的袜子、内衣等物品,还在休息区配备了大屏幕电视、躺椅及按摩治疗师。……志愿咨询师在事后的几个月内为应急响应者、执法者以及受害者提供心理咨询。"[2] "9·11"事件之后,反恐成为美国安全应急管理的重中之重。由于恐怖主义呈现出无中心、松散化、扁平化等特点,发动全社会参与反恐就显得至关重要。因为原来纵向的等级科层制相对僵化,综合协调和灵活运用方面存在不足,如果还是按照原来的应急管理模式来应对扁平化的恐怖主义,就显得捉襟见肘。因此,只有构建起网络扁平化的社会组织网络,群策群力、群防群控,既有助于减少民众的恐慌心理,也有助于形成对恐怖分子同仇敌忾的社会氛围。美国也开始调整多元化危机应对模式,构建权力分散化与组织扁平化网络管理,"国土安全管理参与主体要逐渐走向多元化,实现全社会共同参与。国土安全体制改革也需要建立一个由政府部门、公民社会与第三部门共同参与的应急管理网。并建立一系列的伙伴关系,促进国土安全管理的权力分散化与组织扁

---

[1] 王宏伟:《应急管理理论与实践》,社会科学文献出版社2010年版,第243—244页。
[2] 同上,第221—222页。

平化，实现反恐与救灾的整合。"① 公民社会、第三部门和积极公民参与反恐与救灾，有助于弥补官僚科层制管理的不足，调动其多元主体的积极性，改变防不胜防的被动局面。"美国国土安全部长汤姆·里奇称美国公民是国土安全的'最终利益相关者'，呼吁赋予美国公民直接参与国土安全管理的权利。总之，打破现有的国土安全体制，实现政府、公民社会、第三部门对公共安全的共同治理，这对于整合反恐与救灾就有非同寻常的重要意义。"②

其三，我国可以借鉴的做法。首先，以社区为依托，把危机和矛盾化解在基层。我们需要推动社区参与应急管理，以此来增强社区责任意识，加强社区的自我管理和自治能力，塑造现代意义上的新型"相互守望"的邻里制度，把群体性社会危机化解在社区基层，把对群体性事件的治理工作重心放在日常管理和社区基层，建立起以社区危机的网络状应急管理体系，从而使群体性事件在萌芽或初始阶段得到有力地控制。从目前的应急为主走向以预防为主，预防和控制群体性突发事件的发生。其次，把社会动员起来，宽容和培育众多的民间组织。充分调动企事业单位、非政府组织和公民个人等多元主体的积极性，培育公民的公共精神，给民间组织提供宽松的社会土壤，引导民间组织的发展和壮大，培训和利用大量的社会志愿者，形成平等、互利、互信、合作为基础的公民政治文化，构建网络扁平化的社会组织以应对偶发的、不确定的社会危机事件。再次，面对群体性事件爆发的应急处置也要讲究处置艺术。加强政府的统一指挥和应急协调能力，实现资源的跨部门整合，增强应急管理的柔性，慎用强制力，加强应急队伍的素质建设和社会志愿者的培训，充分调动起各种社会组织和广大民众积极参与群体性事件的防治，也使社会在群体性社会危机面前能做到应对有序、从容不迫。

（二）我国社会建设方面的创新实践

其一，我国国家与社会的关系有别于西方。西方历来有以"社会权利制约公共权力"的传统，社会与政府"二元分立"的划界比较明显，社会

---

① 王宏伟：《应急管理理论与实践》，社会科学文献出版社2010年版，第294页。
② 同上，第293页。

对政府为恶的可能性始终保持警惕，不信任政府，与政府合作比较困难，不到万不得已，宁可选择社会自救，而不愿因为享受政府的恩惠而被政府干预太多，这在英美传统的国家甚为突出。而统合主义用于分析当前中国的国家与社会关系更为贴切，这是中国区别于西方国家与社会分离的"二元分立"模式、同时又区别于改革开放前国家与社会一体化的全能主义的一大特色。按照统合主义理论家威亚尔达的观点，"统合主义有三个特征：（1）一个强势的在社会中居于统治地位的国家；（2）限制利益群体的自由与行动；（3）吸纳利益群体作为国家体系的一部分，让他们表达成员的利益，帮助国家管理和推动相关政策"①。尽管统合主义内部派别林立，也存在不少分歧，但都坚持把多元化的利益群体统合到国家治理的体系之中，接受国家的调节、控制和约束。"……在统合主义的视野下，国家与社会之间是统合关系，二者整合所形成的统合性组织应该是整个社会良好运作的中介。这样一种中介能起到沟通协调、组织社会成员和群体、协助制定和推动国家政策的积极作用"②，这要求民间社会组织的发展壮大不是像西方社会那样成为对抗国家的力量，而更应该扮演与国家共担责任风险，建立起同呼吸共命运的合作共治的良性互动关系。"如果中国社会强大的自组织能力只能够抹平权威却难以确立组织的角色与责任，那么危机的治理就只能按照一维的方式持续下去"。③

其二，政府在群体性社会危机处理中的作用不同于西方。当前中国正处于社会转型期，社会矛盾复杂多样，又要确保经济的持续快速发展，以及后发国家的追赶模式等特点，决定了政府必然扮演重要的主导作用，也应发挥积极的引导社会的角色。群体性社会危机的化解还主要依赖政府的力量，来发挥政府的权威和动员社会的综合协调能力。而西方的集体行动矛盾直接指向政府，对政府充满了不信任。

---

① Wiarda, Howard J, eds., *New Directions in Comparative Politics*, Westview Press, 2002, pp. 56.

② 曹海军：《后发展视阈下的社会管理——抗争政治与国家构建的视角》，载《中共天津市委党校学报》，2012年第4期。

③ 蔡志强：《危机治理与社会和谐》，湖南人民出版社2007年版，第366页。

第五章
不足与供给：积极动员社会与社会自组织机制

当然，政府在未来群体性社会危机的处置过程中也应改变传统"堵"和"压"的控制思想。因为控制思想下的危机应对过程可能本身就是危机促发的过程。这也就是要求由政府引导的与社会共享权力、共担风险的新型关系，对社会的引导和监管实施柔性管理，正视利益主体多元化的现实，建立一种和谐、互利的利益结构，构建有序的利益表达和利益整合机制，有效防止利益冲突甚至进而演变为过激对抗的僵化局面。如在广东陆丰"乌坎事件"的处置过程中，省委书记做出"必须直面和解决好这些矛盾和问题"的重要批示，工作组"民意为重、群众为先、以人为本、阳光透明、法律为上"的真诚表态，正确处理了服从、参与和合法性的关系。

其三，我国社会建设的指导原则和创新实践。我们研究应急社会动员机制的目的是：探讨如何在党委的统一领导下，发挥政府的主导作用，将社会各种非政府力量整合到社会动员体系中，形成全社会合作应急、协同应急的局面。2007年10月举行的中共第十七次全国代表大会，将"党委领导、政府负责、社会协同、公众参与的社会管理格局"这一经典表述也写入了十七大的政治报告。也有学者将这一新型社会管理格局解读为，"各地党委、政府充分动员各机关、团体、企事业单位的力量，通过科层组织体系的层级制约机制和内部规章制度协调整合各种体制内资源，推动各项综治工作的落实与实施。同时，各级综治委及其办公室，指导、协调辖区内的机关、团体、企事业单位开展各项综治工作，把包括民兵组织、调解组织和治保组织等在内的各种社会自治组织纳入综合治理工作体系，充分利用物业管理、保安服务公司等市场组织来填补转型中国公共秩序构建过程中的缝隙与空拍点，通过完整而严密的权力组织网络来实现国家治理目标"[①]。在新型社会管理格局的指导原则下，各个地方积极推进地方社会管理的创新实践。

---

① 唐皇凤：《社会转型与组织化调控：中国社会治安综合治理组织网络研究》，武汉大学出版社2008年版，第195页。

2010年以来先行试点地方的改革创新内容[①]

浙江宁波	系统化与配套化：八大体系（社会化公共服务保障体系、多元化社会矛盾调处体系、现代化新型城市管理体系、系统化综合信息管理体系、人性化实有人口管理体系、法治化依法规范管理体系、集成化社会力量联动体系等）十二重点项目（创新基层社会服务管理模式，包括建立基层社会服务管理平台，推进基层矛盾联调、治安联防、问题联治、工作联勤、平安联创和实事联办等）
天津滨海新区	层级化与系统化：一个格局（党委领导、政府负责、社会协同、公众参与），两个体系（防备与处置并重、管理与服务相融、公平与效率统一的服务管理体系＋海陆空立体化的打防管控结合、点与线结合、人防物防技防结合、专群结合的全方位、多层次、动态式的社会治安防控体系），三项机制（矛盾纠纷的防备和化解机制、重点地区排查整治的长效机制、能动的司法保障机制），四大亮点（四级综治信访服务中心、四级联运的工作体系、多样化的流动人口管理等）
大连普兰店	机制化：六机制（社会矛盾化解机制、实有人口和房屋的管理服务机制、社会防控机制、网络虚拟社会管理机制、新经济组织和新社会组织管理服务机制、社会公共安全管理控制机制）＋一体系（社会管理组织体系）
四川德阳	规范化：以社区规范化建设管理为重点，围绕服务民生、矛盾纠纷化解、"两新组织"服务管理、互联网管理等工作，建立新的管理体制和运行机制
北京东城	网格化＋精细化：三大特色（网格化社会服务管理模式、强化政府在社会事业中的服务功能、创建社会管理新格局），六大体系（网格化社会服务管理体系、社会保障全覆盖工作体系、社会公共服务体系、社区服务管理体系、社会组织服务管理体系、社会领域党建工作体系）
山西太原	专项化：管控绩效的七大课题（警务联动联勤工作机制、防赌反毒联动机制、交通事故处理联动、司法执行合作机制、刑事和解制度、法律援助机制、政务信息公开制度）

2011年2月19日，由150多人参加的中共中央省部级主要领导干部的研讨班上，以"社会管理及其创新"为主题进行了长达五天的密集活动。引人注目的是，这是中共中央首次改变以往10多年来此类研讨班主要研究经济问题、布局当年经济政策的传统，转而讨论"社会问题"。可见，一个新的拐点

[①] 张小劲、于晓虹：《中国基层治理创新：宏观框架的考察与比较》，载《江苏行政学院学报》，2012年第5期。

出现，逐步把经济问题转向到社会问题上，也回到了更为根本的工作中心上来，因为经济发展最终的目的也是为了社会的良序发展。按照政府的说法，举办专题研讨班的目的是"正确把握国内外形势新变化新特点，针对当前社会管理中的突出问题，着重研究加强和创新社会管理，做好新形势下群众工作的思路和举措，为促进社会和谐、实现'十二五'时期经济社会发展目标任务凝聚强大力量"[①]。

---

① 胡锦涛：《扎扎实实提高社会管理科学化水平　建设中国特色社会主义社会管理体系》，载《人民日报》，2011年2月20日。

第六章 现有制度的不足和补充：多渠道完善矛盾冲突的化解机制

伴随 30 多年的改革开放进程，中国的利益格局发生了翻天覆地的变化，由于工业化、市场化、全球化浪潮的冲击，单位制逐渐解体带来下岗工人的增多、好几亿农民工进城务工加速了社会流动性、圈地造城运动带来了大量关于征地拆迁的纠纷，行政权力配置社会资源逐步向市场机制配置资源转变，在资源重组、重新大洗牌的过程中贫富差距拉大，利益格局严重失衡。一方面从地区、单位中释放出来的原子式的个人感到自由了、主体性增强了，另一方面处于社会弱势地位的群体又感到特别的孤立无援，就业机会及占有的资源极其有限。当自身的合法权益和生存的基础资源屡遭侵害时，势单力薄的个体由于组织资源相当稀缺，无法进行有效的利益整合，只能在忍耐与投机性抗争之间游走。在正常的利益诉求、矛盾化解机制没办法满足的情况下，处于一盘散沙、集体失语、束手无策境地的弱势群体，有时就会不得不寻求用体制外的方式进行利益的抗争，引发群体性事件的爆发。

从民众利益诉求的化解机制来看，无外乎制度化的诉求和非制度化的抗争。一般经历如下步骤。多数情况下，一般公众表现为一盘散沙，既没有表达的意愿，又缺乏集体表达的有效途径。通常可以选择的制度化渠道有：（1）双方协商谈判；（2）行政调解或者选择中立的第三方来调解或仲裁；（3）选择司法途径来诉讼；（4）选择信访制度来进行维权。当这些制度化表达渠道都被堵塞后，民众会转向寻求非制度化渠道来自救。如：（1）群体性事件的一般方式，如集体散步、静坐、游行示威等；（2）群体性事件的极端方式：如破坏公共秩序（堵路、围攻政府）、暴力对抗、自焚等自残手段。

有学者从政府化解社会冲突的角度将目前的群体性社会冲突分成三种形式："圆桌政治，即包括信访、人民调解案件、劳动争议案件、民事诉讼和行政诉讼案件在内的合法解决利益冲突的渠道；夜晚政治，即包括治安案件、刑事犯罪案件和腐败犯罪案件等在内的违法犯罪活动；聚众政治，即以群体性事件为标志的介于合法与违法之间的抗争行动。"[1] 夜晚政治是政府必须完成的基本职能，如何把聚众政治纳入到圆桌政治的范围内来解决是现代政府正在努力追求的目标，把矛盾冲突纳入到制度化的渠道中来，学会运用谈判协商、调解、诉讼的方式来解决问题。

第一节 协商、举报和调解制度乏力

（一）流于形式的协商制度

其一，协商的民主恳谈模式只在小范围内起作用。随着民主权利的增长和谈判能力的提升，温岭民主恳谈的新模式成为新典范在全国掀起热议，很多地方政府和专家学者专程组团考察研究，但其推广使用的范围非常有限，也有人指出其花瓶装饰作用多于其实际功效。

其二，社会组织化程度低不利于协商。由于单位制解体和市场经济浪潮的冲击，原子化的个人社会开始出现，但目前政府对于社会组织的发展壮大比较谨慎，成立社团的审批也比较严格，在一个组织化程度不高甚至匮乏的社会，可以想象直接面对每个人的协商其成本是多么高昂，达成共识又是多么的困难。个体利益高度分散，群体性事件爆发后，在群龙无首的民众面前政府也苦于难以找到合适的协商谈判的对象。另一方面从民众的角度看，尤其在政府卷入纠纷的群体性事件，政府难以自我约束以确保不滥用所掌握的公共权力谋取部门私利，而对于松散的民众个体而言，要改变这种能力极其不对等的状况，使协商能够达成的可能途径就得借助组织的平台和组织的力量，把单薄的个人利益诉求纳入到组织中，形成组织的聚集力来增加协商的筹码，使协商成为可能。也就是说无论从政府还是从民众的角度，关于利益

---

[1] 应星：《"气"与抗争政治：当代中国乡村社会稳定问题研究》，社会科学文献出版社2011年版，第6页。

纠纷的合理诉求在组织化的建设中最有利于矛盾冲突的化解。

(二) 举报制度的适用有限

1991年发布的《监察机关举报工作条例》、1993年发布的《中国共产党纪律检查机关控告申诉工作条例》和1996年颁布的《中共中央纪律检查委员会中华人民共和国监察部关于保护检举、控告人的规定》共同确立了现行的举报制度，但举报制度所针对的是党政干部违法乱纪行为，并不适用于一般公众对政策、制度问题进行讨论。

可以改革举报制度，借鉴日本的行政相谈和苦情制度。1999年12月22日法律第160号《行政相谈委员法》和2001年1月6日总务省训令第65号《行政苦情协调处理要领》。所谓的苦情制度即行政苦情申诉与处理制度，简称苦情制度或怨情制度，在广义上是指行政机关受理国民有关对行政的不满、不服等苦情申诉，并为谋求对此进行解决而采取的必要措施。这是面向国民的各行政机关的日常事务窗口。狭义的苦情处理，是指特别设立的苦情处理机关根据来自国民的苦情申诉，在进行必要的调查的基础上，将苦情内容通知有关机关，为谋求其解决而采取劝告、调停等必要的措施[①]。

(三) 调解制度乏力

其一，人民调解制度的不足。人民调解，是在人民调解委员会主持下，以国家法律、法规、政策和社会公德为依据，对民间纠纷当事人进行说服教育、劝说疏导，促使纠纷各方互谅互让、平等协商，自愿达成协议，消除纷争的一种群众自治活动。在长期的工作实践中，人民调解形成了平等协商、互谅互让、不伤感情、成本低、效率高的特点，已经成为正确处理人民内部矛盾、妥善化解利益冲突的有效途径和方法。但是，在目前的情况下，人民调解组织一般只建立在居民居委会、村民委员会一级的层面上，已不能适应中国社会群体日益多元化的新情况，应当探索扩大人民调解组织的组织覆盖

---

① 章晓可：《中日信访法规比较研究》，载《中国行政管理》，2006年第12期。转引自张炜：《公民的权利表达及其机制建构》，人民出版社2009年版，第213页。

第六章
现有制度的不足和补充：多渠道完善矛盾冲突的化解机制

面，尝试在更高层面，如街道办事处，乡、镇一级基层政权组织建立人民调解组织。同时，条件成熟的地方可以探索扩大人民调解工作的范围，可以尝试调解某些比较简单的经济矛盾纠纷或者群体性矛盾。也即累积的"厚的"社会信任关系网络，充分挖掘社会资本在化解群体性矛盾中的积极作用，使产生于民间、本身又不是很复杂、诉求关系比较明确的矛盾能在民间社会得到很大程度的消解。问题比较复杂的才诉求其他的渠道来解决，而不是将所有问题都堵在行政机关和法院那里，使问题堆积而得不到解决。例如，江苏省全省已建立各级医患纠纷人民调解组织96个，覆盖了85%的县（市、区）医疗机构，共调处医患纠纷2260起，成功调处1829起[①]。在功能不断增大的同时，调解的范围从原来的婚姻、家庭、邻里等常见性民间纠纷扩展到劳动争议、医疗纠纷、道路交通事故、征地拆迁、物业管理等改革发展进程中出现的矛盾纠纷，调解的方式与技巧也需要进一步发展。2011年1月1日，《人民调解法》的正式实施，为调解发挥社会矛盾疏导功能提供了法律保障。扩大人民调解员组织的组织覆盖面与工作范围，还有三个方面的调解可以在未来的人民调解制度发挥积极的补充作用。

（1）社区调解：从单位人走向社区人，社区越来越成为人们除工作之外最主要的活动场所，社区也必将承载越来越多地社会功能。

（2）专业调解：尤其是那些专业程度非常高的领域，需要专家的同行评议，拿出一个专业的评判标准来让矛盾双方更加信服。

（3）行业调解：隔行如隔山，行业协会组织在行业维权中最清楚需要什么、选择何种途径来实现自己行业的利益和承担行业的社会责任。

其二，行政调解制度的不足。这种行政主导的矛盾化解机制因为它的权威性、强制性、仲裁性、超脱性而一度成为我国社会矛盾纠纷的主要调节协调平台。行政调解，这是一种政府调解，调解机构是由国家行政机关来充当，由行政调解机构工作人员以国家法律、法规、规章为依据，在分清事实的基础上，对行政管理工作相关的特定经济、民事纠纷的双方当事人进行耐心细

---

① 江苏新闻网：《江苏创新发展社会矛盾纠纷大调解机制纪实》，http://www.js.chinanews.com/news/2010/0126/14505.html

致的说服劝导，促使他们互相谅解、平等协商，自愿达成协议的活动。行政调解可以合并于行政裁决或行政仲裁中，行政调解具有准司法的性质。但行政调解也存在明显的不足。

（1）政府自利倾向和权力寻租行为是最受人们诟病的软肋。受市场化的冲击，政府的公司化现象越来越突出，热衷于招商引资，热衷于搞大型工程，受外部利益的巨大诱惑，为了谋取机构部门利益和个人私利，政府成为强势利益集团的利益代言人，滋长了权钱交易的腐败问题，公共权力成为谋取私利的工具，这也是人们"仇官"、"仇富"的主要原因。

（2）政府成为人们冒头的指向，直接卷入纠纷之中的政府难以做到公正。利用手中的强制力压制、掠夺民利，卷入与民争利的漩涡中难以自拔，政府打着公共利益的幌子低价征地、强制拆迁的事件时有发生。还因为政府暴力执法、执法不公或利益分配不公等，导致民众直接攻击政府。政府已经成为矛盾纠纷的一方，就根本谈不上作为超脱的"中立方"来调解矛盾，人们也丧失了对政府调解裁决的信任。

（3）政府消极等待的不作为。民众有了利益诉求找到政府，然而政府的"门难进"、"脸难看"、"事难办"，更是让民众感到诉苦无门、积怨加深。不少政府的领导干部对群众反映的问题相当冷漠，没有耐心去倾听，缺少同情和关心、没有诚意去解决，往往以领导人不在、要走行政程序等名义搪塞、推诿、"踢皮球"，群众耐心等待了很长时间，问题常常又回到了起点，毫无进展。要么一上来就对于民众的呼声麻木不仁、不闻不问、根本不当回事，更是当场激化矛盾，因此，对于不作为的庸官也需要问责提上了日程。民众的问题堆积在那里，不会自行消解，只会积累与激化，直到爆发。群众丧失了解决问题的信心，丧失了对当地政府的希望，只能够朝中央跑，或者采取集体行动，选择静坐、示威游行和暴力抗拒等群体性事件，政府才被动应对。

（4）政府理性能力有限，单纯依靠行政的力量进行协调也会因为资源、手段等方面的限制而显得捉襟见肘，权威性和强制性已大为削弱。这些原因都导致政府很难客观公正来进行调解。随着政治世俗化浪潮的冲击，人们不再相信政府必然就是公共利益的化身，也以经济人的假设取代代表公共性的政治人假设，转变政府职能，认清政府的理性能够、理性不及和理性无知的

第六章
现有制度的不足和补充：多渠道完善矛盾冲突的化解机制

不同层面的功能，避免政府在社会矛盾中处于首当其冲的位置，强化政府作为规则和程序制定者以及矛盾调解和仲裁者的角色，才是发挥行政调解的优势之所在。"在社会正发生转型的今天，我们更应该认识到社会需要什么，群众需要什么。政府机关不应该仅仅是权力的中心，更应当成为保护权利的中心。个体利益的彰显在当下已经成为不争的事实，我们所要做的不是逃避或者无视，而是积极主动地通过调和集体理性和个体理性之间的紧张关系，来实现社会的和谐快速发展。社会的和谐不代表没有冲突，社会的冲突也不代表着社会的无序，只要组成社会的自然人具有个体理性，矛盾就是不可避免。作为政府，积极疏导和调解矛盾，从集体理性的角度出发引导个体之间的矛盾解决，必将给社会带来有序和谐的秩序环境。"[1]

防止政府行政机关的权力滥用，可以借鉴瑞典和英国等国家的议会行政监察专员制度。"瑞典的议会监察专员制度是世界上各国议会监察专员制度的鼻祖，它的历史最长，权力最大，影响也最大，最具代表性。它对议会负责，向议会陈述报告。它监督的对象包括中央和地方政府、军队、法院和检察院、警察、监狱以及国家和地方机关及其官员，监督的重点是行政当局，包括所有行使公共权力的人员在内，国有公司在依法行使公共权力时亦要接受监察专员的监察。瑞典的议会行政监察专员制度作为对不良行政的一种补救手段对其他国家产生了深远的影响。其他国家纷纷效仿，挪威、芬兰和丹麦等周边国家首当其冲，20世纪60年代该制度又传播到世界各地。英国于1967年建立了议会行政监察专员，1972年和1973年建立了卫生行政监察专员，1974年和1975年建立了地方行政监察专员，三者统称行政监察专员。"[2]

其三，司法调解制度的不足。司法调解，又称为法院调解，是一种在人民法院审判组织主持和协调之下，双方当事人就所争议的民事权益进行平等协商的诉讼活动，或者是经过协商达成协议、解决纠纷的诉讼活动。司法调解是化解矛盾的主要方法，但当前这一调解出现了困境，大量的社会矛盾都转移到了司法领域，司法机关难以完全承受；矛盾纠纷多发，司法判决也难

---

[1] 张炜：《公民的权利表达及其机制建构》，人民出版社2009年版，第233页。
[2] 同上，第214页。

以包打天下。

此外，还可以主动引导民众进行多种形式的诉前调解，我国不少地方已开始进行这方面的探索与尝试。例如，2010年，江苏省法院委托或邀请调处中心调解案件10618件，调解成功率达77.66%；选聘1350名工会组织特邀调解员，参与调解劳动争议案件2926件，调解成功率达51.03%；选聘1232名妇联组织特邀调解员，参与调解婚姻家庭纠纷案件2827件，调解成功率达75.24%。全省各基层法院与公安交管部门共同建立了97个交通事故巡回法庭，调解撤诉率超过50%①。

其四，大调解制度。大调解指的是由党委主导，政法委牵头，各部门参与及人民调解、行政调解、司法调解充分发挥作用，互相衔接配合的各种工作体系。这是三种调解的结合，或综合使用。三种调解各有利弊，但三者结合有利于整合各种社会资源，降低和节约社会治理成本，探索建立高效便捷、成本低廉的矛盾纠纷调处机制，充分发挥调解在化解矛盾纠纷中的积极作用。《中共中央关于构建社会主义和谐社会若干重大问题的决定》明确要求，"完善矛盾纠纷排查调处工作制度，建立党和政府主导的维护群众权益机制，实现人民调解、行政调解、司法调解有机结合，更多采用调解方法，综合运用法律、政策、经济、行政等手段和教育、协商、疏导等办法，把矛盾化解在基层、解决在萌芽状态。"

笔者认为，既然政治世俗化的浪潮不可逆转，建立市场经济条件下的利益均衡机制，尊重个体利益，提供自由竞争、开放多元的政治生态，促进民间组织的发育，发挥组织功能，再加上合理的政府引导，改变目前社会中利益关系严重失衡的局面，为社会不满情绪的宣泄提供制度化渠道，是形成解决社会矛盾和社会冲突新模式的核心要求。

---

① 江苏新闻网：《江苏创新发展社会矛盾纠纷大调解机制纪实》，http://www.js.chinanews.com/news/2010/0126/14505.html

第二节 诉讼制度的不足

(一) 人们在诉讼活动中面临的困难

其一,诉讼本身有一定的门槛,对证据、诉讼时限等都有刚性要求,需要懂得相关的法律知识,绝大多数当事人都需要聘请律师,需要高额的费用,还得支付诉讼费用,成本也较高,一个理性的当事人在成本收益权衡下,往往是望而却步。

其二,中国有"谈法色变"、"厌诉"的传统。过去人们一听说谁打官司,要么认为是犯了什么罪,要么人品出了什么问题,都会离他远远的、暗地瞎议论。人们认为不是维护权利的有力保障,而是象征着强制力的惩罚工具,威严高深的法院离人们的日常生活很遥远,这种传统的心理影响依然在广大民众中起很大作用,民众通过法律渠道来维护自身权益的意识有待加强。

其三,即使进入诉讼过程,也有诸多的困难。人们一走进法院大门就面临立案难、胜诉难、执行难这三大难关。诸多影响司法公正的因素,增加人们对诉讼的畏难心理。

其四,"民告官"阻力重重。群体事件的诉讼在很多时候其诉讼的对象就是告政府,与地方党委、政府的政策、决策以及政务机关活动有关。然而,由于双方信息的不对称、能力极其不对等和对于政策适用知悉程度的天壤之别等等,卷入利益纠纷中的政府就会利用手中的权势影响、甚至干预司法的全过程,很可能要么不立案,要么打不赢官司,即使打赢了也执行不了。尽管"民告官"胜诉的案件也在增多,但还是有很多的案件得不到有效解决,又成为民众被迫走向上访甚至更为暴烈的群体性事件的直接原因。

(二) 法院在诉讼处理中存在的问题

其一,人为地设置了一些额外的障碍,导致诉讼难。最高法院于2009年11月15日下发《关于依法保护行政诉讼当事人诉权的意见》,严禁以任何非法定理由为借口,拒绝受理某类依法应当受理的行政案件,不得在法律规定之外另行规定限制当事人起诉的其他条件,不能以当事人的诉讼请求明显不成立而限制或者剥夺当事人的诉讼权利,既要充分发挥诉前协调的作用,又不能使之成为妨碍当事人行使诉权的附加条件①。可以推断,一些地方的法院人为抬高诉讼门槛,以各种理由把当事人拒之门外的现象比较普遍,加剧了"告状难",对社会产生极其负面的影响。

其二,司法审判受到诸多政治因素的影响。由于各级政府普遍将群体性事件看做是关系政治稳定的政治问题,而不是普通的社会事件,导致"中国法院在处理许多敏感性、群体性案件时都极为谨慎"②,政治判断的正确性优先于法律判断的事实性,也就是不是以事实为依据,而是受政治口号或领导人的意图所左右。"所谓'立案政治学'乃至整个的'诉讼政治学',实际上构成了'维稳政治学'的一个环节。在对抗争政治的治理中仍是由行政占据着绝对的主导地位,而行政法不过是一种政治控制机制。这样一来,法律所本应具有的稳定的、理性的、规范的、程序化的治理效应就无从发挥。"③这样看来,"诉讼的政治学"使司法与行政处于同一权力谱系中,甚至使司法附属于行政系统。尽管1990年代以来中国行政法制建设取得了长足进步,行政法成为治理抗争政治的新手段,而行政法不过是一种政治控制机制,仍是由行政占据绝对的主导地位,法律治理并没有成为主导的治理手段,这样一来,法律所具有的稳定的、理性的、规范的、程序化的治理效应发挥的作用依然不大。到底是"权大"还是"法大"的争论一直持续不断,尽管"依法而治"的法治精神被人们普遍接受,但在实际操作过程中,由于受到服从政治大局的政治导向、司法机关的经费保障不足、司法也有谋求自身利益的倾向等等因素的制约,诸如司法在人、财、物等诸多方面受制于地方党委、人大、政府,地方党委的政法委是凌驾于公、检、法、司之上的协调部门。司法腐败、

---

① 人民网:《最高法院出台文件保护"民告官"案件诉权》,http://politics.people.com.cn/GB/1026//10380237.html

② 应星:《"气"与抗争政治:当代中国乡村社会稳定问题研究》,社会科学文献出版社2011年版,第73页。

③ 应星:《超越"维稳的政治学"——分析和缓解社会稳定问题的新思路》,载《学术前沿》,2012年第7期。

第六章
现有制度的不足和补充：多渠道完善矛盾冲突的化解机制

司法判决不公、司法执行难等诸多问题都会暴露出来。

其三，司法本身所存在的问题。"中国社会背景下特有的'诉讼政治学'模糊了规范性救济机制和情境性救济机制之间的界限，抹去了外部性救济和内部性救济的界限，使中国基层司法治理的逻辑表现出来的是结果导向的、实用主义甚至机会主义的逻辑"。[①] 这就导致司法判决不公的现象比较普遍。根据国家信访局的资料，在当前的信访总量中，涉法涉诉信访在部分地区占30—40%[②]，有的地区甚至一度高达80%[③]。于建嵘"曾经对632位进京上访的农民进行过问卷调查，其中401位在上访之前就上访的问题到法院起诉过，占总数的63.4%，其中法院不予立案的有172位，占42.9%；认为法院不依法办事而判决其败诉的220位，占54.9%；认为法判决胜诉了而没有执行到位的9位，占2.2%"[④]。以信访推翻司法判决固然不对，然而如此多的上访民众不接受司法判决的结果，该反思的不仅是信访制度，更应该是一些地方司法判决的公平程度。"信访不信法"，错不在信访，往往在司法本身。司法判决作为弱势群体权益保障的最后一道屏障，一旦司法公正的底限失守，民众就失去了利益表达和申诉的最后渠道，污染的不仅是当事人本身，污染的更是整条"河流"。这也可以看出为什么21世纪以来"泄愤性群体性事件"增多，虽然与大部分人本身并没有直接相关，但是人们已经感受到"唇亡齿寒"，类似的不公待遇在未来也可能会降临到自己头上。一旦形成社会的普遍不满和认同危机，矛盾就已经发生转化，成为结构性的矛盾了，那带来的社会危害更大，治理起来也会更艰难。

也有学者说，"从法理的角度来看，我国现有的有关群体性事件的法律法规中，禁止性、义务性规定多，授权性、可行性条款少，还未形成一个从权

[①] 应星、汪庆华：《涉法信访、行政诉讼与公民救济行动中的二重理性》，见《洪范评论》（第3卷第1辑），中国政法大学出版社2006年版，第217页。

[②] 姜凤武、李云波：《依法化解涉法涉诉信访问题的调查与思考》，载《人民司法》，2009年第15期。

[③] 李光明：《淮北领导干部包案化解疑难信访案件》，载《法制日报》，2011年4月14日。

[④] 于建嵘：《中国信访制度批判》，载《中国改革》，2005年第2期，第27页。

利的设置、组成到行使、保护、规范的完整体系"①。另外，中国的法律传统和社会管理历来缺少对程序的关怀和重视，对群体性事件的处置多以原则性规定为主，缺乏专门、细致的法律操作程序。比如"由谁决策，判断事件属性、危急程度及警力配置等一系列问题"，实际处理过程中容易出现"九龙治水"、互相扯皮的现象。

（三）我国在诉讼制度方面的努力

据学者统计，自新中国成立至 2006 年我国至少已经出台涉及城市突发事件的应急法律 35 件、行政法规 36 件、部门规章 55 件、党中央及国务院部门文件 113 件。而且，各省市自治区，各地市县等政府都设立了专门的城市突发事件应急机构，很多都制定了相应的应急制度。② 目前，我国与城市群体性事件相关的法律法规主要有：《中华人民共和国宪法》、《中华人民共和国刑法》、《集会游行示威法》及其实施条例《治安管理处罚条例》、《信访条例》等，此外还有公安部制定的《公安机关处置群体性治安事件规定》等部门规章。尤其是 2006 年《国家突发公共事件总体应急预案》和 2007 年《中华人民共和国突发事件应对法》的颁布，体现了群体性突发事件法律法规建设方面的重要进展。尽管我们对外宣称社会主义法律体系已经建成，中华法系也成为继英美法系和罗马法系之后的第三大法系，但是社会主义法治国家的建设从观念到体制、机制和法律体系的建设都有待完善。及时制定缺失的法律法规、不断补充完善已有的法律法规、随时改进过时的法律法规，以相关法律法规的不断完善为预防和化解群体性突发事件提供保障的建设工作，依然正在进行中。强化和完善解决社会矛盾和冲突的法治机制，使法治成为解决社会矛盾和社会冲突的长效的制度化手段，防止用运动式治理体制替代真正的制度化建设。"'依法处理'是化解社会矛盾的基本措施。新形势下人民内部矛盾的内容和形式正发生变化，有些矛盾和纠纷仅靠教育疏导是难以奏效的，必须依法处理。首先，要加强法制教育，强化群众解决各类矛盾，依法

---

① 《预防和处置群体性事件党政干部读本》，人民日报出版社 2009 年版，第 128 页。
② 程美东：《透视当代中国重大突发事件》，中共党史出版社 2008 年版，第 3 页。

维护自身的合法权益。其次,要区别不同矛盾,充分运用经济法、行政法、民商法、刑法等各种法律规范公正处理。对待一般矛盾纠纷,应坚持民间调解与依法调解相结合,运用调解手段予以解决;对于一般性群众事件要本着'可散不可聚,可顺不可激,可解不可结'的原则,运用相关法律予以处理;对于突发性事件,要迅速平息事态,缓解矛盾,决不能让它蔓延。在处置中要严格依法办事,对于参与事件的绝大多数群众要团结教育工作;对事件中违法犯罪人员要依法予以处理;对组织、策划者要坚决打击,对于动暴乱、骚乱以及严重冲击政府机关、打砸抢行为,要坚决果断地采取强硬措施和法律手段予以制止,坚持打击。"[①] 对群体性事件和事件参与人都作类型学划分,以便找到对应的化解之道,而不再是胡子眉毛一把抓。依法处理构成矛盾化解的主旋律。

(四)西方行政诉讼制度给我们的启发

其一,公民投诉机制。"加拿大联邦专员是设立在联邦议会下面,完全独立于各党派和政府部门的机构,主要受理对联邦政府各部门在行政中的过失投诉。申诉专员署有权决定对投诉事项是否进行独立的调查,如果公民反映的情况属实,该署就会提出报告或建议,要求存在问题的政府部门副部长加以解决,否则就会向议会报告并公之于众。加拿大廉政专员署以纠察政府高级官员的不良行政行为为目的。各申诉专员署是独立于各党派和省政府各部的中立机构、议会负责,重要职责和权限是:受理公民、公民团体组织等提出的对政府部门和供应机构的投诉。他们有权决定对投诉展开独立的调查,并根据调查结果向有关政府部门提出修改法律或改变行政行为的建议或作出答复。"[②]

其二,对于多人诉讼模式的比较。由于群体性事件中利益受损方人员比较多,通过何种制度体系来把公民社会组织起来,使诉讼活动变成有组织的

---

① 严励:《秩序的中国解读:转型期中国社会矛盾之研究》,上海社会科学院出版社 2007 年版,第 321—322 页。

② 转引自张炜:《公民的权利表达及其机制建构》,人民出版社 2009 年版,第 210—211 页。

表达，更好地维护弱势群体的权益。在诉讼程序的建构上，目前西方主要有两种不同的模式："一种是美国的模式，美国的集团诉讼，具有让社会自己解决自己问题，很少行政干预的色彩。如果出现类似三鹿奶粉的事件，某个受害人可以以自己的名义，同时也可以以其他受害人的名义，提出集团诉讼的形式，法官对这个事件的判决可以对所有受害者产生法律效力，这是美国联邦法律诉讼规则第23条规定的，这是一种特别强调公民社会自主诉讼模式的集团诉讼。欧洲的这类诉讼叫团体诉讼，或者叫协会诉讼，如果出现类似三鹿奶粉的大规模侵权事件，允许那些代表个人利益的团体主要是消费者保护团体以团体的名义提起诉讼，这就是一种大规模的共同诉讼。欧洲大陆的这种诉讼模式更多地具有行政干预的色彩，比如它要审查有哪些团体可以代表受害者来提起这个集团诉讼，行政控制的色彩比较浓厚。在德国有一个叫《模范程序》的法律，如果出现同样的、类似的、性质相同的系列诉讼，由法官从中选择一两个典型的案例来进行审理和做出判决，其他的人也可以介入。做出判决之后的结果对其他案件具有模范的效应。这样可以解决由于大规模的侵权导致的大规模的诉讼涌入法院，导致法院系统瘫痪的问题。"[①] 简单说来，美国行政干预较少，可以以个人的名义提起集团诉讼，判决结果类推适用于相似境遇的其他个体；欧洲的团体诉讼要求以组织、协会的形式来提起诉讼，诉前行政机关就介入对诉讼组织的遴选。

我国目前行政诉讼法中"行政诉讼第三人"的规定是："（1）与被诉具体行政系行为有法律上的利害关系。（2）经本人申请或人民法院通知参加诉讼。（3）第三人有权提出与本案有关的诉讼主张，对人民法院的一审判决不服，有权提起上诉。"[②] 我国目前涉及多人的行政诉讼有些类似美国的集团诉讼模式，但值得注意的是，"仅与诉讼结果有利害关系而不与被诉具体行政行为有利害关系的个人、组织不具有行政诉讼第三人的资格"[③]。这就大大缩小了第三人的资格，也导致重复性的集体上访、诉讼案件增多，只有起诉了、闹大

---

① 沙勇忠等编：《多难兴邦：中国政治年报2008》，兰州大学出版社2009年版，第216页。
② 朱新力主编：《行政法学》，高等教育出版社2004年版，第406—407页。
③ 同上。

了才有可能得到解决，而美国的判例可以为下次作为法律依据进行类推适用，就可以大大减少重复性诉讼的发生。笔者认为，我国与欧陆传统有诸多相似之处，可以从培育公民社会的民间组织做起，借鉴欧陆团体诉讼的模式，把不同类型的群体性事件通过相似组织的诉讼参与，从而化解这一组织或协会的矛盾，并进而实现维护所有组织成员的利益，也有助于诉讼渠道的畅通。

第三节　信访制度的困境

（一）信访制度存在的问题

作为容纳社会矛盾的主要通道，信访制度在组织目标、体系结构和运行机制三个层面都出现了"信访悖论"。所谓"信访悖论"是指"有信访却难上访"。信访制度难以应付越来越多的社会问题，也面临着很深的制度本身的困境，使信访制度流于形式。

第一，在组织目标上，片面追求信访总量的下降，这与信访部门的职能设置相悖。设置信访部门的目的就是受理老百姓的上访，然而，2003年"信访洪峰"之后，各级信访部门都将信访总量下降作为首要目标。如果仅站在信访部门的立场上看，这或许是对的，但如果站在社会变迁、社会稳定、社会管理的全局上看，这未必是好事。"国家信访局统计数据显示，我国信访总量自2005年以来呈现下降趋势，2009年同比下降2.7%，连续5年保持下降态势，且集体信访、初信初访总量下降。2010年继续维持下降趋势，全国信访总量首次降到1000万件以下。但与此同时，群体性事件不断增多，官方统计数据显示，2005年为7.4万起，据学者推算，2006—2009年每年都超过9万起，2010年超过10万起。信访与群体性事件总量的此消彼长表明，制度内出口容纳社会矛盾的能力下降，则社会矛盾就会涌向制度外出口"。[①] 信访总量虽然连续5年下降，但社会稳定形势并未因此好转，甚至反而恶化，群体性事件愈演愈烈。在"维稳"的巨大压力下，一些地区和单位对信访采用量

---

① 张海波、童星：《社会管理创新与信访制度改革》，载《天津社会科学》，2012年第3期。

化考核的方式，不少地方甚至提出"零上访"的目标。实际上，信访数量是信访的登记数量，信访总量、集体信访、初信初访"三下降"并不能说明现行信访制度的有效。我们还要看这些数量是怎么下来的，由于信访量的统计排名及信访情况的通报对基层政府造成的压力更甚于以前，基层政府只好把功夫下在其他地方：如派专人经常性地到北京"值班"，或在北京拦截上访群众，采用"截访"的方式来压制信访矛盾，或疏通关系，在国家信访局的上访登记上弄虚作假，有些地方甚至通过花钱"销号"来减少信访登记，私下"销账"。还有"一些地方政府迫于考核和问责的压力，以人盯人、拦访、截访、陪访、办'学习班'等方式阻挠上访，甚至以非法手段侵害上访当事人的人身安全。例如，北京安元鼎保安公司参与截访，湖北信访学习班限制上访者人身自由，洛阳赵志斐进京旅游被当做上访者遭押送、打伤等，都曾被媒体公开报道"[①]。这种"数字出官员"、"数字出政绩"的错误我们一而再、再而三的重犯，要这种表面上做得很漂亮的数字文章又有何用呢？劳民伤财制造出来数字工程并没有实质性意义，信访正常的制度渠道可能被堵塞，矛盾冲突换种形式以更具危害性的群体性事件而爆发。可以看得出"零上访"政策的不切实际性，亟待改革这种有害的目标考核导向，只有重复上访数量的大幅下降，将信访考核真正转向针对诉求人实体性权利的"结案率"而非"上访登记"，才能说明信访的诉求真正得到了解决，真正体现出信访制度的有效性。

第二，在体系结构上，过于强调将矛盾化解在基层，这与信访部门的现实能力相悖。在上级政府的政绩考核"一票否决"和"零指标"的压力体制下，受到民众此起彼伏、到处冒烟的群体性事件引发的危机治理的困扰，难怪在上下夹缝中艰难生存的地方政府官员也在网上声称自己是"弱势群体"、"人都让我们得罪光了"。由于地方政府没有被赋予相应的权力，在事权上收、事责下放的体制下，权责极其不对称，在处置群体性上访事件时完全超越自身能力，导致群体性事件治理的失效。信访体制本身的权责不对等，当前大量的信访事件是由于政策问题所造成的，牵涉面广，数量巨大，负责解决

[①] 张海波、童星：《社会管理创新与信访制度改革》，载《天津社会科学》，2012年第3期。

"麻烦"的信访部门并不是制造"麻烦"的部门,而制造"麻烦"的部门又不负责解决"麻烦"。面对大量的信访矛盾,基层政府在维稳工作上面临着一些自身无法解决的难题,地方信访部门实际上很难将督查、协调、办理的职能落到实处,这就出现基层政府主观上不愿意、客观上不能够化解矛盾冲突的现象,因而也就会在处理上访案件的时候踢皮球,把矛盾推向上级机关。然而,踢皮球转移矛盾又带来一个现实难题,即"越级上访"、"进京上访"与中央要求的"零上访"和把矛盾解决在基层的政策相冲突。再加上各地和基层信访部门也将解决国家和上级信访部门的批转事项作为关键任务来办,而对于来自下层民众的信访忽视、漠视甚至打压,而在信访部门内部,越往上权力越大,解决问题能力越强,这些都容易诱发"越级上访"、"进京上访"的现象。2005年修订的《信访条例》将"越级上访"、"进京上访"界定为非法行为。"新的《信访条例》明确规定了'属地管理'、'就地解决问题'、'各级人民政府应当把信访工作绩效纳入公务员考核体系'等原则,进一步明确了信访事发地所在政府的信访责任。"[1] 这又一次使信访陷入问题向上走、上面向下压的困境之中,并且在2005年修订的《信访条例》实施后,信访在实践中出现了"形式化倾向",不少行政机关只满足于形式上按照《信访条例》规定的三级程序(初次信访办理、复查和复核)分别做出办理意见、复查意见和复核意见,而不注意在实际上解决信访人提出的诉求主张[2]。

这也就是说,中央政府应该承担必要的责任,鉴于信访机构过于庞大分散,缺乏统一的协调机制。有学者建议,需要权威机构"对过于分散的信访机构进行整合,建立全国统一的计算机联网系统;建立类似国外的监督专员,统一协调各地各部门的信访工作"[3]。可以借鉴法国总统统信局和共和国协调员制度。"法国总统府统信局是总统办公厅下属的机构,具有相对的独立性,专门负责处理公民给总统的来信来电。法国总统十分重视公民的来信来电,每两个月要看一次有关公民来信来电的书面综合报告,重大案件由总统顾问

---

[1] 应星:《"气"与抗争政治:当代中国乡村社会稳定问题研究》,社会科学文献出版社2011年版,第207—208页。
[2] 朱应平:《行政信访若干问题研究》,上海人民出版社2007年版,第187页。
[3] 姜明安:《信访制度及其解决争议的机制应该创新》,载《法制日报》,2004年2月12日。

直接出面处理。为了缓解政府与公民之间的矛盾、督促行政体制改革、维护社会稳定和公正，法国依据《共和国协调员法》于1973年建立了共和国协调员制度。协调员的工作具有完全独立性，人员由总统直接任命，上任后要辞去其他所有职务。协调员具有调查权、调停权、建议权以及控告权、命令权、追诉权、促进行政改革权等七项权力，除涉及国防、国家安全和外交政策外，他们有权查询所有的行政档案或文件。对于明显行政、司法不当，又不接受协调员合理要求的部门，协调员有权召开新闻发布会向其施压"①。

由于上级政府并没有很好地放权给地方，基层政府责、权、利不平衡的状况并没有得到实质性改变，无权也无责，制度设计的局限导致正面激励地方政府化解矛盾的动力不足，也必然导致民众利益诉求渠道堵塞，问题都堆积在那里得不到妥善解决。看来也到了该反思我们政策的时候了，即所谓的"问题解决在基层"、"零上访"和"一票否决"等，理顺上下级政府权责，让地方政府真正享有相对独立的自主性主体资格，权责对等，放权与追责相匹配，可适度提高信访部门的权威，如赋予直接交办督办权、重大决策评估权、考核奖惩建议权等；不要任意把社会问题拔高到政治问题的高度，造成紧张局势，降低信访事件的敏感度。将城市拆迁、企业转制等制造"麻烦"的部门也引入"信访大厅"，把制造"麻烦"部门与解决"纠纷"部门结合起来，采取"一站式"处理，以防责任推诿和扯皮现象，使信访接待常规化、人性化，这些措施的落实才是解决信访悖论应有的出路。

第三，在运行机制上，片面强调信访的"维稳"功能，这与信访制度的权利救济、化解矛盾的基本功能相悖。无疑将"维稳"异化为"稳控"，不仅不利于从源头上预防和化解社会矛盾，还会导致社会矛盾进一步积累和激化②。因为如果把控制局面当成地方政府最主要的功能，地方政府可选择的路径有三条：

（1）完全按照领导意图来照办的模式。即严格遵循科层制下级服从上级

---

① 钱先发：《法国信访工作概览》，载《楚天主人》，2006年第3期。转引自张炜：《公民的权利表达及其机制建构》，人民出版社2009年版，第211页。

② 张海波、童星：《社会管理创新与信访制度改革》，载《天津社会科学》，2012年第3期。

第六章
现有制度的不足和补充：多渠道完善矛盾冲突的化解机制

的管理原则，有选择地处理若干上访信息，要么优先办理领导交办的上访案件，助长奉迎拍马之风气，要么就是处理那些造成重大社会影响和灾害的事件，绝大多数的上访案件可能都被堆积在那里，好比"泥牛入海"，得不到回应。弱势群体的民众很难靠得上"达官贵人"来使自己的诉求得到解决（尽管也出现由领导出面帮助农民解决"打白条"的爆炸新闻，毕竟太凤毛麟角了），只得拿起弱者自己的原始武器自残甚至自杀，导致了越来越多讨薪不成的农民工上演"跳楼秀"，抵制强制拆迁的"自焚"等等，或制造声势甚至发动打砸抢的骚乱，从而引起新闻媒体的关注，倒逼政府不得不重视，激励民众只有把事情闹大才能受到重视的负面效应，造成诸如"不认识大官办不成事情"，"不把事情闹大办不成事情"这样的民众心理。

（2）"打压—反弹"模式。对于地方政府而言，当踢皮球的路径选择已经走不通了，那只有选择当恶人，选择高压打击的方式来把矛盾冲突压下去，问题是打压不但解决不了矛盾冲突，反而导致"打压—反弹"模式的恶性循环。现实中，他们最常用的手段也依然是对上访者尤其是集体上访的组织者采取打击手段，难怪地方政府成为"穷凶极恶"的被痛恨的对象，这又导致群体性抗争不仅没有得到解决，反而使问题聚集、演化成规模更大、破坏更强的恶性事件。

（3）"拿钱买平安"的维稳模式。这也只能起到燃眉之急，也可能导致激励闹大的负面现象。如果地方政府能够申请到维稳经费，也会选择与打压模式交替使用的是"拿钱买平安"的维稳模式。然而，这种模式也会带来维稳经费逐年攀升，这种"内部绥靖"的策略之举纵容了"上访油子"，也催生了把群体性事件"闹大"的策略选择。即"不闹不解决、小闹小解决、大闹大解决"成为群众生存理性的策略选择，呈现出一种放大的扩散效应被越来越多的弱势群体所效仿。

可以从上面的分析看得出，穷尽各种可能，不但不能解决群体性事件的矛盾冲突，反而是加剧了事件的恶性发展。从2003年开始的一系列信访改革举措来看，国家强调了对弱势群体的集体行动采取柔性处理的政策，如2005年新修订的《信访条例》特别强调了"任何组织和个人不得打击报复信访人"。这些政策在实践中取得了一定的成效。但要从根本上解决矛盾冲突，还是要从片面追求维稳的目标走向真正以化解民众的需求和满足民众的权益为宗旨，重视信访的实体救济功能，真正从老百姓的利益出发，能解决的及时解决，不能马上解决的，也要给老百姓合理的解释，以换取民众的理解和支持，共同来克服难关，而不是简单地满足在程序上走完信访三级审查程序，使信访制度流于形式。

（二）信访制度存与废的争锋

"虽然国家信访局的领导干部都认为'群众信访反映的问题80%以上是有道理的'，但现实是信访的解决率仅有千分之二。"[①] 面对信访制度的困境，社会各界主张取消"人治信访"的呼声比较强烈。信访制度存在制度性缺陷，作为"安慰剂"的作用远大于实际解决问题的能力。靠信访表达民意、表达利益诉求基本上是难以成功的。于建嵘鲜明提出，"强化各级司法机关接受公民的告诉、申诉及处理案件的责任和能力，撤销各级政府职能部门的信访机构，把信访集中到各级人民代表大会，通过人民代表来监督一府两院的工作"[②]。于建嵘总结现行的信访制度有三大缺陷："一是信访体制不顺，机构庞杂，缺乏整体系统性，导致各种问题和矛盾焦点向中央集中，信访投诉在各机构之间推来推去。二是信访功能错位，责重权轻，人治色彩浓厚，消解了国家司法机关的权威，从体制上动摇了现代国家的治理基础。三是信访程序缺失，立案不规范、终结机制不完善，不断诱发较严重的冲突事件"[③]。

应星认为对信访制度的功能应该区别对待，"将权利救济的希望寄托在诸多偶然因素尤其是首长的批示上、扬人治抑法治的上访制度，是法治的敌人；但对于偏重于程序正义的法律救济来说，信访救济又是一种替代性纠纷解决方式，对于某些在当地投告无门的上访者来说，对于被司法不公困扰的社会

---

① 黄学利：《浅析弱势群体公共利益表达机制构建》，载《地方财政研究》，2009年第5期，第70页。
② 于建嵘：《期待建立制度性的社会减压方式》，载《人民论坛》，2009年第16期。转引自：于建嵘：《底层立场》，上海三联书店2010年版，第155页。
③ 于建嵘：《中国信访制度批判》，载《中国改革》，2005年第2期，第26—27页。

是一个必要的安全阀和矫正机制"①。此外，他认为弱势群体更是实用主义者，哪种能解决问题就选择哪种救济途径。"公民寻求救济的行动也就不会拘束于司法救济/非司法救济之分。他们打官司并不一定是出于对法律的相信，就像他们上访也并不一定出于对'青天'的相信。他们把法律和上访同样都作为权宜救济的手段，就如同支配者把法律和信访作为权宜治理的手段一般。"②

季卫东在论及中国信访制度的出路时指出，"在中国现行体制下，信访制度要有所作为就必须打破行政内部监督的窠臼，从外部监督上另辟蹊径。为此可以进一步动员的权威资源不外乎公众传媒的舆论压力和人大常委会的权力，两者都以民意为基础，符合建立信访制度的初衷，也可以避免重蹈其他行政监察部门处理同一事项的覆辙。由此可见中国信访机构改革的基本方向或出路应该是对行政权的民主监控。如果同意这样的判断，那么不妨借鉴北欧议会型申诉专员制度的成功经验，以缩短试错过程、节约创新成本"③。

(三) 信访制度的演进

其一，信访制度的发展阶段。1949年建国之后，信访制度正式确立，主要团结和动员各界力量、对党和政府的工作起监督和帮助作用。改革开放以后，党和国家的工作重心转移到以经济建设为中心上来，信访制度的功能被重新定位，为经济建设大局服务。"1995年国务院发布的《信访工作条例》，允许公民、法人和其他组织采用书信、电话、上访等形式，向各级人民政府、县级以上人们政府所属部门反映情况，提出意见、建议和要求。应该说，信访制度是目前除网络方式之外一般公众唯一可以用来对政策、制度问题进行集体表达的合法途径，尤其是上访，在一定程度上推动了相关政策与制度的变革，释放了社会风险。"④ 2000年，国家信访局成立，信访制度的地位得到

---

① 郭国松：《审视信访》，载《南方周末》，2003年11月13日。
② 应星、汪庆华：《涉法信访、行政诉讼与公民救济行动中的二重理性》，见《洪范评论》（第3卷第1辑），中国政法大学出版社2006年版，第217页。
③ 季卫东：《上访潮与申诉制度的出路》，载《二十一世纪》（香港），2005年第89期。
④ 张海波：《中国转型公共危机治理：理论模型与现实路径》，社会科学文献出版社2012年版，第289页。

提升。2006年10月，十六届六中全会在对构建社会主义和谐社会的整体部署中要求信访工作"统筹协调各方面利益关系，妥善处理社会矛盾"，确立了信访制度在构建和谐社会中的基础性地位。2007年3月，中共中央、国务院发布《关于进一步加强新时期信访工作的意见》并召开第六次全国信访工作会议，指出"信访工作不是中心工作，但做不好会影响中心工作，每个地方、每个部门都是做好信访工作的责任主体"。2007年10月，党的十七大从加快推进以改善民生为重点的社会建设的高度，强调"要妥善处理人民内部矛盾，完善信访制度，健全党和政府主导的维护群众权益机制"①。2011年，中央提出加强和创新社会管理的重大战略，信访工作被纳入创新社会管理的战略布局当中。

应星在分析信访制度的演变时，"曾经把1982年到1995年期间的信访制度的运作称之为'安定团结型的信访'，而把1995年后的信访制度的运作称为'维持稳定型的信访'"②。应星对农民近20多年来的抗争所总结出来的三部曲演进过程也很好地反映了信访制度的发展阶段。在20世纪90年代中期以前，农民的信访主要以"个人信访"为主，也以和平性的"沟通式"向政府部门反映情况。而90年代中以后，大规模、情绪激烈的集体上访越来越多，农民对政府的具体措施和行为产生不满时也往往首先考虑"沟通式"的方式，但这种方式往往不能够受到政府的重视，信访困难，一拖再拖，农民才选择集体上访、越级上访等"逼迫性"方式。第三阶段，如果仍然得不到解决，才会考虑过激行为以求事情得到政府的重视和解决，采取"敌视性"的方式，闹事增多，暴力围攻、武力抗争也会增多。可见，只要为民众提供充分的利益诉求表达渠道，将矛盾冲突通过体制内途径加以化解，没有人会愿意采取诉诸暴力的集体行动。

其二，信访功能发生转变，从"表达意见"的合法渠道到"利益诉求"的抗争手段。信访的最初含义是来信、来访，是各级党组织密切联系群众的工作方式。信访是人民群众"向各级人民政府、县级以上人民政府工作部门

---

① 吴超：《信访制度化始末》，载《瞭望》，2011年10月8日。
② 应星：《作为特殊行政救济的信访救济》，载《法学研究》，2004年第3期。

第六章
现有制度的不足和补充：多渠道完善矛盾冲突的化解机制

反映情况，提出建议、意见或者投诉请求"的渠道。但事实上，"反映情况，提出建议、意见"的职能在不断弱化，"投诉请求"的职能则不断强化。更具讽刺意味的是，原本以反映群众诉求、化解社会矛盾为目的的信访，自身正在成为各级政府最为忧虑的不稳定因素。[①] 比如我国信访制度本是弥补现有行政、司法等解决途径不畅的一种制度设计，看似为了协助司法或行政更好地解决纠纷，但由于信访等这类强加的体制扭曲了国家权力配置，从而导致信访功能错位，本应是民意表达的一种途径却成了造成地方不稳定的重要因素。由于信访部门缺乏解决问题的相应权力，层层转办有关国家机关，不仅为行政权干预司法权留下了合理借口，容易造成更大的司法不公，而且容易造成堵访、截访等现象，进一步激化公权力危机及社会矛盾，进而容易引发更多的群体性事件等社会冲突。[②] 也即是说，与其说信访起到事前的预防功能，不如说其是事后的救济渠道，各级政府的信访部门本意是专为收集民意、反映民意而设的，然而，这一目前我国最主要的利益表达渠道对矛盾发生之前的预防以及正在发生时的化解作用是比较低的，它通常是在矛盾冲突发生以后充当群体救济渠道。信访制度所反映的只是利益受损群体的诉求与主张，更多是满足个人的具体利益和基本需求，这与公共事务中政治参与与政治表达还是有重要区别的，后者承担的是一种公共精神和公共关怀。

另外，信访的功能在"合法"与"违法"的界限变得模糊，不同主体对于信访功能的理解也存在明显差异。"上访是中国特色的利益表达渠道，但它的合法性却是模糊的：在高层政府对上访的看法与基层政府的看法之间，在个人上访与群体上访、逐级上访与越级上访之间，在平常时期与敏感时期之间，都存在着合法性的落差（应星，2004）。这些落差使上访本身实际上成了一种风险大、陷阱多的利益表达方式。结果，一方面，诸如农民工和城市下岗职工这样的弱势群体，几乎完全缺乏体制内的利益表达渠道和利益表达能力，他们不仅无法影响事关切身利益的政策制定，也难以通过谈判等方式来

---

① 蔡禾：《利益诉求与社会管理》，载《广东社会科学》，2012年第1期。
② 李昌庚：《维稳与改革的博弈与平衡——我国转型时期群体性事件定性之困惑及解决路径》，载《江苏社会科学》，2012年第2期。

维护自身权益。另一方面,一些占有大量资源的强势群体,则又已经显示了通过各种渠道和方式来影响及左右公共决策的能力。"①

(四)信访制度的未来方向:从运动式治理走向参与式共治

其一,信访运动式治理的效果反思。诸如在化解群体性上访事件问题上,"20世纪90年代,尤其2003年以来,高层政府为解决信访突出问题和群体性事件采取了一系列措施,其中,'开门大接访'、'领导包案限时办结'等措施在短时期内取得了较好的效果。但是,这些看似创新的举措基本上仍然属于新中国惯用的运动式治理方式,即政府以垂直命令、政治动员的方式,在某些特定的时期集中调动力量、配置资源,来解决一些比较尖锐、比较突出的矛盾和冲突。这种治理方式的特点是行政主导、不计成本、一刀切、一阵风。但它追求的往往是一时之功效,而无法形成制度化的积累,往往陷入'治标不治本'的困境(孙立平、晋军、应星等,2010)。而政府在常规化治理上则是思路陈旧,手段单一,一切为维持社会稳定本身而层层加压,严防死守,不讲规则,不计后果,罔顾制度建设、人心安定、利益表达和社会发育这些治本之策。"② 短期的成效由于政策的反弹而收效甚微,甚至愈演愈烈。"短暂的高度政治动员可以有效于一时,但代价极大,难以为继。在中央政府高压政策下,地方官员噤若寒蝉、手脚束缚,难以因地制宜地解决当地问题,权威体制与有效治理的矛盾随之积累延续。久而久之,这些矛盾紧张逐渐明朗,危机四起"。③ 这是因为运动治理为了追求治理的效率,选择严惩高压和"一刀切"的模式,使纷繁复杂的社会问题简单化处理,难以满足不同群体的利益诉求。既可能导致资源和金钱的巨大浪费,也常常被西方抨击为践踏人权,更坏的结果有可能是政策的执行者为了追求政绩工程,而制造虚假事实,掩盖社会矛盾,使社会问题没有得到根本解决,反而"数字出官员"而使个人

---

① 应星:《"气"与抗争政治:当代中国乡村社会稳定问题研究》,社会科学文献出版社2011年版,第73页。
② 同上,第224页。
③ 周雪光:《权威体制与有效治理:当代中国国家治理的制度逻辑》,载《开放时代》,2011年第10期。

得以晋升，成为满足个人欲望的工具。

其二，从行政单一主导的运动治理向多元主体参与共治的制度治理转变。对于群体性社会危机的治理，政府已经不再是唯一主体，只有把企业、社会团体、非营利组织和公民等吸纳进来，发挥其积极性，主动地参与到危机共治的机制中来，信息共享、责任分担和相互配合，才能较好实现对危机的化解与规避。在运动治理模式下，社会成员也可能被大量动员参与进来，因为行政一元主导的"运动型治理的权威基础与法制、科层制的理性权威迥然不同。运动型机制的纠偏、修补能力，其前提是魅力型权威的存在和不断强化，即权威体制的权威可以中途修改游戏规则，自上而下的部署安排有着任意性而不被质疑。而这就要求中央政府持有强制实施的权力。国家要保持'纠偏'的能力和任意性，不但需要组织上的政治动员能力，而且需要为这种自上而下的干预提供观念基础。上级检查、严打查处、贯彻学习等运动形式恰恰在不断强化魅力型权威，削弱理性权威的基础"[1]。这种通过强有力的国家能力来不断巩固其权威基础的运动式治理在应对自然灾害的时候显得比较有效果，可以有非常迅疾的资源调集能力，并享有很高的权威认同的基础。但是在利益关系日益复杂的现代社会，往往容易激化不同社会力量的冲突，造成新的危机。"我们知道，危机治理涉及社会生活和政府行为的方方面面，危机的克服需要政府各部门联动，社会各群体协调，危机发生的信息和资源共享，以及专业知识在控制危机方面作用的发挥，这一切都需要通过完善的制度加以推进。特别是在危机渐趋频发的社会里，只有实现了危机治理从运动状态向常态的制度规范，才可能保障危机治理的规范性、长效性，降低危机应对的成本。"[2] 这就要求遵循把社会矛盾冲突纳入到法律制度的渠道中来解决，尊崇法律权威，而不是决策者的权威，坚守从程序正义走向实体正义，以法律理性来规约人们的恣意妄为或想当然的臆断，尤其要约束制定游戏规则的人自身，最好是让多元主体参与到制度治理的制定和执行中来。

---

[1] 周雪光：《权威体制与有效治理：当代中国国家治理的制度逻辑》，载《开放时代》，2011年第10期。

[2] 蔡志强：《社会危机治理：价值变迁与治理成长》，上海人民出版社2006年版，第108页。

第四节 "第三方调查"制度的兴起和其他补充制度的可能性

(一) 社会多主体参与共治的必要性

我们也应该看到一个日趋理性的公民社会正在形成,表现在公民依法抗争的现象增多,不少上访的群众对于政策红头文件、规章条例和法律是比较了解的,权益诉求也比较明确,谈判能力也不断增强。另一方面社会组织的发展壮大和社区功能的发挥,在群体性事件的化解中扮演越来越重要的作用。政府在群体性社会危机的治理中一方面对群体事件的繁杂性、政府治理的局限性有了更为清晰的判断,另一方面也越来越认识到公民、市场组织、社会组织在危机治理中的作用,对这些多元主体合理引导而不再是压制,带来的治理效果也是利大于弊。

其一,重新整合政府系统内部资源,完善和创新化解群体性社会危机的新模式。如充分发掘现有的制度体系(包括人大制度、政协制度、工青妇等社会团体)在聚合和传递利益诉求上的功能。

(1) 发挥各地人大常委会和人大代表作用的人大信访模式。作为重要权力机关的人大长期以来一直扮演着"软"的"橡皮图章"功能,这种现象正在发生深刻的变化,人大和人大常委会越来越发挥其应有的功能。如让代表从目前的兼职走向专职化,定期接待选民、设立代表热线、代表运用其专业知识参与信访等等。一方面有效地改善以往代表与选民联系不紧密、沟通不畅通、代表对社情民意了解也不充分的弊端;另一方面也代表着一种新的模式越来越发挥重要作用,即从党政化处理信访的模式走向各级人大的信访模式,实现自下而上的权力授予与监督机制,进而提升人民代表大会制度的利益表达效能。

(2) 发挥人民政协参政议政、民主协商的作用。改变过去政协作为退居二线的领导干部的养老院的形象,发挥其"非官非民、亦官亦民"的桥梁纽带作用,发挥好政协委员下基层、各大民主党派的社会凝聚力和最广泛的统

第六章
现有制度的不足和补充：多渠道完善矛盾冲突的化解机制

一战线的功能，从而更好地挖掘政协收集民情民意、开展民主恳谈、排忧解难、统一战线的作用。

（3）发挥基层党建的示范引领和社会动员的功效。改变党员脱离群众、入党动机的功利化、大多数党员除了交党费几乎不发挥作用、基层党支部流于形式的一些不良现象，通过建构相关制度激发基层党组织、党代表和个体党员深入基层，如"楼寓党校"、"优秀党员工作室"、"党员挂牌"、"党员结对服务"等好的做法值得推广。中国共产党拥有金字塔式的遍布全社会的组织网络及多达8000多万成员的优势条件，在革命战争年代受"三大纪律八项注意"规约的共产党人把社会各基层高度动员起来，与民众打成一片，建立深厚的"鱼水"关系。在和平建设年代保持共产党员的先进性，发挥好"三个代表"的作用，经常性地深入群众、体察民情，为民解忧，畅通基层群众利益诉求的表达渠道，从而提升基层党建的执政能力和执政绩效，积极发挥基层党组织和党员的矛盾疏导、利益整合和价值引领的作用。

其二，盘活社区资源存量，发挥社区居委会的信访代理制度，把矛盾冲突化解在社区内部。"上海市长宁区周家桥街道于2003年6月在两个居委会试点成立了'信访代理服务站'，与过去社区设立法律服务窗口不同的是，信访代理服务站不仅向居民提供法律咨询，还具有代言、引导、代办和协同的功能。"[①] 把很多邻里纠纷以及小范围的群体冲突化解掉，居委会社会自组织的功能越来越凸现，类似的新的社会组织创新的制度模式也会越来越多，也让政府逐渐从强制性的社会管制中退出来，还权给社会，让社会组织代表弱势群体去与政府和司法机关沟通、交涉甚至代为诉讼等，发挥社区各类资源的优势。从单位人走向社区人，工作单位和居住的社区分开是社会发展的一种必然趋势，除了工作时间，人们很大部分时间生活在社区，社区矫正、社区养老、社区就业、邻里守望等制度创新越来越为人们所熟悉。现在几千人甚至上万人规模的社区比比皆是，如何发挥社区的温情关系、利用网络技术、政府及热心人士的推动，把原子化的个体打造成一个个关系密切的"熟人社区"，这在群体性社会危机治理中会发挥越来越重要的作用。基层社区治理好

---

① 金国华、汤啸天主编：《信访制度改革研究》，法律出版社2007年版，第113页。

了、社区认同感增强了，必然有助于国家认同感的增进和矛盾纠纷的化解。

其三，壮大社会组织，充分发挥媒体和网络作为"第四种权力"的监督功能和舆情传达疏导功能。社会组织的壮大、组织的身份认同、组织的号召与凝聚力、组织的利益整合和协商谈判的功能，发挥利用得好，能大大降低危机治理的成本，提升治理的绩效。以现代信息技术为基础的大众传媒与网络微博大大提升了民众媒体监督、网络问政的能力，其蓬勃发展、势不可挡的发展趋势也使政府不得不重视日益崛起的"第四种权力"。也只有在尊重其独立性的前提下，合理引导、培育媒体的责任和营造健康的网络文化，提升新闻从业者的能力和普通网民的素养，把媒体和网络的积极功能发挥出来，让民众生活在一个话语平等、舆论自由的广阔的社会空间里，身心愉悦、心情舒畅。社会组织、媒体网络都具有两面性的功能，主要在于政府如何挖掘其潜能、合理引导、加以规范，发挥其对群体性危机化解事半功倍的效果。

（二）"四位一体，三调联动"机制

有学者提出"四位一体，三调联动"的机制来化解群体性矛盾。"'四位'是人民调解、治安行政调解、司法调解、信访接待各自行使职能，各负其责；'一体'是三种调节方式有机的结合。'三调联动'就是建立人民调解与治安行政调解联动、人民调解与司法调解联动，信访与人民调解、治安行政调解、司法调解联动机制，突出'人民调解'的基础性作用，强化'行政调解'职能，深化'司法调解'的作用；形成三种调节手段相互衔接配合的大调解工作体系，更多地用和谐的方式解决当事人之间的矛盾和争议。"[①] 形成"大信访"、"大防控"、"大调解"有机衔接的"三大"联动机制。"'三大'机制实现了'访'、'控'、'调'的有机衔接。'访'的功能在于排查基层不稳定的信息；'控'的功能在于限制矛盾发展在一定范围内；'调'的功能在于将已形成的矛盾逐一进行化解。'访'是抓基础，'控'是讲手段，'调'是寻规则，即通过调查研究，发现问题，寻找解决问题的根本性策略，'三大'联动机制

---

① 王学辉等：《群发性事件防范机制研究》，科学出版社2010年版，第170页。

第六章
现有制度的不足和补充：多渠道完善矛盾冲突的化解机制

贯穿于矛盾发生与解决的全过程。"①

这种想法是非常好的，也气势恢宏，信心满满，但是笔者认为这在实际的操作过程中会出现协调难的问题，存在流于口号化、形式化的问题，而且很可能又回到运动式治理、人治优先于法治的窠臼中去。要养成在日常的常规治理中化解点滴矛盾，而不是等到问题积累多，来一次"大调解"、"大信访"、"大防控"的治理风暴，再来一次各部门联合执法的综合治理模式。笔者认为这都是制度化不健全、不成熟的表现，不能迫于形势的压力、领导的心血来潮或所谓的制度创新，搞一场轰轰烈烈的运动战之后，收效并不大。具体要做的工作是把前文所述的调解、诉讼和信访的不足完善好、落实好，养成规则意识和制度治理的习惯，才是法治社会应有的态度。群体性事件的治理需要培养慢功夫出细活的平和心态，把工夫花在平时，把工作做到实处，民心工程投机求快是办不好的。

（三）"第三方调查"制度的兴起

其一，第三方调查制度的价值。"'第三方调查'现在一般是经过一定的权威机构授权，按照相关程序，由除纠纷当事人之外的第三人、相关领域的专家、律师、媒体工作者以及网民等社会各界人士组成的一个临时组织或团体，对相关事项进行独立调查取证，查清事实真相的相关活动。从云南'躲猫猫'事件到上海'钓鱼执法'再到南京'徐宝宝'事件，'第三方调查'为舆论反映强烈的涉政公共事件的公正处置赢得了民众的赞扬和支持。"② 第三方调查制度的兴起也非常好理解，当陷于矛盾纠纷中的双方不能通过平等协商的方式来解决的时候，就会选择一个双方都信赖的第三方来调节、仲裁或判决，这里就存在一个到底选择谁来充当第三方的问题。在制度的框架内，人们通常会选择行政机关、司法机关作为第三方，然而，从上文的分析可以看出，行政调解和司法判决都存在制度的不足，那么到底选择谁来充当公正中立的第三方呢？人们想到了社会权威机构作为第三方来弥补公共权力机关

---

① 王学辉等：《群发性事件防范机制研究》，科学出版社 2010 年版，第 173 页。
② 聂方红：《涉政公共事件：地方政府行为新挑战》，人民出版社 2012 年版，第 98 页。

作为第三方的不足。这也是民众随着权利意识的增长，对政府不公正行为不满而要求加强社会监督的产物，尤其在政府卷入的群体性事件的化解过程中，民众更容易怀疑政府调查的公正性和可靠性，第三方调查就扮演了非常重要的作用，甚至认为必须引入第三方的权威力量才能令人信服，如独立性较强的社会组织，或者是无利益相关者的享有社会声誉人士，或者是享有特殊专业技能的专家等，从而减少民众对处理过程的疑虑和猜忌。由于第三方的社会权威来自于民众的推选，民众的心理认同程度就非常高，第三方调查机构为了巩固威信，其迅速的行动能力、真实的事实报道，还原事情的真实内幕，能够相对客观公正地提供纠纷双方需要的信息，有效地弥补了官员调查的缺失。作为社会权威机构的第三方调查，满足了公民的知情权，澄清了事实真相，公众对其得出的结论也乐于接受和信服。只有基于事实的真相才容易找到问题的症结所在，消除民众心中的积怨，为安抚民心、争取双方的理解和认同提供可能，这样，基于事实真相的判断也就会客观公正，也才会很好地化解矛盾冲突、促成问题的有效解决。

当然，第三方调查制度自身也会出现一些值得注意的问题，如作为第三方的社会机构的调查一般不是免费，甚至成本还比较高，当涉及购买第三方服务的问题时候，就会存在一个在金钱面前如何还能确保第三方公正的疑虑。另一个问题，当问题的技术化和专业化程度很高的时候，完全依赖于专家给出的判断，也会令人产生疑虑。无论是道德的拷问还是技术的质疑，都说明这一制度有待进一步完善。

其二，韩国民愿委员会和美国的民调机构就是制度创新的典范。韩国于1994年成立了民愿委员会，旨在保护公民权益免受不良行政的侵犯。该委员会管辖权广泛，除了受理公民对非法或失当的行政措施以及玩忽职守（无论是故意还是过失）的投诉外，还受理对不合理行政管理制度和政策的投诉。韩国民愿委员会具有较强独立性和权威性，其委员会的委员均由总统直接任命。民愿委员会虽然不能直接纠正侵犯公民权益的行为，不具类似法院判决那样的刚性约束力，但它有权要求有关行政机构在规定的时间内通报处理结果，在公开媒体上公布有关活动，或直接向总统递交报告。为了规范自身行为，韩国民愿委员会制定了《民愿委员会工作守则》和《调查员行为守则》，特别强调其工作人员行为的客观公正性。① 可见，韩国的民愿委员会有总统直接授予的"尚方宝剑"，再加上自身又有很好的自我约束机制，为自己行为赢得了好名声，也确保了作为第三方的独立性和权威性。

美国的各类民调机构的民意调查经验也值得借鉴学习。"美国新闻界的民意调查以及各类民调机构的测验数据能够很好地帮助政府掌握公众舆论的动向。对于其政策的制定有着极大的影响。对于国会领袖而言，民意调查帮助他们解决两个问题。第一，民意调查帮助他们知道公众在想什么，便于其在政策辩论过程中采取相应立场以获得广泛支持。第二，民意调查能够汇集各方面的信息并进而在海量信息中理清头绪，抓住主要问题和问题的主要方面。"② 在许多发达国家除了政府自身的调查机构外，还有大量独立于政府之外的民间调查机构。这些民调机构的数据有助于弥补政府自身调查机构的不公与袒护。因为这些调查机构属于商业性的，而且很多同类的民调机构之间的相互竞争也比较激烈，良好的外部竞争环境，也有助于避免民调机构的短视行为，为维护其信誉，在市场中长久生存，它会尽可能收集相对全面的信息和资料，做出客观真实的调查分析报告。

其三，独立的民意调查机构在我国的兴起。"目前我国政府的民意调查职能通常由各地统计局负责。统计局虽然拥有系统的组织机构和信息收集能力。但是面临一些问题：一方面统计局工作繁多，其主要任务通常是对各地区的经济运行状况进行分，可能导致精力的分散无法专注于民意的调查；另一方面由于其政府背景，即便得出了客观准确的报告能够为政府决策提供依据，但是也无法发挥塑造民众舆论的作用"③。在这种客观情势下，在市场上也催生了一些独立的民意调查中心或社会机构。目前，国内一些比较著名的民间调查公司和学术研究机构越来越好地发挥了第三方调查的功能，如零点调查公司、清华大学胡鞍钢为领导的国情研究中心、北京大学以沈明明为领导的国情数据中心、兰州大学的民情调研中心，还有诸多的关于民生、舆情等的

---

① 胡冰：《国外民愿表达机制与我国信访制度改革》，载《特区理论与实践》，2003年第12期。转引自张炜：《公民的权利表达及其机制建构》，人民出版社2009年版，第212页。
② 王学辉等：《群发性事件防范机制研究》，科学出版社2010年版，第146页。
③ 同上，第148页。

汇报中心等等。相对来说，中国的第三方调查机构还多是受政府委托、拿政府的资助来辅助政府作决策咨询，市场化的程度和规模相对来说比较有限，第三方调查的作用还有待进一步发挥。只有民意调查做得越真实、越丰富，才能更准确把握民情，反映民意，化解民众之间矛盾纠纷。

（四）国家对于多元化解矛盾机制的重视

2004年，国家提出了"建设和谐社会"的战略思想，并开始大规模地治理信访问题和群体性事件：8月，中央召开了处理信访突出问题及群体性事件联席会议；11月，中共中央办公厅和国务院下发了《关于积极预防和妥善处置群体性事件的工作意见》，并召开了全国预防和处置群体性事件的电视电话会议。

2005年5月，国务院颁布了新修订的《信访条例》，公安机关随即开展了声势浩大的开门大接防活动。

2006年10月，中共十六届六中全会通过了《关于构建社会主义和谐社会若干重大问题的决定》，对积极预防和妥善处置群体性事件进行了专题分析与部署。《决定》指出"统筹协调各方面利益关系，妥善处理社会矛盾。适应我国社会结构和利益格局的发展变化，形成科学有效的利益协调机制、诉求表达机制、矛盾调处机制、权益保障机制"、"构建社会主义和谐社会是一个不断化解矛盾的持续过程。科学分析影响社会和谐的矛盾和问题及其产生的原因，更加积极主动地正视矛盾、化解矛盾"。对于群体性事件不能一味打压，也不能简单地把事件归因于人民群众的素质和法制意识不高，而应该正视人民群众的合理、合法要求，妥善处理有关利益冲突。2006年12月，最高人民法院发布了《关于妥善处理群体性行政案件的通知》。

2007年8月，全国人大常委会通过了《中华人民共和国突发事件应对法》。同年，第六次全国信访会议召开。2007年11月20日，当时任中央政法委书记、中央综治委主任的周永康在中央综治委2007年第二次全体会议上的讲话对于人民群众内部矛盾的化解的难处与途径进行了非常深刻的阐述，"社会治安综合治理工作面临的根本挑战是：随着经济体制的深刻变革、社会结构的深刻变动、利益格局的深刻调整、思想观念的深刻变化，人流、物流、

第六章
现有制度的不足和补充：多渠道完善矛盾冲突的化解机制

资金流明显加剧，经济社会活动更加纷繁复杂。而我们整个社会管理的体制机制和方式还难以适应，管理缺位、错位、不到位的问题还比较突出，这是社会治安综合治理工作面临的前所未有的挑战。另一方面，从社会治安综合治理工作自身来看，基层基础工作仍然相对薄弱，齐抓共管的合力需要进一步形成，工作机制和制度需要进一步完善，职责任务需要进一步明确，各项工作措施需要进一步落实，队伍的政治业务素质和工作水平有待进一步提高。因此，社会治安综合治理工作关键是要解决以下问题：如何带着对人民群众的深厚感情做好矛盾纠纷排查化解工作，进一步从源头上预防和化解矛盾纠纷；如何树立以人为本的理念，进一步完善社会服务与管理体制，加强社会建设，健全党和政府主导的维护群众权益机制；如何着眼于预防为主和专群结合，进一步发动群众和社会力量健全社会治安防控体系，建构坚强有力的第一道防线；如何增强打击的针对性和实效性，严厉打击各种严重违法犯罪活动，进一步提高人民群众的安全感；如何加强和改进法制宣传教育，进一步增强公民的法制观念，提高法律素质，为落实依法治国基本方略营造良好的社会环境；如何加强城市以社区、农村以乡镇为重点的基层政权和基础建设，健全基层社会管理体制，进一步夯实社会治安综合治理工作的根基等。"

2008年7月，贵州瓮安事件发生后，中共中央纪委、监察部、人力资源和社会保障部、国家信访局颁布实施了《关于违反信访工作纪律处分暂行规定》。2008年11月，全国2000余名县委书记在五所国家级干部培训学校轮训，学习的重点内容是维持社会稳定及突发事件处理。2008年12月中央电视台社会与法律频道播出特别节目《平安中国·话说平安》，展示了人民对平安生活的渴望，同时，通过生动的案例对如何执法为民、如何进行矛盾排查调解、如何进行流动人口管理、如何群防群治进行了全面的讨论。

2009年2月到6月，全国3000名公安局长和2000名县纪委书记进京轮训。同年，中共中央办公厅和国务院办公厅先后转发了《中央政法委员会关于进一步加强和改进涉法涉诉信访工作的意见》、《关于领导定期接待群众来访的意见》、《关于中央和国家机关定期组织干部下访的意见》、《关于把矛盾纠纷排查化解工作制度化的意见》等四个文件。

2011年在中央党校省部级主要领导干部专题研讨班上，社会管理创新被列为研讨班主题，胡锦涛总书记在讲话中特别强调要进一步加强和完善党与政府主导的维护群众权益机制，形成科学有效的利益协调机制、诉求表达机制、矛盾调处机制、权益保障机制，统筹协调各方面利益关系，加强社会矛盾源头治理，最大限度减少不和谐因素。

从党和政府的文件以及工作重心的调整来看，社会稳定问题原来在20世纪80年代的国家治理中还属于一个边缘性的问题，而今已经上升为一个压倒一切的中心问题，关注民生、化解改革开放三十多年来积累的弊病也将成为未来长期努力的方向，这将关系到改革开放的道路能走多远的生死攸关的大问题。从国家层面对于群体性事件的化解看：也更愿意放低身价、与人们群众更为平等的地位来寻求多元化矛盾化解机制，寻求和谐社会的构建。对于利益相关者的群体性事件而言，相对来说比较容易控制，可以通过谈判协商、合理利益补偿的方式来解决。对于泄愤型群体事件，由于更多是平时各种不满情绪的重叠堆积，利益诉求比较宽泛模糊，但社会的危害和影响却是巨大的，针对这类事件慎用警力、传播真实信息、加强真诚地沟通疏导、做好思想教育和心理干预等等，积累化解群体性事件的工作经验，善于分类处理，找到问题的症结所在，及时对症下药，避免类似事件的重复发生。

第七章 积怨与认同：探索心理干预与思想引导机制

第一节 "相对剥夺感"与心理怨气

（一）"相对剥夺感"

美国学者罗伯特·吉尔提出了"相对剥夺感"的概念，指出政治不稳定根源于人们对社会现实的不满心态，当人们的实际满足低于预期时，就会产生挫折感，进而滋生对社会现实的不满心态。因此，政治稳定与否取决于人们需求期望与社会满足之间的差距[①]。这种差距在外界社会迅速现代化的驱动下，愈发增大，戴维斯将这一现象解释为"发展型相对剥夺感"[②]。塞缪尔·亨廷顿也认为，经济发展本身就是一个造成不稳定的进程，经济增长以某种速度促进物质福利的提高，但却以另外一种更快的速度造成社会的怨愤[③]。阿列克西·德·托克维尔在解释法国大革命时也谈到，"这种持续稳定增长的繁荣，远没有使人民乐其所守，却到处滋生着一种不安定的情绪"[④]。可见，诸多的思想家都看到了发展引发的人们心理承受能力的变化，进而导致的社会不稳定。

一个普遍的心理现象是：公平、公正是具体的并且是通过比较产生的，人们的心理落差不是源自于自己腰包有多少钱，而是源于邻居腰包有多少钱。

[①] 转引自许文惠、张成福：《危机状态下的政府管理》，中国人民大学出版社1997年版。
[②] 赵鼎新：《社会与政治运动讲义》，社会科学文献出版社2006年版，第80页。
[③] [美]塞缪尔·亨廷顿：《变化社会中的政治秩序》，上海世纪出版集团2008年版，第39页。
[④] [法]托克维尔：《旧制度与大革命》，冯棠译，商务印书馆1996年版。

尽管人们普遍认为改革开放带来了生活水平的不断提升，但与周围人群比较起来，许多人的相对被剥夺感上升，认为受到不公正的对待感也在上升。"大家都缺乏幸福感，根据盖洛普世界民意调查结果显示，至 2009 年间对世界 155 个国家数千人的调查结果显示，以丹麦为首的 4 个北欧国家，在'全球最幸福的国家和地区'排名中分列前 4，中国内地列第 125 位，即倒数第 31 位，属于比较缺少幸福感的国家。公平、公正缺失，保障乏力，社会弱势心态的蔓延，国人幸福感的降低，让任何一件不公正事件都可能引发涉政事件甚至恶性群体性事件，因为'对一个人的不公，就是对所有人的威胁'。"[1] 更何况无论是主观还是客观的原因导致的社会不公比比皆是，更是助长人们对社会的不满情绪，降低自己的幸福感。今天的弱者，"不仅仅是我们日常所说的经济上的贫困者，也不仅仅是社会边缘化群体，而是一个相对的概念，因为在一个法制尚未健全的社会中，面对失范的公权力，每个人都有可能成为社会的弱者，即便今天他看来是所谓的强者。"[2] 与其说弱势群体在扩大，不如说人们的"弱势感"在蔓延。诸如各个阶层所流露出的"弱势感"，农民认为改革是以牺牲农民的利益驱动的，认为反哺农村、阳光普照的惠民政策只是毛毛雨，不起作用；城里下岗工人抱怨为国家辛苦奉献几十年到头来只能靠拿低保勉强生活；大学生抱怨高校扩招导致"毕业也就意味着失业"；私人企业主抱怨由于受到政策歧视而导致残酷生存竞争的压力；以及收入差距拉大导致的被剥夺感、社会竞争中的不公平感以及面对权力寻租的无助感等等。这种弱势心态也会表现出一些负面特征："（1）普遍习惯用感情代替理性，用道德代替法律，用政治口号代替游戏规则。（2）有足够的抗争精神，却没有足够的契约精神。（3）容易为一时一事的得失而失去最基本的原则与底线。（4）往往只盯着自己的一亩三分地，画地为牢，层层设防，不断试图通过政治和行政手段解决经济问题。（5）不敢承担责任，而是站在一个旁观者和批评者的角度去对待所有问题。"[3] 大众普遍的心理是"不患寡，而患不均"，把

---

[1] 聂方红：《涉政公共事件：地方政府行为新挑战》，人民出版社 2012 年版，第 57 页。
[2] 于建嵘：《面对失范的公权力，每个人都是弱者》，载《潇湘晨报》，2010 年 4 月 1 日，第 6 版。
[3] 李艳秋、姜忠刚：《变弱者心态为智者心态》，载《江城日报》，2008 年 12 月 29 日，第 5 版。

"蛋糕做大"不容易,把"蛋糕分均"更难,一个利益兼容的共享改革开放成果的"激励共容"的社会是人们所渴求的,既然是渴求的也就是人们所最短缺的。在残酷的现实面前,一边是利益集团、暴富阶层的崛起,另一边是为生计而奔波的劳苦大众的苦苦挣扎;一边是城市建得像欧洲,另一边是农村建得像非洲,由此而形成的巨大反差;等等。在强烈对立的巨大心理落差面前,人们很容易点燃心中的积怨,促使人们在维权抗争中容易拿起"弱者的武器"让事件扩大化、复杂化。"利益受损群体在与获益集团的博弈过程中,屡屡受挫,在利益受损得不到补偿的情况下,会引起巨大的相对剥夺感,当发现通过制度化的渠道无法解决问题的时候,便采取非制度化的渠道,即采用群体性事件进行最后的博弈。他们完全知道这种手段是法律不允许的,政府不赞同的,但除此自救的手段以外,他们别无他法"。①

(二)不满情绪相互叠加

应星教授通过研究农村群体性事件得出,"利益尽管是中国农民政治行动的基础,但政治行动的真正导因却往往是伦理或情感。在很多时候,他们并不会在利益一受到损失就马上付诸于高调的维权行动。因为畏惧、懦弱而忍让,或者只是作出斯科特意义上'日常的抵抗'这种低调的反应,这是更常见的情况。只有在他们感到忍无可忍、不能不为他们的正当利益而奋力一争的时候,他们才会决心卷入短兵相接、情绪激昂的集体行动中。"② 只要小的利益纠纷和心中的怨气能够得到及时的化解,人们是不会选择风险也很大的群体性事件的,看似不理性的民众行为其实是经过利弊权衡之后的选择,被多重情绪的叠加而压得不得不"集体爆发"。"在相当多的情形中,民众持续地卷入集体上访常常与被强加的高压、被压抑的情绪、被伤害的情感、被侮辱的人格有关。"③ 尽管这种被压抑的情绪可能在平时显得风平浪静,一旦能量聚集到一定程度而"集体爆发",又是非常具有破坏性的。"民众的不满是

---

① 朱力:《转型期中国社会问题与化解》,中国社会科学出版社2012年版,第263—264页。
② 应星:《村庄集体行动的"反应性政治"逻辑》,载《学术前沿》,2012年第9期。
③ 应星:《超越"维稳的政治学"——分析和缓解社会稳定问题的新思路》,载《学术前沿》,2012年第7期。

在压抑中不断积累、强化和扩散的,而一旦他们到了忍无可忍的地步,爆发出的总能量往往是惊人的"[1]。而且这种情绪很容易被感染、被传递,这也是21世纪以来形成由非直接利益相关人群卷入的"泄愤型群体性事件"爆发的原因之所在。"某种意义上,非直接相关利益群体实际上是从他人受侮辱与受损害的命运中感受到自己未来可能的遭遇,其心戚戚,所以积极参与其中。他们中的绝大多数通过现代技术尤其是网络和传统媒体卷入其中,在更大的空间范围内或发送信息,或传递悲情,从而对事件的处置形成了巨大的舆论压力。令人不安的是,具体的突发事件在付出巨大的社会成本后,最后总是在特定的时空内能够得到相对妥善的解决,但在非直接相关利益群体中传递的这种悲情,却并未随着具体问题的解决而得到缓解。当另一起新的事件发生时,他们往往重新啸聚,形成更大的悲情压力。而相关方面在处理突发群体性事件时,对这种情绪可能带来的后果明显还缺乏认知。情绪弥漫来自于对过往事件处理失望的累积。"[2] 这种泄愤型群体性事件要比直接利益相关者的经济型群体性事件更加复杂,更加难以处理,处理得不好容易使人民内部矛盾的事件性质发生转化,威胁政治秩序的稳定。朱力教授把这类事件称为社会型的间接冲突,并指出其社会危害性。"社会型的间接冲突主要表现在由治安事件为导火索而引发的突发性群体事件,这类事件往往会导致大规模的社会骚乱。社会型群体事件基本上是参与群体行为的人与引发事件的当事人并没有直接的利益联系,通常是作为第三者的旁观者,我们称作无直接利益群体。由具体治安事件的突然发生,诱发了临时围观的群众与闻讯而来的群众感情共鸣与冲突,在少数'领头羊'的带领下,引起大规模的骚乱,发生与公安部门及基层政府的对抗、冲突"[3]。应星教授从"气"的独特视角来研究这类"以非利益相关者为主体"的群体性事件,指出,"第一,以非利益相关者为主体的群体性事件一般是孤立于抗争行动的,其'气场'是弥散在一个较大范围的地域的,其利益纠纷、人格冲突和不满情绪是长期的、多重的。

---

[1] 应星:《村庄集体行动的"反应性政治"逻辑》,载《学术前沿》,2012年第9期。
[2] 沙勇忠等编:《多难兴邦:中国政治年报2008》,兰州大学出版社2009年版,第190—200页。
[3] 朱力:《转型期中国社会问题与化解》,中国社会科学出版社2012年版,第265页。

第七章
积怨与认同：探索心理干预与思想引导机制

而以利益相关者为主体的群体性事件是与抗争行动相交的，其'气场'首先是具体的抗争行动中的'气'激发出来的。第二，以非利益相关者为主体的群体性事件主要受'气场'的情景感染，个别情况下可能受到某种黑恶势力的影响。而以利益相关者为主体的群体性事件更可能在某种程度上受到草根行动者的影响，这也是草根行动者所谓'抗议的机会主义'的一种表现。第三，以非利益相关者为主体的群体性事件具有纯粹发泄不满情绪的进攻性，比较难以控制。"① 可见，这种由于多重情绪的叠加而引爆的，又由多元主体参加的社会泄愤事件愈发需要我们给予足够的重视，应把社会维稳工作细化，从点滴的社会工程做起，做好社会的修复完善工作，积累民心，化解民怨，把矛盾冲突化解在初始阶段，而不是我们现实的维稳工作所表现出的处处被动：面对群体性事件是头痛医头、脚痛医脚，手忙脚乱，一旦事件结束又依然对社会利益失衡的种种事端缺乏敏感，或视而不见，这种恶性循环只能使群体性事件进一步恶化。

（三）官员的"官气"和"霸气"要不得

"没有人能完全控制偶然性事件，但我们完全可以、而且也应当关注必然性趋势。（偶然的必然性）瓮安群体性事件背后真正的问题，在于民众对当地政府的不信、不满、不服。而这种民众对政府关系上的'三不主义'，正是瓮安事件的必然性原因。如果存在这种民众与政府关系上的高度紧张，任何一个偶然的事件，都有可能导致民众和社会情绪的井喷，酿成不应有的过激社会行动"②。而一旦出现群体性事件，又马上把警力警械推上一线，严防死守。"一些公安干警和犯罪学专家建议：行政执法应当贯彻宽严相济的精神，避免制造和激发矛盾；突发事件处置中应当尽量帮助当事人'去暴力化'，一定要想办法减少扰民因素，降低老百姓的焦虑感，提高愉悦感。有关部门在合法行政执法过程中也要去掉一些'霸气'和'官气'，不要总是将执法对象推向

---

① 应星：《"气"与抗争政治：当代中国乡村社会稳定问题研究》，社会科学文献出版社 2011 年版，第 197—198 页。
② 王锡梓：《反思瓮安事件：民生背后是民权》，载《法制日报》，2008 年 7 月 11 日，转引自沙勇忠等编：《多难兴邦：中国政治年报 2008》，兰州大学出版社 2009 年版，第 212 页。

政府的对立面。"① 奥尔特加·加塞特认为群体性事件是"被激怒的理性"、"最后的理性",也清晰地表明人民"在诉诸暴力之前对理性及其规范的服从"、"同时也意味着对理性和正义的最高礼赞"②。这也说明弱势群体并不是一上来就拿起"弱者的武器"、"以身试法"甚至"以死威胁",而是如果公共权力机构根本不考虑群众的切身利益,完全站在群众的对立面上,一些群众不堪忍耐性格扭曲的屈辱,心理上难以承受而选择自残自杀,或是报复社会伤及无辜。"当那些组织者被彻底打压下去时,农民此时就真正变成了法国思想家勒庞所说的'乌合之众'。在群龙无首的情况下,那些平素憋着一股气的农民本着法不责众的心理,其情绪可能变得异常激烈,其行动变得不计任何后果,一个个看似老实巴交、胆小怕事的农民在转眼间也可能作出暴民之举。"③ 如果基层政府对草根行动者采取打压的根源没有消除,那么,草根行动者捍卫人格价值、获得底线承认的问题没有得到根本解决,心中的冤抑感未见根除,则终究存在稳定的隐患。

第二节 危机意识与对于危机的客观认识

(一)危机意识不能过度

危机意识过度,即认为危机总是与危害性、毁灭性相关联,总把危机视为不祥之兆,看不到危机背后隐藏的发展的机遇。"许多人的感觉里面,危机总是与政治权力的更替有关,与经济运行体制的崩溃有关,与社会暴动有关。结果导致……一些没有关联性的群体性事件被看做为危及国家安全的政治危机来处置。对于危机缺乏合理分层的扁平化认识,使得我国各级政府在很长的时期里,多是采取严格且剧烈的强制手段来处置危机。这种认知缺陷导致我们没有应对危机的常态制度,这一点鲜明的体现在我国的法律法规中。

---

① 沙勇忠等编:《多难兴邦:中国政治年报 2010》,兰州大学出版社 2010 年版,第 174 页。
② [西班牙] 奥尔特加·加塞特:《大众的反叛》,刘训练、佟德志译,吉林人民出版社 2004 年版,第 69 页。
③ 应星:《村庄集体行动的"反应性政治"逻辑》,载《学术前沿》,2012 年第 9 期。

2004年前，我国所有的法规都没有涉及紧急状态的法令。如我国的戒严制度只适用于'动乱、暴乱或者严重骚乱'三种情况。从而使得政府在应对类似'非典'、洪水、群体性公共危机等危机的时候没有可供裁量的制度性标准。"① 由于对于危机持有过于严重的恐惧感，有一种有点风吹草动就唯恐体制就要崩溃，加强严防死守，又由于缺少常规性法制来治理危机的经验，强制手段的运用又进一步加深危机，带来对危机认识的恶性循环。事实上，一个社会没有任何矛盾冲突是不可能的，社会是由"一半是天使一半是魔鬼"的人所组成，就必然会引发矛盾纠纷。再加上社会发展过程中伴随着诸多的不确定性风险，也必然会产生这样那样的危机。更何况危机并不都是坏事，在治理危机的过程中也提升了人们认识社会和解决问题的能力。同时，危机也是一种挑战，蕴含着发展的内在契机。"按照约瑟夫·熊彼特的观点，社会发展的过程必然包含着必不可少的'建设性破坏'，这无疑会加剧我国社会结构调整的阵痛和潜在危机。"② 它只是由于我们正常的制度化渠道表达不畅通，而选择另一种非制度化的渠道表达而已，以一种更引人注目的方式引起政府的重视。

（二）不能对危机麻木或完全归责于政府

有一种观点是不认为有危机，即认为危机是资本主义社会所固有的，社会主义社会不可能有什么危机。正如毛泽东曾在20世纪50年代的报告中指出，"许多人不敢公开承认我国人民内部还存在着矛盾，……许多人不承认社会主义社会还有矛盾，因而使得他们在社会矛盾面前缩手缩脚，处于被动地位"③。持这种危机观的领导干部往往采取"包"、"捂"、"拖"、"等"、"让"等方式对待群体性事件，认为群体性事件就是民众撒泼要赖，冷一冷就过去了，导致老百姓的诉求得不到及时回应，这种回避的态度激化民众的愤怒和抗争。毛泽东在报告中曾经明确指出，"在一般情况下，人民内部的矛盾不是

---

① 蔡志强：《社会危机治理：价值变迁与治理成长》，上海人民出版社2006年版，第105页。
② 同上，第5页。
③ 《毛泽东文集》（第七卷），人民出版社2009年版，第213页。

对抗性的。但是，如果处理得不适当，或者失去警觉，麻痹大意，也可能发生对抗"①。这方面的例子很多，如2008年三鹿奶粉集团一味拖延、隐瞒，加上石家庄市政府没有及时上报，三鹿奶粉事件不仅没有得到及时处理，反而使它从企业危机转化为政府危机，不仅使企业甚至整个行业以及国家都陷入信任危机之中。

从目前处置群体性事件的经验来看：或者采取无条件妥协的方式，一味迁就，受"人民内部矛盾靠人民币来解决"的观念指导，"拿钱买平安"，导致出现"大闹大解决、小闹小解决、不闹不解决"的"闹大"的负激励；或者显示出解决问题的无能，无力深入探究群众的真实需求，不能对群体性事件分类处理，匆匆出台一系列措施，完全采用类似于"摸彩票"的思维，抓到什么就是什么，完全凭运气，这也导致人们对政府的不信任和不满。使群体性事件的解决陷入了"起因都很小——基层反应迟钝——事态升级爆发——基层无法控制——震惊高层——迅速处置——事态平息"②的怪圈。

另一种放任危机甚至对危机推波助澜，是基于中国传统的治与乱相互转化的危机观，即"大乱才有大治"，倾向于选择促发危机来达成社会秩序的好转。这种观点可能受法国大革命的影响比较大，但是没有看到"多数人的暴政"或"民粹主义"的巨大破坏力。

当然，我们也不能等危机出现后，把危机责任完全推向政府。"某种意义上，危机都是人类非理性、不合理的生产方式、生活方式和行为方式的结果。因此，危机治理的一个重要政策选择在于把危机治理与经济社会的可持续发展紧密结合起来，在经济社会的发展过程中尽量减少那些可能引发灾难和危机的因素。在认识危机的过程中，人们往往把价值判断与现实措施混淆起来，把社会存在的危机一味认定为政府治理能力的缺陷导致的，把政府的举措无一例外地与利益调整联系起来。这样一种文化思维的存在，在日常的治理中构成了对政府行为的压力系统。人们在谈及改革开放过程中出现的一系列社会问题的时候，往往不去认识思考何以政府全力禁止的东西人们会如此乐于

---

① 《毛泽东文集》（第七卷），人民出版社2009年版，第211页。
② 黄豁等：《"体制性迟钝"的风险》，载《瞭望新闻周刊》，2007年第4期。

第七章
积怨与认同：探索心理干预与思想引导机制

参与，乃至出了问题，所有的责任都要政府承担。"① 美国学者詹姆斯·C.斯科特对东南亚国家进行调研考察的时候，就试图解释，为什么"国家看起来似乎总是'那些四处流荡人群'的敌人"。面对如此复杂的社会局势和巨大的发展压力，单纯依靠政府应对危机无疑是不切实际的。"责任政府对于危机的责任无疑不是承担所有危机造成的损害，而是通过有效的预警和协调实现对危机的合理规避与降低损失。一个只能够穷于应付接踵而至的各种危机的政府无疑不是一个善于治理的政府，也很难说是一个负责的政府。"② 当政府成为社会失序唯一的责任人的时候，疲于应付各地层出不穷的突发事故的各级政府，不可避免地要被放在社会的对立面上。因此，只有政府和社会多元共治才是有效治理危机的关键。"传统危机管理主张的政府救灾模式受到全面危机管理模式的挑战。全面危机管理模式要求应用系统的视角应对危机管理。通过政策和法律为危机管理提供政策支持，使得各级政府、社团和社区甚至公民个体在危机管理中能够积极整合社会各界的力量，提升应对危机的能力。确保危机状态下，危机管理在资源调配、资源供给方面实现良好的合作。同时，对于危机及危机管理的相关领域要进行教育和培训工作，使得社会、政府和公民能够具有危机意识和危机知识，既有助于危机管理能力的提升，又能够减少危机带来的损失。"③ 要求政府动员社会各界对群体性事件参与共治，并不是要弱化政府在危机治理中的责任，恰恰相反，对于政府的危机治理提出更高的要求和承担更大的责任。因为群体性事件起因很复杂，都是由各种类型的社会"小事"引起，政府大包大揽的成本极高，也不一定有好的治理绩效，而把这些传达到政府的信息梳理、分类处理，把属于社会的权力合理回归，充分利用扁平化社会组织的"网格化治理"模式的优势，对群体性事件各个击破，而不转化为全局性、政治性的危机，能取得很好的治理效果。这就要求政府既能激活和调动社会的潜能，又能有效吸纳和整合社会的力量，这是对政府全面能力的考验。

---

① 蔡志强：《社会危机治理：价值变迁与治理成长》，上海人民出版社2006年版，第9页。
② 同上，第111页。
③ 高恩新：《从非常态管理到常态管理——西方危机管理理论综述》，转引自李瑞昌主编：《危机、安全和公共治理》，上海人民出版社2007年版，第55页。

（三）危机意识的调适和法治引导

现代社会中的人们并没有也不可能因为危机的潜伏就成了惊弓之鸟，前提就在于要有一个有效控制危机的基本生活规范和共同信仰。"就目前中国社会发展情况，发生社会危机的系数在增大，但是一些学者认为不足以引发严重的社会危机。其理由大致有以下几点：（1）中国持续增长的经济提供了社会稳定的基本条件；（2）社会自由度和社会宽容度进一步提高；（3）中国政治更加开明，政府更加自信；（4）稳定发展的社会成为人们的共识。"[①] 这几点基本的社会共识确保群体性事件是在现有的制度框架下发动的，对社会发展的总体趋势充满了信心，群众暴露社会的弊病，不是为了攻击社会，而是为了救治社会。社会出了问题，最好的途径就是发动社会来参与救治。"只有相信群众，才会把知情权还给群众；也只有把知情权还给群众，才会引发出人民群众战胜困难的聪明才智。古人云：'天下之乱，出于下情之通塞，当以通下情除壅蔽为急务。'……明朝王鏊《亲政篇》：'上之情达于下，下之情达于上，上下一体，所以为泰。'也就是说只要上下一体，危机再大也可以克服，也可以使天下安泰"[②]。由于改革本身必然伴随着社会结构、政治结构、利益结构、权力结构的调整，在这一综合的社会调整与变迁的过程中必然会引发一些矛盾冲突。但是"在治理过程中，一定范围内的社会不满或者社会恐惧其实是一种社会常态。改革过程中的社会结构调整和利益调整的过程，本身就可能导致人们表现出对改革和社会政治变迁的不安，有的甚至会从改革的支持者、拥护者转而反对改革。另一方面，由于社会改革存在的不完善的一面，许多在竞争中处于弱势的群体也会由于失去生存保障而出现恐慌。再者，社会转型时期的制度与利益变迁，改变了人们惯常的思维方式和行为习惯，许多人一时无法适应急剧变迁的社会形势，可能引发社会不满和恐慌。存在适度的社会紧张和不满，并不意味着危机就要发生，但是一旦不满和恐慌情绪弥漫在整个社会中的时候，潜伏的危机则可能随时转化为剧烈的社会

---

① 蔡志强：《社会危机治理：价值变迁与治理成长》，上海人民出版社2006年版，第5页。
② 辛向阳：《中国发展论》，山东人民出版社2006年版，第172页。

动荡,并抵消改革积累的一切成果。"①

由此可见,法治引导的必要性。作为领导者,要正确地面对群体性事件,不能大惊小怪、惊慌失措,而是要有一个理性的"常态"来认识此类事件的发生。处理群体性突发危机事件不仅取决于领导者的能力,更取决于他的心理素质,面对危机的"唯一生活方式就是将那些难以预测的事情转变为普通寻常之事"②。摒弃那种"非敌即友"、"非白即黑"的简单思维,把群体性事件当做一种任何社会都难以避免的社会现象来看待,"学会在国家法律制度下,在民主政治框架内解决群体性利益问题。更多地运用法律武器、民主方法、调节方式、协商手段、沟通渠道、科学技术和领导艺术处理群体性事件"③。既然群体性行动是民主政治体制下公民正当利益的表达方式之一。那么,政府面对群体性行动"如临大敌"就不合理,"围追堵截"就不合法。当然,群体性行动参与者也应遵循相关法律法规,在特定时间、地点,用特定方式表达自身的利益诉求,超出规定时间和地域,以"打、砸、抢"的破坏方式进行的利益表达也都不合法,理应受到相应法律制裁。通过法治手段来全程规范和引导群体性行动,让群体性行动在概念和行为路径上完全区分于群体性治安犯罪事件,从而使群体性行动成为民主社会公民利益表达的正常现象。对这一民主社会的正常现象,政府自然要"处'变'不惊"、而非"如临大敌";亦要"积极引导",而非"围追堵截"。

第三节 公民教育和必要的心理干预

(一) 公民教育的必要性

其一,对群体性事件发起者的危机引导和公民教育。"民众的危机意识是

---

① 蔡志强:《危机治理与社会和谐》,湖南人民出版社2007年版,第256页。
② 兰德尔·苏利文:《一个男孩的成长经历》,转引自伊恩·I. 米特罗夫:《危机防范与对策》,北京燕清联合传媒管理咨询中心译,电子工业出版社2004年版,第97页。
③ 中国行政管理学会课题组编:《中国群体性突发事件成因及对策》,国家行政学院出版社2009年版,第47页。

否得到了强化？危机结束后，应当更加强化民众的危机意识，使这种意识渗透到自己的内在生活中，而不是出现危机后才有危机意识。危机意识是一种潜移默化的东西，是内化于民众心灵深处的。如果危机过去后，民众危机意识又荡然无存的话，那么危机付出的代价就白白付出了"①。对于触犯法律的发起者要绳之以法，严惩不贷，而对于在认识上偏差或随大流者，要加强公民教育，从而使这些"意见领袖"成为政府治理群体性事件的帮手。目前，一种非常值得注意和令人担心的现象是："闹大现象"，即"大闹大解决、小闹小解决、不闹不解决"。政府应尽可能避免这种"闹大现象"发生，一方面通过有效的矛盾化解机制公正合理的解决它，另一方面通过吸纳他们，让他们更加理性地认识社会危机的根源，提升他们对国家的认同度和支持度，从而培养和塑造出具有危机意识、主体意识、责任意识、规则意识、宽容意识和具备健康心理品质的公民。也只有这样，"社群成员才能感觉到自己在决定其社会前途方面起着重要作用，担负着集体决策的责任，并作为社群的一员而投身于公共利益"②，从而减少群体性事件中民众的"从众心理"、"匿名心理"和"法不责众心理"，也就不会在群体性事件中以群体作为保护伞而淡化个人责任感，大大地降低群发性事件发生的几率。

其二，对普通民众的理性公民教育。锻造理性的公民品格，以理性的、制度化的方法解决矛盾，是防范群体事件的重要手段，在平时日常的公民教育中，强化公民的群体性事件的危机预警和危机应急的教育，把对群体性事件的防控纳入到日常化的管理中来，以公民的实践和参与本身作为教育方法和目的，在公民的实践活动中培养公民的独立人格、自由意志和理性精神及参与共治的能力，通过公民的实践活动推动公民参与从被动走向主动，从无序走向有序，从非理性走向理性，从局部参与走向整体参与。"危机素养即公众在面对危机和灾难时所体现出来的素质、意识和能力。良好的危机素养不仅能够降低危机发生的可能性，还有助避免可能导致的混乱和无序状态，减

---

① 辛向阳：《中国发展论》，山东人民出版社2006年版，第175—176页。
② ［英］戴维·米勒：《市场、国家与社群》，牛津大学出版社1992年版，转引自俞可平：《民主与陀螺》，北京大学出版社2006年版，第56页。

少危机带来的损失。它表现为面临重大灾难时的沉着冷静、临危不乱；表现为面对资源紧缺时的相互礼让、照顾老幼；表现为尽最大努力自救互救、不轻易放弃；表现为整个社会在危机状态下的秩序井然、一如往常。这是一种不易达到的精神境界，是社会发育成熟的标志和高度文明的体现。恰恰正是这种良好的危机素养，构成了发达的危机管理的社会基础，这也是西方危机管理成功的最根本经验。"[1]

（二）心理干预的必要性

其一，帮助民众克服心理难关，把损失降低到最小，迅速恢复秩序。我国对于危机后秩序的重建，在硬件基础设施和物资投放等方面做得很多，但却忽视了"软件"，尤其是民众的心理援助问题。由人为造成的群体性事件不仅给社会秩序带来很大的破坏，而且危机对给相关人员留下很大的心理创伤在短期内难以很快愈合，对于那些在事件中失去亲人、受到严重损伤和财物受到巨大破坏的群体而言，适当的心理干预更显得尤为迫切，走出心理的阴霾，适当的心理干预能起到明确而有效的效果，使之最终战胜危机，重新适应生活。灾难心理研究发现，心理疾病的发病率与所受的社会支持率成反比，即所受的社会支持越多，心理疾病的发病率越低。因为能够感受到社会的关爱，重新培养起对社会的信任和对政府的认同，这对于群体性事件引发的公共危机管理更是显得必要。

从更深层次的原因看，转型社会的改革阵痛和各种潜在的社会矛盾，心理受创伤的群体十分庞大。由于长期以来，我们不重视这方面的心理疏导工作，各种心理疾病没有得到调查统计、合理分类，更谈不上有一套系统的应对措施了。心理问题的郁结难以打通，容易导致轻信流言蜚语、行为反常非理性、恐慌甚至报复社会等行为，小则酿成社会恐慌，大则引发社会动乱和社会失序，给人们的生命财产带来极大的威胁，也使改革开放的社会进程受到阻力。有效的社会心理干预有助于控制流言、澄清事实、稳定社会秩序，

---

[1] 张成福、唐钧、谢一帆：《公共危机管理：理论与实务》，中国人民大学出版社2009年版，第34—35页。

这也是平稳实现社会转型的有力保障。

其二，有效的心理干预源于政府对民众心理的了解与沟通。实施心理干预的人首先应该了解人们对事件的反应及其影响因素，以及如何及时、适当地进行社会心理干预，以设法消除或将危机事件带来的心理损害降至最低。其实，健全的心理干预制度是伴随公共危机全过程的，在公共危机发生之前、之中和之后，在心理学理论指导下，有计划、有步骤地针对社会公众的心理活动、个性特征或心理问题施加影响，使之获得生理上、心理上的安全感，缓解乃至稳定由公共危机引发的各种强烈情绪（如敌对、恐惧、焦虑、挫折感等），恢复心理平衡，重新适应生活。

其三，有效的心理干预有助于提升政府的形象、增强政府的社会凝聚力。对群体事件的心理干预和心理援助体系建设，西方发达国家做得比较好，我国对公共危机进行社会心理干预始于1994年的克拉玛依大火。2002年大连的"5·7"空难发生后，心理专家首次实现了灾后24小时内的现场救助。2003年的SARS期间，我国心理救助力量首次大面积、全方位地介入公共危机的心理干预服务中。2008年"5·12"大地震发生后，我国政府更是重视心理危机干预的重要性，广泛发动社会参与救助和帮助民众度过心理难关。目前我们国家越来越重视心理学家和心理咨询专家与危机学专家一起共同关注群体事件后的心理干预问题，并注重培训大量的社会志愿者组织和训练公民自身的危机意识和自救能力。这既是国家财力雄厚的重要表现，也表现出国家的危机后重建工作做得更到位、更细致，以便满足人们深层次的心理需求。这样更能从本质上化解危机，也更能够赢得民心，获得民众深度的心理认同，从而使政府形象大幅度提升，也为政府整合社会的下一步工作赢得民众的支持，开展起来也更加容易。

（三）心理干预的有效途径

其一，通过情感的宣泄打开人们的心结。"宣泄理论的鼻祖可以追溯到亚里士多德，这位古希腊哲学家在《诗学》中认为希腊悲剧能够有效地把人们从恐惧、悲伤等负面情绪中释放出来，亚里士多德相信这有助于个体的心理健康以及社会安全有序。人都需要宣泄，只是方式选择不同而已。因此现代

第七章
积怨与认同：探索心理干预与思想引导机制

心理学认为，情绪宣泄是人们获得精神健康的必要'营养素'。"① 如通过成立情绪宣泄室，设立一个假想敌，让人们任其宣泄各种受压抑的情绪，敌对、憎恨、抱怨等等，通过完全彻底的释放之后，心理容易恢复平衡，有助于重新培养健康的心理品格。也可以通过面对面交流，做一个耐心真诚的听众，让他在倾诉的过程中得到关怀和受到重视，也有助于打开心结。还可以尝试其他多种方式，建立起心理疏通的平台，将心理承受能力的培养作为公共安全教育的一项长期内容，从而培养起人们健康的心理品格，如乐观开朗、意志坚强、经受得起挫折的考验和提升对环境的适应能力及自我救助认知的能力等，从而减缓群体性事件爆发的心理基础。

其二，发挥专业心理机构和心理人员的干预作用。

（1）发挥正式的心理机构和心理专家的作用。建立以专门的心理卫生机构为龙头，由综合性医院、社区医疗机构、学校及其社会组织开设的心理治疗机构和咨询中心等组成的心理卫生整体网络。形成自上而下的广泛覆盖，充分发挥其心理专家的疏导和技术上的救治作用。平时社会心理学家可以开通心理热线，提供咨询服务，成立心理危机干预中心，印发自我心理调试手册，编辑心理小报及开展系列的危机知识讲座等等，有效缓解心理压力，舒解负面情绪，帮助选择适当的行为模式，抑制不当行为。在应急管理过程中，应急管理部门应建立心理救援队伍，设立心理医生档案库。

（2）要成立专门的研究机构，提供资料库、数据库、案例库，并实施长期的跟踪研究，总结一套心理干预的有效经验，为培养合格的心理医生和大量培训懂得心理知识的领导干部提供理论保障。即对不同类型的危机心理干预的专门研究，积累数据资料，进行理论准备，从而为心理干预工作的实际开展提供理论指导是很必要的。在实际研究工作中，由于危机心理障碍波及的范围广，持续的时间长，所以应进行长期的连续性的跟踪调查，以掌握被干预者整个心理变化的历程。

（3）"美国的经验值得我们借鉴，美国在 20 世纪 50 年代建立起以社区为单位的精神卫生服务项目，心理卫生事业从单纯的医学科学导向，过渡到一

---

① 王学辉等：《群发性事件防范机制研究》，科学出版社 2010 年版，第 125 页。

个与社会保障系统相结合的庞大支持系统。在精神科医生逐渐被心理学和心理治疗的知识武装起来的同时，发展起一个数量庞大的社工队伍。"① 我国目前的精神卫生事业是比较落后的，人们对于心理疾病也没有很强的意识去看心理医生，绝大多数靠自我调节。另一方面，心理诊所和心理医生这一行业在我国也才刚刚兴起，从业资质比较低，从业人员的数量也是非常短缺的。"在发达国家，每百万人有500名心理咨询师，美国更多，每百万人有千名。而我国每百万人只有3到5人，其中相当一部分还是社会志愿者，而且不少从事心理咨询和治疗的人都是由普通医生、精神科医生甚至政工干部转行的，缺乏心理学专业知识和素养，不能完全适应现实需要。"② 这对于我们的政府而言，迫切要求投入相当的人力、物力、财力，造就一批名副其实的心理医生，遍布政府、学校、社区各个角落，建立起临床心理工作的执业资格制度，以便向社会提供应有的知识和服务，也使人们养成有心理疾病及时寻求帮助的习惯，很多群体性事件的发生都是由于心理问题郁结，扭曲的心灵得不到有效及时疏解而导致的。

其三，动员社会，发挥接受过专业培训的志愿者或社区义工的积极作用。在突发事件发生后，一方面利用专业人士的科学知识和技能，排解心理脆弱者的精神压力，帮助他们客观、冷静地看待现实，另一方面通过接受过培训的大量社会志愿者来帮扶和做好心理疏导工作。

（1）注重社区等基层单位的作用，因为他们更贴近民众生活，容易及时发现心理问题，也可以提供诸如感情支持、信息交流、经验分享、陪伴和归属等社会支持。如果仅靠政府的提供是有限的，从而在政府无法发挥的作用的地方起到补充作用。事实也证明，利用学缘、事缘、业缘、地缘的关系，在社区内部为出现心理危机的求助者提供基本的干预服务，往往要比把他或她移出所在社区让其住院治疗有效得多，从而很好地缓解群体性事件所带来的心理伤害，减少他们的精神压力，帮助他们渡过难关。

（2）充分调动志愿者和社区义工的帮扶作用。组成由精神科医生、护士、

---

① 王学辉等：《群发性事件防范机制研究》，科学出版社2010年版，第126页。
② 同上。

急诊医务人员、心理学家、社会工作者、志愿者等构成的民间社会组织，这些大量扁平化社会组织的存在，极大程度地缓解了官僚科层制实施心理干预的阻力，也节约了大量的政府成本，帮助公众了解真相，驱除焦虑，消除与危机伴生的流言和恐慌，起到稳定人心、恢复心理平衡和社会秩序的作用，提升政府决策的可信度和可操作性。

第四节　思想引导与公民认同

（一）心理问题还需靠做心理工作来化解

其一，做群众工作要见实效必须做到群众心坎上。这是解决问题的关键，但也是最考验执政能力和执政水平的地方。在革命战争年代，做思想政治教育是我们中国共产党的强项，但随着政治世俗化浪潮的冲击和多样化的生活方式变得合理正当，在利益政治面前，思想政治教育的功效也被弱化，甚至被"隐身"起来。但是，真要从根源上解决矛盾冲突，还得用"动之以情、晓之以理"的思想教育方式来破解，这也越来越受到重视。政府的思想政治教育工作面临的最大难题是：如何确保不使其流落到空洞说教的形式主义的窠臼中去，尤其当社会共识的道德基础已经受到世俗生活的冲击，统一式的、标准化的和口号化的政治宣讲形同"过眼云烟"，产生不了影响。如何深入实际、把思想政治工作做到位，这对政府和执政党提出了很高的考验。

其二，对领导干部来讲，做好思想政治工作首先自身要经历思想的启蒙、从心理上端正与人民群众之间的平等关系。"人之为人"的哲学命题对于很多领导干部而言，认识不深刻，把握不到位。每个人都是自主的个体，个人的权利应该受到保护和尊重，每个人的尊严不能遭到践踏，人与人之间没有天生的贵贱差别等等观念，有了这些基本观念的启蒙，在化解群体性事件的时候才有可能放下身段与民众进行沟通交流，赢得群众的信赖，这种情感的归宿感对于缓解矛盾冲突起到至关重要的作用。人是情感的高级动物，根据马斯洛关于人的需求层次论，人们在满足基本的物质需求之后，也会一步步提升自己的需求，为最高层次的尊严和自我价值的实现而努力。处置群体性事件的领导干部也要懂得从情感出发，赢得民众深度认同的积极价值。一方面，做心理工作看上去很务虚，但一旦心理工作做得到位，所起到的务实效果是惊人的。另一方面，如果不能很好满足人们的心理需要，不顾人们死活的暴力强制，也可能导致民众"为了争口气"哪怕是"鱼死网破"也在所不惜，触犯民众的心理底线，悲愤怒火的燃烧也足可以把领导干部拉下马，危及社会秩序的稳定。也可以理解为什么人们常说的一句话"为了争口气而活着"的深刻含义和深深地警醒作用。可见，思想政治教育工作做得好坏，结果是天壤之别。在革命战争年代，中国共产党做思想政治工作堪称世界一流，与老百姓打成一片，从诸如"缸满院净"的日常生活小事做起，再加上严格的"三大纪律八项注意"的规定，靠着"为千家万户排忧解难"，与人民群众建立起了军民一心的"鱼水情"，发动群众，建立起最广泛的统一战线，使革命的星星之火得以燎原，夺取革命的一个又一个的胜利，最终建立伟大的新中国。然而，在和平建设的年代，不少的领导干部已经不接地气，也不再会做思想政治工作，越是脱离群众，群众也越是不信任，政府开展工作就变得阻力重重，滋生的群体性事件不仅难以得到解决，反而更容易激化、危及政治秩序稳定。但是，可能看上去很务虚的思想政治工作，产生的治理绩效却是根本性的变化。能够把务虚的思想政治工作做好做实很难，既要求自己的思想认识到位，又要求必须因人而异，对症下药，讲究工作的方式方法。学会运用移情和换位思考的能力，出好手中的"亲情牌"和"温情牌"，以情动人、以情感人、以情服人。非常值得注意的是一定要发自内心、真情流露，而不能做秀、摆花架子，更不要视老百姓为弱智。群众的眼睛是雪亮的，演技一旦被揭穿识破，再想换取民众的真情就非常艰难，"失信于民易，取信于民难"。其次，落实政治思想教育工作更多时候还是从务实做起，了解民情、尊重民意、集中民智、关注民生、维护民权、化解难题。古语云，"民为邦本，本固邦宁"。亲民的政府形象树立来自于把人民的利益放在第一位，政策的制定和落实以最大限度地满足民众的需求为出发点，关心民生疾苦、维护民众合法权益。一旦出现关涉民众利益受到侵害的事件，能够秉公执法，尽快尽早抓住化解矛盾的最佳时机，把群众的损失降到最低。如果事件关涉到公共权力的行使问题，应首先从公共权力机关及其工作人员身上找原因、找问题、找不足，负责任，有担当，找到问题的症结所在，处置得当。这就要求政府机关和工作人员从根本上改变工作作风，不能一味地以个人利益得失、官场晋升作为评判的标准，眼睛仅向上看，揣摩领导意图，按领导旨意办事，而不是按群众需要办事。应该"始终把人民'拥护不拥护'、'赞成不赞成'、'高兴不高兴'、'答应不答应'，作为应对策略、措施的出发点和'对不对'、'当不当'、'认不认'的最高标准。"① 如果眼睛不能向下，不把解决老百姓的疾苦放在头等重要的位置上，不能把工作做到人们的心坎上，民众的切身利益得不到有效维护，群体性事件频发的现象就得不到根本和有效的缓解。再次，对于群体性事件的化解，要想真正了解民情民意，感受群众疾苦，掌握真实情况，必须要求领导干部深入进行调查研究，不是仅仅坐在办公室搞研究，而是要下基层、走出去，去亲身体验、感同身受，也只有立足于现实，才能真正为人民办实事，办好事，政策的制定才会科学、解决实际问题。这就要求"搞好调查研究，要做到亲知、真知、深知、面知，而不是停留在间知、虚知、初知、点知。'亲知'，就是亲自深入调查，'解剖麻雀'；'真知'，就是切实掌握真实、全面的情况；'深知'，就是透过现象抓住本质，把握事物发展的客观规律；'面知'，就是通过对一些点上的情况的总结从而达到对面上的情况的了解；'间知'是指随便打听一些点消息、道听途说；'虚知'是指满足于表面现象、不接触实际；'初知'，不认真分析和思考、浅尝辄止；'点知'，只是知道一个点上的情况就满足。调查研究既要'身入'又要'心入'，不能仅仅流于形式、做做样子，要避免不能深入群众只听干部汇报情况的'隔离层现象'，要避免停留在走访个别人的'看富不看贫现象'，要避免只看表面文章的修饰而不了解实际情况的'西洋景现象'。"② 由于现在很多领导干部都有高学历，擅长搞工程项目、搞招商引资、搞迎来送往，而不愿放下身段、深入实际、扎根基层。由于长期办公室的文山会海，遇到群体性事件也不会与民众对话，"鱼水关系"也就变为"油水关系"（相互脱节、浮在水面上），对于群体性事件的调查更多是马虎草率、做表面文章。由于群体事

---

① 聂方红：《涉政公共事件：地方政府行为新挑战》，人民出版社2012年版，第110页。
② 李俊伟：《人民内部矛盾处理机制研究》，湖南人民出版社2007年版，第214页。

件的复杂性，只有扎根群体性事件发生的深层社会背景之中，才可能找到问题的症结所在，找到真正化解问题之道。

其二，克服官员的官僚主义作风。民众"仇官"、"仇警"很大程度上源于官僚主义作风这个毒瘤，理顺干群关系，克服官僚主义作风大大有助于预防群体性事件的爆发。"干群之间的矛盾在整个人民内部矛盾中影响最大，作用最重要。干群矛盾为现阶段人民内部矛盾中最突出的矛盾，成为现阶段群体性事件发生的另一种'催化剂'。"[①] "有些涉政公共事件起因简单，过程也不复杂，有的事情也不大，为什么会出现一点就燃，变成大事呢？关键在于一些地方干群关系紧张，干群矛盾积怨已久、已深。一些干部只顾自己的升迁、自己的快乐，不顾百姓的生活、百姓的感受，大事做不对，劳民伤财，弄成形象工程；小事不关心，人民群众诉求表达无门，维权上诉无路。要么不作为，让人感觉'叫天天不应，叫地地不灵'，一些本该判、该捕的案件又以证据不全不足让犯罪分子逍遥法外。要么乱作为，如为了提高所谓的破案率、办结率，制造出湖北佘祥林、河南赵作海这样的'杀人'冤案。平时不仅不注重维护群众利益，不关心群众生活，不了解群众疾苦，不解决群众困难，还动不动把群众当做专政对象，当搜刮来源。一遇到事情，就认为群众是'刁民'，是'不明真相'，甚至'别有用心'，是'一小撮'。其结果是，在遇到矛盾和问题时，不敢面对群众，说话没人听，做事没人信，工作处处被动。"[②] 胡锦涛总书记在中纪委第三次全体大会上的讲话概括了党内存在官僚主义的十大不正之风，即："一是不思进取、得过且过，不认真学习理论，不用心汲取新知识，不深入思考新问题，思想上故步自封、停滞不前，工作上敷衍了事、忙碌无为。二是作风飘浮、工作不实，以会议落实会议，以文件落实文件，满足于一般号召，抓工作浮光掠影，搞调研蜻蜓点水，身子沉不下去，对实际情况不甚了了。三是好大喜功、急功近利，不按客观规律办事，不顾现实条件，提不切实际的高指标，搞违背科学的瞎指挥，导致决策

---

① 栗战书：《努力提高构建社会主义和谐社会的能力——学习贯彻十六届四中全会精神，加强党的执政能力建设》，载《人民日报》，2005年1月1日。

② 聂方红：《涉政公共事件：地方政府行为新挑战》，人民出版社2012年版，第100页。

失误，造成严重浪费。四是随心所欲、自搞一套，不认真贯彻执行中央的方针政策和工作部署，甚至搞'上有政策、下有对策'，不仅损害国家的全局利益，而且侵犯群众的切身利益。五是心态浮躁、追名逐利，一事当前，总是计算个人得失，习惯于做表面文章，热衷于搞'形象工程'、'政绩工程'，脱离实际、劳民伤财。六是弄虚作假、欺上瞒下，报喜不报忧，掩盖矛盾和问题，遮蔽群众，欺骗上级。七是明哲保身、患得患失，在原则问题上采取事不关己、高高挂起的态度，奉行'你好、我好、大家好'的处世哲学，不开展批评，不让人批评，甚至压制批评。八是贪图享受、奢侈浪费，追求低级趣味，热衷于个人享乐，大吃大喝，大手大脚，铺张浪费。九是以权谋私、与民争利，干工作不是优先考虑群众利益，而是优先考虑小团体、本部门、本单位的利益，乱收费、乱集资、乱摊派，侵害群众利益，甚至中饱私囊。十是高高在上、脱离群众，对群众的安危冷暖漠不关心，工作方法简单粗暴，甚至肆意欺压群众。"① 可见，官僚主义作风已经引起最高层的高度重视，正是这些不正之风，成为引发群体性事件的不可忽视的重要因素。

（二）克服对群体性事件中对民众的不当认识

其一，慎用"一小撮"、"不明真相"、"恶势力"、"刁民"等词汇。"面对突发事件，一些地方政府首先想到的不是努力化解矛盾，而是将其上升到'政治高度'来解读，对事件超前定性，把群众利益诉求'泛政治化'，如'好人不闹事、闹事不好人'成为思维定式。面对群众的集体行动，一些官员总以为群众是在与政府作对，他们的行为是反政府行为，并对其进行政治定性，如'有组织、有预谋'、'极少数别有用心的人煽动、教唆'、'有黑恶势力操纵'，有的为'街头政治'。他们将参加集体行动的群众称为'不明真相人员'、'不明真相群众'，将带头人称为'少数别有用心的坏人'、'闹事者'、'不法分子'，等等。"② 因此，人们总结出群体性突发事件产生的经典解释公

---

① 胡锦涛：《在中纪委第三次全体会议上的讲话》，载《人民日报》，2004年1月12日。
② 朱力：《走出社会矛盾冲突的漩涡：中国重大社会性突发事件及其管理》，社会科学文献出版社2012年版，第242页。

式:"少数别有用心的坏人挑动、不明真相的群众上当、群体性突发事件产生"。即"不明真相的群众在少数坏人的煽动下"引爆群体性事件。2009年3月,石宗源在"两会"期间接受记者采访,反思瓮安事件时他说:"过去传统的'不明真相的群众'、'少数坏人煽动'、'不法行为',基本上就是这么个公式"①,一定要打破这种公式化的惯性思维,他的警醒是非常有启发意义的,这种贴标签式的、意识形态过强的话语对于利益相关者的经济型群体性事件是没有多大解释力的,还是文革中的那种阶级斗争思维模式的延续,"不明真相"是对权利高涨时代的民众真实表述吗?在经济型群体性事件中,作为利益受损方的利益相关者对自己切身利益的损失了解最清楚,诉求目标最明确,甚至越来越多的民众手捧着政府规章条例和"红头文件"找政府评理论道,再也不是任人摆布的"愚民"了。如果硬是要把"不明真相"的标签贴在老百姓身上,要么是对民众明辨是非能力不信任的精英思维在作怪,要么想从所谓的"少数人教唆"那里寻找少数人的责任,而掩盖政府工作中的失误和应承担的责任。"借口经济型突发事件是少数别有用心的人挑起,可掩盖自己工作失误或试图减轻自己应负的责任。"② 好在是政府和媒体都已经意识到这种标签化思维模式要不得,已经提到改革的日程上来。2009年7月28日,在致人死亡的"7·24"吉林通钢事件后,新华社记者黄冠发表文章《群体性事件中少用"不明真相"》。2009年"8·26"云南陆良事件发生两天后,"云南省宣传部紧急要求所辖媒体禁用'不明真相'和'刁民'、'恶势力'称谓的做法将打破传统公式和惯性思维的努力向前推进了一步,用政府通知的方式明确了群体性事件的报道政策。"③ 有报道分析,陆良事件也许会成为中国政府应对群体性事件的"拐点"。"禁止乱扣帽子、乱贴标签的做法是改变居高临下姿态、以尊重事实为起点的危机传播管理的开始……危机管理者应当以

---

① 吕卫红:《石宗源反思瓮安事件:光靠官方说的人们不信》,转引自于建嵘、钟新、李元起:《变话:引导舆论新方式》,世界图书出版公司北京公司2010年版,第74页。

② 朱力:《走出社会矛盾冲突的漩涡:中国重大社会性突发事件及其管理》,社会科学文献出版社2012年版,第243—244页。

③ 于建嵘、钟新、李元起:《变话:引导舆论新方式》,世界图书出版公司北京公司2010年版,第75页。

第七章
积怨与认同：探索心理干预与思想引导机制

客观事实而不是主观臆断为危机识别的逻辑起点，充分利用人际和多媒体渠道采集危机信息，研判解决方案，而建立以公正平衡为原则的商议民主机制为应对及预防群体性事件危机、保障群众利益及其他各方利益的核心机制。"[①] 希望这能真正成为政府与民众合作共治的新的转折点，不再把群众的利益诉求甚至集体上访视为洪水猛兽，把民众当做"刁民"、"麻烦制造者"和"敌对者"，把群众的一举一动都当成"敌情"来堤防，上纲上线到敌我矛盾的程度，把群体事件都当成是群众闹事，以阶级斗争为纲的思维来考虑事件的性质，寻找敌人。又在维稳的考核机制的"死命令"驱使下，想方设法把群体性矛盾遏制住、打压下去，简单粗暴地"扣帽子、揪辫子、打棍子"，在处理时很容易就把警力推到第一线上，这样很容易激怒民众，从而使群体性事件恶化，加深民众与基层政府之间的矛盾隔阂。"从世界各国结构变迁的基本规律看，在身份分层向经济分层演进的初期往往是社会矛盾激化的时期。我们遇到的尴尬处境在于，在我国打碎了阶级体系的时期，明明社会上已不存在经济意义上的阶级了，但是我们却在社会政策上大搞所谓的'阶级斗争'。"[②] 可见，人们在经济社会领域已经发生了翻天覆地的变化，但是人们的认识程度却难以跟上时代的变化，"以阶级斗争为纲"在那个时代都已经是不适宜的产物（文革时期因为乱贴阶级标签整死人的惨痛教训值得警醒），然而，在当今，依然成为领导干部的处置群体性事件的思维延续，实在是引人深思，亟待解决。

其二，不要人为放大群体性事件的负面价值。群众有诉求、有纠纷找到政府这里来，说明群众对政府最起码还是信赖的，希望通过政府能够帮助解决其困难。如果群众对政府丧失了信心，诉诸个人的"原始武器"自残甚至自杀来引起震惊或诉诸民间黑社会组织，那么政治秩序离崩溃的边缘也就不远了。因而，不要把群众到政府门前静坐、上访，找政府给一个说法等行动就视为洪水猛兽、或者疏忽懈怠、放之任之，而是要积极面对，把它视为收

---

① 于建嵘、钟新、李元起：《变话：引导舆论新方式》，世界图书出版公司北京公司 2010 年版，第 67—68 页。

② 李强主编：《中国社会变迁 30 年（1978~2008）》，社会科学文献出版社 2008 年版，第 21 页。

集民意的最好渠道，正如"周永康曾就公安信访工作的重要意义有过生动的比喻：公安信访问题是社会治安的'晴雨表'，是社会稳定的'第一信号'，是公安执法活动的'反光镜'，是公安队伍建设的'试金石'。"① 在一个开放的公民社会，群众有诉求但正常的渠道行不通或成本过高时，就会诉诸非制度化的渠道表达，有诉求就要表达，总要找到发泄的口子这是太正常不过的事情，我们不能认为矛盾的源头是民众有问题，转移矛头，激化矛盾，而应该多反思我们的政府做得怎么样、哪里出了问题。"很多群体性事件，只要是和平表达，不过是正常诉求表达的一种方式，比如重庆出租车罢运、郑州民办教师上访。正如人需要各种身体信号来告诉你自己的健康状况，从而调节饮食作息，政府也需要民众不断向其释放健康信号，进而调解其政府方向，群体性事件就是民众向政府释放信号的方式之一。"②

关于对群体性事件的定性，以往政府一直持负面评价多，有不少学者对其持中立态度，主张以更为中性的"群体性行动"③ 来表达，甚至说它是民众权利意识觉醒的一个标志，正是在这一层意义上讲，"群体性行动从另一侧面表明现行政治体制的合法性，因为只有公民对于与自己处于同一政治体制框架下的权力部门存在基本的依赖，对权力部门通过相关政治程序回应并满足自身的利益诉求有足够的信心，才会采取群体性行动的利益诉求方式。否则，要么处于极端冷漠状况下的'政治冷漠'；要么进行个体式的破坏性'泄愤'行为或者以推翻现存政治秩序为目标的革命。"④ 从西方现代国家的成长史考察看，一部现代国家的构建史，更准确地说是一部人们为了不断争取民主权利的抗争史，从政治权利、到经济权利再到社会文化权利，为权利而斗争深深植根于每一个公民的心中，结社自由、游行合法，基于不同利益诉求的游行与请愿活动几乎是日日发生，群体性事件也在所难免，甚至诸如2009年4

---

① 李俊伟：《人民内部矛盾处理机制研究》，湖南人民出版社2007年版，第216页。

② 刘瑜：《群体性事件，授之以鱼不如授之以渔》，载《南方周末》，转引自于建嵘、钟新、李元起：《变话：引导舆论新方式》，世界图书出版公司北京公司2010年版，第168—169页。

③ 金太军、沈承诚：《从群体性事件到群体性行动——认知理念转换与治理路径重塑》，载《国家行政学院学报》，2012年第1期。

④ 同上。

第七章
积怨与认同：探索心理干预与思想引导机制

月伦敦的 20 国峰会期间爆发的数万人参与的群体性事件也安然度过，深受法国大革命洗礼的法兰西民族更是把民权抗争视为民族的底色，动辄罢工游行。作为 20 世纪著名的社会运动的领袖和青年的精神导师的萨特就是法国人，也成为 20 世纪六七十年代西方世界的新社会运动的推动者。此后，西方关于社会运动和集体行动的研究势不可挡，其场面何其壮观、影响何其巨大，但并没有撼动西方民主政治体制的合法性，更谈不上使西方国家分崩离析，恰恰在很大程度上，使西方政治制度在吸纳群众的社会运动的诉求中更具有包容性和调适性，"死而不僵"，更准确地说是"枯木逢生"。"正是这种和平、理性的群体性行动及相应制度安排给予了西方发达国家政治制度的巨大张力，不仅不会发生大的社会冲突与秩序崩解，反而会因为群体性行动形成的'减压'、'减怨'功能，将可能的冲突与分裂通过制度程序变革得到化解。"[①] 因此，我们应该积极挖掘群体性事件的积极价值，首先不要恐慌惧怕它；其次，正视它，既要看到可能对社会秩序带来的冲击，也要认识到有其产生的客观必然性；最后但可能最重要的是从政府自身找原因，调适自身，创造条件，变不利为有利。也正如毛泽东在报告中所说，"在我们的社会中，群众闹事是坏事，是我们所不赞成的。但是这种事发生以后，又可以促使我们接受教训，克服官僚主义，教育干部和群众。从这一点上说来，坏事也可以转变成为好事"[②]。从群体性事件中吸纳民意，自觉调适弥补政策漏洞和制度缺陷，从而把民众的非理性表达纳入到理性的制度化表达中来；通过在化解群体性事件的过程中，锻炼政府处理复杂问题的能力，养成通过合作协商的机制形成合作共治双赢的治理格局。同时，通过引导和化解群体性事件，也使民众在与政府的积极互动过程中，情绪得到释放，诉求得到表达，也使多元的群体利益得到整合而变得更加清晰，也使社会在一种动态治理中获得自我修复和利益平衡。针对群体性事件不要期望以打压甚至镇压的强力方式来平息，以暴制暴的手段被多次证明不能化解群体性矛盾，尽管可能暂时看上去是事态平

[①] 金太军、沈承诚：《从群体性事件到群体性行动——认知理念转换与治理路径重塑》，载《国家行政学院学报》，2012 年第 1 期。

[②] 《毛泽东文集》（第七卷），人民出版社 2009 年版，第 237—238 页。

息了，实际上，问题的积累还是容易引发反弹，进而导致治理成本与治理困境的螺旋式增长。

（三）政治认同增强是化解群体性事件的有效途径

其一，基于政治认同的"同意政治"是近代以来政治合法性的基础。近代启蒙运动以来的政治鲜明的特征就是"同意的政治"，政治权力的来源、行使不再依赖于单方面的意志的强制，而是要获得民众的认同和授权，才具有合法性。尽管现代国家的制度化建构具有相当的自主性，但国家和政府形象的重塑也需要来自下层民间社会的互动、响应和认同，政治构建和政治认同构成政治生活的一体两面，相互重塑、相互渗透是现代政治社会的典型特征。政治认同越高，政治统治的合法性也就越强，政府的意志与民众的意志契合度也就越高，对政治意图的选择与宣传和政策的制定与执行而言，民众接受起来变得容易，也会积极理解和支持政府的行动，降低政府运行成本，减少社会抗争发生的可能性。

其二，我国政治认同现状考察。中国自辛亥革命迈向现代国家的道路，独立富强的新中国赢得举世瞩目的成就，总体上还是令老百姓满意的。对于统一的现代化国家和强有力的国家行动能力的必要性也达成共识。对其所选择政治制度的认同度也是比较高的，政治理性的素养也越来越高，更多人愿意在渐进的政治改革中进行法治国家的建设，对制度的信仰远高于对人治的顶礼膜拜，政治理性战胜政治激情。民众对于高层政府的信任度也是比较高的，对于未来中国的发展也是充满信心和希望的，对于转型社会政府所面临的困难大多数人也还是比较理解的，治理社会不仅仅是政府的责任，也是社会组织和每个公民的责任。对于绝大多数政府工作人员的工作民众也还是比较认可的，绝大多数公务员工作也是兢兢业业。事实上，尽管群体性事件愈加频繁剧烈，但是总体上而言，绝大多数是经济利益诉求的纠纷，政治诉求的事件很少，民众的维权也更多是满足个人的权益和追求，过上有尊严的生活，而很少是为了夺取政治权力。

政治认同主要包括对"政治体系"合法性的认同和对政治权力行使的认同。目前，更多是在政治权力行使中出现问题，很多群体性事件的爆发是由

第七章
积怨与认同：探索心理干预与思想引导机制

于政策制定中缺少民众的参与而导致决策的漏洞和失误，或者是政策执行过程中的简单粗暴行为，或者是处在夹缝中生存的基层政府的策略性选择所导致社会矛盾的积压等等。受传统中国的政治思维熏陶，顺民和臣民的观念根深蒂固，民众对政府有一种天然的依赖和信任感，不是被逼得走投无路是不会选择对抗官府的。就拿目前诸多群体性抗争事件来看，更多选择的是"依法抗争"而不是"以身试法"、"抗法"，对政府制定的规则有较高的认同感，也可以说有较强的基本的规则意识。由于不少的基层政府和领导干部轻视了民众的法律意识和运用法律的能力，对政府认同度损害最大的是执法者带头违法、目无法纪、法律规章多变等行为。据调查，不少上访群众是认真咨询和研究过相关的政府文本和规章制度，在上访及大规模的群体性事件中是有备而来，手中复印了大量的法律法规或者中央政府的红头文件，要求的政府严格按照法律规章条文办事、兑现和保障自己的合乎法律的权益。如果由于政府的行为使规章制度流于形式，又不能给予老百姓很好的解释的话，所导致的恶性循环就是丧失了群众对政府制定的规章制度的基本认同和信任，这种后果很严重，政府再想挽回制度的信任就很难，也就丧失了政府行为的合法性和权威性基础，民众和政府就处于紧张对立状态，社会事件也就容易转变为政治危机，影响到政权的稳定。

其三，政府基于政治认同的观念变革是有效化解矛盾的关键。基于目前民众的政治认同还比较高，政府应在现有政治框架下对制度进行积极调适和进一步完善，可提升民众政治认同的空间也很大，我们的政府大有作为。"政府管理从注重管制向注重服务的转变，不仅涉及政府管理理念的更新、政府行为取向的重新定位、政府施政规则的重建，也包括政治职能和结构，政府施政方式、方法和运行机制的改变。主要表现为：从'以政府为中心'向'以公民为中心'转变；从'权力主体'向'责任主体'转变；从无限政府向有限政府转变；从自上而下的单方面的行政管理向以政府为主导的协商、对话、多元合作主体共同治理的方向转变；从依靠'长官'意志行政向依法行政转变；从以行政手段为主向以法律手段、经济手段为主行政手段为辅的方向转变；从注重经济增长向注重社会公平转变；从封闭式管理向公开透明管理转变。"① 其中，尤为重要的是吸纳公民的参与，从经济领域的开放走向对更多政治空间的开放，在阳光行政的权力运行中接受民众的监督，改善和重塑政府的形象，加强政治信任，提升政治认同。

（四）公民参与有助于增进公民的政治认同

其一，政府对公民参与的态度变化：从不信任到积极利用。一直以来，由于受愚民政治的影响，在政府和官员的意识中，要么认为民众目光短视、自私无知，缺乏足够的理性能力来参与政治，要么把民众的参与视为制造矛盾、带来秩序混乱的根源，这样就把国家的治理与民众的民主参与隔离起来甚至对立起来，有稳定而少活力，有压制下的秩序而少参与下的共治经验。"公众参与在中国目前尚处于初始阶段，公众参与呈现形式化、表演化和被操纵的危险。政府在公众参与上的态度也是矛盾的：一方面觉得参与式民主不像选举民主那样有危险性，参与式民主有可控性，想发展这一民主形式。另一方面又不愿意为参与式民主付出时间和金钱，认为参与式民主会影响发展和效率。由于公众参与也不是法律的硬性要求，又没有对人民负责的政治压力，所以政府对公众参与的动力严重不足"。② 当然，从中央高层开始，政府对参与式民主的态度越来越接受。因为参与式民主是西方学者在批判代议制民主后提出的，认为是代表未来的一种崭新的民主模式，这与中央缓行选举民主、先行参与民主的想法相吻合。中共十六大提出："健全民主制度，丰富民主形式，扩大公民有序的政治参与"，并对推动参与式的民主决策提出了具体的意见："各级决策机关都要完善重大决策的规则和程序，建立社情民意反映制度，建立与群众利益密切相关的重大事项社会公示制度和社会听证制度"。在党的十七大报告上，胡锦涛又进一步提出，"坚持国家一切权力属于人民，从各个层次、各个领域扩大公民有序政治参与，最广泛地动员和组织人民依法管理国家事务和社会事务、管理经济和文化事业"；"要健全民主制

---

① 周光辉：《行政管理》，见俞可平主编：《中国治理变迁 30 年（1978～2008）》，社会科学文献出版社 2008 年版，第 108 页。

② 蔡定剑主编：《公民参与：风险社会的制度建设》，法律出版社 2009 年版，第 18 页。

度,丰富民主形式,拓宽民主渠道,依法实行民主选举、民主决策、民主管理、民主监督,保障人民的知情权、参与权、表达权、监督权";"推进决策科学化、民主化,完善决策信息和智力支持系统,增强决策透明度和公众参与度,制定与群众利益密切相关的法律法规和公共政策原则上要公开听取意见"。可见,参与式民主成为一种浪潮将会越来越多地影响到政治社会生活,但从目前政治实践的整体上而言,我国的政府公民参与开放度不够,政府还不能满足广大人民日益增强的公众参与的要求,还更多是处在被压迫状态下的"压力型公民参与",对政府的合法性和形象会造成不利影响。

其二,有序的公民参与对于提升政治认同的积极作用。在一个开放的、发展的、急剧变动的社会中处理危机而没有社会力量的参与,显然是无法想象的。

(1) 风险社会的政府决策需要公民参与以达到风险共担,降低统治成本。在一个巨型国家的社会转型的大变革时代,政府不可能独自承担这样的巨大风险,公民参与、决策的公开透明化是化解决策风险的重要因素,发展公民参与使政府决策更具有合法性。公民参与决策,特别是利害相关人有权利参与的公开透明模式,有助于实现从由政府主导一切的决策模式向由公民能动参与的共同决策模式转变。经过公民参与的决策,人们的认同度就会很高,不仅保证了决策的科学性,也因为政府与公民共担决策风险,也会大大降低政策执行的阻力,降低执行的成本,甚至容易发动社会动员,更加充分地发挥社会的潜能,提供人力、物力和财力的大力支持,从而使问题既能够得到有效的化解,又能够在民众的参与中改善对政府的认识,提升政府的形象,形成良性循环,从而使决策和治理变得更加科学、客观。尽管全体公民直接参与决策是不现实的,但要有公民表达意见的畅通渠道,公民参与的意义在于公众的意见应该受到部门的尊重,公民有权自由决定自己参与还是不参与。尽管多数人的意见政府并不一定采纳,但是必须得到决策部门的反馈,必须向公众作出解释和说明。

(2) 在具体的群体性事件处置过程中公民参与起到的积极作用。在经济快速发展和城市化快速推进的现代化进程中,引发的诸如城市拆迁和土地征用等产生的严重的街头抗争,通过公民参与把街头抗争纳入到制度和秩序的范围内是从根本上化解这类矛盾的最好途径。一方面可以通过参与把受到损害的利益诉求反映出来，共同解决经济发展和城市化进程中不得不面临的问题，获得民众的理解和支持；另一方面也可以减少流言蜚语在危机中的任意散播，消除已有的恐慌和焦虑，还原事件的真实面目，缓解危机的消极作用，起到维护社会稳定和推动社会稳健前行作用。西方发达国家在造城运动中也出现各种形式的城市抗议活动，政府也是在社会抗议和非政府组织的推动下，通过立法实行公民参与，从而把街头对抗转变成有序的参与。

当然，对于参与民主的强调，不是要求回到直接民主的原点上。不少学者把直接民主看做是一种"强势民主"，如果"强势民主"太强又会走到"民粹主义"的老路上去。对于参与民主的强调也是基于有序参与基础之上的，"'有序参与'实质包括'四个参与'——'多数参与'、'全程参与'、'嵌入参与'、'制度参与'。'多数参与'指的是参与的大众性而不限于少数人；'全程参与'是指民众对政治的参与不仅仅限于'多数选'（目前四川、江苏等地创造的'公推公选'、'公推直选'可作为未来普选的基本形式），而且还实现了向'多数决'的回归，在中国一些地方和基层已经创造出各种形式的村社民主决策制度（如重庆市麻柳乡的'八步工做法'、河北省青县的'村代会常任制'、浙江省天台的'五步决策法'和仙居的'村务大事公决'等）；并且在民主管理、民主监督等环节也创造出许多新的实现形式，如村务村社公开、全程参与管理、创设独立的监督机构等等。'嵌入参与'就是目前学界所说的'协商民主'。为了克服竞争性授权后的行政权专断和自治权专断等问题，弥补代议制民主体制弊端，一些地方和基层在现有基本制度框架内嵌入'协商对话'的治理形式（如浙江温岭的民主恳谈），使民权的实现得到更加切实和有效的落实。"[①] 各个地方的有序参与式民主创新模式积累了公民参政的经验，也很好地吸纳了民众中的精英分子，吸收了民意，将保障民意表达和利益诉求纳入到制度化渠道中来。

其三，公众参与不足或参与过度对于政治认同的危害。

（1）公众参与不足的原因：可能是由于政府对公民参与的担忧，而开放

---

① 陈红太：《中国经济奇迹的密码在政治领域》，中国社会科学出版社2012年版，第75页。

第七章
积怨与认同：探索心理干预与思想引导机制

的可供参与的空间不够，也可能是公民由于种种原因不能或不愿意参与。我国目前影响政治认同的不是公民参与过度，而是公民参与不足，如关系老百姓切身利益的征地拆迁、房价飞涨、食品安全、环境污染等等问题，直接利益相关的当事人对于其决策参与了多少、召开了多少有实质性意义的听证会、又听取接纳了多少民意等等都值得反思。当所做的政策偏好已经对民众产生了直接的伤害，针对公众的利益诉求、申诉、控告、集体上访又回应得怎么样，公民参与和表达的利益诉求渠道是否畅通，政府自我监督、主动邀请和接受社会监督的情况又做得怎么样，分配正义和矫正正义又做得是否契合民意，等等，都值得在制度层面加以考量。公民参与不足或参与不了，也必然影响到政治认同。美国议会提供了很多民众了解权力运行的公开渠道，以便于民众监督和参与决策过程。"开放议会大楼并且设置各种便利设施使公民能够自由和详细地了解议会各机构的日常运作状态；公民参加议会会议；公开议会会议信息；通过媒体的作用促进公民参与等。美国法律还赋予公民提出政府决策建议的权利，如加州法律规定公民可以联名将动议性提案提上选票后由选民投票表决。"[①] 具体探讨让公民有序政治参与的渠道很多，在第六章节已有探讨，在此不再赘述。

（2）公众参与过度也有两种原因：一种是在战争动荡年代对政治权力的争夺，敌我化的政治参与；另一种是和平建设年代由于制度的短缺而导致无序的政治参与。敌我化的政治参与会导致政治狂热，每个人都关心政治，所有问题都是政治问题或按照政治问题来处理，那不是好的政治状态，而是类似法国大革命状态，充满了血腥、恐怖和权力斗争。以敌我矛盾标榜和以夺权为目的的狂热政治参与很难有政治认同，也多是时局动荡和革命战争年代的突出表现。因而有不少学者对于适度人群的"政治冷漠"现象持积极肯定的态度。对于近代政治文明的研究也开始发生转向：从权力斗争转向权利保障，从暴力夺权转向和平交接，从幕后操纵走向阳光行政，从阶级冲突走向妥协与宽容，等等，都是为了实现双方的合作共赢。尤其在和平建设年代，以更加积极的心态去探讨如何完善现有的政治设计，要比总是以上纲上线的

---

① 陈弘君：《美国政府决策的经验与启示》，载《广东社会科学》，2001年第5期。

革命斗志去拷问政治统治的合法性要更富有建设意义。在和平建设年代,解决公民参与无序的最好途径是把参与纳入到制度化渠道中进行引导。制度以正式条文的形式对参与的内容、范围、方式,对冲突各方和冲突管理者在冲突中的责任和权利等做出明确的规定,以引导和规范各方的行动,使其符合预期的角色期待。通过这种方式,使人们建立起合理的社会预期,进而影响行动者的行为。这种影响可以通过两种方式和途径发挥作用:一是提供其他行动者如何行动的信息;二是提供对不遵守规则的人给予应有制裁的合理预期[1]。因此,公民参与的制度化是我国未来重点研究的方向,因为制度文明是现代政治得以凭靠的基础,人类经历伦理政治、神学政治、权利政治,终于在19世纪末20世纪初进入到制度政治的时代,政治摆脱哲学形而上的思辨,走向中观层面的制度化构建与完善,使政治从虚无缥缈变得实实在在,从神坛走向民众,从神圣化走向世俗化、日常化,不再是只有圣贤、精英等少数特权玩弄的工具,而成为民众能够理解、判断也能够参与和驾驭的工具,正是制度所展示的魅力,也使有序化的政治参与成为可能。人们通过漫长的群体生活的试错过程,为什么最终落实到对制度权威的诉求上,最可能的原因是制度有助于走出人亡政息的困境,克服人治的恣意妄为,给人们的行为以稳定的预期,完善的制度体系也有助于人们对制度的认同、服从和遵守,从而规范人们过激的非理性行为。更重要的是,制度也是规范制约政府和公共权力的有力工具,也把政府的行为纳入到制度制约的渠道中来,公民权利对公共权力的监督制约只有转化成一种有制度保障的公权力对另一种公权力的制约才是真正有效的。受制度制约的政府行为有助于重塑政府的制度权威,从而也有助于重塑公众对政府的信任和认同。

当然,这里所说的制度必须至少满足以下三个要件:首先,制度是一种博弈规则,即在制度的制定阶段纳入利益相关者的参与制定过程,改变过去有法律而无法治的状况,这要求立法者和规章制定者有良好的法治精神和公共精神。这是制度治理所面临的最大难题,相对客观、清晰可辨的制度最终

---

[1] [美]杰克·奈特:《制度与社会冲突》,周伟林译,上海人民出版社2009年版,第51—56页。

还是要被推到道德的法庭上接受审判。只有真正体现公众利益和正义价值的制度，民众的认同率和支持率才会高。其次，要严格执行制度，照章办事，尤其是制度的制定者要遵纪守法，制度最主要是治吏而不是治民，制度是保障公民权益实现的有力保障，规范人们的行为只有更好地服务于人们才具有强制的正当性。最后，对违规行为的惩罚设计是制度运行的保障，"徒法不足以自行"，只有配套相应的惩罚措施，才能通过负激励机制确保制度不流于形式，巩固制度的权威。

第八章 危机治理的常态化：事前预警与事后问责机制结合

第一节 从应急治理走向常态治理

（一）危机治理：风险社会的动态秩序

要考虑如何处置我国的群体性事件就不得不将其放到风险社会的时代背景中来考察，从目前的应急管理走向常态治理。人们对风险社会的担忧和概括源于 20 世纪 80 年代，其中以德国社会学家乌尔里希·贝克的《风险社会》而闻名，风险社会的非连续性和不确定性打破了工业社会以确定性、现代性、经济技术理性和线性为特征的发展模式。奥利弗·E.威廉森认为，"不确定性和有限理性和机会主义的结合，将导致社会产生多极风险"①。尤其当人们把全球化的视野纳入到对现代性的反思时，风险社会理论强调，"虽然在某些领域和生活方式中，现代性降低了总的风险性，但同时也导入了一些以前所知甚少或全然无知的新的风险参量，这些参量包括后果严重的风险，它们来源于现代性社会体系的全球化特征"②。风险社会理论作为一种崭新的思想浪潮必然会启发人们思考政府如何迎接和应对风险社会的管理。较早讨论政府如何进行风险管理的是 1986 年胡德主持召开的研讨会并论文结集出版的《偶然事件与设计：当前风险管理的争论》。2001 年美国 "9·11" 事件后，政府危机治理成为研究重点。现代社会的频发危机迫使人类在寻求社会和谐发展

---

① 奥利弗·E.威廉森：《治理机制》，王健等译，中国社会科学出版社 2001 年版，第 2 页。
② 安东尼·吉登斯：《现代性与自我认同》，赵旭东、方文译，生活·读书·新知三联书店 1998 年版，第 4 页。

第八章
危机治理的常态化：事前预警与事后问责机制结合

的过程中，必须将危机治理作为现代政府的一项基础性职能。

尽管风险社会不是群体性社会事件爆发的直接原因，但是会加剧群体性事件发展的不确定性，也会带来治理的更大困难。因此，我们不得不理解和加深对于我们所处时代的外部性环境的认识，对风险社会不得不迎接它、正视它并学会驾驭它，它将长期伴随社会发展，成为一种不可逆转的发展趋势。于建嵘宣称中国社会已经进入"风险社会"的发展期，社会危机的频发期，风险社会时代的群体性事件又会呈现出新的特点：不确定性加强、爆发更频繁、范围更广、传播更迅速、影响也会更深远。我国还处在传统农业社会向工业社会转型的时期，与全球后工业化时代的风险社会之间的发展时滞，必然引发矛盾。再加上人类全新的社会主义建设进程中也必将面临着难以预测的危机和矛盾。目前，中国的现实国情还处在生产力不发达的社会主义初期阶段，社会的各项制度也不完善，现代化进程加快的同时也积累了不少的问题，经历了三十多年的改革已经进入改革的深水区，也是矛盾凸显期和群体性事件的多发期，对于外部风险社会所带来的冲击、加剧的群体性社会危机所爆发出的问题，积极面对才是应有的心态，寻找危机治理的救治之道。"危机治理理念一般包括以下几个方面的要素：（1）开放、稳定、协调发展的社会所必需的经济、政治制度安排；（2）强大的文化、政治、道德感染力和凝聚力；（3）完善的危机预警机制和相应的理论指导；（4）对于应急的战略谋划和技术使用；（5）国内和国际的有效管理，包括有效调动国内和国际资源（尤其是民间非军事资源）；（6）教育水平高、有强烈危机意识的公民，明确自身的角色和责任。"① 可见，面对风险社会的危机治理是一个关系全局的综合性大问题，需要统一指挥、系统协同、分类应对、动员社会等等，调动政治、经济、社会、文化等一切可以利用的资源，把应急管理与预警管理、把战略的规划管理和策略的技术管理、把国内和国际两大领域结合起来，从宏观的整体规划和微观的公民危机意识的培养结合起来，等等。也即是想方设法把风险社会的群体性社会危机纳入到常规的制度治理之中来，这对于现代政府的治理能力提出了非常高的要求。

---

① 蔡志强：《社会危机治理：价值变迁与治理成长》，上海人民出版社 2006 年版，第 276 页。

因此，我们不是要在危机面前坐以待毙，也不能在危机来临时措手不及，而是把危机治理转化为常态治理。这一方面是对政府的严峻考验，也是对社会自组织的发育和成熟的衡量和检验。另一个更为根本的是把危机治理与经济社会的可持续性发展紧密结合起来，在经济发展的过程中尽量减少那些可能引发危机事件发生的因素，即发展中的问题还需发展来解决。构建一种动态平衡的危机治理机制才是把风险管理转变为常态治理的有效途径。学会在多元主体的动态秩序下把握不确定性的风险社会，以动态治理对待动态社会才是匹配的思维路径，不要再期望有一劳永逸的治理模式来解决风险社会的治理问题。"危机管理本质上是政治问题。危机管理研究的最大挑战是如何将危机管理融入到日常的政治和实践中去。这样危机管理就成为公共治理的一项常规事务"①。即把危机管理纳入到"常态社会"②的管理中来，不要把人们的神经总是绷得太紧。常态社会可以直接界定为社会制度处于动态平衡的状态，同时也是政府和社会协调发展的状态。在常态社会条件下，群体性冲突应对和管理所需资源、机构和专门人才进行常态化设置，国家把所有社会问题的治理日益纳入到科层化的组织体系中来，通过常规化的治理手段和具有可预期性的抽象国家制度体系来平衡社会主体之间的利益关系和利益冲突。

（二）应急治理与常态治理的区别

其一，常态治理和应急治理的区别主要体现在四个方面。首先，实施主体不同，前者是一种"一主多元"的模式，即以党政机关为主导，充分发挥企业和各种社会力量的互补和协同作用；后者在实际中明显以党政系统尤其是行政机关为主体，社会性的冲突化解机制相对不足。其次，存续时间不同，

---

① 阿金·伯恩：《危机管理的经验》，载《经济社会体制比较》，2006 年第 5 期，第 27 页。
② 李培林认为"常态社会"就是社会变迁按照一定的既有规则进行的社会。李培林：《努力回答社会发展中提出的新问题》，载《人民日报》，2003 年 6 月 11 日。唐皇凤认为"常态社会"是以阶级斗争为动力、以群众运动为主要表现形式的政治运动作为主要国家治理工具逐渐隐退，社会冲突基本上被"法制"所规训，国家开始把所有社会问题的治理日益纳入科层化的组织体系，并且通过具有可预期性的抽象国家制度体系来平衡各种不同社会主体之间利益。参见唐皇凤：《社会转型与组织化调控：中国社会治安综合治理组织网络研究》，武汉大学出版社 2008 年版，第 152 页。

第八章
危机治理的常态化：事前预警与事后问责机制结合

常态治理是一种经常性、连续性的管理，它先于应急治理而存在；而应急治理则强调冲突发生之后的紧急处理和善后救济，是一种紧急事态下的快速反应状态，具有时限性，并且最后还必然要回归到常态治理状态。再次，行政权力介入的强度不同，与常态治理不同，应急治理中行政权力的介入更集中、更明显，强度更大。最后，程序要求不同，与常态条件下治理要遵循较为严谨规范的程序不同，应急治理面对的是突发性、破坏性、严重性的无序冲突，这时的管理目标是抑制冲突的扩大和蔓延，迅速控制事态，程序上要求简便和高效①。前者追求长期而深层次的稳定，而后者则要求实现即时性、直接性、立竿见影的效果。

其二，应急决策和日常决策的区别。

应急决策和日常决策的典型特征对比②：

类型		应急决策	日常决策
目标取向		迅速控制危机事态的蔓延；保护民众的生命和财产等安全	解决一些常见的公共问题，实现公共利益
约束条件	时间	时间紧迫，即时决策	时间充裕，从容决策
	信息	信息有限（信息不完全；信息不及时；信息不准确）	信息比较完全；经过详细分析获得全面而深刻的信息
	人力	管理者自身素质和专业技术都严重匮乏	经由日常的培训、训练、教育等措施提高管理者的素质
	技术	危机发生后，一般的专业技术设备往往也告失灵，特别需要一些高精尖的技术及设备	技术手段比较成熟
管理程序		快速应对：决策权力高度集中，管理者依靠自己的智慧和胆略审时度势，见机行事，同时也需要聘请相关专家介入	民主科学应对：遵循特定的例行程序和标准化的操作规则；决策权分散，经民主协商定夺最后方案
管理效果		模糊决策和非预期决策，结果往往很难预料，风险极大	可控可调可预期（局部试验和大规模修正；预测和监控执行过程）

---

① 戚建刚：《行政紧急权力的法律属性剖析》，载《政治与法律》，2006年第2期。
② 中国行政管理学会课题组编：《中国群体性突发事件成因及对策》，国家行政学院出版社2009年版，第70页。

从目前群体性社会危机治理的实践看，更多地体现了应急性色彩，而常规化管理则明显不足，经常是"亡羊"后的"补牢"行为。更令人担忧的是，"亡羊"后不知道甚至不愿意"补牢"，低水平地重复老毛病。领导干部还没有养成把社会危机治理纳入到常态治理中来的习惯，常常是"好了伤疤忘了痛"，导致大量类似成因的群体性事件一幕幕重复上演。也习惯于"临时抱佛脚"的应急治理模式，应急决策的水平比较低，要么是一上来就动用警力，试图靠强制力把事件打压下去，往往是借助公权力的强制性和施压机制，它虽然能够取得冲突的快速解决，但是暂时的表面平静并不足以确保深层的、长期的稳定，更何况往往出现的后果是"打压—反弹"模式，以暴制暴，加剧事态的恶化。要么是赎买，以为靠人民币就能把民众安抚了事，结果反而助长了"上访油子"和"闹大现象"。因此，可见这两种决策到头来，花费了大量的人力、物力、财力，不但事件没能得到很好的处理，反而又增添新的问题。这些现象都说明：一方面我们要加强应急决策的研究，加快推进群体性社会危机应急法的立法和实施，提升应急治理的水平。另一方面，把应急治理与常态治理统一起来，如何在规范应急化管理之余，探索社会冲突的常规化管理机制，促使冲突管理进入常态轨道、纳入制度框架，这才是走出当前"越维越不稳"怪圈的关键。

（三）从应急的运动式治理走向日常的常态化治理

运动式治理的特征及其内在困境。运动治理即自上而下的按照政治动员方式来制定或更换政策、动员资源、推广实施政策意图，因此有着随意性、非常规性的特点。运动式治理在中国比较普遍，有一定的必然性，"在中国，后发国家政治发展的内在逻辑与历史逻辑，决定了政府体系的脆弱与社会资源总量的不足，国家治理资源的匮缺导致常规化的治安治理体系经常运作失灵，尤其是支撑高效治安问题的基层组织网络很难有效地运转起来，直接损害了社会治安问题的治理绩效。为了达到短时间立竿见影的治理效果，执政党和政府不得不运用'准运动式'的资源集中于动员机制，间歇性地通过

第八章
危机治理的常态化：事前预警与事后问责机制结合

'严打'、'专项治理'与'集中整治'来弥补这种常规化管理体系运转不灵的结构性缺陷，而这种运动式治理有损害理性化的制度建设的弊端，与常态社会需要的科层化、制度化存在矛盾，制度化与动员化的悖论式困境将伴随着中国社会转型的基本进程。"① 简言之，运动式治理在制度化要求下悖论显得愈发突出。集中有限的国家治理资源采用运动式治理来解决亟待解决的群体性社会事件可以看做是执政党与政府在"维稳压力"和"实用理性"主导下的一种理性选择，而这种思维模式和行动方式又直接阻碍了常规化制度化治理体系的运作，尤其在"法治国"建设的大力推进的当下，对制度治理的呼声更加高涨，群体性社会危机治理更需要纳入常态化的制度渠道中标本兼治。"运动式治理方式还往往忽视、扭曲甚至排斥法律的作用，以权代法的工作方式造成在处置矛盾和冲突的过程中往往出现政治化、刑事化、意识形态化等倾向，容易把正常的利益表达上升为政治问题和刑事问题，其结果是使解决社会矛盾和社会冲突的路子越走越窄。"② 这种以人治代替法治，把人民内部矛盾的群体性事件上纲上线，使类型多样的群体性问题单一政治化、严峻化，非常不利于矛盾的化解，反而使矛盾激化。这也许是我们长期受一种战争情结的影响，也把社会治理当做一次次战役来打，而不愿意去寻求社会危机治理的长效制度安排。

我们应该看到现代社会的一个显著特征就是不确定性加剧、社会危机越来越呈现常态化，一定要学会把对群体性事件的应急管理模式纳入到日常的常态化管理中来。而且群体性危机的应急管理也非常不适用于运动战役式的治理，战役式社会强制的弊端突出表现是："其一是公众长期处于被动接受动员状态，对危机的责任相对缺失，社会自组织方式简单且容易被组织……其二是政府的强制性依赖使得政府应对危机的能力弱化和僵化，简单的号召和缺乏细致有效的社会心理疏导的政府命令，也容易使政府忽视强制下可能存

---

① 唐皇凤：《社会转型与组织化调控：中国社会治安综合治理组织网络研究》，武汉大学出版社2008年版，第427页。

② 清华课题组：《以利益表达制度化实现长治久安》，载《领导者》，2004年第33期。

在的危机。其三是容易造成政府忽视社会发育的持续推动。一个强大的政府和大而不强的社会，决定了任何危机都可能冲击政府的治理与政府的信度。第四，作为战役来打的危机治理范式，不利于制度与政策的安排。"①

常态治理的特征及必要性。常态治理的特征表现在如何使危机治理得到根本性和制度化治理，而不再搞运动式突击。蔡志强指出："危机治理是指国家协调各种公共的或私人的机构和个人实现危机的控制、化解与规避的诸多方式的总和。这种治理既包括正式的强制公众服从的制度和规则，也包括公众确实符合其利益的各种非正式的制度安排。"② 这就要求风险社会的群体性社会危机治理活动要明确政府等公共权力机构所必须承载的责任与功能，政府要把社会矛盾冲突化解在平时，在日常的工作中体察民情、赢得民心。一个有深度社会信任和网络互惠社会资本的社会，将大大降低群体性事件爆发的可能和危机治理的成本。在风险社会群体性社会危机难免爆发的情况下，以政府为主导，动员社会一切可以利用的资源，鼓励积极公民、私人机构、非营利性社会组织等多元主体参与合作共治，只有建立起积极公民、成熟社会和责任政府长期合作的长效机制，把危机应对和预警结合起来，作为社会危机治理的基础性工作来抓，从而养成对危机有备无患的平常心态，才能从容面对，把危机损失降到最低。"因为危机治理是一个有机整体，不仅包含社会强制、公民参与、利益协调和创伤抚平，还包括日常治理中为了规避危机而制定的各种规范、措施和准备。"③

就目前而言，中国的社会危机冲突管理实践和理论研究更多的是关注如何应急。在西方则恰恰相反，西方社会的危机冲突管理已经成为一种常态行为，应急化管理侧重于迅速平息事态、恢复秩序，只要控制冲突不再升级就算完成了任务，它集中体现了政府在突发性事件和紧急情况下的常规化管理的能力。因此，冲突的应急化管理固然很重要，但是仅限于此还不够，从实

---

① 蔡志强：《社会危机治理：价值变迁与治理成长》，上海人民出版社2006年版，第108页。
② 蔡志强：《危机治理与社会和谐》，湖南人民出版社2007年版，第38页。
③ 同上。

现深层次稳定的意义上讲,如何在加强应急水平的基础上提高常规化管理能力,通过常规化管理防止冲突的扩散和升级,应当引起我们更多的重视和关注。① 这里需要澄清的一点是:强调从应急管理走向常态治理,并不是完全放弃应急管理,而是由于目前群体性社会危机的常态治理非常不足,才特别需要重视。实际上,应该把应急管理与常态治理结合起来,"一方面,如果按照常规事务、常规行政来应对和处置突发公共事件,将会造成消极懈怠或错失良机,导致事态发展、损害扩大,实质是政府责任的丧失或懈怠;另一方面,如果把紧急行政不适当地宽泛应用于社会生活的所有方面或与应急管理无关的社会成员,或在突发公共事件消除后把紧急处置措施常态化、长期化,将引起巨大的社会恐慌和对于公民权利的过度侵犯,妨碍甚至危及社会正常秩序的运行"②。应以常态治理为主,辅之以应急治理,而且应急治理要在统一的应急法的指导下进行,而不能滥用。

第二节 事前预警是关键

(一)事前预警的必要性

其一,事前预警的界定。群体性事件预警机制就是"通过对社会系统运行中的不良因子或负面因素进行监测和评估,就社会运行接近爆发群体性事件危机的临界值的程度做出早期预报"③。这种预警方法是从社会危机暴露出来的负面因素作为洞察危机特征和规律的突破口,符合人们的认识规律,也是一个很有效的反推法,对于领导干部和普通民众捕捉信息和预测预警很有帮助。另一种预警方法是遵循科学的研究规律、建立起一系列指标体系,找出事物之间的内在因果关系,群体性事件预警是"试图在群体性事件爆发之

---

① 韦长伟:《社会冲突的常规化管理:必要性、障碍与路径选择》,载《河南大学学报(社会科学版)》,2012年第4期。
② 赵颖:《公共应急法治研究》,法律出版社2011年版,第211页。
③ 吴竹:《群体性事件预警指标体系研究》,载《政法学刊》,2007年第3期,第63页。

前,通过监测与群体性事件爆发紧密相关的各项指标,识别群体性事件产生根源,确定警兆,分析警情,计算群体性事件发生的可能性(概率),及时发出警报,以引起决策者的关注并及时采取措施,消除引发群体性事件的隐患,从而化解社会矛盾,降低社会风险"①。这种科学研究的方法越来越被专家学者和科研机构所采用,需要非常高的知识储备和洞察规律性认识的能力。"主要通过对社会现象的分析、调查,对社会经济发展过程中出现的突出问题和矛盾进行综合归纳,结合人类社会在把握社会发展的一般规律上得出的一些基本理论,对这些矛盾和问题能够造成危机事件,以及造成危机事件的时间、规模、强度进行评估,并根据评估结论,警示有关组织和人员。"②

其二,"凡事预则立,不预则废。"由于社会危机伴随社会发展的始终,各种问题层出不穷,不能消灭只能消解,领导者如果能够做到从容面对、积极化解则是检验领导者能力和魅力的有力例证。这就要求领导者培养起很强的危机意识,能对危机早发现、早预防,对危机征兆的敏锐洞察和对危机反应的迅速及时,防微杜渐,才能做到临危不惧。危机治理的长效机制和治本之策就是要求从危机生成的机理入手,从危机发端的源头开始,从危机防止的预警做起,把对社会危机的治理前置,将危机化解在萌芽初期和日常工作的常态治理之中。群体性社会危机也有一个积累过程,这种积累、酝酿期是把矛盾消灭在萌芽状态的最好的预防关键期。"德国飞机涡轮机的发明者德国人帕布斯·海恩提出一个在航空界关于飞行安全的法则,海恩法则指出:每一起严重事故的背后,必然有29次轻微事故和300起未遂先兆以及1000起事故隐患。按照海恩法则分析,当一件重大事故发生后,我们在处理事故本身的同时,还要及时对同类问题的'事故征兆'和'事故苗头'进行排查处理,以此防止类似问题的重复发生,及时解决再次发生重大事故的隐患,把问题

---

① 李丽华、刘舒:《群体性事件预警指标体系研究》,载《中国人民公安大学学报(社会科学版)》,2011年第6期。

② 韩大元、莫于川主编:《应急法制论:突发事件应对机制的法律问题研究》,法律出版社2005年版,第87页。

解决在萌芽状态。"① 这是对事后处理经验的类推运用，善于总结发现，吸取经验教训，探求同类事件所具有的一般规律。"海恩法则"同样适用于对于群体性社会危机的解释，社会矛盾的发生、发展、爆发和消解也是一个长期积累的过程，在这个过程中总会有某些迹象显露出运动轨迹，在不确定性中蕴含着确定性，在偶然中也有必然，"领导者应当明白一个规律，那就是重大的危机爆发之前，绝大多数危机都是有先兆的。如果对日积月累的一些问题没有予以足够的重视，很可能会一再错过解决危机的良机，并在关键时刻丧失对危机事态的控制和挽救能力。"② 因此，只要有很强的危机意识，积累工作经验，也是有可能对社会矛盾进行探测、发现和预处理的。这就要求危机决策者在日常工作中善于收集整理各类信息，对各种意外也要保持必要的敏感和敏锐，做到有备无患、防备在先。即便当社会危机爆发时，也能做到从容面对、迅速介入，找到危机应对的有效策略，成功总是留给有准备的人的。我们现实中不少领导干部既缺少事前洞察能力，对群体性突发事件开始出现的苗头没有很好地把握和处理，又缺乏事后反思能力，不能从危机中总结惨痛的教训，只能导致群体性危机事件频繁重复出现。

（二）从应急管理走向预警管理，把二者结合起来

其一，应急管理有所能有所不能。目前我国对于应急管理的研究相对充分，建立了"一案三制"（应急预案和应急体制、机制、法制）的应急管理体系（内含减灾、维稳），这在重大自然灾害如"汶川大地震"、"玉树大地震"、"舟曲泥石流"等的救援处置中取得了显著的成效。根据责任主体的不同，我国的应急预案体系主要包括国家总体应急预案、专项应急预案、部门应急预案、地方应急预案、企事业单位应急预案以及针对大型聚会或大型活动的预案等六大层次。其中，国家总体应急预案是国家应急管理的行动纲领，也是

---

① 百度百科：海恩法则。
② 张成福、唐钧、谢一帆：《公共危机管理：理论与实务》，中国人民大学出版社2009年版，第295页。

全国应急预案的总纲,为各地区、各部门的预案提供了行动准则和基本思路。然而,这种"重事后,轻事前"、"重应急管理,轻风险管理"的应急模式还无法适应现实的需要,尤其对于群体性社会事件的危机治理显得明显不足。事实上对于诸如食品安全、防灾减灾、环境污染等重大问题也出现了"越应急,急越频;越减灾,灾越多;越维稳,越不稳"的尴尬局面。根据应急管理所暴露出的问题,2007年颁布的《中华人民共和国突发事件应对法》第5条规定也明确指出:突发事件应对工作实行预防为主、预防与应急相结合的原则。

其二,预警管理是主导,目前受重视程度非常不够。应急管理是事后的被动响应,而预警管理才是化解矛盾的根本,发挥决策者的主观能动性,防患于未然,做到及早发现、及时解决。这需要调整工作的重心,把预防预警摆在应有的重要位置,这也被中共中央视为处理突发事件的第一要务,"国家建立重大突发事件风险评估体系,对可能发生的突发事件进行综合性评估,减少重大突发事件的发生,最大限度地减轻重大突发事件的影响"①,因此,以突发事件预防机制的建立健全为基础,努力将突发事件控制和消弭于萌芽状态,从而防止突发事件的发生,这在未来处置群体性社会事件的过程中应该引起足够重视。就拿目前的维稳工作来看,政府在处置突发性群体事件的指导方针却与这相差甚远。现实中一个本末倒置的做法是:把更多地心思花在如何把事件暂时性的压制下去,以"维稳"的政绩考核指标掩盖甚至取代了对社会风险的源头治理,以"零上访"的数据统计结果作为衡量社会稳定的标准。这也是近几年出现的新现象:上访的数量在下降,而群体性事件的数量却在上升,层层施压的维稳模式一方面激励地方政府通过各种途径(诸如截访、劝访、销号等)来在上访的数量上做文章,另一方面民众在上访被堵的情况下被迫选择群体性事件这种非制度化渠道。呈现出的另一个很典型的治标不治本的现象是:维稳是针对事件的应急处置模式,而不是针对问题的系统处理模式,导致群体性事件被处置完毕没多久,类似的事件依然层出

---

① 孙庆聚等:《提高领导干部应对突发事件能力》,方正出版社2009年版,第183页。

第八章
危机治理的常态化：事前预警与事后问责机制结合

不穷。这种疲于应付的应急维稳模式带来人财物无穷尽被卷入，而治理的效果并不明显，反而出现"越维越不稳"的困境和维稳的巨大压力，效果是事倍功半。原因在于这种投入基本上是事后的补救，而不是事前的预防，这就要求我们在群体性事件的治理过程把"应急管理"和"预警管理"结合起来，更要重视预警的作用，"探索建立新的社会矛盾探测、发现与预处理机制，需要寻找新的社会矛盾探测、发现与预处理的主体、平台与规则"①。

其三，值得注意的是，预警也需要弹性政府。"危机的不确定性特征决定了人们只能够在常态社会里预设可能发生的事情，但是这种预测有时候往往是无效的和虚拟的，因为人们确定的危机生成要素和治理方案有时候是知识设计者的一厢情愿。在不确定性极高的现代社会中，政府对于危机预设的制度和政策极易失去作用，因而建设弹性政府就显得十分迫切。"② 所谓弹性政府，就是人们授权给政府相对自主的危机决策的权力，使"政府及其机构有能力根据环境的变化制定相应的政策，而不是固定的方式回应新的挑战"③，当然，政府的预警决策不是任意放大自主权，而是要结合专家和科研机构等政府外脑的辅助作用，也要广泛吸纳民意，及时沟通，对于预警决策的失误做出合理的解释，赢得民众的信赖与支持。从而使民众和政府在对群体性社会危机参与共治的过程中获得相互的理解和尊重。一个相对客观的心态是：一方面，政府要时刻保持高度的危机意识，把预防预警前置，尽可能做到有备无患，不断提升的应急处置的效能和科学预警的能力，但是预警是基于事实对未来可能发生情况的预测，难免会出现预测不准、甚至预测失误，因此，另一方面民众也要有更加开放平和的心态，给予我们的政府相对宽松的决策环境。

---

① 严励：《秩序的中国解读：转型期中国社会矛盾之研究》，上海社会科学院出版社2007版，第45页。
② 蔡志强：《危机治理与社会和谐》，湖南人民出版社2007年版，第40页。
③ [美] B. 盖伊·彼得斯：《政府未来的治理模式》，吴爱民、夏宏图译，中国人民大学出版社2001年版，第87页。

(三) 政府在预警管理方面所作的努力

其一，总体上看，政府的预警意识不强。我国对社会预警风险分析始于20世纪80年代，一方面是受西方社会预测的未来学专家们的学术著作的影响，另一方面是社会变迁中积累的各种社会矛盾急需予以解决。虽然在学术研究层面，对于社会转型的风险、预测和报警的研究已经引起了广泛的重视和讨论，但在政府惯性统治的阻力下，预警机制的实际运用还处在比较低的层面。

(1) 基层政府管理者的重视程度很不够，基层社会单元的预测预警动力更显不足。然而，公共危机的危机信息又绝大多数来源于基层，"据调查，在重大公共危机信息来源中，48%是新闻媒体，23%是下级相关部门，22%是社会公众（投诉、举报），20%是上级领导，也就是说，越接近基层，接近人民大众，信息来的越快、越直接。"[①] 广泛散播的信息没有得到很好的重视和收集整理，基层的预警意识、预警级别和预警能力都明显不足。我们有必要在社区建立基层预警中心，发挥非政府组织的作用，将矛盾、问题化解在基层，化解在萌芽状态，遏制公共危机的发生。

(2) 我国政府官员对社会性突发事件的处置，总体上处于各自为战、经验性为主的阶段，危机管理的能力不强、水平不高，预警也没有很好地把公众的响应结合起来，社会公众对危机预警的理解和响应由于缺少公共危机的教育而显得明显不够，预警也就难以起到应有的效果。国外学者提出了"整合式的预警系统"，这种模式主要强调把有效预警与响应所需要的要素相互联动起来，不仅限于对危机要素发出警告，社区及其民众也要发挥响应回馈作用。

(3) 过于依赖技术治理和科学理性，而这对于群体性社会危机的治理又显得心有余而力不足。"我国公共危机的预测预警受科学主义的影响严重。这

[①] 佘廉、马超、王超：《我国政府重大公共危机预警管理的现状和完善研究》，载《管理评论》，2005年第11期。

第八章
危机治理的常态化：事前预警与事后问责机制结合

主要表现在两个方面：一是预测预警重技术设施的投入，轻制度、政策的发展；二是预测预警的对象侧重于可以用技术指标来衡量的自然灾害、事故灾难、公共危身事件，而对恐怖主义袭击等社会安全事件的预测预警不足。应该说，预测预警的科学主义造成了'隔行如隔山'的倾向，加剧了部门分割的局面"。①

其二，政府越来越重视对预警系统的投入。社会预警系统的构建是一个系统工程，它需要以相关专家学者的实证研究为理论基础，形成"政研合一"式的构建思路。在这方面，美国的做法已经受到许多中国学者的关注。据统计，中国与美国之间的GDP之比为1∶5，然而在民意调查的资金投入方面为1∶65。其中，中国投入费用的75%由海外调查机构投入。仅计算国内自身投入，那么中美之比为1∶280。可见，中国在民意调查上的资金投入严重不足，制约了政府对社情民意的了解②。直至当前，国家虽然已经陆续公布了公共突发事件的处置意见，对自然性、事故性、卫生性的事件已经有了处置的预案，唯独缺少社会安全类突发事件的专门处置预案，政府相关的预警、救治措施的研究也相对要少③。1999年，中国科学院心理所启动了"邪教的社会和心理基础与建立反邪教社会预警系统"研究项目，从而揭开了中国构建"政研合一"式预警系统的序幕。从2004年开始，中国科学院心理所又在全国5个省193个县（市）开展了4轮城乡居民社会态度调查，又通过各种渠道获得了35个县（市）2004年至2007年的群体性事件等社会统计数据，并对累积的数据加以整合，建立了一个初步的社会预警系统。现在，中国科学院心理所在群体性事件预测方面取得重要突破，对以县（市）为单位当年和来年发生群体性事件的正确预测率可达到50%至90%④。

其三，政府在规章条例上的努力，也看得出从应急到预警重心的调整。

---

① 汪大海主编：《公共危机管理》，北京师范大学出版社2012年版，第99页。
② 林竹：《西方民间调查的发展及其对中国的借鉴》，载《社科纵横》，2007年第5期。
③ 苏娴：《我国城市突发性事件管理研究》，武汉科技大学硕士学位论文，2006年。
④ 孙元明：《国内群体性突发事件预警研究》，载《江南社会学院学报》，2010年第1期。

2003年5月7日，国务院第7次常务会议审议通过了《突发公共卫生事件应急条例》，5月9日公布实施，这标志着我国应对突发公共卫生事件纳入到法制化管理轨道。

2003年7月胡锦涛总书记在全国防治"非典"工作会议上深刻指出，我国突发事件应急机制不健全，处理和管理危机能力不强；一些地方和部门缺乏应对突发事件的准备和能力。我们要高度重视存在的问题，采取切实措施加以解决。

2003年10月14日，十六届三中全会提出：要建立健全各种预警和应急机制，提高政府应对突发事件和风险的能力。

2003年12月，国务院办公厅成立应急预案工作小组。

2004年1月，召开国务院各部门、各单位制定和完善突发公共应急预案工作会议。按照党中央、国务院的决策部署，全国的突发公共事件应急预案编制工作展开。

2004年3月5日，国务院在工作报告中，把加快建立健全各种突发公共事件应急机制、提高政府应对公共危机的能力作为全面履行政府职能的一项重要任务做出部署。

2004年9月19日，十六届四中全会通过的《中共关于加强党的执政能力建设的决定》也提出"建立健全社会预警体系，形成统一指挥、功能齐全、反应灵敏、运转高效的应急机制，提高公共安全和处置突发事件的能力。"

2005年1月26日，《国家突发公共事件总体应急预案》经国务院第79次常务会议讨论通过。

2005年2月，中央政治局常委会听取并原则同意预案编制工作报告。

2005年2月底，向全国人大常委会报告预案编制工作情况。

2005年3月5日政府工作报告中，提出建立健全社会矛盾纠纷调处机制，完善社会稳定的预警体系和应急处置机制，积极预防和妥善处置群体性事件。

2005年4月，国务院作出关于实施国家突发公共事件总体应急预案的决定。

第八章
危机治理的常态化：事前预警与事后问责机制结合

2005年5至6月，国务院印发4大类25件专项应急预案，80件部门预案以及省级总体应急预案也相继发布。

2005年7月下旬，国务院召开全国应急管理工作会议，温家宝总理在会上强调：加强全国应急体系建设和应急管理工作，必须做好健全组织体系、运行机制、保障制度等工作。

2006年1月6日，国务院授权新华社全文发布《国家自然灾害救助应急预案》。

2006年1月8日，国务院发布《国家突发公共事件总体应急预案》，总体预案是全国应急预案体系的总纲，是指导预防和处置各类突发公共事件的规范性文件。指出：(1)建立健全分类管理、分级负责，条块结合、属地管理为主的应急管理体制。(2)形成统一指挥、反应灵敏、功能齐全、协调有序地应急管理机制。从1月10日起，陆续发布5件自然类突发公共事件专项应急预案和9件事故灾害类突发公共事件专项应急预案。至此，国家应急预案框架体系初步形成。

2006年3月5日的政府工作报告，再次强调完善社会稳定预警体系和应急处理机制。在十六届四中全会《决定》明确提出，要建立健全社会预警体系，以提高公共安全和处置突发性事件的能力要求，把建立社会预警体系提高到国家战略的高度，这是党中央审时度势做出的重要决策。

2006年6月15日，《国务院关于全面加强应急管理工作的意见》，要"健全分类管理、分级负责、条块结合、属地为主的应急管理体制，落实党委领导下的行政领导负责制，加强急管理机构和应急管理救援队伍建设"。

2006年10月举行的十六届六中全会专门加上"积极预防和妥善处置人民内部矛盾引发的群体性事件，维护群众利益和社会稳定"的内容，这是改革开放后党中央首次将处理群体性事件写进中央决议。高层这么做是把处理群体性事件作为一项重要任务突出地摆到全党面前，表明党中央直面现实的政治勇气。

2006年12月31日，《"十一五"期间国家突发公共事件应急体系建设规划》中强调,"十一五"期间,应急管理和指挥机构建设进一步加强,初步形成统一领导、分类管理、分级负责、条块结合、属地为主的应急管理体制。

2007年7月31日,《国务院办公厅关于加强基层应急管理工作意见》指出初步形成政府统筹协调、社会广泛参与、防范严密到位、处置快捷高效的基层应急管理工作机制。

2007年10月15日,十七大将完善突发事件应急管理机制写入十七大报告。

2007年11月1日,国家《突发事件应对法》正式实施,明确我国要建立统一领导、综合协调、分类管理、分级负责、属地管理为主的应急管理体制。

2009年3月5日的政府工作报告,强调健全社会稳定预警机制,积极预防和妥善处置各类群体性事件。

第三节 事后救济是补充:反思·问责·补偿公正

(一) 反思

其一,反思的价值。"恩格斯曾经讲过一句话,一个聪明的民族,从灾难和错误中学到更多的东西。美国危机管理专家奥古斯丁讲过类似的思想,他说:'发现、培育进而收获潜在的成功机会,就是危机管理的精髓;而错误地估计形势,并令事态进一步恶化,则是不良危机管理的典型表现'"[①]。任何一个国家对于危机的认识都有一个逐渐成熟的过程,对危机的判断也是一个日渐深入的过程。例如日本是一个地震频发的国家,国家在赈灾和减灾方面的系统工作就考虑得很周密细致。往往是在危机惩罚了人类之后,人们对于危机的应对才更加从容,社会也更加宽容。亲身经历过危机灾难的人们会更加敬畏、更加理性和更加淡定。人们通常把危机的事后反思看做是危机的总结阶段或危机后处理阶段,危机的总结阶段实质上危机的转化阶段,危机后处理

---

① 辛向阳:《中国发展论》,山东人民出版社2006年版,第175页。

第八章
危机治理的常态化：事前预警与事后问责机制结合

阶段也就是我们说的危机向常态的转化阶段。如何从危机灾难中走出来，吸取教训，把应急管理纳入到常态管理中，减少类似危机事件的发生几率，提升应急处置能力和危机预警能力，才是危机留给我们的最大财富。如果危机过后，不善于反思，不能实现常态转化，那么人们就一直生活在危机恐慌的阴影笼罩之下，危机频发也就难以改变。

其二，危机转化过程需要注意的几个问题。在危机转化阶段，政府必须遵循三大原则："一是'主动负责原则'。以平和理智的心态接受媒体和公众的监督。在澄清不实新闻、防止恶意炒作的基础上，主动作出深刻反思，承担应有的责任，严格依法处置相关责任人。二是'依法发布原则'。严格依照法律和政策的要求，动态发布事件处理信息，通过媒体的公开报道保证程序合法性。三是'降低期待原则'。……不管政府怎么努力也不可能获得所有人的认可，对于不同的舆论评价，政府应该保持平常心。"[①] 这是政府必须摆正的姿态，对于群体性社会危机事件，政府应敢于担当起责任，虚心接受监督，多从自身寻找原因，在合法的范围内最大限度满足民众的合理要求，工作再难办，也要迎难而上，哪怕是不能得到群众的理解甚至被怨恨，也要竭力而为。当然，为了顺利实现危机向常态转化，可以从点滴做起，从易到难，寻找拓展工作的突破口，诸如迅速兑现承诺，做好物质补偿和合理安置。尽可能推进"软转化"，动员社会组织和志愿者的力量，做好心理干预和引导，积极疏导和思想教育等等。转化阶段的具体工作包括："（1）危机后的恢复与重建，这既包括生产与生活的重建，也包括人们的社会心理的重建。（2）危机后社会秩序与正常运转体系的建构。（3）受灾人员的援助。（4）违纪责任人责任调查。（5）仔细研究危机出现的原因，找出危机发生的内在规律。在危机尚未结束阶段就进行总结其好处就是比较客观"。[②]

其三，发展中形成的问题要靠发展来解决。"近年来，尽管中央对处置群

---

① 沙勇忠、刘海娟、钦辉编选：《甲子华章：中国政治年报2009》，兰州大学出版社2010年版，第176—177页。

② 辛向阳：《中国发展论》，山东人民出版社2006年版，第174页。

体性事件工作提出了'三可三不可'（可散不可聚、可解不可结、可顺不可激）、'三个慎用'（慎用警力、慎用警械、慎用强制措施）和'四个早'（早发现、早报告、早控制、早解决）等总体要求和基本原则，但是，这毕竟是原则性的、经验性的，还没有上升到科学的、理论层面，也没有落实到规范的、技术的层面。"[1]当然，我们也要看到技术治理的必要性与局限性。人类社会已经进入技术时代，高新技术的引入改变了过去通信信息技术落后的局面，面对以信息技术和网络技术为代表的"第四次浪潮"席卷全球，依托高科技来提升危机管理水平成为政府危机管理的一项重要任务，科学技术对于危机管理活动变得越来越重要了。无线网络、卫星监测、地理信息系统、全球定位系统、遥感系统等一系列技术及前沿管理方法在公共危机管理领域的应用为开展有效的危机管理提供了难得的机遇，也极大地提高了危机管理的绩效，在危机的预防、准备、回应和恢复各环节都起到了减少损失、提高效率和节约成本的功效。但也要清晰地认识到，技术工具再先进，也只是手段，而不是目的，不能完全期望通过技术的革命化解危机，很多群体性事件的爆发有深层次的社会和心理原因，靠科技是解决不了的。更何况科学技术也是一把双刃剑，科技能被危机管理者所利用，同样，制造危机的人也可以利用科技制造更大的风险，如网络时代的黑客攻击、网络诈骗、网络恐怖主义以及政府信息化过程中的信息安全等问题。事实上，科学技术的负面效应和潜在风险已经引起了世界各国的极大忧虑和社会各界的广泛关注，成为困扰人们现代生活的新问题。随着科技的发展和人类对技术的依赖，科技本身也成为一种风险源。这就要求我们在利用科技治理的同时，也要对其不能适用的领域保持清醒认识，积极寻找更为根本的途径来治理社会危机。"严格说来，一切危机和灾难都是人为的，是人类不理智、不合理的生产方式、生活方式和行为方式的结果。因此，危机管理的一个重要选择就在于把危机管理与经济社会的可持续发展紧密结合起来，在经济社会发展过程中尽量减少那些可能引发灾难和危机的因素，促进经济社会的可持续发展。"[2]十一届三中全会

---

[1] 朱力：《走出社会矛盾冲突的漩涡：中国重大社会性突发事件及其管理》，社会科学文献出版社2012年版，第246页。

[2] 张成福、唐钧、谢一帆：《公共危机管理：理论与实务》，中国人民大学出版社2009年版，第386页。

以来 30 多年改革发展取得辉煌成就，国富民强、国泰民安，发展才是硬道理，改革中的问题要在深化改革中去解决。

(二) 问责

其一，问责的必要性。哈耶克曾指出，"欲使责任有效，责任必须是明确且有限度"①，有权必有责，政府的权力和责任必须是对等的，政府必须保障公民的合法权益，这是法律问题，也是道义问题。然而，中国的责任政府建设相对滞后，由于法律制度的不健全，法律责任滞后，更高层次要求的道德责任更是急需启蒙，公共权力源于公民权利授予的这一基本现代观念还并没有被政府官员所完全认识，政府承担的责任还更多体现在行政责任上，更多是迫于社会舆情的压力给民众一个交代，或更多是吏治的需要。由于过去高度计划经济时代的全能主义时代的制度惯性，过去社会被淹没在全能政府之下缺少自主性，处在社会转型时期，社会被冲击得"一盘散沙"、过度"原子化"，社会发育不成熟，政府强社会弱的局面并没有得到扭转，由社会来监督政府还是比较困难，而且政府系统内部还主要是垂直的行政授权多，而水平的民主授权少，横向的权力机构之间不对等，纵向政府之间权力也不对等。再加上权责不明确，责任内容不均衡、责任机制不完善、公众参与不足、政府责任意识还有待加强，因而责任推诿扯皮现象依然比较严重，本应该由政府承担的责任转嫁给企业、社会和个人，也导致政府责任的旁移、虚置和弱化，影响政府形象。尽管中国政府也承担起越来越多的责任，具有了高度回应性，但是依然是被动消极的反应，从回应性政府走向责任政府还有一定的距离。在群体性社会危机治理中也多是"应急回应模式"，基于责任承担的"预警引导模式"还在探讨之中。

新的时代对责任政府提出的要求。在政治世俗化浪潮的冲击下，在公民权利高涨的时代，人们已经不全是对政府的作为"感恩戴德"，反而有人会对政府的做法"横挑鼻子竖挑眼"。同时随着法制的逐渐完善，信息更加公开，人们监督政府和追究政府责任也变得更加容易，要取信于民，政府唯有继续

---

① ［英］哈耶克：《自由秩序原理》（上卷），邓正来译，生活·读书·新知三联书店 1997 年版，第 99 页。

履行"责任政府"的庄严承诺。特里·库珀把官员责任区分为客观责任和主观责任[①]。他把客观责任分为三层关系：（1）行政系统内部的上下级之间的责任；（2）事务类公务员对选举产生的公务员负责；（3）官员对选民负责，收集和反映选民的利益偏好。"客观责任是外界对责任主体所提出的行为要求和权力限制，客观责任只有引起责任主体思想上的高度重视，内在化为责任主体的行为原则，外在的要求和选择才会变成责任主体自觉的内在要求，变成一种责任主体发自内心的强烈愿望"。[②] 简单来说，落实到官员头上的客观责任可以分为：基于公共行政的行政责任和基于民主的政治问责。主观责任更多是发自内心的道德责任，基于官员的道德内化为自我规约的行为规范，诸如忠诚、良知、公共精神、责任意识和服务于民的观念等等，而不仅仅是为了完成上级的要求或法律的命令。中国问责政治启动比较晚，真正启动是在SARS危机中对高官的个人问责，也主要是行政系统内部启动的"同体问责"，更多还停留在"吏治"阶段的行政问责。问责常表现为"问责风暴"，常态化的问责机制还没有形成。因此，普遍呼吁应该加快推进责任政府的建设，从"行政问责"走向"政治问责"、从"问责过错"走向"问责庸官"、从"问责风暴"走向"制度问责"，对于官员的伦理道德的问责也应纳入到立法中来。

"常态化的政府问责，必须以健全的问责机制为基础，通过立法确保政府部门和官员的权力始终处于一种负责任状态，杜绝任何行使权力的行为脱离法定责任机制的控制。"[③] 对于目前关于监督政府履行责任的所谓制度创新，有不少还是形势所迫、给民众一个交代，离常态化政府问责还有很大一段距离。如不少地方政府的推出的"权力清单"的汇编概览，对于行政违法行为进行分类，民众可以一一查阅，追究其责任，这是迈出了问责政府的重要一步，但是这种列举式的弊病是过于繁杂琐碎，动则几百万字的权力清单让普通民众掌握运用起来非常不便，与其说给民众一个责任追究的凭据，不如说官员找到了很好的推托责任的借口。另一现象是各个地方的问责条例、规章、

---

① ［美］特里·库珀：《行政伦理学：实现行政责任的途径》，中国人民大学出版社2002年版，第74—75页。

② 陈国权：《责任政府：从权力本位到责任本位》，浙江大学出版社2009年版，第10页。

③ 沙勇忠等编：《多难兴邦：中国政治年报2008》，兰州大学出版社2009年版，第190页。

第八章
危机治理的常态化：事前预警与事后问责机制结合

规定也纷纷呈现，问责的确越来越受到重视，但是立法重复、法条打架，也多是列举式的，对于问责缺少统一的立法规范。因而，对于常态化政府问责所需要的统一性程序立法的呼声极高，加强立法的科学性，建设一个责任政府和法治政府还有很长的路要走。加强责任追究的权力清单和各级政府的问责立法固然重要，这都还是对政府的外在监督问责，但责任政府除了要在社会危机治理中承担这些刚性的问责机制以外，更为重要的是健全国家行政官僚体制的自我诊治、自我修复能力，我们期待的并不是一个永不出错的政府，而是一个知错能改、有错必纠、能够自我修复的政府。只有政府自动承担责任、具有很强的自我反思能力，责任政府才真正建立起来。

其二，对政府问责目前所存在的问题。

（1）重个人问责，轻体制机制防范。"近几年对涉政公共事件的处理，我们逐渐引入问责机制，问责的力度越来越大，处分的官员的层级越来越高，但并没有起到完全抑制事件高发的作用。这里根本的原因在于，我们大多数问责，是在民意、舆论压力下的一种交代性问责，并不是事后根据功过得失、党纪国法对他们的公正处理。而且这些问责也基本停留在政治层面，没有建立起防止类似事件再发生的体制机制。问责本身也有不少值得完善的地方。"[①] 如果仅为了给民众一个交代而找一两个"替罪羔羊"，受欺骗的民众在这个资讯发达的时代终究会识破的，这就会制造更大的舆论压力。另外，就现存的问责体制而言，可能刚上任的领导干部就被追究了，而群体性矛盾是长期大量问题积压所导致的，这对于新上任的领导干部来说就有失公正，但为了给老百姓一个交代，就成为"替罪羔羊"，而等事态过后不久，被问责的领导干部又很快复出。这对于民众来说很难接受，不但难以平抑民愤，反而激起更大的民怨，大大损害政府形象，更是对责任政府问责体系的建构是巨大的破坏。问责的不公，伤害的不是某一个人，失去的是整个民心，污染的是整条"河流"。我们更应该把眼光放在那些更为根本的体制性问题上去，如，经济发展责任压倒一切的错误导向在责任结构分布上的不均衡，导致"一俊遮百丑"的现象。还有重视垂直的行政授权，而轻视水平的民主授权，同体问责多于异体问责，行政问责多于政治问责，使问责仅发生在行政系统内部，由

---

① 聂方红：《涉政公共事件：地方政府行为新挑战》，人民出版社2012年版，第245—246页。

于行政权力的垄断性而导致问责的效果大打折扣。"在政府责任体系建设中，以选举为基本机制的政府民主责任建设落后于以行政命令和政治命令为基本机制的政府行政责任和政治责任建设，从而使政府在实现责任时更重视对上级负责，忽视对社会公众负责。"① 诸如此类的责任政府的体系化建设应早日提上日程，推进政府问责的实质性进展。正如张创新所言："当前我国行政问责面临的主要困境是有问责之事，无问责之法，即存在严重的制度资源稀缺。在责任划分上过大的弹性空间和刚性原则缺失，很可能导致问责中的有失公正，这样的'问责'结果或许可以聊慰民心，但效果却是很不确定的。"②

（2）问责官员复出存在的问题。对免职官员的复出进行必要的约束，建立对问责的事后监督制度，以防止官员问责流于形式。"对问责官员的后续处置安排问题。必须有一个透明公开公正的复出机制，不能把问责作为应付老百姓和舆论的游戏，如果这样我们的问责就会失去意义。"③

其三，问责的立法方面存在的问题。总体上看，我们在政府问责、尤其在高官问责上，依然缺乏统一而具体的操作标准，国家层面的依据分散在公务员法、《行政机关公务员处分条例》、《重特大安全事故行政问责暂行办法》等法律法规当中，立法层次不高、不统一、不明确等问题较为突出，地方行政问责的规范也普遍存在刚性不足、可操作性弱等缺陷。在缺乏强有力的规则约束下，行政问责的法治化程度不高，其成效多取决于中央和地方的决心，以及社会的关注程度。一般来说，中央下定决心要解决的问责事件或社会舆论强烈要求问责并使政府注意的事件，往往问责力度较强，成效也比较好。而一旦风头过后，问责力度就显得疲软，又恢复到事前状态，没有给问责积累有价值的经验，如此往复的问责风暴就容易成为缓解民众情绪的幌子，而难以对官员施政起到真正的制约作用。

---

① 杨雪冬：《政府责任》，见俞可平主编：《中国治理变迁30年（1978～2008）》，社会科学文献出版社2008年版，第198—199页。
② 张创新：《从"新政"到"良制"：我国行政问责的制度化》，载《中国人民大学学报》，2005年第1期。
③ 聂方红：《涉政公共事件：地方政府行为新挑战》，人民出版社2012年版，第245—246页。

在社会管理和政府自身治理方面的法律体系现状、缺陷及评价[①]

政府治理领域		现行主要法律	欠缺的重要法律	评价
社会管理	公共事务	《警察法》、《居民身份证法》、《治安管理处罚法》、《教育法》、《义务教育法》、《教师法》、《食品卫生法》、《突发事件应对法》、《药品管理法》、《城乡规划法》、《城市房地产管理法》、《城市房屋拆迁管理条例》、《文物保护法》、《环境保护法》、《建筑法》等	《劳动教养条例》和《城市房屋拆迁管理条例》两个行政法规受到违宪的强烈质疑	这方面的法律带有强烈的部门权力和利益,没有实行现代治理的转型
	社会组织	《工会法》、《律师法》、《公证法》、《会计师法》、《出版管理条例(行)》、《社会团体登记管理暂行条例(行)》、《民办非企业单位登记管理暂行条例(行)》、《事业单位登记管理暂行条例(行)》、《基金会管理条例(行)》	《结社法》、《新闻出版法》	结社、新闻、出版处于非法律治理,由政府法规治理,大多是限制权利的
政府自身治理	政府组织	《国务院组织法》、《地方人大和地方政府组织法》、《公务员法》、《行政机关公务员处分条例(行)》	国务院组织法太粗,应职权具体化和程序化,把部门组织和程序纳入;制定专门的地方政府组织法、国家机构编制法	政府组织机构的规范性和依法性差
	政府行为	《行政诉讼法》、《行政处罚法》、《行政复议法》、《行政许可法》、《政府信息公开法(行)》、《行政监察法》、《国家赔偿法》、《预算法》、《审计法》、《政府采购法》	《行政强制法》、《行政程序法》、《信息公开法》、《公务员财产申报法》、《行政诉讼法》需要全面修改	①这些法律是依法治理的最大成就,只需进一步完善;②预算的规范性和法治程度太差

说明:本表标明是国务院的行政法规。

除了现行的法律法规存在不少缺陷之外,强化政府机关及其工作人员的内部自律的伦理立法也应提上日程。在现代国家中,越来越多的伦理规范被

---

① 蔡定剑:《依法治理》,见俞可平主编:《中国治理变迁30年(1978~2008)》,社会科学文献出版社2008年版,第164页。

纳入到法律规范体系之中,制约行政权运行过程中的滥用。我国尽管也重视行政道德建设,但是还欠缺专门的行政伦理立法。应尽快制定"国家公务员道德法"、"国家政务活动公开法"、"国家公务员财产申报登记法"等法律,为打造现代法治政府提供法律保障。

其四,中央和地方层面在责任政府建设中所作的努力。

早在 2002 年,党的十六大就提出了"实行党领导干部职务任期制、辞职制和用人失察失误责任追究制"。有专家认为,这可以看做是中国责任政府构建的开端。但由于种种原因,这一制度在实际执行中并未得到很好的贯彻和落实。

2003 年非典时期,"问责"一词被广泛应用,中央政府开始探索制度化问责之路。

2004 年 2 月,中共中央颁布实施了 54 年来第一个全面、系统地推行自我约束、促进自我发展的党内法规——《中国共产党党内监督条例(试行)》,明确将"询问和质询"单列一节。还颁布了《中国共产党纪律处分条例》,这二者强化了对党员干部的制度性监督。

2004 年 3 月,国务院印发了《全面推进依法行政实施纲要》,建立健全决策责任追究制度、建设责任政府成为这一纲要的重要内容。

2004 年 4 月,中共中央办公厅又集中印发了 5 个关于干部人事制度改革的文件;这 5 个文件连同此前由中央纪委、中组部联合发布的《关于对党政领导干部在企业兼职进行清理的通知》,被形象地称之为"5+1"文件。"5+1"文件中最引人注目的,就是关于推行以引咎辞职为标志的"问责制"的规定。

2005 年 7 月 9 日,《国务院办公厅关于推行行政执法责任制的若干意见》印发,推动建立权责明确、行为规范、监督有效、保障有力的行政执法体系,强化政府责任,将责任政府构建进一步向前推进。

2006 年 1 月 1 日生效的《公务员法》,对问责制作了规定,让领导干部引咎辞职制度有了法律依据。同年,全国人大通过了期待已久的《监督法》,使人大对政府和司法的监督得到全面提升。

2008 年新一届中央政府第一次廉政工作会议上,温家宝总理再次指出:

第八章
危机治理的常态化：事前预警与事后问责机制结合

"加快实行以行政首长为重点的行政问责和绩效管理制度。要把行政不作为、乱作为和严重损害群众利益等行为作为问责重点。对给国家利益、公共利益和公民合法权益造成严重损害的，要依法严肃追究责任。"并将其列为2008年制度建设的五项重点工作之一，随后，行政问责制首次被写入新的《国务院工作条例》。

2008年《国务院工作规则》在3月21日国务院第一次全体会议上获得通过，这一新《规则》在前规则的基础上增加了一条：国务院及各部门要推行行政问责制度和绩效管理制度，明确问责范围，规范问责程序，严格责任追究，提高政府执行力和公信力。有专家表示，新《规则》明确提出推行行政问责制度，使行政问责和责任政府构建步入制度化轨道。行政问责这一重要的现代行政管理制度，在我国将进入一个加速发展的阶段。

2008年两会期间，国务院总理温家宝在其政府工作报告中指出："要严格按照法定权限和程序行使权力、履行职责，加强政府立法，规范行政执法，完善行政监督，建设法治政府，不断提高依法行政能力。努力做到有权必有责、用权受监督、侵权要赔偿、违法要追究，让权力在阳光下运行。"许多学者和媒体认为，温总理的这一说法表明，中国构建"责任政府"将进入新的制度化阶段。

2009年7月12日中办、国办印发的《关于实行党政领导干部问责的暂行规定》明确提出，要对"在行政活动中滥用职权，强令、授意实施违法行政行为，或者不作为，引发群体性事件或者其他重大事件"的党政领导干部进行问责。其中具体列出的问责情形有四种与突发事件直接相关：

（1）因工作失职，致使本地区、本部门、本系统或者本单位发生特别重大事故、事件、案件，或者在较短时间内连续发生重大事故、事件、案件，造成重大损失或者恶劣影响的。

（2）政府职能部门管理、监督不力，在其职责范围内发生重大事故、事件、案件，或者在较短时间内连续发生重大事故、事件、案件，造成重大损失或者恶劣影响的。

（3）在行政活动中滥用职权，强令、授意实施违法行政行为，或者不作为，引发群体性事件或者其他重大事件的。

（4）对群体性事件处置失当，导致事态恶化，造成恶劣影响的。这不仅扩展了问责的对象，将各级党委的领导干部纳入了问责范围，也扩展了问责内容，将预防乃至引发群体性事件的责任都纳入问责的范围。

在行政问责的实践上，地方政府的做法要比中央政府早。自1997年以来，我国各地政府陆续展开了行政执法责任制的建制及推行工作，着力将行政执法绩效评估和责任追究机制引入行政管理中。

从2001年～2007年，深圳市连续制定了《深圳市行政机关工作人员行政过错责任追究暂行办法》、《深圳市行政效能监察工作暂行规定》、《深圳市监察局处理行政效能投诉暂行办法》、《深圳市政府部门责任检讨及失职道歉暂行办法》、《深圳市人民政府部门行政首长问责暂行办法》等多种问责制度，并在全市掀起"责任风暴"、实施"治庸计划"。深圳市政府频频推出的问责举措，是中国政府大力推行行政改革、构建责任政府的一个缩影。

2003年8月，国内首个政府行政问责条例《长沙市人民政府行政问责暂行办法》出台，开始了我国行政问责的制度事件。

2004年1月，天津市也颁布了《天津市人民政府行者国内问责制试行办法》，进一步明确了行政问责的对象、内容、方式及程序等问题。

2004年7月，《重庆市政府部门行政首长问责暂行办法》正式实施，被认为是国内行政问责制的一次突破性尝试。该办法将问责上升到制度层面，通过了18种问责情形，7种追究责任，对政府行政部门"一把手"追究其不履行或不正当履行法定职责，小至诫勉、批评，大至停职反省、劝其辞职；问责对象包括重庆市政府各部门的行政首长，以及参照执行的部门副职和直属机构的一把手；除市长可以启动问责程序外，公民、法人和其他组织的举报、控告，新闻媒体曝光的材料，人大代表、政协委员、司法机关、仲裁机关、副市长、秘书长提出的问责建议、工作考核结果均可启动问责程序。

海南、成都、浙江、深圳、河北、广西、甘肃等地都相继出台了行政问责的相关规定。但是，"目前我国没有统一的原则性行政问责法律，而且在短时间内要设计并通过一部可以得到各方面认可的国家行政问责法的难度很大，因此目前制定的行政问责制度通常是以省、市政府规章的法律方式出现的。由于现行行政问责制度的法律位阶不高，因此各地方行政问责制度基本上都在条例开篇作一些基础性的描述,其中大多包括制定该条例的依据、制定该条例的目的等,强调行政问责制度的法律渊源"①。

2010年,中共中央办公厅印发了《党政领导干部选拔任用工作责任追究办法(试行)》,同时,中央组织部配套发布了《党政领导干部选拔任用工作有关事项报告办法(试行)》、《地方党委常委会向全委会报告干部选拔任用工作并接受民主评议办法(试行)》、《市县党政委书记履行干部选拔任用工作职责离任检查办法(试行)》,形成了比较完备的领导干部选任监督制度体系,即"责任追究制"、"报告工作制"、"民主评议制"和"离任检查制"。"这四项制度监督突出的价值导向不同。'责任追究制度'重在规范和约束领导干部在选任中的违规和失察行为,以形成问责压力;'报告工作制度'重在规范和制约常委会和领导干部的用人决策权限,以加强上级监督和全委会民主监督,防止用人权滥用和对干部选任工作的专断;'民主评议制度'重在对干部选任工作接受本级和下级领导同事的民主监督,以提高主要领导干部的公信度;而'离任检查制度'则重在检查结果和民主评议结果对拟提拔的市县党委书记升职的影响。其中,'民主评议制度'与'离任检查制度'的综合运用,尤其是对民主评议满意度不足三分之二以及在履行干部选任职责有违章操作和用人失察等严重问题取消其提拔资格的规定,对市县党委书记正确履行干部选任职责有很强的制度约束力。"②

(三) 补偿公正

其一,利用多种补偿措施,挽救政府形象。群体性危机给民众的身心都会带来严重的阴影和创伤,甚至付出生命的代价,对经济的破坏、社会的混乱以及对人类价值的冲击都是极其严重的,而且群体性社会危机所具有的破坏性和危害性也呈现出越来越大的趋势,政府和社会在治理危机过程中所面临的问题也必将越来越复杂。正因为群体性社会危机带来的后果具有全局性

---

① 陈国权:《责任政府:从权力本位到责任本位》,浙江大学出版社2009年版,第130页。
② 陈红太:《中国经济奇迹的密码在政治领域》,中国社会科学出版社2012年版,第242—243页。

和长期性，事后的救治和恢复也必然是一个长期而漫长的过程，为此，政府和社会在施行危机治理的过程中，从深度的心理认同和健全的制度修复两个层面着手才是治本之策。但这个长期的社会工程也需要从点滴的小事做起，尽可能弥补和提升政府形象，对于群众的诉求和政府承诺的事项，能办的要马上办，不能很快解决的要给一个相对明确的日程计划，不能解决的也要给一个恰当合理的解释理由，把事后补救措施公之于众，广泛接受各方的监督，以逐渐恢复政府的公信力，慢慢改善政府形象。首先，从民众的最基本的需求和物质满足做起，把保障公众健康和生命财产作为首要任务，最大程度地减少群体性事件造成的人员伤亡和社会危害，做好善后安抚工作。其次，尽快查清事故责任，承担起各种相应的政府责任，增进民众对政府的信赖和理解。再次，广泛接受社会的监督，处理好来自各方面的质询、批评和苦诉，驾驭好媒体，引导社会朝健康有序方向改进。也有学者总结："这方面的策略包括：（1）适当进行战略性自责，通过道歉、忏悔和寻求公众宽恕等公开检讨方式来打造勇于承担责任的形象。（2）抓住社会关注焦点，做好受害人及其亲属的善后、安抚工作，打造以人为本的形象。（3）通过公众诉求，改进行政行为，打造回应型政府形象。（4）强化政府公关，通过媒体、会议、领导人、具体工作来展现政府勇于担责，勇于纠错，及时改进的为民政府形象，进而争取大多数民众支持，赢回公众政府的信心。"[①] 当然，补救措施不局限于这几点，但有两点是补救的基点，即物质的补偿和非物质的补偿两方面。对于由于权力配置和资源分配不均引发的群体性突发事件，政府应侧重从物质或有形的方面加以补偿；对于主要由于价值观、意识形态、信仰差异或认同冲突等有深层次社会心理基础的引发的群体性突发事件，政府就更应该从价值尊重、心理认同等方面加以协商。即一个根本的宗旨是最大限度满足民众的合理需求，赢得民心，恢复社会秩序。

其二，把利益补偿机制和社会保障机制结合起来。

"建立利益补偿机制，尽快按质按量给予合理补偿。它可以起到双重作

---

① 聂方红：《涉政公共事件：地方政府行为新挑战》，人民出版社2012年版，第198页。

第八章
危机治理的常态化：事前预警与事后问责机制结合

用：一方面平息和化解本次突发事件；另一方面可以将潜在事件扼杀在萌芽中。"[①] 利益补偿最核心的就是对经济利益的恰当补偿，目前我国绝大多数群体性事件都是经济型群体性事件，因此利益补偿是十分有效的，对具体的群体性事件也是非常及时和必要的。但这种补救方式毕竟比较单一、也多是暂时的个案处置模式。也由于很多时候政府对经济受损的人们提供包括退职费、养老金、失业保险、转业培训补贴、安置补贴和土地的一次性补偿等，在实际的操作过程中出现了很多问题，尤其当把一次性补偿纳入快速发展的历史时段中去考察，就会出现显失公正和利益失衡等问题，也成为引发群体性事件的重要原因。这就会出现"端起碗来吃肉、放下筷子骂娘"的现象，认为现在政府有钱了，拿出一些钱来补偿历史旧账，这是政府的本分，民众并不领情。某些官员也有错误观念，以为"用人民币就能解决维稳问题"，因而带来钱越花越多，但事件却越来越频繁，出现越维越不稳的僵局。对于群体性事件的复杂原因，尤其对于非物质利益的泄愤事件等，更需要从完备的制度设计角度来综合平衡和妥善化解民众的需求。诸如政府可以考虑专门建立应对社会性突发事件的基金，并对基金的使用和监管纳入制度化管理之中，解决历史遗留问题，或应对当前矛盾纠纷的难点问题，建立健全以社会保障体制为主体的社会矛盾风险分担机制。因为群体性社会危机牵扯的地域广、人员多、影响大，各种矛盾纠结在一起，仅靠政府来化解，或单靠物质来补偿，政府开展工作的难度都比较大，而通过建立健全以社会保障体制为主体的社会矛盾风险分担机制，把政府责任、市场责任、社会责任和公民责任结合起来，把群体性社会危机和社会矛盾风险分散到更大范围上，从而调动多元主体化解社会矛盾风险的主动性，也使得每个个体所承担的负面后果最小化。其次，通过建立健全以社会保障体制为主的社会矛盾风险分担机制，不是弱化政府的责任，反而需要政府更加具有社会整合能力和提高制定长效机制的制度化能力，也把紧急处置的矛盾融入到日常制度化的矛盾化解中来，畅通民意，缓解民怨，把不确定性的风险社会的管理转化为相对确定的日常社会

[①] 中国行政管理学会课题组编：《中国群体性突发事件成因及对策》，国家行政学院出版社 2009 年版，第 80 页。

的管理，从而减少社会群体性事件发生的频率。最后，以社会保障为主的福利国家的建设也是世界范围国家演进的必然趋势，在一个社会发育健全的状态下生活的人们的行为模式更加理性、心态更加平和，激进恶性的群体性事件也会大大减少。

其三，善后救济制度在立法方面的不足。我国现行善后救济制度"既没有确立明确的法律依据，也没有科学的运作程序，还没有精细可操作的救济标准体系，必须逐步在实践中加以完善。首先，要把涉政公共事件等突发事件的救济依据纳入有关法律、法规体系。其次，要明确救济对象、救济范围、救济条件、救济标准，提升救济规范化水平。第三，要拓宽救济资金来源和救济渠道，在经济生活救济方面，要充分发挥商业保险、社会慈善、社会捐助等多方面的作用，提高救济水平。在权利救济方面，要进一步优化行政救济、司法救济的程序，确保社会公众不因为权利救济不到位而走向激进抗争的道路，降低涉政公共事件的发生概率。"[1] 不能迫于舆情压力而任意加大自由裁量，也不能因为弱势群体势单力薄而敷衍塞责或视而不见，补偿救济的不公正不但不能化解社会危机，反而更加加剧社会歧视感和相对剥夺感，从而激化新一轮的社会危机。

其四，积极汲取传统危机处置的经验。因为群体性事件发生之后社会也受到巨大破坏，人们生命财产也遭受巨大损失，也存在一个善后物质赔偿或补偿的问题，还有如何让受到群体性事件冲击的社会迅速恢复社会元气，一方面需要国家有应对危机的强大的储备基金，另一方面也要藏富于民、邻里相互守望、社会互济共助。我国传统危机处置中有着极其丰富的危机治理经验，形成了较为有效的措施："一是赈灾，中国传统的忧患意识集中体现在政府对于未来可能发生的灾害的预备上。一方面，统治者希图通过藏富于民来规避灾难造成的百姓流离，另一方面政府又通过官府积聚物资，以备危机状态下的社会救济与民生保护。二是养恤。即通过灾后实行休养生息政策，弥补危机给人民造成的损失，使社会恢复元气，实现发展。三是节约与自力更生。中国民间一直是厉行节约自力更生的社会，为了尽快弥补灾害造成的损

---

[1] 聂方红：《涉政公共事件：地方政府行为新挑战》，人民出版社2012年版，第201页。

失,政府官员往往号召社会通过自力更生、艰苦奋斗、邻里互助来实现自救。这些在应对危机过程中形成的优良品质,一直被视为中华民族的传统美德。并一直影响着今天的社会济护思想。"① 可见,几大主要通行的做法不仅对自然灾害事件有效,也依然对今天的社会危机治理起到作用,把危机时的及时救助与平日里的社会养护有机结合起来,只有政府做到有备无患;社会做到藏富于民;民众之间邻里守望互助,才有源源不断的资源可供利用。

第四节 域外经验及启示

(一)在危机预警方面的经验

国外预警理论越来越受到重视,也源于人们对现代社会发展的反思和对未来风险社会的预测,期望把现代性的恶果和风险社会的不确定性控制在可预期的范围之内。真正意义上的预警理论产生于第二次世界大战之后,尤其军事预警理论最为明显。20 世纪 60 年代,美国社会学家罗蒙德·鲍尔的《社会指标》一书引发了运用指标从事社会问题研究的热潮,人们开始考虑构建社会语境指标体系来预测社会风险。20 世纪六七十年代,以"罗马俱乐部"为代表的未来学派借助"系统群研究"的分析方法有力推进了对社会预测的研究,鼓励将社会预警与政策制定自觉结合起来,试图建立综合社会预警研究模型。特别是 1972 年丹尼斯·梅多斯撰写的《增长的极限》,该报告运用系统动力学模型模拟了在人口、能源、原料、环境、水源、卫生、食品、教育、就业、经济发展、城市条件、居住环境 12 个要素之间,形成一个相互作用的客观系统网络,预测世界系统会因为能源危机而崩溃,针对各种危机现象展示了对人类自身的前途命运的强烈的终极关怀,因其振聋发聩的警告,成为社会预警研究的经典之作,推动了预警理论的发展。到了 20 世纪 90 年代,随着全球化相互依存关系的加深,全球问题必然对国内政治产生影响,各国皆力求在国际视域中寻找社会发展变动的趋势,社会预警的研究进一步

---

① 蔡志强:《社会危机治理:价值变迁与治理成长》,上海人民出版社 2006 年版,第 112 页。

得到拓展。1995年，全球性社会发展首脑会议在哥本哈根召开，讨论如何加强社会融合、减少贫困和扩大就业，表明各国对社会稳定和预警机制协调的关注，也对未来的社会发展进行预测、报警和批评总结等等。1996年世界经合组织（OECD）的"促进参与式发展和善治的项目评估"，1998年，联合国开发署提出"走可持续发展的治理"道路，相继掀起世界范围内对治理理论研究的新高潮，为现代社会的危机管理提供了另一种路径。

早在1960年代，美国、法国等西方国家就建立了经济层面的警报指标，以此检测经济的运行状况。西方主要七国也于1986年建立了"经济指标相互监测"的指标体系等等。20世纪80年代，"英国以罗德里克·齐舒姆为代表的区域社会研究学派在《区域预测》一书中，总结了人口、资源、城市、经济和生态环境相互作用的经验收据，从人类社会与生态环境的关系入手进行社会预警"[①]。在美国，以内布拉斯加为代表的系统学派，于1982年研究出AGNET系统模型分析工具，对美国中西部6个州进行区域社会管理，在预警的基础上实施全面的优化调控和管理决策，后为美国联邦政府优化决策所用。

国外危机管理专家非常注重从事件流程的不同发展阶段来把握事件特征，对事件进行动作分解，使策略的选择适用更加有针对性，并且对于事件整体规律、发展趋势和预警预测等方面尤为重视。

史蒂芬·芬克用医学术语形象地对危机的周期进行了描述，他将危机分为四个阶段："征兆期"、"爆发期"、"延续期"、"痊愈期"，并对危机的预防、计划、识别、隔离、处理、决策等项管理工作进行了分析[②]。

米特罗夫等提出了应急管理的五阶段模型：一是信号侦测——识别新的紧急事件发生的警示信号并采取预防措施；二是探测和预防——决策者搜寻已知的风险因素并尽力采取预防措施；三是控制损害——决策者努力使紧急事件不影响组织运作的其他部分或外部环境；四是恢复阶段——尽快让组织

---

① 鲍宗豪、李振：《社会预警研究与社会稳定关系的深化——对国外社会预警理论的讨论》，载《浙江社会科学》，2001年第4期。

② Steven Fink, *Crisis Management: Planning for the Inevitable*, New-York: Amacom, 1986.

运作正常；五是学习阶段——组织成员回顾和审视所采取的应急管理措施，并整理使之成为今后的运作基础①。

希斯提出了应急管理的 4R 模型：减少（Reduction）、预备（Readiness）、反应（Response）、恢复（Recovery）②。库姆斯指出，应急管理活动涉及四个基本因素：预防（Prevention）、准备（Preparation）、绩效（Performance）、学习（Learn）。③

诺曼·奥古斯丁将为危机管理划分为六大阶段：第一阶段为危机防范，力求尽量减少可能发生的危机；第二阶段为危机预备，在危机发生前做好各项准备工作；第三阶段为危机确认，对是否发生危机和危机的性质进行判定，以利于危机决策；第四阶段为危机控制，采取各种必要的措施，将危机控制在一定的范围内；第五阶段为危机解决，危机得以化解；第六阶段为学习阶段，从危机中吸取教训，以避免更多的错误④。

目前，PPRR 模型是比较得到应急管理理论研究和实践部门认可、应用范围比较广的通用模型。该模型认为，应急管理主要包括如下四个阶段的工作："一是事发前的预防（Prevention）——分析事件所处的环境，找出可能导致紧急事件发生的关键因素，并尽可能提早加以解决；二是事发前准备（Preparation）——提前设想事件可能爆发的方式、规模以及影响后果，并且编制好多套应急预案，同时建立监测和预警机制，依靠这种参照物指标来加以检验；三是事件爆发时响应（Response）——避免事态恶化和蔓延，将事件限定在一定的范围之内，同时加强媒体管理、减少谣言流传，防止虚假信息散布影响决策者；四是事件结束期恢复（Recovery）——修复灾害损失和

---

① Ian I. Mitroff, and Christine M. Pearson, *Crisis Management: a Diagnostic Guide for Improving Your Organization's Crisis-Preparedness*, San Franciso: Jossey-Bass, 1994.

② Robet L. Health, *Crisis Management for Managers and Executives: Business Crisis — the Definitive Handbook to Reduction, Readiness, Response and Recovery*, London: Financial Times Management, 1998.

③ W. Timothy Coombs, *Ongoing Crisis Communication-Planning, Managing, and Responding*, New York: Sage Publications, 1999.

④ Norman R. Augustine, "Managing the Crisis You Try to Prevent", *Havard Business Review*, No. 6, 1995.

受害人的精神损失，从事件中学习，弥补漏洞，避免重蹈覆辙。后来，美国对 PPRR 模型修正为缓和（Mitigation）、准备（Preparation）、反应（Response）、恢复（Recovery），所以 PPRR 模型有时又称为 MPRR 模式。"① 笔者赞同这种通用划分标准。

(二) 官员问责制度的建设经验

在一个制度文明成为一种时尚的时代，只要制度完善了，就不会期待某个英雄人物的出现来拯救人们，就不会把"所有鸡蛋放到一个筐里"，押宝在某一个人身上，对于官员的诚信和公共精神不能仅停留在期望个人提升上，还要运用立法的手段来规约之，因而，在道德立法方面，许多国家的很多做法也值得我们借鉴。"加强伦理立法，通过法律的强制力来维护道德的纯洁性，已经成为现代国家共同的发展趋势。美国、意大利、日本、新加坡、韩国等国家都对公务员的行为进行了法律方面的规定。美国的伦理立法主要有《政府工作人员道德准则》（1958）、《政府官员和雇员伦理行为准则》（1965）、《美国政府行为道德法》（1978）、《美国政府行为道德改革法案》（1989）、《美国行政官员伦理指导标准》（1992），几乎所有的州政府均制定了道德规范，大多数政府部门也为本部门人员制定了道德准则。日本、韩国等国家对公务员兼职、收礼、捐赠、股票、保密等行为具有法律方面的强制规定。"② 对伦理道德立法的逻辑基础在于：如果每个人都是天使就不用立法，由于每个人都是凡夫俗子，人性都有向恶的可能性，如果立法能把向恶的行为约束住，人们的道德行为就有了基本的保证。

经历个人权利启蒙的西方民众控制国家、限制政府，研究者一般基于两套认识系统，即一套是从民主理论的视角来研究民主问责和政治问责，解决权力的合法性来源问题，另一套是从公共行政的视角来研究行政问责和法律问责，解决行政管理过程中绩效问题和公权私用问题。"政府是一种必要的恶"、"绝对的权力导致绝对的腐败"的警示也被普遍接受，以"公权力来制

---

① 钟开斌：《风险治理与政府有急管理流程优化》，北京大学出版社 2011 年版，第 72—73 页。
② 王学辉等：《群发性事件防范机制研究》，科学出版社 2010 年版，第 130 页。

第八章
危机治理的常态化：事前预警与事后问责机制结合

约公权力"和"社会权力来制约公权力"两套马车来驾驭公共权力运行的制度设计比较完善。这些观念也带来中西方行为选择的诸多不同，如中国是"学而优则仕"，万人削尖脑袋去抢占一个公务员职位，官本位思想根深蒂固，政府权力难以监督；而西方则是"学而优则商"，在市场竞争的浪潮中尽显浪潮儿的风采，公平竞争的规则意识容易达成……"在西方国家社会发展和政治变革的历程中，控制行政官员的意愿从弱到强，监督政府的力量从行政系统内延伸至司法、社会等系统，所问之责从政治责任扩展到法律责任、管理责任，行政官僚逐渐从政治家的背后被推至公众面前接受问责，行政问责制逐渐生长和成熟。"[1]"以宪法为核心的法律体系是西方国家监督和制约的首要保障，它形成了统一的问责标准、问责程序、问责范围、问责主体以及问责救济的问责法律规范，保障各类主体问责政府的权力，保护问责中政府的合理权益，而且，法律制裁和惩罚最终使多元主体发动的问责得以实现。"[2] 例如美国，"公众对于不合理、违法的决策可以提起诉讼；所有政府机关和公务员都受法律的约束和民众的监督。美国官方咨询机构法制化归功于1972年通过的《联邦咨询委员会法》，它对政府内部咨询部门的各种问题，如政府内部咨询委员会的作用与状况、应受到的监督、职能和权限等方面做出了详细的规定。"[3] 然而，对于中国而言，由于缺少公民监督政府的传统，公民社会发育不完善，对于问责的启动也多是行政系统内部为了治吏的需要启动的，更多是追究个人的责任，各个地方制定的问责条例和规定也多是描述性、列举性的，缺少一部统一的原则性的问责法律，急需从行政问责走向程序性问责。"如果没有相应的司法制度和政治民主制度，没有相应的有限政府制度、法治政府制度以及政务公开制度，没有独立的舆论监督，没有强有力的公民权利保障机制，没有健全的公共财政制度对官员形成强有力的财政平衡约束，它也不可能真正从行政问责走向程序性问责。"[4]

---

[1] 陈国权：《责任政府：从权力本位到责任本位》，浙江大学出版社2009年版，第169页。
[2] 同上，第178页。
[3] 王学辉等：《群发性事件防范机制研究》，科学出版社2010年版，第55页。
[4] 毛寿龙：《引咎辞职、问责制与治道变革》，载《浙江学刊》，2005年第1期。

（三）从系统结构上综观我国危机治理大有可为

杨雪冬总结国家中心的治理失效有三重基本形式：结构性失效、制度性失效以及政策性失效。

(1)"结构性失效常常是整体性的，涉及以国家为中心构建的整个治理结构，其影响通常也是社会的整体安全。"① 常常发生在后发展中国家或转型国家之中，表现为国家无力承担起整合社会、驾驭市场和引导公民的职能，国家、社会和市场三者关系严重失衡，即政府失效、社会失序和市场失灵，导致整个社会安全和秩序的缺失，社会混乱，人们生活在水深火热之中。

(2)"制度性失效通常指某些规则和安排存在明显的缺陷。它有三重表现形式：或者是某些社会安全问题上没有建立相应的制度，存在制度真空；或者是虽然建立了相应的制度，但无法充分实行，实现其应有的绩效，存在制度不到位；或者是已经建立的制度并不适应具体的条件，存在制度的不适应。"② 由于制度层级的不同，其影响也会不同。如果是国家层面的制度失效，也反映出社会结构出现问题，可能导致结构性失效的危险。如果制度代表的层级比较低，适用范围比较有限，如某一地区、某一机构或某一领域，影响是局部性的，这样容易调整和纠错。制度性失效是局部的，受到影响的通常是某些局部或某个群体的利益。再加上制度本身存在演进和更迭，科学的制度设计也必须容许制度有自我修复的功能，也可以通过新制度的移植和借鉴来弥补制度性失效，因而，在很多情况下制度性失效起到警报器的功能，只要及时调整和弥补，也并不可怕。

(3)"政策性失效是最具体的，其出现的可能性和频率也是最高的。这主要是因为国家要面对和解决不断出现的各类问题，任何一项解决措施都存在失效的可能。通常来说，政策性失效会削弱社会安全，但不会直接导致社会不安全。"③ 由于政策具有很强的时代特征，随时代而变化，以新政策取代过

---

① 杨雪冬：《风险社会与秩序重建》，社会科学文献出版社2006年版，第68—69页。
② 同上，第69页。
③ 同上，第69页。

时的政策在国家治理过程中是非常普遍的现象，但是如果出现大量政策的失效，或政策失效的重复频率太高，就要引起足够的重视，要么是决策的水平太低，要么是制度性失效甚至是结构性失效在政策层面的反映。如果得不到及时改进，也会影响到政府的威信，积累矛盾，导致制度性失效和结构性失效。

　　从我国目前群体性事件引发的原因来看，更多是人民内部的矛盾，危机治理更多体现在政策性失效和制度性失效两个方面，而不是结构性失效。我们既要对群体性事件引发的危机高度重视、保持警惕，及时调整政策策略和完善制度建设，又要满怀信心和勇往直前，解决好"人民群众内部的矛盾"，不要一上来就把问题简单化、妖魔化，推到所谓的"结构性问题"上去，增添自我恐惧感。

结　语　基于制度的组织化调控是走出群体性事件漩涡的基石

（一）对于化解矛盾我们应充满信心

对于目前我国群体性社会矛盾的定性要准确。尽管近些年来我国迅速的现代化进程，积累的社会弊病导致群体性事件频发，但是我们既不能对其视而不见，也不能对其惊慌失措。原因在于：

其一，有些问题是迈向现代化的国家所面临的普遍性问题，对于后发赶超型的中国而言，问题更加突出。诸如现代化对传统的冲击，经济世俗化对人们生活方式的巨大改变，大规模造城运动引发的征地拆迁问题，迅速推进的工业化引发的环境污染问题，以及发展的不均衡、贫富差距等等。对于发展引发的问题还需要通过发展来解决，中国经济发展依然保持相对强劲的势头，人们对中国经济前景尚保持一种乐观的预期，而这种增长以及对增长的预期为我们解决了很多问题，甚至为一些棘手的问题解决提供了较大余地与空间。事实也证明，只有通过经济社会的发展，推动经济社会结构的变迁，才是化解矛盾冲突、推进社会的文明进步的根本。通过"干中学的模式"不断地调整发展战略和认识水平，吸取发达国家的经验教训，尽可能做到有备无患、未雨绸缪，同时也可以发挥后进国家的"后发优势"，取得国家建设和社会治理的更大绩效。

其二，政府工作的重点开始向社会管理转移，把社会矛盾回归社会，调整工作方式方法。不要把所有社会问题提高为政治问题，造成"不稳定的幻觉"。应星在《"气"与抗争政治：当代中国乡村社会稳定问题研究》一书中表达了一个主要观点："为了真正实现社会和谐稳定，必须消除'不稳定幻

结 语
基于制度的组织化调控是走出群体性事件漩涡的基石

想',形成关于社会稳定的新思维;缓解维稳工作的压力,形成宽松和理性的问题解决氛围;破除僵硬的维稳机制,形成以利益均衡为主导的社会矛盾化解新模式。"① 尽管目前我国民众也有不少的不满和抱怨,但绝大多数民众对于目前我国改革开放的成就是认同的,对于国家的基本政治制度是认同的,对政府尤其是高层政府也是认同的。尽管社会矛盾比较突出,但政治保持了较好的持久稳定。"对于目前的政治制度的框架,人们是基本认同的。退一步说,尽管人们对其也有种种批评,也确实存在诸多弊端,但至少绝大多数人认同目前也只能如此。有了这两条,就足可以把心放在肚子里。"② 因此,我们不要对社会问题过于恐慌,用政治手段来解决社会问题往往容易使问题更加激化。因为政治化手段来解决社会问题常常表现为运用国家强制力、刚性制度和自上而下的施压等特点,而社会化手段来解决社会问题就显得充满了人性化、柔性管理和网格化管理等特点,对于能够通过社会来消解的矛盾冲突就应该更多地让社会来解决。

其三,对于中国现行的体制也要辩证地看,一个相对中性和弹性的政府也有助于消解一些矛盾冲突。经济学家姚洋认为中国的成功依赖于中性政府。"所谓中性政府,是指政府对待社会各阶层的利益没有任何差别,这种组织的利益和整个社会的利益相重合。也就是说,中性政府追求的是整个社会的经济增长,而不是增加它所代表或与之相结合的特定集团的利益"③,也就是说,我国的政府能够较好地代表公共意志和社会整体利益,一个具有公共精神的中性政府有利于把握好国家的发展方针和路线,避免政府走向"勾结型政府"和"掠夺型政府"的危险。社会学家孙立平认为:"(1)经济的持续发展、国力的迅速增强使政府具有较强的解决突发事件的资源和能力;(2)城乡二元结构的存在使中国社会矛盾的化解具有较大的弹性空间;(3)1990年代中期

---

① 应星:《"气"与抗争政治:当代中国乡村社会稳定问题研究》,社会科学文献出版社2011年版,见封底。
② 孙立平:《〈重建社会——转型社会的秩序再造〉代序》,社会科学文献出版社2009年版,第7—8页。
③ 姚洋:《中性政府与中国的经济奇迹》,载《二十一世纪》,2008年6月号,总第107期,第15—25页。

以来，政治精英和经济精英以及文化精英在相当程度上结成了联盟关系，这个掌控着社会绝大多数资源的精英联盟影响着政府决策和公共舆论，具有社会定型的强大力量；(4) 市场体制具有使社会矛盾分散化的效应，各个社会群体在利益的追求上具有较大差异，各种社会矛盾并不容易同时叠加在社会的基本安全线上，从而造成社会的崩溃。所有这些因素都构成了中国社会结构较大的弹性，中国近期发生政治动荡的可能性并不大（孙立平：2004）。"[①] 也有很多的学者认为中国的"摸着石头过河"的渐进式改革也为缓解和调试矛盾冲突，为推进政治的稳步前进赢得了广泛的社会基础。

其四，目前，社会矛盾冲突主要是人民内部矛盾。绝大数的群体性事件源于经济型利益纠纷，绝大数民众尊重现有的法律制度，谋求的是法律制度所规定的权益，展开的也多是"依法维权抗争"。因此，只要制定法律制度的人带头遵纪守法，确立起"以利益诉求为中心"的矛盾化解机制，想民众之所想，急民众之所急，学会与民众协商合作，不再以僵化、高压、强制的方式对待民众的正当利益表达，不再把民众的利益诉求视为影响政治不稳定的重要因素加以严防死守，和谐的干群关系就得以形成，社会的矛盾冲突也将得到缓解。

因此，我们不应对当前的社会矛盾过于恐慌，也不要对维稳形势估计得过于严重。尽管群体性社会危机带来了不小的破坏性，对政府形象造成负面影响，但是我们也可以换个角度来看待它，将其视为反映民意的晴雨表、报警器，不能逃避它，那就勇敢地面对它，提升政府的治理能力和执政党的执政水平，学会更加高超地驾驭群体性事件，化解群体性社会危机。

（二）"组织化的制度调控"是化解危机的基石

群体性事件的管理者与事件参与者应当如何实现积极互动，变被动处理为主动管理、法治引导，变滞后反应为超前预防、常态治理？通过研究发现很大程度上依靠社会组织化程度和机制化运作来实现。

[①] 应星：《"气"与抗争政治：当代中国乡村社会稳定问题研究》，社会科学文献出版社2011年版，第7页。

结　语
基于制度的组织化调控是走出群体性事件漩涡的基石

其一，把松散的社会有机地组织起来，为群体性社会危机治理提供组织保障。

目前，我国由于社会组织化程度还比较低，使群体性社会危机治理显得"乱哄哄"。随着社会原子化程度的加剧，尤其在泄愤型群体性事件中，群龙无首，政府想找一个能够协商谈判的对象都很难，也希望民众的利益诉求能够有组织地表达。然而，政府对社会组织又充满了担忧，更多地强调群体性事件的社会危害性和违法性，甚至把群体性事件与有组织的集团犯罪相混淆，一直以来对成立社会组织的审批程序比较严格，社会组织的产生和壮大也比较艰难，或者畸形发展，使得社会组织应有的功能也就发挥得不充分。因此，长期以来政府对于组织的堤防和恐惧的误解需要改变，组织化的犯罪和颠覆国家政权的活动的确需要遏制，然而对于表达利益诉求的广大社会组织，恰恰能够很好成为政府谈判和动员利用的对象，降低社会成本，并有效化解矛盾冲突。

以组织和网络为特征的现代社会治理模式发挥着越来越重要的作用。实现现代国家的有效治理需要把国家治理的强制性、市场治理的平等性和社会治理的互惠性三种治理模式综合起来，充分发挥政府组织、市场组织和社会组织的各自优势，形成多主体共同参与的合作治理模式。然而，随着过去乡绅政治的消失，传统中国双轨政治的治理结构也随之瓦解，处在转型时期的中国治理结构一方面表现为以现代国家建设为特征的自上而下的制度化规制的程度越来越强，另一方面表现为广大基层社会空壳化和"政权内卷化"，导致缺少社会的缓冲机制，国家治理的成本也比较高。因此一方面需要挖掘传统基层社会组织的功能，另一方面培育现代社会组织，"通过对改革前基于单位制所留下的传统组织资源的开发和利用，并在充分吸纳社会主义市场经济条件下新兴社会和市场组织资源的基础上，建构起比较有效的组织化调控体系，是中国社会实现平稳转型的关键所在"[①]，即"不断通过组织建设与组织网络渗透来巩固和完善执政党主导的权力组织网络，在对社会各种新型组织、

[①] 唐皇凤：《社会转型与组织化调控：中国社会治安综合治理组织网络研究》，武汉大学出版社2008年版，序言第2—3页。

市场组织进行包容、收购与统合的基础上,避免社会内部有组织的利益聚集对国家合法性建构的冲击和危害"①。这一方面取决于政党和政府在社会整合和调控中扮演的主导性作用,把社会有机的组织起来;另一方面也取决于民间社会自组织的发展壮大,组织的功效在日益壮大的组织社会中发挥更加显著的作用,充分发挥社会的活力和潜能。

(3)我国政府和执政党也越来越重视组织的再造,确保社会的和谐稳定。面对个人权利觉醒和自主性的要求,我国政府和执政党也在不断地调整和变革执政方式,学会运用社会组织和网络的功能,既满足个体的权益诉求,又追求社会的稳定和有序。"我们看到了一个十分有趣的现象:社会转型不断冲击着传统的组织体系;而被冲击的传统组织体系再组织、再利用、再整合,却保障了社会转型的稳定与有序。"② 这也为改革开放提供了政治稳定秩序和组织保障,尽管社会也时时会爆发群体性事件,但主要还是人民内部矛盾,只要能纳入到组织化制度化的渠道,也并不可怕。

(4)西方社会运动的动员结构也主要以组织和网络为基础,尽管西方的社会运动与中国的群体性事件的出发点有很大不同,但对于社会管理和社会建设方面,还是有很多地方值得借鉴。尽管西方社会以精英为主导、以正式组织为形式、以专业技术为特征的动员方式到底在中国现阶段有多大的适用性,不同的学者持有不同的意见,但是如果不能把社会通过组织的方式有效整合起来,不能把矛盾冲突纳入到制度化渠道内来表达,群体性事件引起乱哄哄的不确定危机就会一直困扰着政府和社会。西方一直以国家与社会的二元分离的制衡关系来寻求的社会组织的自主性,监督国家权力的行使,而中国更应该建立起国家与社会之间互动互促关系,应在遵循社会组织的自主构建规律的基础上,发挥政府和执政党的组织引导和培育作用,动员起社会组织,充分发挥社会组织的正面功能。

其二,把对群体性社会危机的治理纳入到制度化治理的渠道中来,发挥

---

① 唐皇凤:《社会转型与组织化调控:中国社会治安综合治理组织网络研究》,武汉大学出版社2008年版,第17页。

② 同上,序言第2—3页。

结　语
基于制度的组织化调控是走出群体性事件漩涡的基石

制度治理的最大功效。

尽管面对群体性危机的冲击，政府还时常会拿起运动治理的权宜之计来缓解燃眉之急，但是未来制度治理必然会成为常态，这也越来越被人们接受和认同。随着我国社会主义法律体系的确立，法律制度的不断丰富和不断完善，制度治理作为路径选择也将会在未来的群体性危机治理中发挥着越来越重要的作用。

（1）制度为不确定性的危机社会提供确定性秩序的最佳途径。为什么现代政治文明落实到制度文明之上，原因在于：无论是从世界本原的宏观视角，如整体主义的道德哲学、终极的宗教神学或自然法思想等，还是从个人主体的微观视角，如基于情感的偏好或基于理性的选择，都不能很好地解决政治秩序的建构。基于中观层面的制度建构为政治秩序的构建提供了修补与完善的平台，既可以根据观念的革新推进制度的变迁，也可以根据理性设计来规约人们的行为方式，可以吸纳宏观哲学视角和微观心理学视角的优势来弥补二者的不足，在动态的制度演进中为不确定世界寻求确定性的解决方案，这也是现代制度主义政治学的核心思想。

（2）群体性社会危机的制度治理不仅有助于把矛盾冲突纳入制度化的渠道中来，而且有助于规约政府的行为，把危机治理纳入日常的治理活动中来。畅通的利益表达机制、利益诉求机制、信息公开机制、协商谈判机制等成为常态化的治理机制，不仅有助于缓解和疏通民众的心理积怨，减少过激的非理性行为，也有助于使政府的行为方式受制度的约束，改善政府形象。也就是通过制度化平台的机制运作，改善政府与民众之间的关系，在不断的良性互动中培养遵守规则的政治生态环境。

（3）通过制度治理大大降低治理成本，提升治理的绩效。制度不健全的政府常常习惯于运动式治理方式，但结果常常带来人力财力物力的巨大浪费，并不能取得良好的治理效果，反而使问题周期性反弹，更何况对于复杂的社会危机根本不适用"毕其功于一役"的运动式治理。对于群体性社会危机的治理，必须追溯事件发生的源头，回归到社会之中去寻找问题的症结之所在，并通过点滴的制度化建设来消解每一个可能出现危机的环节，并以开放的心态吸纳民众参与到制度设计和修补完善的全过程中来，从而确立制度权威，培养其民众对制度的认同。这样，维护和贯彻制度的落实就成为容易的事，大大降低制度执行的阻力，也把危机融化到日常的政府管理活动中来。

（4）把群体性事件的应急处置和日常的预警机制结合起来，都纳入到法制的轨道中，把群体性事件的社会危害减低到最低限度。没有完美的制度设计，只有次优的制度选择，因此，我们也不可能期望通过制度一劳永逸地解决群体性社会危机问题，对于群体性社会危机事件保持客观平常的心态，对于不可避免的社会危机，尽可能地最小化其损害程度，减少人为造成的伤害。当危机事件爆发后，不恐慌，不逃避，勇于面对，机智应对。应严格遵循应急处置的应急法，既充分发挥危机时刻全权决策的自主性，又避免盲目过度的行政自由裁量权的滥用。我国政府目前还多停留在被动的应急处置阶段，而且关于社会危机的应急处置法还没有确立，对于群体性社会危机的治理也缺乏制度化的经验总结，教训多于经验。我们应该对社会危机的治理树立起未雨绸缪的预防意识，把危机处置前置，在日常的社会管理之中把危机预警机制运用好，把社会矛盾冲突化解在初始萌芽状态。由于人们普遍习惯于临时抱佛脚，而在平时对危机要素疏忽大意或放之任之，而导致问题的日积月累，等到问题总爆发时，才忙乱了手脚，被动应急处置，而处置完毕，放在一边，不去总结和落实经验教训，导致问题低水平的周而复始的重复。因此，我们应树立起危机意识，改变应急处置的被动性，走向积极主动的预警治理，把应急处置和预警治理都纳入到制度治理的渠道中来，这才是群体性事件治理的关键之所在。

主要参考文献

一、外文译著

1. ［美］塞缪尔·P. 亨廷顿：《变革社会中的政治秩序》，王冠华等译，生活·读书·新知三联书店 1988 年版。

2. ［美］L. A. 科塞：《社会冲突的功能》，孙立平等译，华夏出版社 1989 年版。

3. ［美］西摩·马丁·李普塞特：《一致与冲突》，张华青译，上海人民出版社 1995 年版。

4. ［美］拉尔夫·达仁道夫：《现代社会冲突》，林荣远译，中国社会科学出版社 2000 年版。

5. ［美］休·考特尼等：《不确定性管理》，中国人民大学出版社 2000 年版。

6. ［美］詹姆斯·C. 斯科特：《农民的道义经济学：东南亚的反叛与生存》，程立显等译，译林出版社 2001 年版。

7. ［美］罗伯特·希斯：《危机管理》，中信出版社 2001 年版。

8. ［美］诺曼·R. 奥古斯丁等：《危机管理》，中国人民大学出版社 2001 年版。

9. ［美］劳伦斯·巴顿：《组织危机管理》，符彩霞译，清华大学出版社 2002 年版。

10. ［美］沃尔特·李普曼：《公共舆论》，阎克文、江红译，上海人民出版社 2002 年版。

11. ［美］特里·库珀：《行政伦理学：实现行政责任的途径》，中国人民大学出版社 2002 年版。

12. ［美］伊恩·I. 米特罗夫、阿纳戈诺斯：《危机防范与对策》，北京燕清联合传媒管理咨询中心译，电子工业出版社 2004 年版。

13. ［美］安东尼·唐斯：《官僚制内幕》，中国人民大学出版社 2006 年版。

14. ［美］詹姆斯·博曼、威廉·雷吉：《协商民主：论理性与政治》，陈家刚等译,中央编译出版社 2006 年版。

15. 〔美〕马克斯·H. 巴泽曼等:《未雨绸缪:可预见的危机及其防范》,胡平等译,商务印书馆 2007 年版。

16. 〔美〕杰克·奈特:《制度与社会冲突》,周伟林译,上海人民出版社 2009 年版。

17. 〔美〕查尔斯·蒂利:《集体暴力的政治》,谢岳译,上海世纪出版集团 2011 年版。

18. 〔英〕安东尼·吉登斯:《现代性与自我认同》,赵旭东、方文译,生活·读书·新知三联书店 1998 年版。

19. 〔英〕安东尼·吉登斯:《现代性的后果》,田禾译,译林出版社 2000 年版。

20. 〔英〕安东尼·吉登斯:《失控的世界》,江西人民出版社 2001 年版。

21. 〔英〕迈克尔·雷吉斯特、朱蒂·拉尔金:《风险问题与危机管理》,谢新洲等译,北京大学出版社 2005 年版。

22. 〔德〕乌尔里希·贝克:《风险社会》,何博闻译,译林出版社 2004 年版。

23. 〔西班牙〕奥尔特加·加塞特:《大众的反叛》,刘训练、佟德志译,吉林人民出版社 2004 年版。

24. 〔南非〕毛里西奥·帕瑟琳·登特利维斯主编:《作为公共协商的民主:新的视角》,王英津等译,中央编译出版社 2006 年版。

25. 〔荷兰〕阿金·伯恩、保罗·特哈特、〔瑞典〕埃瑞克·斯特恩等:《危机管理政治学:压力之下的公共领导能力》,赵凤萍等译,河南人民出版社 2010 年版。

二、英文著作

1. William Kornhauser, *The Politics of Mass Society*, The Free Press, 1959.

2. Hupchink, Dennis P. , *Conflict and Chaos in Eastern Europe*, New York: Academic Press, 1971.

3. Hermann C. Fed, *International Crisis: Insights from Behavioral Research*, New York: Free Press, 1972.

4. Tilly, Charles, *From Mobilization to Revolution*, New York: Random House, 1978.

5. Zimmermann, Ekkart, *Political Violence, Crises, and Revolution Theories and Research*, G. K. Hall&Co. , 1983.

6. Ghartey, J. B. , *Crisis Accountability and Development in the Third World*, Ver-

mont: Gower Publishing Company, 1987.

7. Regester Michael, *Crisis Management: How to Turn a Crisis into an Opportunity*, London: Hutchinson Business Press, 1987.

8. Giddens, Anthony, *The Consequences of Modernity*, California: Standford University Press, 1990.

9. Bolderson, Helen, *Social Policy and Social Security in Australia, Britain and USA*, Aldershot Hants: Avebury, 1991.

10. White, Harrison C. , *Identity and Control: A Structural Theory of Social Action*, Princeton University Press, 1992.

11. George L. Head, Stephen Horn II, *Essentials of Risk Theory Management*, Second Edition, Insurance Institute of America, 1994.

12. Gordon White, "Civil Society, Democratization and Development", *Democratization*, vol. No. 3, Autumn 1994.

13. Ali Farazzmand, ed. *Hand Book of Crisis and Emergency Management*, New York: Marcel Dekker, 2001.

14. Wiarda, Howard J. eds. , *New Directions in Comparative Politics*, Westview Press, 2002.

15. Buzan, Barry, Waver, O. , *Regions and Powers: the Structure of International Security*, Cambridge University Press, 2003.

16. Coady, Terrorism, "Morality, and Supreme Emergency", *Ethics*, Jul. 2004.

17. Ken Booth, *Critical Security Studies and World Politics*, Lynne Rienner Publishers, Inc. , 2005.

18. Ramesh Thakur, *the United Nations, Peace and Security*, Cambridge University Press, 2006.

19. Lobert Piccioto, Rachel Weaving, *Security and Development: Investing in Peace and Prosperity*, Routledge, 2006.

20. Alan Colins, *Contemporary Security Studies*, Oxford University Press, 2007.

21. Ken Booth, Nicholas J. Wheeler, *the Security Dilemma: Fear, Cooperation and Trust in World Politics*, Palgrave Macmillan, 2008.

三、中文著作

1. 许文惠、张成福:《危机状态下的政府管理》,中国人民大学出版社 1997 年版。

2. 鲍勇剑、陈百助:《危机管理》,复旦大学出版社 2003 年版。

3. 薛澜、张强、钟开斌:《危机管理:转型期中国面临的挑战》,清华大学出版社 2003 年版。

4. 孙立平:《断裂:20 世纪 90 年以来的中国社会》,社会科学文献出版社 2003 年版。

5. 史安斌:《危机传播与新闻发布》,南方时报出版社 2004 年版。

6. 李希光、周庆安:《软力量和全球传播》,清华大学出版社 2005 年版。

7. 韩大元、莫于川主编:《应急法制论:突发事件应对机制的法律问题研究》,法律出版社 2005 年版。

8. 赵鼎新:《社会与政治运动讲义》,社会科学文献出版社 2006 年版。

9. 杨雪冬:《风险社会与秩序重建》,社会科学文献出版社 2006 年版。

10. 蔡志强:《社会危机治理:价值变迁与治理成长》,上海人民出版社 2006 年版。

11. 李俊伟:《人民内部矛盾处理机制研究》,湖南人民出版社 2007 年版。

12. 世界银行专家组:《公共部门的社会问责:理念探讨及模式分析》,中国人民大学出版社 2007 年版。

13. 唐均:《公共部门的危机公关与管理》,中国人民大学出版社 2007 年版。

14. 严励:《秩序的中国解读:转型期中国社会矛盾之研究》,上海社会科学院出版社 2007 年版。

15. 董传仪:《危机管理学》,中国传媒大学出版社 2007 年版。

16. 钟新:《危机传播:信息流及噪音分析》,中国传媒大学出版社 2007 年版。

17. 李瑞昌主编:《危机、安全和公共治理》,上海人民出版社 2007 年版。

18. 金国华、汤啸天主编:《信访制度改革研究》,法律出版社 2007 年版。

19. 林维业、刘汉民主编:《公安机关应对群体性事件实务与策略》,中国人民公安大学出版社 2008 年版。

20. 靳江好、王郅强主编:《和谐社会建设与社会矛盾调节机制研究》,人民出版社 2008 年版。

21. 刘子富:《新群体事件观——贵州瓮安"6·28"事件的启示》,新华出版社

2008 年版。

22. 戚建刚：《法治国家架构下的行政紧急权力》，北京大学出版社 2008 年版。

23. 李强主编：《中国社会变迁 30 年（1978～2008）》，社会科学文献出版社 2008 年版。

24. 中国行政管理学会课题组：《中国群体性突发事件成因与对策》，国家行政学院出版社 2009 年版。

25. 张炜：《公民的权利表达及其机制建构——来自基层信访状况的研究报告》，人民出版社 2009 年版。

26. 高鹏程：《危机学》，社会科学文献出版社 2009 年版。

27. 张成福、唐钧、谢一帆：《公共危机管理：理论与实务》，中国人民大学出版社 2009 年版。

28. 王银梅：《社会稳定及预警机制研究》，法律出版社 2009 年版。

29. 朱力、韩勇、乔晓征：《我国重大突发事件解析》，南京大学出版社 2009 年版。

30. 王宏伟：《应急管理理论与实践》，社会科学文献出版社 2010 年版。

31. 蔡定剑主编：《公民参与：风险社会的制度建设》，法律出版社 2009 年版。

32. 何显明：《群体性事件的发生机理及其应急处置：基于典型案例的分析研究》，学林出版社 2010 年版。

33. 王学辉等：《群发性事件防范机制研究》，科学出版社 2010 年版。

34. 于建嵘：《抗争性政治：中国政治社会学基本问题》，人民出版社 2010 年版。

35. 于建嵘、钟新、李元超等：《变话：引导舆论新方式》，世界图书出版公司北京分公司 2010 年版。

36. 于建嵘：《底层立场》，上海三联书店 2010 年版。

37. 吴祚来：《通往公民社会的梯子》，华龄出版社 2010 年版。

38. 杨魁、刘晓程：《政府·媒体·公众：突发事件信息传播应急机制研究》，中国社会科学出版社 2010 年版。

39. 贺文发、李烨辉：《突发事件与信息公开——危机传播中的政府、媒体与公众》，中国传媒大学出版社 2010 年版。

40. 钟开斌：《风险治理与政府应急管理流程优化》，北京大学出版社 2011 年版。

41. 应星：《"气"与抗争政治：当代中国乡村社会稳定问题研究》，社会科学文献出版社 2011 年版。

42. 聂方红：《涉政公共事件：地方政府行为新挑战》，人民出版社 2012 年版。

43. 张海波：《中国转型公共危机治理：理论模型与现实路径》，社会科学文献出版社 2012 年版。

44. 朱力：《转型期中国社会问题与化解》，中国社会科学出版社 2012 年版。

45. 朱力：《走出社会矛盾冲突的漩涡：中国重大社会性突发事件及其管理》，社会科学文献出版社 2012 年版。

46. 陈力丹：《舆论学：舆论导向研究》，上海交通大学出版社 2012 年版。

47. 汪大海主编：《公共危机管理》，北京师范大学出版社 2012 年版。

四、期刊杂志

1. 萧功秦：《改革中期的社会矛盾与政治稳定》，载《战略与管理》，1995 年第 1 期。

2. 康晓光：《未来 3～5 年中国大陆政治稳定性分析》，载《战略与管理》，2002 年第 3 期。

3. 王绍光、胡鞍钢、丁元竹：《经济繁荣背后的社会不稳定》，载《战略与管理》，2002 年第 3 期。

4. 张成福：《公共危机管理：全面整合的模式与中国的战略选择》，载《中国行政管理》，2003 年第 7 期。

5. 肖金明：《反思 SARS 危机：政府再造、法制建设和道德重建》，载《中国行政管理》，2003 年第 7 期。

6. 范明：《中外"群体性事件"问题比较研究》，载《中国人民公安大学学报》，2003 年第 1 期。

7. 刘能：《怨恨解释、动员结构和理性选择——有关中国都市地区集体行动发生可能性的分析》，载《开放时代》，2004 年第 4 期。

8. 赵鼎新：《西方社会运动与革命理论发展之评述——站在中国的角度思考》，载《社会学研究》，2005 年第 1 期。

9. 于建嵘：《中国信访制度批判》，载《中国改革》，2005 年第 2 期。

10. 薛澜、钟开斌：《国家应急管理体制建设：挑战与重构》，载《改革》，2005 年第 3 期。

11. 薛澜、张扬：《构建和谐社会机制治理群体性事件》，载《江苏社会科学》，2006 年第 4 期。

12. 刘霞、向良云：《我国公共危机网络治理结构——双重整合机制的构建》，载《东南学术》，2006年第3期。

13. 魏新文、高峰：《处置群体性事件的困境与出路——以警察权的配置与运行为视角》，载《中共中央党校学报》，2007年第1期。

14. 徐晓军、祝丽花：《"弱组织"状态下乡村集体行动的产生逻辑》，载《青年研究》，2008年第10期。

15. 王锡锌：《利益组织化、公众参与与个体权利保障》，载《东方法学》，2008年第4期。

16. 童星、张海波：《群体性突发事件及其治理——社会风险与公共危机综合分析框架下的再考量》，载《学术界》，2008年第2期。

17. 张海波：《应急预案的编制、应用与优化——以〈J省公路交通突发公共事件应急预案〉为案例》，载《江苏社会科学》，2008年第6期。

18. 于建嵘、斯科特：《底层政治与社会稳定》，载《南方周末》，2008年1月24日。

19. 崔月琴等：《回到社会：非政府组织研究的社会学视野》，载《江海学刊》，2009年第5期。

20. 徐勇：《"接点政治"：农村群体性事件的县域分析——一个分析框架及以若干个案为例》，载《华中师范大学学报（人文社会科学版）》，2009年第6期。

21. 詹承豫：《中国应急管理体系完善的理论与方法研究——基于"情景—冲击—脆弱性"的分析框架》，载《政治学研究》，2009年第5期。

22. 于建嵘：《从刚性稳定到韧性稳定——关于中国社会秩序的一个分析框架》，载《学习与探索》，2009年第5期。

23. 钟开斌：《回顾与前瞻：中国应急管理体系建设》，载《政治学研究》，2009年第1期。

24. 张海波、童星：《公共危机治理与问责制》，载《政治学研究》，2010年第2期。

25. 童星、张海波：《基于中国问题的灾害管理分析框架》，载《中国社会科学》，2010年第1期。

26. 闪淳昌、周玲、方曼：《美国应急管理机制建设的发展过程及对我国的启示》，载《中国行政管理》，2010年第8期。

27. 吕志奎、朱正威：《美国州际区域应急管理协作：经验及其借鉴》，载《中国行政管理》,2010 年第 11 期。

28. 蔡立辉等:《整体政府:分割模式的一场管理革命》,载《学术研究》,2010 年第 5 期。

29. 吕志奎、孟庆国:《公共管理转型:协作性公共管理的兴起》,载《学术研究》,2010 年第 12 期。

30. 刘雪松、刘青杨:《群体性事件处理机制的法理检省与重建》,载《求是学刊》,2012 年第 5 期。

31. 张海波:《当前我国社会矛盾的总体特征、生成逻辑与化解之道》,载《学海》,2012 年第 1 期。

32. 张小劲、于晓虹:《中国基层治理创新:宏观框架的考察与比较》,载《江苏行政学院学报》,2012 年第 5 期。

33. 应星:《村庄集体行动的"反应性政治"逻辑》,载《学术前沿》,2012 年第 9 期。

34. 应星:《超越"维稳的政治学"——分析和缓解社会稳定问题的新思路》,载《学术前沿》,2012 年第 7 期。

35. 金太军、沈承诚:《从群体性事件到群体性行动——认知理念转换与治理路径重塑》,载《国家行政学院学报》,2012 年第 1 期。

36. 张海波、童星:《社会管理创新与信访制度改革》,载《天津社会科学》,2012 年第 3 期。

37. 刘琳:《"无组织化":转型期群体性事件的主要风险因素》,载《当代世界社会主义问题》,2012 年第 2 期。

38. 李昌庚:《维稳与改革的博弈与平衡——我国转型时期群体性事件定性之困惑及解决路径》,载《江苏社会科学》,2012 年第 2 期。

39. 曹海军:《后发展视阈下的社会管理——抗争政治与国家构建的视角》,载《中共天津市委党校学报》,2012 年第 4 期。

40. 曾维和:《后新公共管理时代的跨部门协同——评希克斯的整体政府理论》,载《社会科学》,2012 年第 5 期。

41. [英]斯科特·拉什:《风险社会与风险文化》,载《马克思主义与现实》,2002 年第 4 期。